Günter Leitenbauer

Datenbankanwendungen mit VC++

Das Fallenvermeidungs-Buch

ISBN: 9783749484744

Herstellung und Verlag: BoD - Books on Demand, Norderstedt

Der Autor:

Dipl. Ing. GÜNTER LEITENBAUER

Jahrgang 1965, Technischer Physiker (Studium an der TU Wien)

1995 - 2015 Lehrtätigkeit an der Fachhochschule Wels für AAPT (automatisierte Anlagen- und Prozesstechnik), MeWi (Mechatronik / Wirtschaft) und BUT (Bio- und Umwelttechnik) in den Schwerpunkten Informationstechnologie, Datenbanken und Projektarbeit

Seit 2001 Geschäftsführer der Leitenbauer GMBH (http://www.leitenbauer.at)

Vorwort und Dank

Ich habe in meinem Leben das eine oder andere Buch über Programmierung oder über Datenbanken in meinen Händen gehalten. Und nie verstanden, warum solche Bücher immer so fürchterlich unvollständig und/oder holprig zu lesen sein müssen. Oftmals fehlten genau die Schritte, bei denen ich Schwierigkeiten bekam. Der Verdacht liegt da nahe, dass viele Bücher weniger aus der Praxis kommen und vielmehr schlicht und einfach irgendwo abgeschrieben wurden.

Das, verehrte Leser, garantiere ich Ihnen, ist hier nicht der Fall. Ob das Buch sonst gut und leicht zu lesen ist, das mögen Sie beurteilen. Aber ausnahmslos alle Beispiele hier im Buch wurden programmiert, kompiliert und ausgeführt, bis sie funktionierten.

Und es wurde auch nichts weggelassen, von dem ich der Meinung war, dass es für das Verständnis der Materie notwendig sei. Was bedeutet, dass eigentlich fast gar nichts weggelassen werden konnte.

Tippfehler kann niemand ausschließen, und sicherlich sind auch in diesem Buch welche zu finden. Die Codefragmente allerdings sind 1:1 aus den Sourcen kopiert, und nur das Format wurde da und dort an die Erfordernisse des Drucks angepasst.

Der Aufbau eines Buchs ist immer eine Entscheidung, die wohlüberlegt sein sollte. Ich habe mich hier für eine Struktur entschieden, die den Leser von den grundsätzlichen Prinzipien bis zu schon einigermaßen speziellen Techniken begleitet, wobei versucht wurde, ein durchgängiges Beispiel eben Stück für Stück zu erweitern, zu verfeinern und zu perfektionieren. Ich hoffe, dass mir dies gelungen ist.

Um die Druckkosten (und damit den Buchpreis) in einem vernünftigen Rahmen zu halten, wurde eine eher kleine Schriftgröße gewählt. Für mich ist das aber (zumindest mit meiner Lesebrille, wenn ich sie finde) kein Problem. Im Original waren die Sourcecodebeispiele zudem farbig codiert – auch dies fiel dem Druck zum Opfer. Ich hoffe dennoch, dass Ihnen das Buch gefällt!

Die endgültige Beurteilung liegt natürlich bei Ihnen. Scheuen Sie sich nicht, mir Feedback zu geben, ich vertrage Kritik. Die Emailadresse finden Sie am Ende des Buchs.

An dieser Stelle möchte ich mich für das Korrekturlesen, speziell bezüglich der Rechtschreib- und Tippfehler, aber auch für so manch anderen wertvollen Hinweis, bei Doris Rettenegger bedanken.

Günter Leitenbauer, September 2019

Inhalt

Inhalt

1   Wohin geht der Weg?

Es gibt zum Thema C++ Bücher wie Sand am Meer. Auch zu Visual Studio ist jede Menge Literatur verfügbar. Und natürlich ebenso für Datenbanksysteme wie Oracle. Wenn man aber versucht, ein Buch zu finden, in dem die Entwicklung einer Windowsanwendung mit Visual C++ und einer Oracle-Datenbank im Hintergrund beschrieben wird, wird die Luft nicht nur dünner, nein, dann taucht man ins literarische Vakuum ein.

Der Autor beschäftigt sich mit genau diesem Thema seit vielen Jahren und hat diese Inhalte auch in zwanzig Jahren Lehrtätigkeit Hunderten von Fachhochschulstudenten vermittelt. Da bekommt man natürlich ein Gefühl dafür, wo die Schwierigkeiten liegen, wo man als Einsteiger „hängen bleibt".

Das vorliegende Buch ist mit dem Ziel entstanden, dazu einen gut verständlichen Einstieg zu bieten, typische, immer wieder gemachte Fehler vermeiden zu helfen, und vor allem Wege aufzuzeigen, die auf dem kürzesten Weg zu professionellen Ergebnissen führen. Die Probleme liegen nämlich meistens nicht in der Programmiersprache oder dem fehlenden Datenbankwissen, sondern sind erfahrungsgemäß sehr oft scheinbar nur kleine Hürden im Bereich der eingesetzten Werkzeuge und deren Einstellungen:

Welche Compileroptionen muss man beachten, um eine Anwendung erfolgreich zu kompilieren? Welche Programmierschnittstellen versprechen einen performanten und trotzdem einfach zu programmierenden Zugriff auf Datenbanken? Wie soll ich mich bei all diesen Einstellmöglichkeiten des Werkzeugs XY zurechtfinden? Wie bekomme ich meine abgefragten Daten am einfachsten ein eine Exceltabelle? Und so weiter, und so fort.

Das Werk geht daher bewusst nicht den Weg, langatmig die Grundlagen der verwendeten Werkzeuge, Programmiersprachen und Datenbankhintergründe zu erarbeiten, bevor man, vielleicht auf Seite 400, dann noch als Alibi ein paar einfache Programmfragmente einfügt. Vielmehr wird hier von der grünen Wiese weg versucht, eine (anfangs noch sehr einfache) Anwendung bei ihrer Entstehung zu begleiten. Und es wird darauf Wert gelegt, gerade am Anfang wirklich alle Kleinigkeiten, die zu einem Scheitern führen könnten, genau zu beschreiben.

Um nicht irgendein fiktives Thema konstruieren zu müssen, verfolgt das Buch die Erstellung einer einfachen Testfallverwaltung, etwas, dem man in der Softwareentwicklung immer wieder begegnen wird.

Was dieses Buch nicht sein will

Eine Einführung in die Programmiersprache C++ oder in das (objektorientierte) Programmieren an sich. Auch dazu gibt es mehr als ausreichend Literatur. Es wäre sinnlos, hier ein weiteres Werk zu positionieren. Daher werden Grundlagen in der objektorientierten Programmierung mit der Programmiersprache C++ als bekannt vorausgesetzt. Wo es allerdings in speziellere Bereiche der Programmierung von Datenbankanwendungen geht, werden die nötigen Grundlagen vermittelt.

Und natürlich werden auch Spezifika der verwendeten Klassenbibliothek von Microsoft, der Microsoft Foundation Classes (MFC), erörtert. Will man mit der Sprache C++ Anwendungen für Windows entwickeln, führt an den MFC einfach kein Weg vorbei.

Zusammenfassend veranschaulicht, ist dieses Buch daher für folgendes Publikum konzipiert, beziehungsweise setzt folgendes Basiswissen voraus:

➢   Datenbanken: minimale Kenntnisse in relationalen Datenbanken

➢   C++:   Grundlagen der Programmiersprache

➢   Visual Studio: keine Vorkenntnisse

1.1   Aufbau des Buchs

Am Anfang eines Abschnitts oder Kapitels steht immer eine kurze Problembeschreibung, die in der Folge dann gelöst wird. So wie es eben auch in der Praxis der Softwareentwicklung vorkommt.

Dabei wird hier aus Gründen des Umfangs auf die wichtigen Entwicklungsphasen „Pflichtenhefterstellung" und „Systementwurf" nicht oder nur im für das Verständnis unbedingt nötigem Maße eingegangen. Jeder Softwareprojektleiter weiß, dass in diesen Phasen die Grundlagen für den Erfolg oder Misserfolg eines Projektes gelegt werden, und zu diesem Thema gibt es mehr als ausreichend Literatur.

Das vorliegende Werk widmet sich, wie bereits erwähnt, mehr den praktischen Problemen, die auftauchen, wenn das Projekt in die Realisierungsphase kommt. Naturgemäß kommt man dabei nicht umhin, auch dem Programmcode viel Platz einzuräumen. Dieser wird dabei wie folgt gekennzeichnet:

```
// Ist man an die Datenbank angemeldet?
bool CVCODB::IsConnected() const
{
    return m_bIsConnected;
}
```

Solche Code-Beispiele können wie oben C++ Code oder auch Datenbankscripts (SQL, DML, etc.) sein. Worum es sich im Einzelfall handelt, wird aus dem Text stets klar ersichtlich sein.

Das Buch ist zudem mit vielen Grafiken und Bildern ausgestattet, um das Verständnis zu erleichtern.

1.2   Das Oracle Datenbankmanagementsystem

Zum Zeitpunkt des Entstehens dieses Buchs ist die aktuelle Version von Oracle die 12g, wobei die Nachfolgeversion 18 gerade herausgegeben wurde. In der Praxis sind aber auch ältere Versionen dieses DBMS (Datenbankmangementsystems) weit verbreitet im Einsatz. Ab der Version 8i, auf jedem Fall aber ab der Version 9 hat sich dabei in den Funktionalitäten, die für unser Vorhaben interessant sind, nicht mehr allzu viel geändert. Die Datenbanktechnologie ist Jahrzehnte alt und dementsprechend stabil.

Daher kann die Leserin[1] davon ausgehen, dass die hier gezeigten Mechanismen und Funktionen für alle Oracle DBMS ab der Version 9 funktionieren.

Auf die Installation einer Oracle Datenbank wird in diesem Buch nicht eingegangen. Die Administration eines Oracle DBMS ist ein Thema, das selbst ganze Bücher füllt. Allerdings reicht es für unsere Zwecke glücklicherweise, wenn das Oracle DBMS einfach mit den Standardvorgaben installiert wird, und dazu braucht man weder ein Buch noch einen dreiwöchigen Administrationskurs des Herstellers.

Das nächste Kapitel befasst sich eingehender mit der Datenbank, wobei aber hier gleich eines vorweggenommen wird:

Dies ist kein Grundlagenbuch zum Thema Datenbanken!

Wir werden die für das Verständnis und unser Projekt nötigen Datenbankfunktionalitäten zwar darstellen, uns aber auch genau darauf beschränken. Bücher zu den Themen Datenbanken und SQL gibt es zuhauf, es wäre nicht zielführend, das vorliegende Werk damit unnötig aufzublasen.

1.3   Die Visual Studio Entwicklungsumgebung

Im Gegensatz zu Oracle hat sich bei Visual Studio in den letzten Jahren funktional und auch von der Benutzeroberfläche her einiges fundamental geändert. Ab der Version 2015 scheint sich diese Entwicklung verlangsamt zu haben, sodass die meisten Funktionalitäten, die hier beschrieben werden, wohl in allen neueren Releases von Visual Studio sehr ähnlich aussehen.

Die Beispiele im vorliegenden Buch wurden mit Microsoft Visual Studio Community 2017 (V15.6.3) erstellt. Die Community-Variante von Visual Studio ist für nichtkommerzielle Verwendung gratis lizensierbar (Stand: Februar 2019) und für unsere Zwecke absolut ausreichend.

---

[1] Dieses Buch verwendet die weibliche und die männliche Form generisch, das heißt: Das jeweils andere Geschlecht ist stets mitgemeint. Auf die schwer lesbaren Schreibweisen wie LeserInnen oder Leser_innen oder gar Leser_*innen, etc. wird hier bewusst verzichtet.

1.4 Weitere Werkzeuge

Zum Editieren der Datenbankscripts reicht ein beliebiger Texteditor. Mehr werden wir hier auch nicht verwenden. Natürlich bietet ein Spezialwerkzeug gerade beim Erstellen von Datenbankmodellen[2] erhebliche Vorteile. Unser Modell wird aber sehr einfach und einigermaßen überschaubar bleiben.

1.5 Die Daten zum Buch

Alle Datenbankscripts und alle Sourcedateien können vom Autor kostenlos angefordert werden.

Emailadresse: guenter@leitenbauer.net

1.6 Nomenklatur

Dieses Buch verwendet an vielen Stellen das vorangestellte Kürzel VCO. Es steht für „Visual C++ mit Oracle" und dient in erster Linie der eindeutigen Unterscheidung des Sourcecodes von anderen Sourcen (z. B. denen von Drittanbietern wie OCILIB oder LIBXL).

1.7 Lizenzen und Verwertungsrechte

Alle in diesem Buch veröffentlichten Sourcecodes des Autors dürfen zwar für den Privatgebrauch (aber nicht kommerziell!) frei verwendet werden. Ausgenommen sind davon Bibliotheken und Sourcen von Drittanbietern. Für diese sind die beim Anbieter genannten Lizenzbestimmungen maßgebend.

Für eine kommerzielle Nutzung der Sourcen im Buch ist mit dem Autor ein gesondertes Einvernehmen herzustellen.

---

[2] Siehe dazu das Buch „Datenbankmodellierung" vom gleichen Autor, erschienen 2003 im Franzis' Verlag.

2 Die Datenbank

Warum fangen wir mit der Datenbank an und nicht mit Visual Studio C++?

Die Datenbank ist das Backend jeder Datenbankanwendung, während die Anwendung zumeist als Frontend bezeichnet wird. Nun tut man sich schwer, eine Anwendung zu programmieren, wenn man noch nicht weiß, wie die zugrundeliegende Datenhaltung, in unserem Falle die Datenbank, aufgebaut ist. Ganz abgesehen davon, dass man so eine Anwendung weder testen noch auch nur laufen lassen könnte.

Wir benötigen daher zuallererst ein Grundgerüst, also ein Datenmodell inkl. einiger weniger Beispieldaten.

Man kann nun die gesamte Datenbank (genauer: das Datenmodell) entwerfen und implementieren (über Scripts die entsprechenden Tabellen im DBMS anlegen) und dann beginnen zu programmieren. Zumindest, wenn man entweder ein Genie ist, äußerst strukturiert zu arbeiten gewohnt ist, oder so etwas tagtäglich macht. Wer sich damit permanent beschäftigt, benötigt vermutlich das vorliegende Buch nicht, zumindest nicht dieses Kapitel. Ähnliches dürfte für Genies zutreffen. Und derart strukturiert zu arbeiten, dass man alle Eventualitäten im Datenmodell schon zu dieser frühen Phase überblickt, bleibt wohl ebenfalls einigen wenigen Koryphäen überlassen.

Alle anderen, so wie auch ich, verfolgen eher die Strategie, dass sich das Datenmodell mit dem Frontend (dem „Programm") mit zu entwickeln hat. Oracle unterstützt dies auch recht gut, wie alle namhaften DBMS Hersteller[3].

Tipp:

Entwickeln Sie das Datenmodell und die Anwendung parallel, sobald Sie das Problem grundsätzlich analysiert haben. Natürlich ist das keine geeignete Strategie für größere Softwareprojekte, an denen mehrere Mitarbeiter zugleich und vor allem miteinander arbeiten. Das ist aber in unserem Miniprojekt auch nicht der Fall.

Der Projektname

Wie sollen wir unser Projekt nennen? Eine Bezeichnung benötigt es schon allein für die Festlegung des Visual Studio Projektnamens (siehe im nächsten Kapitel).

Vorschlag: VCO. Das steht für „Visual C++ mit Oracle", ist kurz und griffig und meines Wissens nach noch nicht in Verwendung (jedenfalls nicht in einem mir bekannten Programm).

2.1 Vorarbeiten in der Datenbank

Bevor wir unsere erste Datenbanktabelle anlegen können, müssen wir einige Vorarbeiten in der Datenbank durchführen. Wir gehen dabei davon aus, dass die Datenbank korrekt installiert[4] wurde, zugreifbar ist, und wir einen Account als Datenbankadministrator (dba) haben, zum Beispiel SYS, SYSTEM oder INTERNAL.

2.1.1 Das Zugriffswerkzeug SQL*Plus

Um SQL, DML oder DDL Scripts in der Datenbank ablaufen zu lassen, kann man verschiedene Tools benutzen.

Wir werden hier das mit Oracle mitgelieferte und mitinstallierte Werkzeug SQL*Plus verwenden, ein Kommandozeilenwerkzeug. Die hier angeführten Scripts werden dann einfach ins SQL*Plus kopiert (Block markieren und im SQL*Plus einfügen).

---

[3] An dieser Stelle sei darauf hingewiesen, dass die hier gezeigten Mechanismen selbstverständlich auch auf andere DBMS-Produkte anwendbar sind. Allerdings sind dann speziell bei den Datenbankzugriffsklassen entsprechende Anpassungen nötig.

[4] Wenn man die Datenbank neu installieren muss, weil man vielleicht noch keine Installation hat, sollte man auf jeden Fall die vom Oracle Installer vorgeschlagenen Standardparameter und Standardverzeichnisse beibehalten. Das spart Nerven und verhindert Probleme!

Wenn man ein anderes Werkzeug benutzen möchte, ist dies natürlich auch möglich.

2.1.2   Masteruser anlegen

Wir gehen weiters davon aus, dass wir Administrationsrechte auf der Datenbank besitzen. Es wäre jetzt aber keine gute Idee, die Datenbankobjekte (User, Tabellen, Views, etc.) unter dem Administrationsuser SYS oder SYSTEM von Oracle anzulegen.

Erstens würden sie dann im SYSTEM Tablespace abgelegt, und der sollte tunlichst nicht mit Userobjekten „verseucht" werden.

Zweitens ist es immer gut, eine Datenbank[5] mit all ihren zugehörigen Objekten in einem eigenen „Schema" anzulegen.

Daher benötigen wir zuallererst eine Art „Masteruser" in der Datenbank, der über die nötigen Rechte verfügt, Tabellen und Views anlegen zu dürfen, andere User, etc. In der Datenbankwelt nennt man so einen User üblicherweise „Administrator" oder „dba" (Database-Administrator). Er hat einen Usernamen wie jeder andere Datenbankanwender, aber weit darüberhinausgehende Rechte. Wir nennen diesen User am besten so, wie auch unser Projekt heißt: VCO. Das installierte Oracle DBMS hat immer eine sogenannte „SID". Die SID ist der Name, mit dem sie im Netzwerk erreicht werden kann. Nehmen wir mal an, dieser Name ist in unserem Falle „VCO" – oder eben der Name, den wir der Oracle Datenbank bei der Installation gegeben haben.

Dazu legen wir uns in einem beliebigen Texteditor ein Script „01_User.sql" an, das wie folgt aussieht:

```
rem 01_User.sql
rem 06.02.2019
rem Dipl. Ing. Guenter Leitenbauer
rem Erstellung des DBA Users
rem DBA User "VCO"

connect internal@VCO;

create user VCO identified by meinpasswort
default tablespace USERS
temporary tablespace TEMP;
grant dba to VCO;
```

Im Wesentlichen ist das selbsterklärend. Ein paar Punkte sollen dennoch erwähnt werden:

➢   Groß-/Kleinschreibung ist für Befehle und Bezeichner in SQL/DML/DDL irrelevant.

➢   Die Oracle DDL (Data Definition Language) ist eng an SQL angelehnt, Kommentare kann man mit „rem" (Remark) oder auch mit zwei Minuszeichen „—" beginnen. Der Rest der Zeile gilt dann als Kommentar.

Die folgende Zeile

```
connect internal@VCO;
```

veranlasst Oracle, den Benutzer „INTERNAL" (dies ist ein bei der Installation standardmäßige angelegter Benutzer mit Administrationsrechten, allerdings geringeren als SYSTEM, den man auch verwenden könnte) an der SID (Datenbank) „VCO" anzumelden. Oracle wird daraufhin mit einer Aufforderung zur Eingabe eines Passwortes reagieren.

```
create user VCO identified by meinpasswort
default tablespace USERS
```

---

[5] Die Begriffe „Datenbank" und „Datenbankmanagementsystem" (DBMS) beschreiben nicht das Gleiche. Oracle ist ein DBMS, also eine Software, die eine oder mehrere Datenbanken verwalten kann. Eine Datenbank ist dabei eine zusammengehörige Menge von Datenbankobjekten wie Tabellen, Views, User, etc.

```
temporary tablespace TEMP;
```

legt einen Datenbankuser VCO an, weist ihm das Passwort "meinpasswort[6]" zu und definiert, dass alle Objekte, die dieser User anlegt, standardmäßig am Tablespace USERS abgelegt werden. Für alle temporären Objekte soll Oracle den Tablespace TEMP verwenden.

```
grant dba to VCO;
```

weist diesem User Administrationsrechte zu. Damit vermeiden wir, dem User jedes spezielle Recht einzeln zuweisen zu müssen, zum Beispiel zum Erzeugen von Tabellen. Es gibt zum Thema SQL/DML/DDL von Oracle Datenbanken jede Menge gute Literatur. Wir werden hier nicht alle Befehle immer Zeile für Zeile erklären, sondern setzen ein gewisses Maß an Wissen zu diesem Thema voraus.

2.1.3   Das Werkzeug SQL*Plus

Im SQL*Plus muss man sich zuerst anmelden:

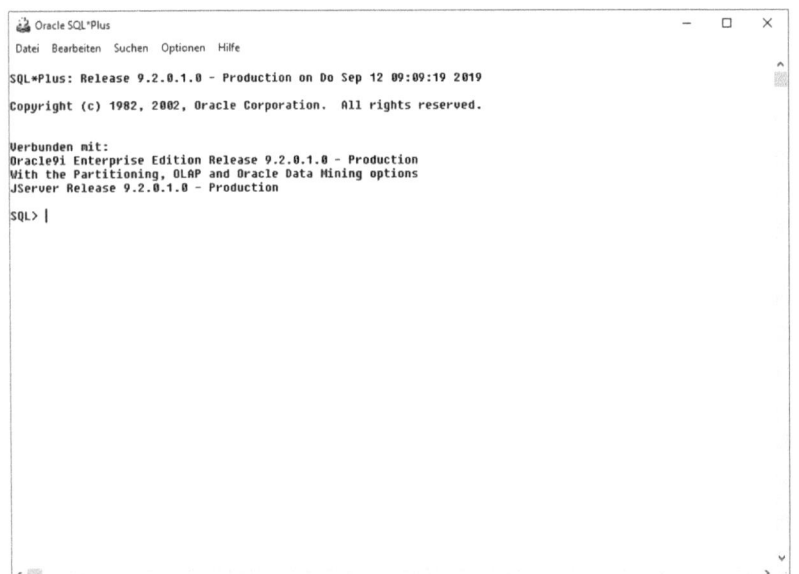

*Abb. 1: SQL*Plus Anmeldefenster*

Danach meldet sich das Werkzeug in etwa wie folgt (hier die Version von Oracle 9.2):

*Abb. 2: SQL*Plus Rückmeldung nach erfolgreichem Login*

---

[6] Sie sollten dieses Passwort nicht verwenden oder nach der Erstellung des Anwenders ändern. Das Passwort eines Users ändert man in Oracle mit dem Befehl „alter user VCO identified by xxx;", wobei statt xxx dann das neue Passwort eingetippt wird.

Nun kann man beliebige SQL, DML oder DDL Kommandos eintippen oder auch mit Copy & Paste einfügen. Das funktioniert auch für mehrzeilige Kommandos, weil in SQL ein Kommando erst dann abgeschlossen ist, wenn ein Semikolon gesetzt wird.

2.1.4 Datenbankrollen

Falls uns dieser Begriff jetzt nichts sagen sollte: Datenbankrollen sind gut vergleichbar mit den Benutzergruppen im Windows. Wir können den Begriff „Datenbankrolle" oder kurz „Rolle" daher mit „Benutzergruppe" synonym verwenden. Diese Rollen haben einen großen Vorteil:

Wenn man alle Rechte in der Datenbank nicht den einzelnen Usern direkt zuweist, sondern den Rollen (und die Rollen dann den Benutzern), spart man in der Folge viel administrativen Aufwand ein, und bekommt als Beloh-nung auch noch ein übersichtliches Rechtekonstrukt.

Beispiel:

Der User „guenter" soll das Recht bekommen, auf die Tabelle „T_PERSON" lesend zuzugreifen. Dies würde man in Oracle mit folgendem Befehl erreichen können:

```
grant select on T_PERSON to guenter;
```

Irgendwann kommen weitere User dazu, zum Beispiel die Userin „susanne". Dann muss man, wenn sie die glei-chen Rechte wie „guenter" haben soll, alle diese Grants auch für sie noch einmal durchführen. Das kann bei vielen Tabellen, Views und weiteren Datenbankobjekten, und vor allem bei vielen Usern, schnell in Arbeit ausarten. Erstellt wir uns also stattdessen eine Rolle, nennen wir sie „VCO_USER" und weisen diese Rechte **einmalig** der Rolle zu:

```
create  role VCO_USER identified by schonwiedereinpasswort;
grant select in T_PERSON to VCO_USER;
```

Nun können wir im Falle, dass wir einen neuen User benötigen, diesem einfach die Rolle zuweisen:

```
create user guenter identified by vcotest
default tablespace USERS
temporary tablespace TEMP;
grant VCO_USER to guenter;
```

Selbstverständlich kann man verschiedene Rollen mit verschiedenen Berechtigungen definieren. Man sollte das System allerdings möglichst einfach (und damit gut administrierbar) halten.

> Anmerkung:
>
> Die Berechtigungen in verschiedenen Oracle Rollen addieren sich, genau wie Windows-Benutzerrechte, zu einer Vereinigungsmenge aller Berechtigungen, wenn einem User mehrere Rollen zugewiesen werden.

Die Vorteile von Rollen beschränken sich allerdings nicht auf neu anzulegende User. Man kann nämlich Rollen auch ganz einfach wieder entziehen, wenn man einem User beispielsweise (temporär oder auf Dauer) die mit der Rolle verbundenen Rechte wegnehmen will:

```
revoke VCO_USER from guenter;
```

Die Vorteile dieser Rollen sollten hiermit erkennbar sein. Wir erweitern jetzt unser Script „01_User.sql" also um folgende Einträge:

```
create  role VCO_USER identified by schonwiedereinpasswort;
grant create session to VCO_USER;
grant alter session to VCO_USER;
```

Die beiden Grants gestatten es jedem User mit der Rolle „VCO_USER", sich an unsere Datenbank zu konnektie-ren (eine Session zu eröffnen).

2.2   Die erste Tabelle

Wir sind jetzt so weit, unsere erste Datenbanktabelle anzulegen, müssen uns also Gedanken über das Datenmodell zu unserer Anwendung machen. Der Autor hat dazu 2003 ein Buch veröffentlich, das sich fast ausschließlich mit Datenmodellierung im kommerziellen Umfeld beschäftigt. Dieses Thema kann und soll daher hier nicht zum zentralen Inhalt werden. Wenn man Software testen möchte, wird man dazu jemanden brauchen, der die Testfälle schreibt, eine Person eben. Man wird auch jemanden brauchen, der die Tests durchführt, ebenfalls eine Person. Das weist uns auf die erste zu realisierende Datenbanktabelle hin, eine Personentabelle.

Tipp:

Man kann potenzielle Kandidaten für Datentabellen oft sehr einfach an den häufig vorkommenden Substantiven in einem Text identifizieren.

Damit man nicht von Anfang an Gefahr läuft, gerne und oft gemachte Fehler zu wiederholen, sollte man gewisse Richtlinien für die Datenmodellierung einhalten:

Richtlinien zur Datenmodellierung:

Bei der Realisierung von Datenbanktabellen gibt es einige „Quasinormen", die man tunlichst einhalten sollte:

Tabellennamen sind immer im Singular

Es ist sinnvoll, Tabellen in einem Projekt mit einem vereinbarten Kürzel (in unserem Projekt mit „VCO_") beginnen zu lassen

Der Primärschlüssel einer Tabelle sollte immer als numerischer Kunstschlüssen (z. B. fortlaufende Zahl) realisiert werden, das vereinfacht die Programmierung

---

Unsere Personentabelle könnte also wie folgt aussehen:

```
rem 020_CreateTables.sql
rem Dipl. Ing. Guenter Leitenbauer
rem Erstellung der Tabellen
rem DBA User "VCO"
rem Unser VCO muss angemeldet sein!

CREATE TABLE VCO_PERSON (
    PersonID           NUMBER          NOT NULL,
    Name               VARCHAR2(40)    NOT NULL,
    DBKennung          VARCHAR2(32)    NULL,
    Vorname            VARCHAR2(40)    NOT NULL,
    Titel              VARCHAR2(20)    NULL,
    Geschlecht         VARCHAR2(20)    NOT NULL
)
     PCTFREE 10
     TABLESPACE USERS
     STORAGE ( INITIAL 10K )
;
```

Dabei sind die Angaben „PCTFREE", „TABLESPACE" und „STORAGE" Parameter, die man problemlos auch weglassen kann. Sie dienen dazu, die neue Tabelle größenmäßig vorzugeben, wobei das aber keine Einschränkung darstellt. Oracle erweitert Tabellen selbständig, wenn sie den reservierten Platz zu einem gewissen Prozentsatz (100 minus PCTFREE) ausgeschöpft haben. Wir werden diese Storageparameter daher in Zukunft der Übersichtlichkeit halber weglassen.

Legen wir die Tabelle also in SQL*Plus an[7]:

```
SQL> CREATE TABLE VCO_PERSON (
  2    PersonID NUMBER  NOT NULL,
  3    Name VARCHAR2(40) NOT NULL,
  4    DBKennung VARCHAR2(32) NULL,
  5    Vorname VARCHAR2(40) NOT NULL,
  6    Titel  VARCHAR2(20) NULL,
  7    Geschlecht VARCHAR2(20) NOT NULL
  8  )
  9        PCTFREE 10
 10        TABLESPACE USERS
 11        STORAGE (
 12              INITIAL 10K
 13        )
 14  ;

Tabelle wurde angelegt.

SQL> |
```

*Abb. 3: Tabelle in SQL*Plus anlegen*

2.2.1   Der Primärschlüssel

In jeder Tabelle in einer relationalen Datenbank gibt es genau ein Attribut (dabei kann es sich auch um eine Attri-butkombination handeln), das als „Primärschlüssel" fungiert. Primärschlüssel sind immer eindeutig. Das heißt, keine zwei Datensätze in einer Tabelle können den gleiche Primärschlüsselwert besitzen. Die Datenbank verhin-dert das beim Einfügen oder Ändern konsequent. Weiters kann man sogenannte „Indizes" auf Tabellenspalten (oder Kombinationen von Spalten) legen, die die Suche beschleunigen. Bei Schlüsselattributen sollte man immer solche Indizes definieren, bei Spalten, nach denen man häufig sucht, ist es empfehlenswert. Wir legen also einen solchen Index[8] an, und geben der Datenbank bekannt, welches Attribut in unserem Falle der Primärschlüssel ist:

```
-- Index fuer Primaerschluesselspalte
CREATE INDEX XIPK_VCO_PERSON ON VCO_PERSON
(
      PersonID
)
      TABLESPACE INDX
      STORAGE ( INITIAL 20K )
;

-- PersonID als PK definieren
ALTER TABLE VCO_PERSON
      ADD  ( PRIMARY KEY (PersonID)
      USING INDEX
            TABLESPACE INDX
            STORAGE ( INITIAL 20K )
);
```

Falls es in unserer Datenbank keinen eigenen Tablespace „INDX" geben sollte, verwenden wir statt „INDX" einfach „USERS".

2.2.2   Öffentliche Namen (public synonyms)

Damit haben wir unsere erste Tabelle erfolgreich erzeugt. Allerdings ist sie im Moment noch nur für den User VCO sichtbar, wir benötigen daher noch einen öffentlichen Namen:

---

[7] In Zukunft werden wir meist nur noch die Scripts respektive Kommandos anführen. Wie man sie in SQL*Plus ablaufen lässt, sollte mit obiger Erläuterung nun klar sein.

[8] Diese Indizes kann man frei benennen, wir benennen unsere hier „XIPK_VCO_PERSON" (XI für Index, PK für Pri-mary Key und dann den Tabellennamen).

```
CREATE PUBLIC SYNONYM VCO_PERSON for VCO.VCO_PERSON;
```

SQL*Plus sollte uns das mit der folgenden Meldung bestätigen:

```
SQL> CREATE PUBLIC SYNONYM VCO_PERSON for VCO.VCO_PERSON;
Synonym wurde angelegt.
SQL>
```

Und spätestens jetzt verstehen wir auch, warum wir allen Tabellen, Views, etc. in diesem Projekt ein „VCO_" voranstellen:

Öffentliche Namen (public synonyms) müssen eindeutig sein, dürfen also nicht doppelt vorkommen. Die Wahrscheinlichkeit, dass es eine Tabelle „PERSON" innerhalb einer Datenbank aber schon gibt, ist umso größer, je mehr Projekte diese Datenbank nutzen.

2.2.3   Zugriffsrechte auf Tabellen

Die eben erzeugte Tabelle ist nun zwar allgemein sichtbar (in ihrer Existenz), das heißt aber noch lange nicht, dass darauf auch jedermann zugreifen kann[9]. Dieses Recht muss in Oracle gesondert gesetzt werden. Wir ergänzen daher unser Script noch einmal um eine weitere Zeile:

```
GRANT ALL on VCO_PERSON to VCO_USER;
```

SQL*Plus bestätigt uns die Vergabe des Zugriffsrechtes auf diese Tabelle:

```
SQL> GRANT ALL on VCO_PERSON to VCO_USER;
Benutzerzugriff (Grant) wurde erteilt.
SQL>
```

Man kann dabei verschiedene Rechte vergeben. Von Bedeutung sind vor allem zwei Rechte:

```
GRANT ALL
```

Ermöglicht lesenden, ändernden, löschenden und einfügenden Zugriff.

```
GRANT SELECT
```

Ermöglicht nur lesenden Zugriff.

Man beachte, dass wir diese Berechtigung der Rolle „VCO_USER" und nicht etwa bestimmten Anwendern zugewiesen haben!

2.3   Ein erster Datensatz

Eine Tabelle ohne einen einzigen Datensatz (Record, Row) ist von keinem großen Nutzen. Da wir noch keine Anwendung haben, die einen solchen Datensatz einfügen kann, werden wird das manuell machen. Auch wenn das vorliegende Werk kein Lehrbuch zum Thema SQL sein kann oder sein will, sei das entsprechende Statement hier angeführt:

```
INSERT INTO VCO_PERSON
(PersonID, Name, DBKennung, Vorname, Titel, Geschlecht)
VALUES (1, 'Leitenbauer', 'guenter', 'Günter', 'Dipl. Ing.', 'm');[10]
```

Man kann zwar die Spaltenbezeichnungen weglassen, dann muss man allerdings die Werte (VALUES) in der korrekten Reihenfolge und vollständig angeben. Es ist daher immer besser, die Spaltenbezeichnungen (Inhalt der ersten Klammer) explizit anzuführen. Wenn man obiges Statement in SQL*Plus eingibt, sollte man folgende Rückmeldung bekommen:

---

[9] Oracle unterscheidet sehr genau zwischen „Sichtbarkeit" und „Zugriff".

[10] In relationalen Datenbanken werden Zeichenketten nicht in doppelte sondern in einfache Hochkommas eingeschlossen.

```
1 Zeile wurde erstellt.
SQL>
```

Das ist (noch) eine temporäre Zeile, die erst dann in die Datenbank übernommen wird, wenn wir die Änderung bestätigen:

```
commit;
```

Daraufhin bekommen wir folgende Rückmeldung der Datenbank:

```
Transaktion mit COMMIT abgeschlossen.
SQL>
```

Falls wir beim INSERT einen Fehler gemacht haben, können wir, anstatt zu bestätigen, auch alles rückgängig machen:

```
rollback;
```

Daraufhin bekämen wir dann folgende Rückmeldung der Datenbank:

```
Transaktion mit ROLLBACK rückgängig gemacht.
SQL>
```

> Wenn man einmal ein commit abgesetzt hat, sind die Änderungen fix in der Datenbank. Es gibt dann kein Undo oder Rollback mehr. Man sollte also die Rückmeldungen der Datenbank nach jedem Statement genau lesen, bevor man sein commit absetzt!

2.4 Zu guter Letzt – eine Datenbankabfrage

Wir können nun überprüfen, was in unserer neu erstellten und mit einem Datensatz befüllten Tabelle enthalten ist, indem wir eine Datenbankabfrage mittels SELECT durchführen:

```
SELECT Name, Vorname
FROM VCO_PERSON;
```

Die Datenbank liefert uns (hoffentlich) etwas in der Art:

```
NAME                            VORNAME
------------------------        -------------------------------
Leitenbauer                     Günter
SQL>
```

2.5 Zusammenfassung

Wir haben in diesem Kapitel gelernt,

➢ einen Datenbankuser anzulegen

➢ was Datenbankrollen sind und wie man sie anlegt

➢ wie man Rechte auf der Datenbank sinnvoll zuweist (über Datenbankrollen, die den Benutzern zugewiesen und entzogen werden können)

➢ wie man einen Datenbankanwender anlegt und ihm eine Rolle zuweist.

➢ was öffentliche Synonyme sind, wozu man sie verwendet und wie man sie anlegt

➢ wie man einen Datensatz einfügt

➢ wie man die Datensätze einer Tabelle abfragt

Im nächsten Kapitel wird es nun auch in Bezug auf die Programmierung der Datenbankanwendung in C++ ernst. Wir werden uns jetzt daran machen, eine erste kleine Anwendung zu schreiben, mit der wir uns an die Datenbank anmelden und Datensätze aus der obigen Personentabelle abfragen können.

3 Visual Studio C++ - der Einstieg

Microsoft hat mit Visual Studio in der aktuellen Version ein wirklich fantastisches Werkzeug am Markt. Dem geht natürlich eine lange Geschichte voraus, die uns hier aber nicht interessiert. Wichtig ist vielmehr, dass man mit den derzeit erhältlichen Versionen (wir verwenden MS Visual Studio 2017, ab jetzt kurz „VS") sehr zielgerichtet und gut arbeiten kann, wenn man einige Untiefen umschifft.

3.1 Welche Version von VS soll man installieren?

Wenn man die Downloadseite[11] von VS besucht, bekommt man drei mögliche Lizensierungsvarianten angezeigt:

Abb. 4: MS Visual Studio Lizenzmodelle

Wo liegen die Unterschiede?

Um es kurz zu machen: Die funktionalen Unterschiede der Gratisversion zu den kostenpflichtigen Versionen liegen in erster Linie im Bereich „Teamentwicklung", „Debugging" und „Softwaretest". Für Einzelentwickler und kleine Teams (bis maximal fünf Entwickler) gibt es in der kostenlos erhältlichen Version keine für uns relevanten Einschränkungen. Es ist allerdings zu beachten, dass man im Bereich der kommerziellen Programmentwicklung auf jeden Fall eine kostenpflichtige Version von VS benötigt.

Fazit: Wir installieren uns für unser Projekt die Community Version von Visual Studio 2017.

3.2 Was ist bei der Installation von VS zu beachten?

Eigentlich nicht viel. Die Standardinstallation reicht völlig, man sollte nur darauf achten, die Programmiersprache C++ nicht abzuwählen. Ob man die anderen Programmiersprachen wie C# oder Visual Basic auch installiert, hängt nur davon ab, ob man sie in anderen Projekten benötigt oder nicht.

> Tipp:
>
> Wenn man keine gewichtigen Gründe hat, sollte man bei Installationen immer die Voreinstellungen belassen. Erfahrungsgemäß spart das in der Folge Ärger.

Die Installation von Visual Studio wird in diesem Buch nicht beschrieben. Wir gehen in der Folge davon aus, dass die Entwicklungsumgebung korrekt installiert worden ist[12].

3.3 Das Projekt wird erstellt

Visual Studio verwendet den Begriff „Projekt" für ein zusammengehörendes Ensemble von Sourcen, Ressourcendateien, Makefiles, etc., sodass man in der Folge beim Öffnen der Entwicklungsumgebung stets nur einen Klick

---

[11] Aktuell erreichbar unter: https://visualstudio.microsoft.com/de/downloads/

[12] Was im Übrigen nicht allzu kompliziert ist. Die Installation geht sehr einfach.

auf die entsprechende Projektdatei benötigt, um die gesamte Entwicklungsumgebung exakt in dem Zustand wieder vorzufinden, indem man sie zuletzt beendet hat. Das ist äußerst praktisch und benutzerfreundlich, muss man sich so doch nicht einmal merken, wo man die Arbeit am Vortag beendet hatte. Visual Studio kann dabei mehrere Projekte verwalten, und man kann zudem mehrere Instanzen von Visual Studio zugleich geöffnet haben. Das ist hilfreich, wenn man ein Beispielprojekt dazu benutzen möchte, um Fehler im eigenen Projekt zu beheben oder Änderungen darin durchzuführen.

Wenn man Visual Studio startet, werden die zuletzt verwendeten Projekte angezeigt, wobei man Projekte, die man nicht oft benötigt, auch ausblenden kann. Man muss dann nur noch das entsprechende Projekt anklicken – oder ein neues erzeugen:

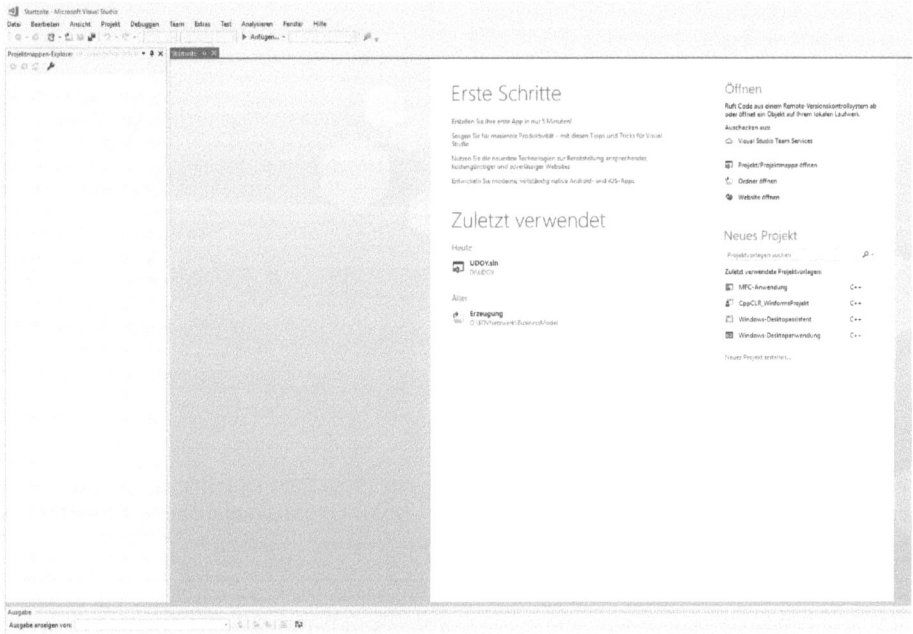

Abb. 5: MS Visual Studio 2017 Startbildschirm

Unter „Zuletzt verwendet" sieht man eventuell schon existierende Projekte, hier z. B. „UDOY.sln". Dabei ist „UDOY" der Projektname und „.sln" die Dateierweiterung für „(Visual Studio) Solution". Wir klicken hier aber kein bestehendes Projekt an, sondern erzeugen über den Punkt „Neues Projekt" (rechts) und den Unterpunkt „MFC Anwendung" ein neues Projekt (die blaue Schrift zeigt den ausgewählten Typ an):

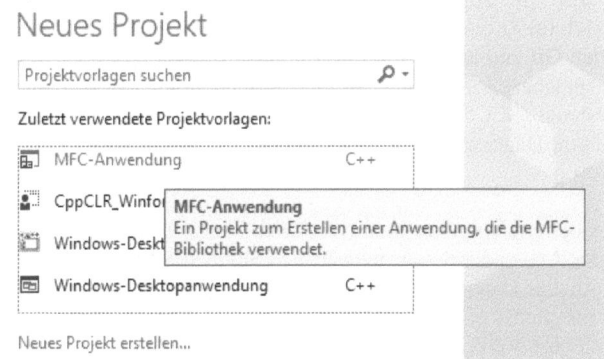

Abb. 6: MS Visual Studio 2017 Projekttyp wählen

Daraufhin öffnet sich ein weiterer Auswahldialog, in dem wir die Art der Anwendung auswählen und den Projektnamen sowie den Speicherort festlegen können, wie im folgenden Bild gezeigt:

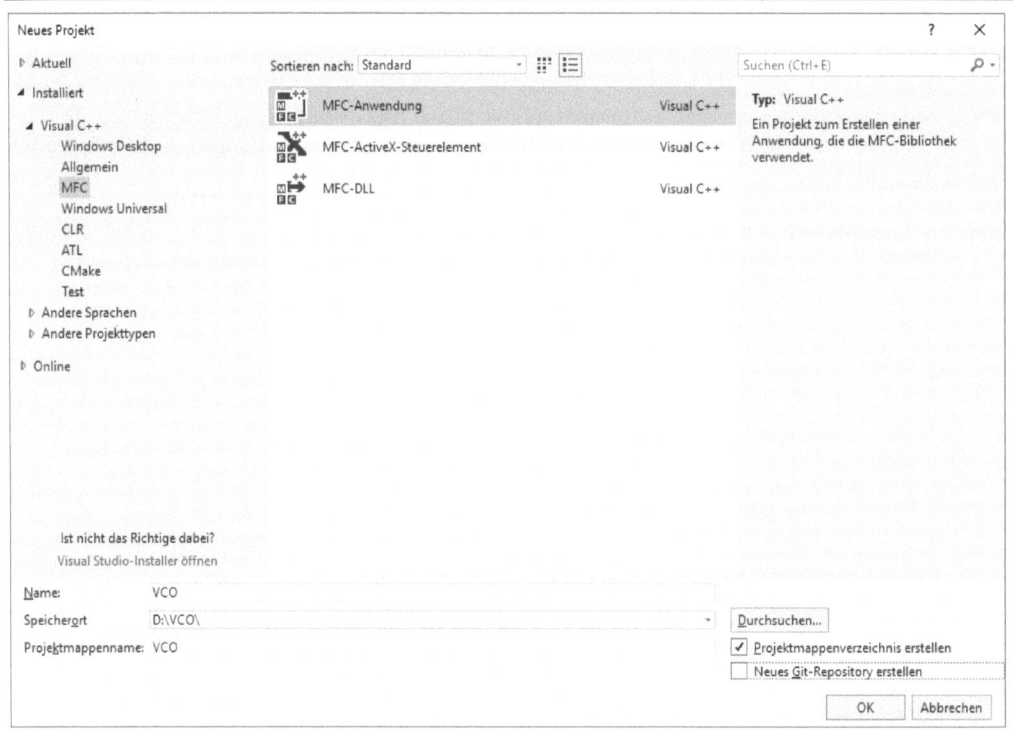

Abb. 7: MS Visual Studio 2017 Projektgrunddaten

Wir wählen natürlich als Projekttyp „MFC Anwendung". Wir wollen ein Programm erstellen, keine DLL und auch kein ActiveX-Steuerelement. Der Projektpfad ist in unserem Falle „D:\VCO". Man kann aber natürlich jeden Pfad verwenden.

Netzwerkpfade sind natürlich flexibler, weil man dann auch auf verschiedenen Rechnern im Netzwerk entwickeln kann und weil man in einer Netzwerkumgebung üblicherweise Netzwerklaufwerke sichern lassen kann.

Allerdings hat die Entwicklung auf einem lokalen Laufwerk (wie oben) auch Vorteile, vor allem in der Geschwindigkeit.

Unten rechts sieht man eine Checkbox[13] „Neues Git-Repository erstellen". Was hat es damit auf sich?

Git ist ein einfaches Versionskontrollsystem. Das heißt, dass das System auf Benutzerwunsch von einem Entwicklungsstand einen Snapshot (Schnappschuss) anlegt, also alle zugehörigen Dateien archiviert. Diese sind dann jederzeit wiederherstellbar, zum Beispiel, wenn man sich im Zuge einer Entwicklung „verlaufen" hat oder Dateien irrtümlich gelöscht hat. Der Hauptunterschied zwischen Git und anderen Versionskontrollsystemen besteht in der Art, wie Git Daten betrachtet. Viele andere Systeme speichern Information als eine fortlaufende Liste von Änderungen an Dateien (Differenzspeicherung). Diese Systeme (SCCS, CVS, Subversion, Perforce, usw.) betrachten die Informationen, die sie verwalten, als eine Menge von Dateien und die Änderungen, die über die Zeit hinweg an einzelnen Dateien vorgenommen werden.

Git geht einen anderen (einfacheren, aber auch unflexibleren) Weg. Git betrachtet seine Daten als eine Reihe von Snapshots eines Minidateisystems. Jedes Mal, wenn der Anwender den gegenwärtigen Status des Projekts als eine Version in Git speichert, sichert Git den Zustand sämtlicher Dateien in diesem Moment als „Snapshot" und speichert einen Verweis auf diesen Snapshot. Um dies möglichst effizient und schnell tun zu können, kopiert Git unveränderte Dateien nicht etwa, sondern legt lediglich eine Verknüpfung zu der vorherigen Version der Datei an. Trotzdem wächst natürlich in Abhängigkeit von der Anzahl der Snapshots der Speicherbedarf entsprechend an. Um dieses Buch nicht mit zusätzlicher Komplexität zu belasten, die dem eigentlichen Ziel nichts Essentielles hinzufügen würde, werden wir Git hier deaktivieren, die Checkbox also abwählen (kein Haken gesetzt).

---

[13] Da dies ein Buch über Programmierung ist, verwenden wir hier auch die allgemein verständlichen, englischen Begriffe wie „Button" statt „Schaltfläche" und „Checkbox" statt „Kontrollkästchen".

Damit sind die Grunddaten definiert. Mit einem Klick auf den Button „OK" legt Visual Studio das Projekt nun an, will aber vorher noch einige weitere Informationen. Dazu öffnet Visual Studio folgenden Dialog:

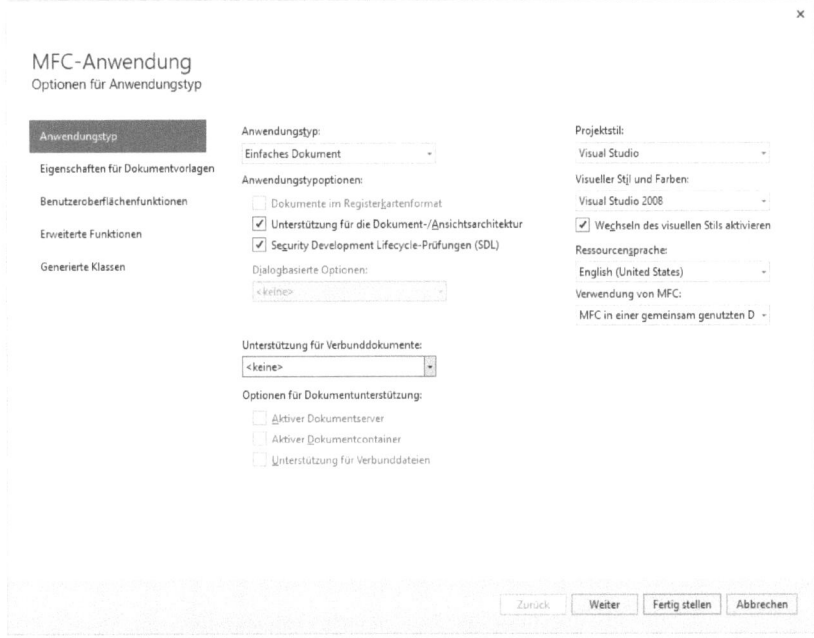

Abb. 8: MS Visual Studio 2017 Weitere Projektgrunddaten

Diese Einstellungen bedürfen einer Erläuterung, vor allem die Combobox „Anwendungstyp".

3.3.1 MFC in der Nussschale

Was ist eigentlich dieses „MFC"?

MFC steht für „Microsoft Foundation Classes" und war ursprünglich eine reine Klassenbibliothek, also eine Hierarchie vorgefertigter Klassen zur Erleichterung der Programmierung von Windows. Diese Bibliothek basierte (und tut das noch) auf einer gemeinsamen Basisklasse „CObject". Davon abgeleitet waren Klassen für wichtige Datentypen (wie Zeichenketten oder Felder), und auch Das Document-View-Konzept und das so genannte OLE (Object Linking and Embedding) waren schon integriert. Später hat Microsoft diese Bibliothek zu einem kompletten Anwendungsgerüst erweitert. Dies beinhaltete Windowsfensterklassen, Steuerelementklassen, Unterstützung für das Öffnen, Speichern und Drucken von Dokumenten (Dateien) und vieles mehr. In der Folge wurden weitere Klassen integriert. Dies umfasst Klassen zur Anbindung von Datenbanken mit ODBC, Klassen für ActiveX, Unterstützung von http-Protokollen, etc.

Man könnte MFC vielleicht am besten als Gerüst zur Erstellung verschiedenster Windowsanwendungen bezeichnen, mit dem man eine Basisanwendung, die viele typische Windowsfunktionalitäten schon beinhaltet, mit sehr wenig Aufwand erstellen kann, um diese dann mit der speziellen Funktionalität auszustatten, die man benötigt.

3.3.2 SDI und MDI Document/View Architektur

Anwendungen, die die Bearbeitung von Dokumenten wie beispielsweise Texten oder Tabellen erlauben, haben sehr viele Funktionalitäten, die sich von Anwendung zu Anwendung nicht oder nur geringfügig ändern. Man könnte also sagen: Sie folgen einem Muster. Tatsächlich nennt man diese Muster „Designmuster" oder englisch „Design Patterns". Das Document-View-Modell ist so ein Designmuster. Es ist vom Muster „Model-View-Controller" abgeleitet und beschreibt die immer wieder gleichartigen Vorgangsweisen in solchen Programmen:

Im Dokument werden dabei Daten gespeichert. In der View werden sie angezeigt und/oder bearbeitet. Die Trennung ist sehr wichtig, entkoppelt sie doch die (objektiven) Daten von den (durchaus verschiedenen) Anforderungen der Darstellung und Bearbeitung. Wir kennen alle typische Programme mit dieser Architektur: Wenn man in

Word eine Datei öffnet, beinhaltet die Datei die Daten, die dem Anwender in verschiedenen Views zur Bearbeitung dargeboten werden. Es gibt eine Entwurfsansicht, eine Gliederungsansicht, eine Seitenansicht, und so weiter. Jede Änderung in einer dieser Views ändert die zugrundeliegenden Daten. Beim Wechsel in eine andere Ansicht sind diese Änderungen in jeder Ansicht sofort aktuell.

So weit, so gut. Was ist nun SDI, und was ist MDI?

SDI steht für „Single Document Interface". Bei SDI-Anwendungen kann immer nur **genau ein Dokument** in der Anwendung geöffnet sein. Ein Beispiel dafür ist Microsoft Paint.

MDI steht für „Multiple Document Interface". Hier kann eine Anwendung **mehrere Dokumente zugleich** im geöffneten Zustand bearbeiten. Ein Beispiel dafür wäre Microsoft Word.

3.3.3 SDI oder MDI für unser Projekt?

Da wir eine Datenbankanwendung realisieren möchten, ist eigentlich keines der beiden Konzepte für uns passend. Wir haben ja kein „Dokument" im eigentlichen Sinne. Allerdings sind fast alle anderen Funktionalitäten, die uns MFC bietet, wie für uns gemacht. Wir sehen also über den unwesentlichen Punkt hinweg, dass wir keine Dokumente bearbeiten und wählen daher die einfachere Variante, also SDI[14].

Im unter der letzten Abbildung angezeigten Dialog erreichen wir das mit der Auswahl „Einfaches Dokument" in der Combobox „Ansichtstyp". Die weiteren Einstellungen lassen wir, wie sie nach der Installation von Visual Studio standardmäßig vorgeschlagen werden:

➢ Die Checkbox „Unterstützung für die Dokument/Ansichtsarchitektur" lassen wir angewählt.

➢ Die Checkbox „Security Development Lifecycle-Prüfungen (SDL)" lassen wir ebenfalls angewählt. Sie führt nur dazu, dass beim Kompilieren und zur Laufzeit mehr Fehler gefunden werden. Man kann sie später auch sehr einfach abschalten.

➢ Die Combobox „Unterstützung für Verbunddokumente" belassen wir auf der Auswahl „<keine>". Microsoft schreibt dazu: „Gibt an, dass Object Linking and Embedding (OLE) nicht unterstützt wird. Der Anwendungs-Assistent erstellt standardmäßig eine Anwendung ohne ActiveX-Unterstützung." Wenn wir keine OLE-Unterstützung brauchen, sollten wir uns also damit auch nicht belasten.

➢ Die Combobox „Projektstil" setzen wir auf „Visual Studio". Das erlaubt uns im Gegensatz zu „MFC Standard" die Verwendung andockbarer Bereiche, etc. – kurz: eine moderner wirkende Anwendung. Etwas komplizierter, aber auch modern wirkend wäre „Office".

➢ Die Combobox „Visueller Stil und Farben" sollte auf „Visual Studio 2008" gesetzt sein, und die darunter befindliche Checkbox „Wechseln des visuellen Stils aktivieren" lassen wir angekreuzt. Damit kann der Anwender zur Laufzeit des Programms den Stil der Anwendung ändern, ohne dass wir dazu etwas programmieren müssten.

➢ Die Combobox „Ressourcensprache" beinhaltet die Sprachen, die beim Installieren von Visual Studio ausgewählt wurden. In diesem Buch wählen wir „Englisch"

➢ Zuletzt belassen wir die Combobox „Verwendung von MFC" in der Einstellung „MFC in einer gemeinsam benutzten DLL" verwenden. Das führt zu kleineren ausführbaren Programmen, dafür muss die MFC-DLL auf jedem Client installiert werden. Will man die Installation maximal vereinfachen, wählt man die andere Option „MFC in einer statischen Bibliothek verwenden". Die EXE-Dateien werden dann erheblich größer.

Wenn wir alle Einstellungen überprüft bzw. angepasst haben, klicken wir auf den Button „Weiter" und kommen in den Dialog, der sich mit den Dokumenten befasst:

---

[14] Die Wahl einer rein dialogbasierten Anwendung würde uns zu stark einschränken.

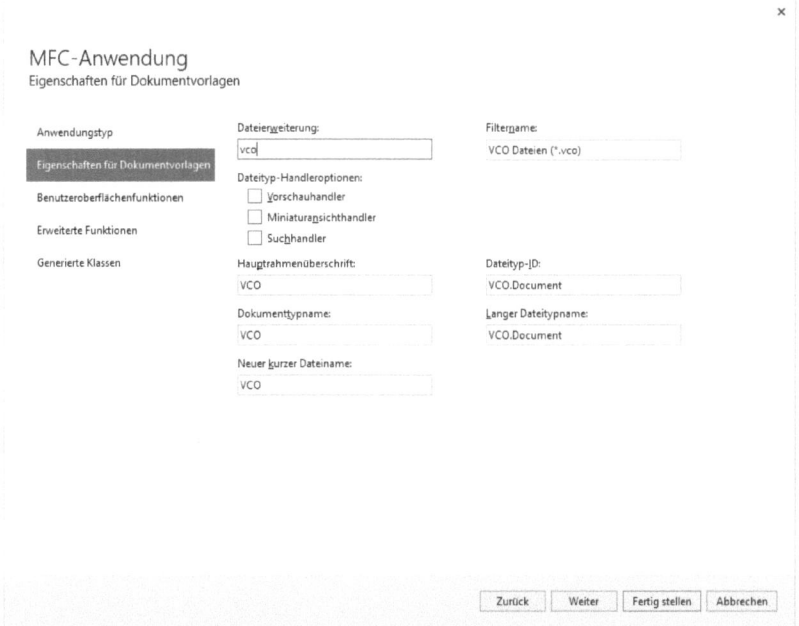

Abb. 9: MS Visual Studio 2017 Projektgrunddaten: Dokumente

Wir haben erwähnt, dass unsere geplante Datenbankanwendung keine Dokumentverwaltung im eigentlichen Sinne benötigt. Trotzdem verlangt die MFC-Architektur, dass wir zumindest eine Art „Dummydokument" verwenden. Auch wenn wir mit unserer Anwendung nie Dokumente öffnen werden, legen wir die Dateiendung hier auf „vco" fest. Alle anderen Eingabe- und Auswahlmöglichkeiten lassen wir, wie sie uns Visual Studio vorschlägt. Interessant ist eventuell nur noch die „Hauptrahmenüberschrift". Der hier eingegebene Text erscheint im Hauptfenster unserer zukünftigen Anwendung als Fenstertitel. Man kann hier also auch etwas anderes als „VCO" eingeben.

Dann klicken wir erneut auf den Button „Weiter" und kommen zu einem Dialog, in dem wir die Fensterstile festlegen können:

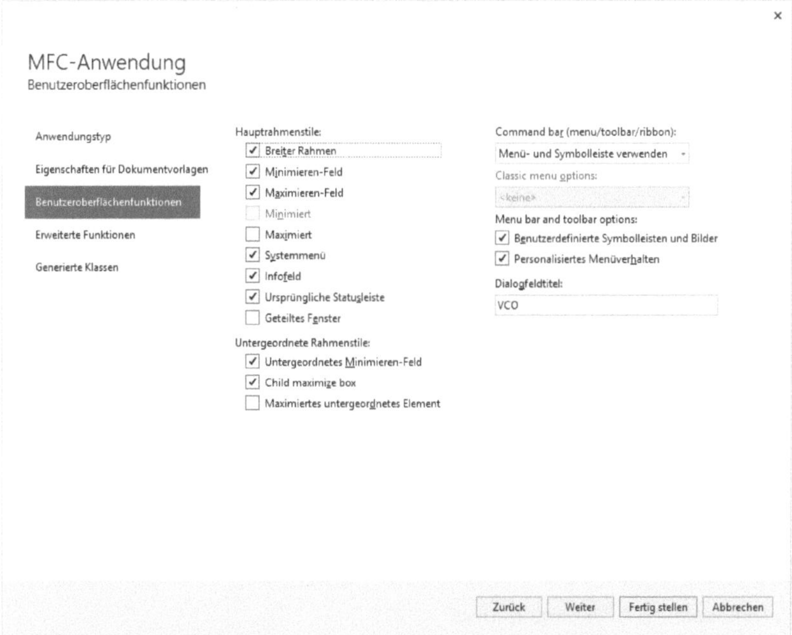

Abb. 10: MS Visual Studio 2017 Projektgrunddaten: Fensterstile

Man sollte die Einstellungen wie oben gezeigt belassen. Zumindest für dieses Projekt. Es erleichtert die Verwendung dieses Buchs. Ändert man die Einstellungen, werden manche Kapitel und/oder Erläuterungen schlicht nicht mehr anwendbar sein. Interessant ist hier vielleicht die Combobox „Command bar". Dort kann man festlegen, welche Art von Menüs die Anwendung anbieten soll. Wir wählen hier „Menü- und Symbolleiste verwenden".

Ein nochmaliges Klicken auf den Button „Weiter" bringt uns zu einem Dialog mit weiteren Einstellmöglichkeiten:

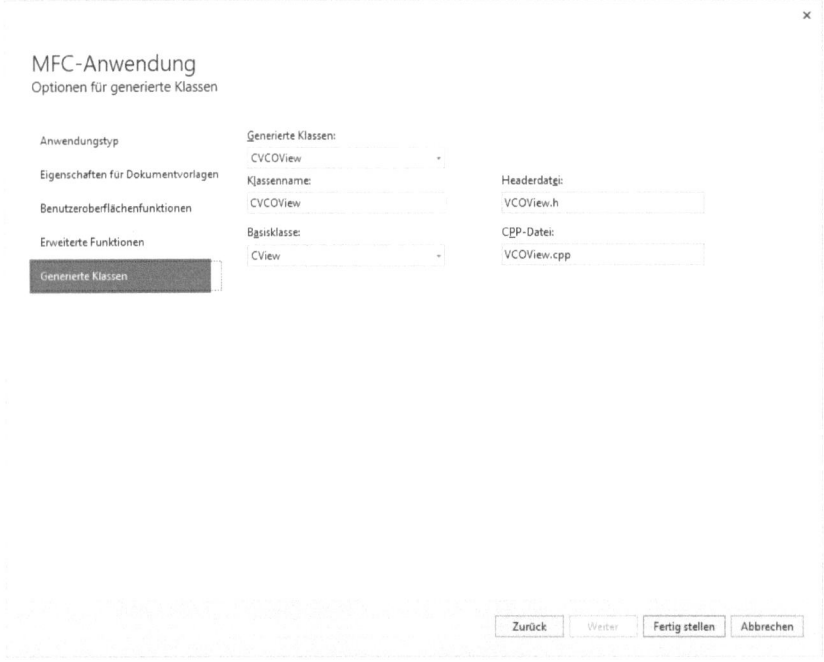

Abb. 11: MS Visual Studio 2017 Projektgrunddaten: Optionen

Wie man sieht, wurden einige Funktionalitäten (Drucken, Explorerbereich, etc.) abgewählt. Da unsere Anwendung keine Dokumente enthält, sind diese Funktionalitäten einfach nicht nötig und sinnvoll. Wenn man die Optionen wie oben gezeigt eingestellt hat, gelangt man mit einem Klick auf „Weiter" zum letzten Dialog:

Abb. 12: MS Visual Studio 2017 Projektgrunddaten: Generierte Klassen

Wir lassen hier die Vorschläge von Visual Studio unverändert und schließen mit Klick auf den Button „Fertig stellen" ab. Nach kurzer Berechnung erscheint die Arbeitsumgebung von Visual Studio mit dem neu erzeugten

Projekt. Wie wir sehen, hat Visual Studio dabei eine Menge von Dateien selbständig erzeugt, diese werden uns im linken Teil (dem Projektmappenexplorer) angezeigt (hier wird nur der linke Teil dargestellt):

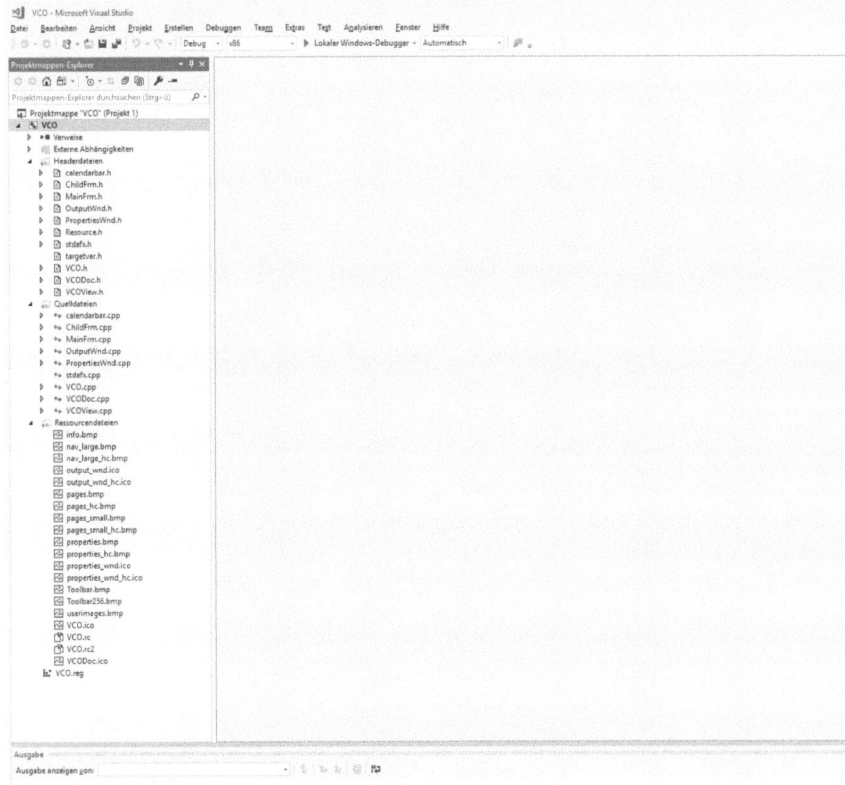

Abb. 13: MS Visual Studio 2017 Das erzeugte Projekt

3.4 Projekthandling

So weit, so gut! Aber was, wenn man irgendwo einen Fehler gemacht hat? Wie wird man das Projekt wieder los, um es dann neu (und korrekt) anlegen zu können? Dazu sind zwei Aktionen nötig: Das Löschen des Projektverzeichnisses und das Entfernen des Projektes aus Visual Studio.

3.4.1 Löschen des Projektverzeichnisses

Wir erinnern uns, dass wir als Projektverzeichnis „D:\VCO\" angegeben haben. Wir gehen im Explorer in dieses Verzeichnis und löschen dort alle Inhalte[15].

Das Projektverzeichnis selbst kann man belassen.

3.4.2 Entfernen des Projekts aus Visual Studio

Wenn man Visual Studio schließt und dann neu öffnet, ist das Projekt „VCO" jetzt ebenfalls in der Projektliste:

---

[15] Wenn man manuelle Dateien in dieses Verzeichnis abgespeichert hat, also außerhalb Visual Studio, sollte man DIESE Dateien dann natürlich nicht löschen!

Abb. 14: MS Visual Studio 2017 mit dem neuen Projekt

Wir klicken nun mit der rechten Maustaste darauf und bekommen ein kontextsensitives Menü angezeigt, in dem wir den Menüpunkt „Aus Liste entfernen" auswählen:

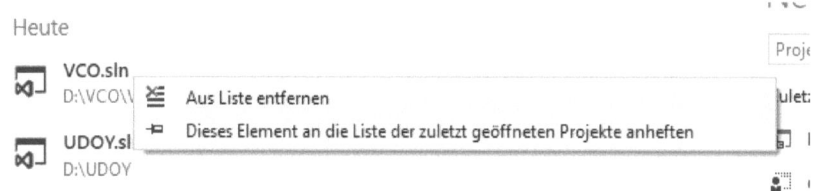

Abb. 15: MS Visual Studio 2017: Projekt entfernen

Nun können wir die unter Punkt 3.3 – „Das Projekt wird erstellt" beschriebenen Schritte erneut durchführen und das Projekt korrekt anlegen, falls uns das beim ersten Mal misslungen sein sollte.

3.5   Unser erstes Executable

Wir haben noch keine einzige Codezeile programmiert, aber wir können jetzt trotzdem schon unser erstes Programm erzeugen und ablaufen lassen. Das bieten eben die MFC – das ganze Rundherum erledigt das Anwendungsgerüst.

Also versuchen wir mal unser Glück und gehen ins Menü „Erstellen" und wählen den Menüpunkt „VCO erstellen" aus. Damit führt Visual Studio einen so genannten „Build" durch.

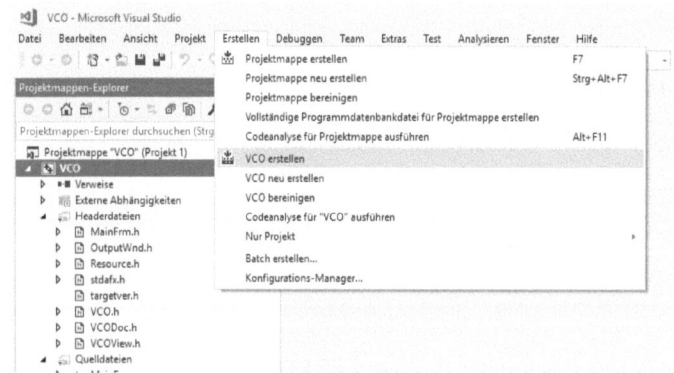

Abb. 16: Das Projekt wird „gebaut"

Ein „Build" besteht aus dem Kompilieren aller Dateien, die sich seit dem letzten Build geändert haben und dem darauf folgenden Binden (Linken) der daraus entstandenen Objektdateien (Objectfiles) zu einer ausführbaren Datei (Executable). Da wir keinerlei Dateien editiert haben, dürfen wir damit rechnen, dass keine Kompilier- oder Bindefehler auftreten. Der Fortschritt wird uns dabei im Ausgabefenster unten angezeigt:

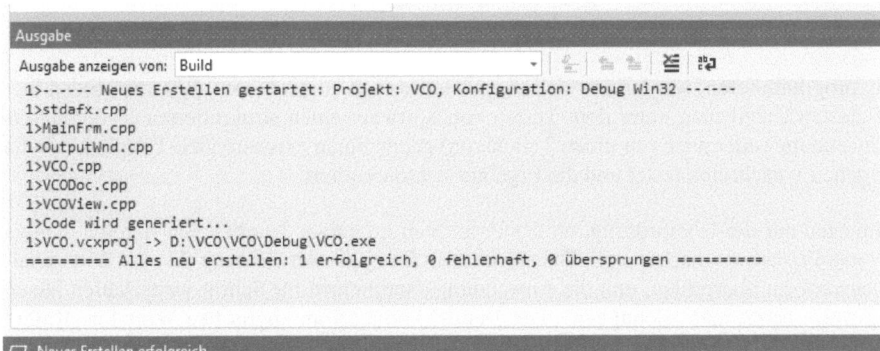

Abb. 17: Ergebnisanzeige beim Erstellen

„1 erfolgreich, 0 fehlerhaft" ist das, was wir hier sehen wollen. Wären Fehler aufgetreten, weil wir beim Programmieren irgendwo etwas falsch gemacht haben[16], könnte das Ausgabefenster etwa wie folgt aussehen:

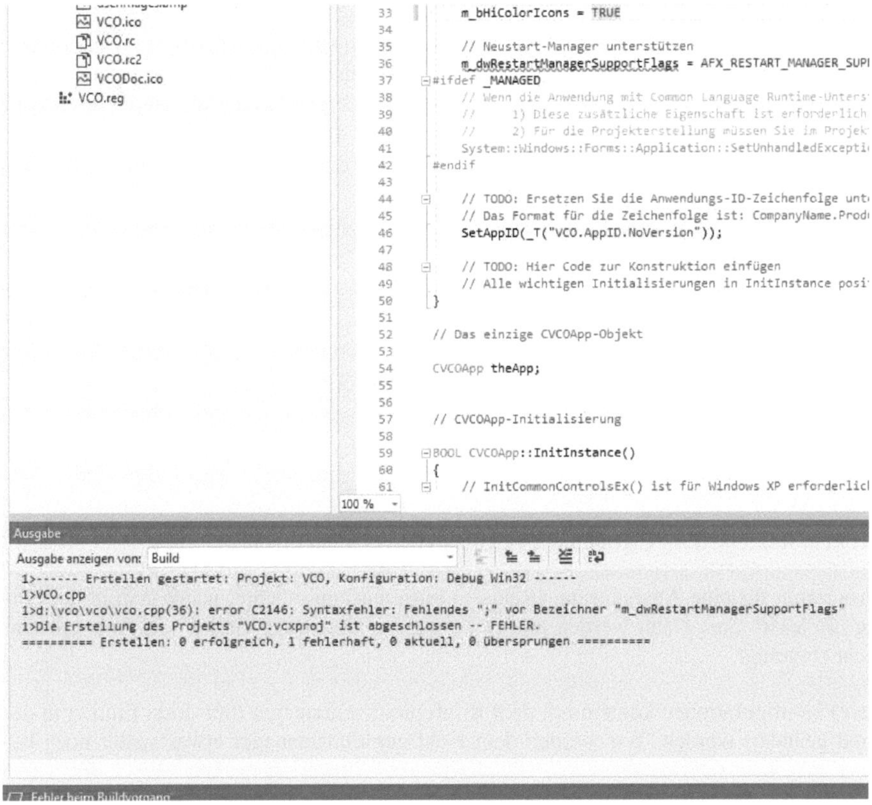

Abb. 18: Fehler beim Erstellen

> Doppelklickt man auf die Zeile im Ausgabefenster, die den betreffenden Fehler (hier z. B.: error C2146: Syntaxfehler: Fehlendes ";" vor Bezeichner "m_dwRestartManagerSupportFlags") ausgibt, landet man sofort in der betreffenden Datei an der richtigen Stelle.

---

[16] Um einen Fehler zu provozieren, wurde in der Datei VCO.CPP im Konstruktor CVCOApp::CVCOApp() das Semikolon hinter m_bHiColorIcons = TRUE gelöscht.

3.6   Starten des Programms

Und wie starten wir die soeben erstellte Anwendung jetzt? Dazu müssen wir uns ein wenig mit den so genannten „Konfigurationen" befassen.

3.6.1   Debug oder Release?

Wenn wir eine Anwendung programmieren, werden wir sie immer wieder auch ausprobieren. Wir verwenden hier bewusst nicht den Begriff „testen", weil man unter dem Testen von Software einen strukturierten Vorgang versteht, bei dem man eine Anwendung (oder auch nur einen Teil davon) gegen einen existierenden Testplan, der die durchzuführenden Schritte genau vorschreibt, testet und die Ergebnisse protokolliert.

Das Ausprobieren dient hingegen nur der Überprüfung, ob das Programm im gerade bearbeiteten Bereich in etwa das macht, was man sich vorstellt, dass es machen soll. Dabei macht es Sinn, die Anwendung da oder dort anhalten zu können, um Variablenwerte zu überprüfen, und die Anwendung dann Schritt für Schritt weiterlaufen lassen zu können. Diese Vorgangsweise nennt man „debuggen". Der Begriff kommt vom englischen Wort für „Käfer" (Bug), mit dem Programmierer etwas salopp Fehler im Programm bezeichnen.

C++ ist aber eine Compilersprache. Das heißt, das Programm wird nicht erst beim Ablauf Schritt für Schritt in ausführbaren Maschinencode übersetzt (wie das bei Interpretersprachen wie BASIC der Fall ist), sondern schon beim Kompilieren. Der Vorteil sind sehr schnelle, kompakte Executables, bei denen zudem der Sourcecode (das C++ Programm) nicht mehr enthalten ist, was auch eine Art Knowhow-Schutz darstellt.

Um ein solches Executable dennoch Schritt für Schritt ausführen und Variablenwerte darin überprüfen zu können, muss das Programmiersystem so genannte Debuginformationen zusätzlich erzeugen. Im Prinzip (und stark vereinfacht) kann man sich das so vorstellen, dass das Executable um Markierungen ergänzt wird, die an die jeweiligen Stellen im Sourcecode (Programm) verweisen. Eine solche Konfiguration stellt man wie folgt ein:

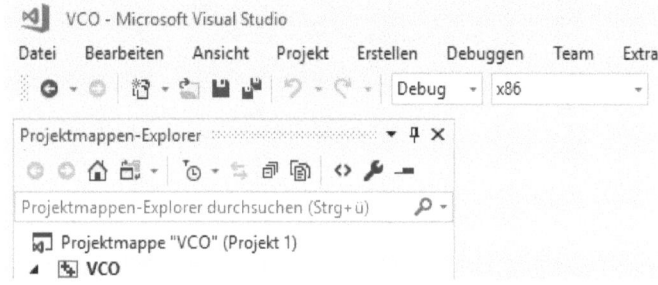

Abb. 19: Konfiguration einstellen

Diese Einstellung verwendet man während der Programmentwicklung praktisch durchgehend.

Wenn man hingegen das Programm für eine Auslieferung (Release) fertigmachen möchte, wählt man in der obigen Combobox den Eintrag „Release" aus. Dann werden alle Debuginformationen aus dem Executable entfernt bzw. beim Build erst gar nicht eingefügt.

Diese (und eventuelle weitere) Konfigurationen können mit dem Konfigurationsmanager (der dritte Eintrag in der Comboboxliste) definiert und geändert werden. Wir werden dem Konfigurationsmanager etwas später noch begegnen.

Jetzt stellen wir sicher, dass die Konfiguration „Debug" ausgewählt ist (und vorerst auch bleibt).

3.6.2   Programm debuggen

Wir möchten das eben erfolgreich erstellte Programm nun starten. Dazu haben wir im Menü „Debuggen" zwei Möglichkeiten, die in diesem Fall beide funktionieren:

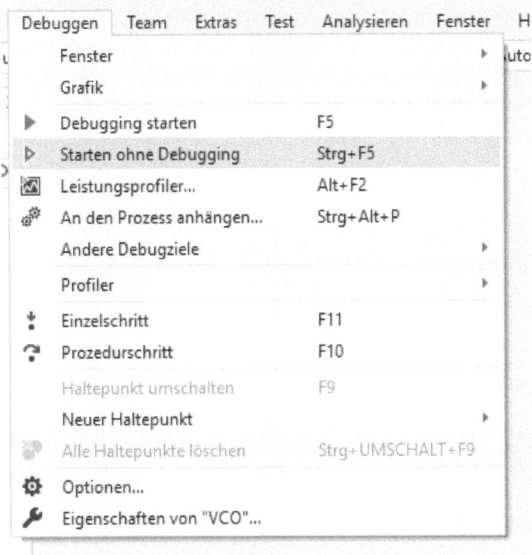

Abb. 20: Das Programm ablaufen lassen

Ob wir hier „Debugging starten" oder „Starten ohne Debugging" auswählen, ist in diesem Falle gleichgültig. Wenn wir die zweite Möglichkeit wählen, können wir das Programm nicht unterbrechen, keine Haltepunkte setzen, nicht Schritt für Schritt ablaufen lassen und keine Variableninhalte überprüfen.

Das benötigen wir jetzt aber auch alles nicht.

Egal, wie man es dann startet, es erscheint in etwa folgendes Programm am Bildschirm:

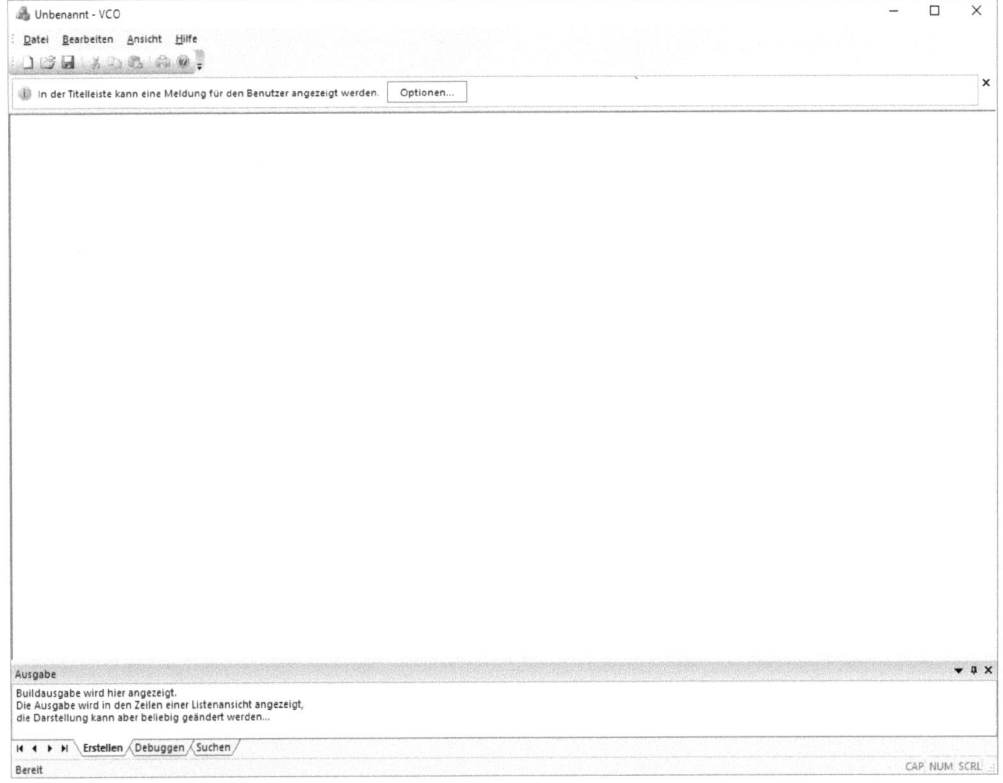

Abb. 21: Das erste Programm „VCO"

Dieses Programm „kann noch nichts" außer geöffnet und geschlossen zu werden. Wenn man aber ein wenig in die Windows-Programmierung eindringt, wie ma sie vor MFC betrieben hat, merkt man sehr schnell, wie viel Arbeit einem die MFC-Architektur hier abnimmt. Arbeit, die man besser in das eigentlich zu lösenden Problem (unser Datenbankprojekt) stecken kann, weil man sich sicher sein darf, dass das Rundherum (das Windows-Anwendungsgerüst) problemlos und fast fehlerfrei[17] funktioniert, ohne dass man dafür auch nur eine Zeile Code schreiben muss.

3.7 Zusammenfassung

Wir haben in diesem Kapitel gelernt,

➢ wie man ein Projekt in Visual Studio anlegt

➢ worauf man bei den Projekteinstellungen für ein Datenbankprojekt achten muss

➢ was Debug- und Releasekonfigurationen sind

➢ wie man das Programm erstellt und startet

Im nächsten Kapitel werden wir uns dann an die Datenbank anmelden.

---

[17] Absolute Fehlerfreiheit gibt es nicht. Aber MFC ist tatsächlich *sehr* fehlerarm, weil es eben schon seit vielen Jahren verwendet wird.

4   Verbinden mit der Datenbank

Jetzt geht es das erste Mal ans Eingemachte! Wir werden uns an die Datenbank anmelden. Bevor wir damit loslegen können, müssen wir uns aber ein paar Gedanken zum Thema API (Application Programming Interface) machen. Also zur Zugriffsschicht, mit der wir uns aus C++ auf Oracle verbinden.

4.1   Datenbank API

Relationale[18] Datenbankmanagementsysteme (RDBMS) wie Microsoft SQL Server oder Oracle sind hochkomplexe Softwaresysteme. Da die Technologie relationaler Datenbanken seit Anfang der 1970er Jahre existiert, sind die Systeme hochgradig ausgereift und – zumindest für den „handelsüblichen" Anwendungsfall – praktisch frei von Fehlern. Darauf weisen auch die Versionsnummern solcher Datenbankmanagementsysteme hin: Derzeit (2019) ist z. B. Oracle in der Version 12c am Markt[19], wobei die Zeitspanne für Major Releases hier im Bereich von drei bis vier Jahren liegt.

Wie kann man sich nun aus einer Programmiersprache an solche Systeme verbinden? Bleibt man in der Microsoftwelt, ist Microsoft Visual Studio mit dem ebenfalls von Microsoft angebotenen SQL Server Datenbankmanagementsystem ziemlich gut integriert. Etwas anders sieht es bei RDBMS von anderen Anbietern aus, obwohl es auch hier sehr effiziente und gut zu verwendende Schnittstellen gibt, die aber naturgemäß im Normalfall nicht von Microsoft, sondern vom jeweiligen RDBMS-Hersteller zur Verfügung gestellt werden.

Daneben gibt es dann noch eine genormte Schnittstelle: ODBC (Open DataBase Connectivity). Sehen wir uns diese Schnittstelle kurz etwas genauer an.

4.1.1   ODBC Schnittstellen

ODBC ist standardisiert. Wie jeder Standard bringt das viele Vorteile aber auch einige Nachteile mit sich, auf die wir gleich näher eingehen werden. ODBC funktioniert dabei wie ein Treiber: Der Datenbankhersteller stellt die Backendseite (Backend = Daten, Frontend = Anwendung) der ODBC Treiber zur Verfügung, auf Seiten des Programmiersystems kann man dann mit standardisierten Abfragen in der Abfragesprache SQL über diesen Treiber auf die Datenbankinhalte zugreifen.

Der große Vorteil der Open Database Connectivity besteht dabei in der weitgehend datenbankunabhängigen Entwicklung (aufgrund der Standardisierung). Allerdings gibt es auch einige gravierende Nachteile:

Erstens ist ODBC vom Aufbau eher ein so genanntes „thin interface", das heißt, es werden bei weitem nicht alle Möglichkeiten der Datenbankmanagementsysteme in ODBC auch abgebildet bzw. zur Verfügung gestellt. Man verzichtet daher mit ODBC auf erhebliche Möglichkeiten, die einem das RDBMS eigentlich bieten würde.

Der zweite, und oft noch schwerwiegendere Nachteil, ist die geringe Performance (Geschwindigkeit) dieser Schnittstelle. ODBC ist langsam. Zumindest in vielen Fällen, die über einfache Abfragen mit geringen Datenmengen hinausgehen.

Und zu guter Letzt beschränkt ODBC den Programmierer auf die Windowswelt. Was uns hier noch am wenigsten stört, weil dieses Buch ja daraufhin ausgelegt ist.

Der Autor hat eine Unternehmenssoftware für einen Kleinbetrieb mit etwa 150 Datenbanktabellen und 200 Dialogen und Views in Visual C++ 6.0 mit ODBC realisiert. Neun Jahre später wurde diese Software auf Visual Studio C++ 2017 mit einer nativen Oracle Schnittstelle (siehe unten) umgestellt. Die Geschwindigkeitsunterschiede sind frappierend. Womit wir beim nächsten Punkt angelangt sind.

---

[18] Relation = Tabelle in der Datenbankwelt. Relationale Datenbanken sind sehr vereinfacht gesagt also Datenbanken, die ihre Daten in Tabellen halten.

[19] Oracle hat vor kurzem sein Versionsnummernkonzept über den Haufen geworfen und direkt nach der Version 12c die Version 18c auf den Markt gebracht.

4.1.2   Das OCI und das OCCI

OCI steht für „Oracle Call Interface" und ist eine API für die Programmiersprache C, die von Oracle mit jeder Version ihres DBMS mitgeliefert wird.

OCCI ist die Variante für die Programmiersprache C++.

Oracle selbst definiert OCI folgendermaßen:

„Oracle Call Interface (OCI) is the comprehensive, high performance, native C language interface to Oracle Database for custom or packaged applications."

Im Gegensatz zu ODBC deckt OCI und das für uns interessantere OCCI de facto alle Möglichkeiten des DBMS programmtechnisch ab, und ist zudem sehr performant, hat dabei allerdings ebenfalls gewisse Nachteile. OCI selbst ist ja nicht objektorientiert und daher in C++ in der Verwendung einigermaßen umständlich.

OCCI hingegen ist objektorientiert, ist also eine Klassenbibliothek, welche die Funktionalität von OCI kapselt. Zugrunde liegt dieser Klassenbibliothek OCI, nach außen präsentiert sie sich aber als objektorientiertes Framework.

4.1.3   OCILIB

Neben diesen herstellerspezifischen APIs gibt es auch solche von Drittanbietern. Dazu gehört OCILIB von Vincent Rogier: http://www.ocilib.net/

OCILIB ist zumindest für nichtkommerzielle Anwendungen kostenlos und sehr angenehm zu verwenden. Gegenüber OCCI hat OCILIB den Vorteil, dass es einfacher in die Programmierumgebung zu integrieren ist und für mehr Compiler zur Verfügung steht, dass es Open Source ist, statt Zeigern eher Stack-Objekte verwendet, wobei OCILIB intern ein gut funktionierendes Referencecounting implementiert, und daher zu wenig bis gar keinen Speicherlecks führt. Weiters bietet OCILIB ein durchgängiges Exceptionhandling, was Datenbankoperationen sehr angenehm zu implementieren macht.

Als Hauptvorteil empfindet der Autor aber, dass man bei Fragen vom Autor schnell und unbürokratisch Antworten und Lösungen bekommt.

Für unser Projekt werden wir daher OCILIB verwenden.

4.2   Die Integration von OCILIB ins Projekt

4.2.1   OCILIB in der aktuellen Version downloaden

Man sollte beim Download solcher Bibliotheken immer direkt von der Autorenseite herunterladen. Das reduziert das Risiko, nicht mit der aktuellen Version bedient zu werden oder vielleicht gar einen Virus mitgeliefert zu bekommen. OCILIB kann von folgenden Websites heruntergeladen werden:

http://www.ocilib.net/

https://vrogier.github.io/ocilib/download/

Derzeit ist die aktuelle Version die V 4.6.0 vom 18.11.2018. Wir laden natürlich die Zip-Datei für Windows herunter. Wenn man das Paket heruntergeladen hat, muss man es ins Projekt integrieren.

4.2.2   OCILIB ins Projekt kopieren

Wir legen in unserem Projektverzeichnis ein Unterverzeichnis „OCILIB" an, der Pfad ist dann zum Beispiel: „D:\VCO\OCILIB"

Dann öffnet man die heruntergeladene ZIP-Datei und entpackt den Inhalt folgender Verzeichnisse in dieses Verzeichnis:

➢   das Verzeichnis „include"

➢   das Verzeichnis „lib32"

➢   das Verzeichnis „src"

Auch die Dateien LICENSE, README[20], THANKS und VERSION, die direkt im Ocilib-Verzeichnis der ZIP-Datei stehen, sollte man in das entsprechende Projektunterverzeichnis entpacken. Visual Studio würde nun allerdings diese Libraries und Includes nicht finden. Wir müssen daher zuerst einige Einstellungen durchführen.

4.2.3   Konfiguration und Includepfade in Visual Studio

Damit Visual Studio beim Kompilieren die Includedateien von OCILIB finden kann, müssen wir den Pfad erst bekanntgeben. Dazu wählen wir den Menüpunkt „Projekt/Eigenschaften" im Menü von Visual Studio aus (oder verwenden die Tastenkombination ALT+F7) und bekommen folgenden Dialog angezeigt:

Abb. 22: Dialog „Projekteigenschaften"

> Alle folgenden Schritte in den Projekteigenschaften sind sowohl für die Konfiguration „Debug" als auch für die Konfiguration „Release" durchzuführen!
>
> (Combobox „Konfiguration" links oben).

Hier gehen wir, wie aus der Abbildung ersichtlich, in den Unterpunkt „VC++ Verzeichnisse".

Den Eintrag „Includeverzeichnisse" ergänzen wir nun mit einem weiteren Pfad, nämlich „;$(SolutionDir)\OCILIB\include". Dabei trennt das Semikolon die einzelnen Verzeichnisse. „$(SolutionDir)" ist die interne Konstante für das Projektverzeichnis, in unserem Fall zum Beispiel „D:\VCO". Damit wird festgelegt, dass ausgehend vom aktuellen Projektverzeichnis das Unterverzeichnis „OCILIB\include\" ebenfalls durchsucht werden soll, wenn eine Sourcedatei ein „#include „Dateiname.h" enthält.

Den Eintrag „Bibliotheksverzeichnisse" ergänzen wir ebenfalls, aber mit „;$(SolutionDir)\OCILIB\lib32". Damit wird die OCILIB-Bibliothek für den Compiler auffindbar.

Wenn man eine Zeile geändert hat, muss man mit dem Cursor in eine andere Zeile wechseln, worauf der Button „Übernehmen" aktiv wird. Ein Klick auf diesen Button übernimmt die Einstellungen in das Projekt.

Unser Projekteigenschaftendialog sollte nun wie folgt aussehen:

---

[20] README ist eine Textdatei und enthält eine kurze Installationsanleitung des Herstellers in englischer Sprache.

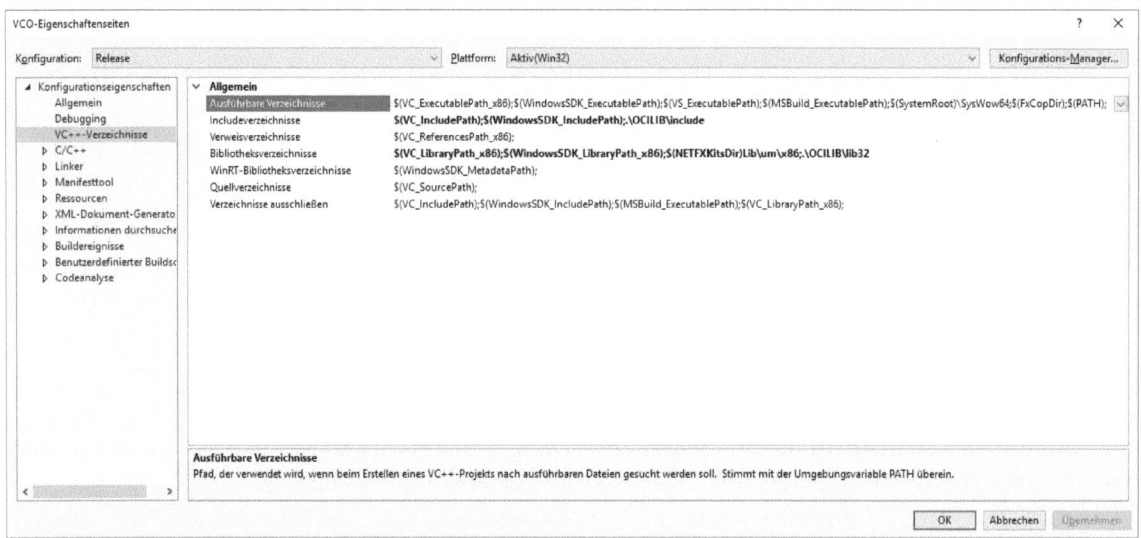

Abb. 23: Die für OCILIB angepassten Projekteigenschaften

Wir können diesen Dialog jetzt mit dem Button „OK" beenden. OCILIB ist nun integriert.

4.3   Wir erstellen eine Datenbankverbindung

Wir haben jetzt zwar dem Projekt mitgeteilt, wo es die Includedateien von OCILIB findet und wo die Bibliothek. Wenn wir allerdings jetzt ein Programm erstellen würden, das OCILIB verwendet, bekämen wir beim Ausführen trotzdem einen Fehler, weil das Programm die DLL (Dynamic Link Library) von OCILIB, das ist die Datei „ociliba.dll" nicht finden würde.

Gleiches gilt für die Bibliotheksdatei „libociliba.a", die ebenfalls zur Laufzeit benötigt wird.

Es gibt zwei Möglichkeiten, dieses Problem zu lösen:

1. Man kopiert diese beiden Dateien in ein Verzeichnis, das im Windows PATH des Rechners enthalten ist.

2. Man erweitert den Windows PATH des Rechners um das Verzeichnis, in dem man diese Dateien abgelegt hat.

Die erste Möglichkeit ist sehr einfach, aber man sollte beim Kopieren von Dateien in Systemverzeichnisse lieber zurückhaltend sein, weshalb wir die Methode 2. bevorzugen.

Was ist nun dieser Windows PATH?

4.3.1   Windows Umgebungsvariablen

Im Betriebssystem Windows kann man globale Variablen setzen, auf die das Windows Betriebssystem (inklusive seiner Anwendungen) jederzeit Zugriff hat. Die wichtigste dieser Variablen ist wohl die Variable PATH. Immer, wenn man in Windows einen Dateinamen verwendet, zum Beispiel den Namen einer ausführbaren Datei, sucht das System in allen Verzeichnissen, die in PATH definiert sind.

Dazu gehören typischerweise Verzeichnisse wie „C:\Windows\" oder „C:\Windows\System32\" aber auch Verzeichnisse von bestimmten Programmen, deren Installationsroutine die Variable PATH entsprechend ergänzt.

Man kann diese Umgebungsvariable ändern, indem man den Dialog „Systemeigenschaften" aufruft, in Windows 10 erreichbar mit einem Rechtsklick ins Startmenü unter „System/Systeminfo/Erweiterte Systemeinstellungen" (rechts oben). Oder man geht mit der rechten Maustaste im Startmenü auf „Suchen" und tippt „Variable" ein, worauf einem „Systemvariablen bearbeiten" vorgeschlagen wird:

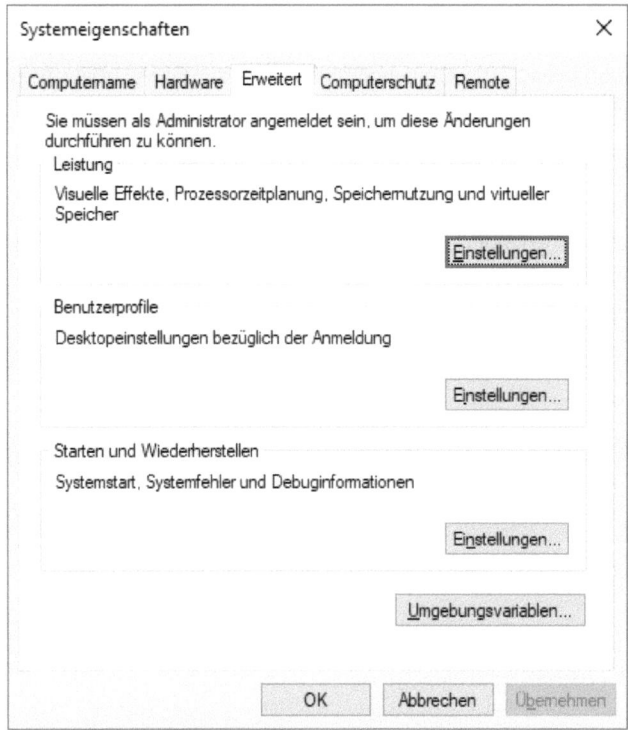

Abb. 24: Windows Systemeigenschaften

Hier klickt man unten rechts auf den Button „Umgebungsvariablen", worauf folgender Dialog angezeigt wird.

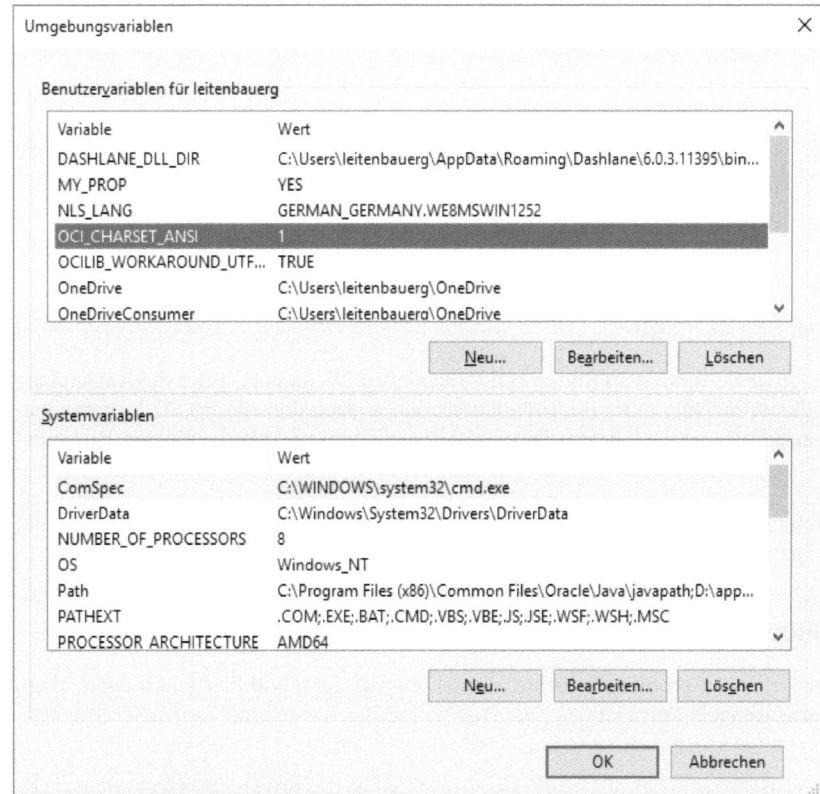

Abb. 25: Windows Umgebungsvariablen

Wie man sieht, gibt es hier zwei Bereiche:

Oben ist der benutzerspezifische Bereich (Benutzervariablen). Alle Umgebungsvariablen, die hier gepflegt werden, gelten ausschließlich für den gerade an Windows angemeldeten Anwender.

Unten ist der Systembereich (Systemvariablen). Alles, was man hier ändert, gilt für alle Anwender, die den Rechner benutzen.

Sinnvollerweise ergänzen wir die Umgebungsvariable gleich für das System, klicken also im unteren Bereich doppelt auf die Zeile „Path" und bekommen folgenden Dialog angezeigt, in dem wir mit dem Button „Neu" unseren Pfad hinzufügen (was in der Abbildung schon geschehen ist):

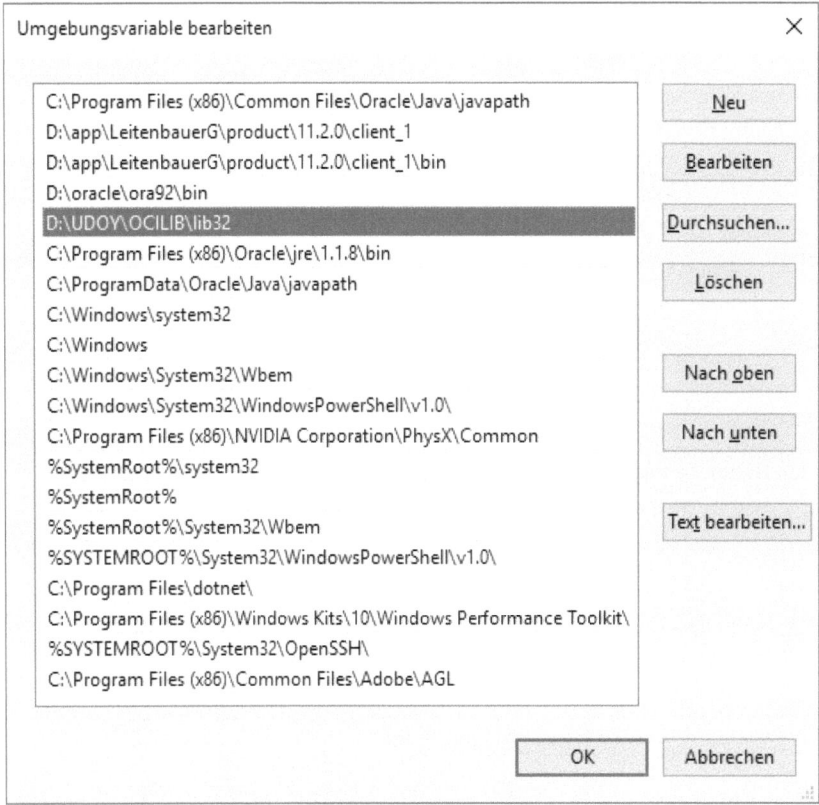

Abb. 26: Windows Umgebungsvariable PATH ergänzen

Nun können wir alle offenen Dialoge (jeweils mit dem Button „OK") schließen. Wenn man später die Anwendung auf einem anderen Rechner installieren möchte, muss die Installationsroutine auch dort die PATH Variable entsprechend erweitern. Oder man installiert die ausführbare Datei (das Executable) und alle benötigten Bibliotheken im gleichen Verzeichnis.

Jetzt haben wir alle nötigen Einstellungen vorgenommen, damit unsere Visual C++ Anwendung über OCILIB auf eine Oracle Datenbank zugreifen kann[21].

4.4   Wir erstellen eine Datenbankanbindung

Das ist der Zeitpunkt, wo man natürlich ausprobieren möchte, ob der Zugriff auch wirklich funktioniert. Dazu braucht es mit OCILIB glücklicherweise nicht sehr viel:

---

[21] Natürlich muss der entsprechende Rechner über eine installierte und funktionierende Oracle Clientsoftware, das SQL*Net, verfügen. Diese benötigt jeder Rechner, der sich, egal über welche Anwendung, mit einer Oracle Datenbank verbinden will. Näheres dazu findet man in der Oracle Installationshilfe.

Wir werden nun einfach im Hauptrahmenfenster (Main Frame) unserer Anwendung (viel mehr haben wir auch noch gar nicht) bei der Methode, die beim Start automatisch aufgerufen wird, eine einfache Verbindung zur Datenbank herstellen und mit einem Meldungsfenster anzeigen. Dazu doppelklicken wir links im Projektmappen-Explorer von Visual Studio auf die Datei „MainFrm.h":

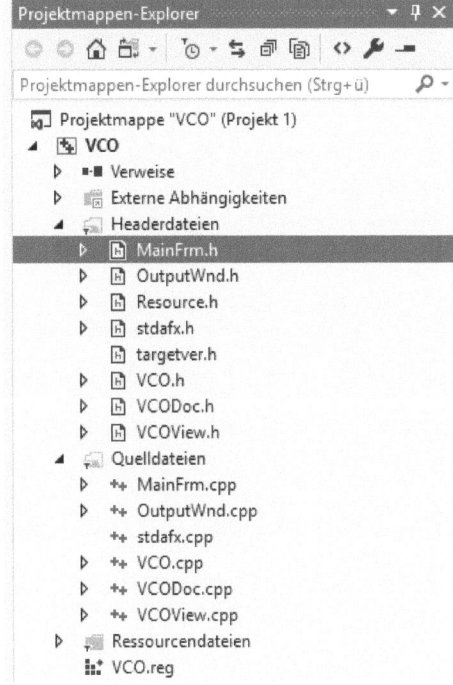

Abb. 27: Öffnen der Sourcedatei MainFrm.h

Die Datei wird uns sofort rechts im Bearbeitungsfenster angezeigt.

Als erstes müssen wir dort im Includebereich die OCILIB Headerdatei inkludieren. Dabei wäre „ocilib.h" die Headerdatei für die C-Schnittstelle, während „ocilib.hpp" die Schnittstelle für die C++-Klassenbibliothek ist, die wir benötigen:

```
#include "ocilib.hpp"
using namespace ocilib;
```

OCILIB verlangt die Verwendung seines Namespaces. Das ist die zweite Zeile.

Um OCILIB mit allen Zeichensätzen einsetzen zu können, empfiehlt es sich, auch folgende Deklarationen unter den obigen beiden Zeilen einzufügen:

```
// fuer OCILIB noetig
#ifndef OCI_SHARED_LIB
#if defined(_WINDOWS)
#if defined(OCI_CHARSET_WIDE)
#define OCI_SHARED_LIB                "ocilibw.dll"
#else
#define OCI_SHARED_LIB                "ociliba.dll"
#endif
#elif defined(__APPLE__)
#define OCI_SHARED_LIB                "libocilib.dylib"
#elif defined(__hppa)
#define OCI_SHARED_LIB                "libocilib.sl"
#else
```

```
#define OCI_SHARED_LIB                "libocilib.so"
#endif
#endif


#define otext(s) OTEXT(s)
#define oendl   std::endl


#if defined(OCI_CHARSET_WIDE)
#if defined(_MSC_VER)
#define omain           wmain
#define oarg            otext
#define oarglen         wcslen
#else
#define omain           main
#define oarg            char
#define oarglen         strlen
#endif
#else
#define omain           main
#define oarg            char
#define oarglen         strlen
#endif


#if defined(OCI_CHARSET_WIDE)
#define ocout           std::wcout
#define oostringstream  std::wostringstream
#else
#define ocout           std::cout
#define oostringstream  std::ostringstream
#endif


#define ARRAY_COUNT(t) (sizeof(t)/sizeof(t[0]))

// End OCILIB Definitionen
```

Wir können nun versuchen, die Datei „MainFrm.cpp", die wir auf gleiche Weise öffnen, mit dieser Ergänzung zu kompilieren. (Headerfiles, als „h-Dateien", kann man übrigens nicht kompilieren. Sie werden aber immer in Implementationsdateien, also „cpp-Files", mittels #include inkludiert, und diese Implementationsdateien kann man dann kompilieren.)

Wenn wir alle Einstellungen in den Projekteigenschaften korrekt durchgeführt haben, wird dies fehlerfrei gelingen. Falls wir hier einen Fehler wie folgenden bekommen, haben wir vermutlich vergessen, den Pfad in der aktuell verwendeten Konfiguration (die sollte auf „Debug" eingestellt sein) zu setzen:

```
fatal error C1083: Datei (Include) kann nicht geöffnet werden: "ocilib.hpp": No such
file or directory
```

4.4.1   Initialisierung der OCI-Umgebung

Um OCILIB verwenden zu können, muss man zuerst die Umgebung (Environment) initialisieren. Dies darf im Programm nur einmal erfolgen. Wir sollten uns also irgendwo merken, ob das Environment bereits gesetzt worden ist, und legen uns dafür in der Deklaration des Hauptrahmenfensters (MainFrm.h) ein privates Attribut[22] dazu an. Weil wir sauber arbeiten, fügen wir auch gleich zwei Zugriffsmethoden hinzu, um diesen Status abzufragen oder zu setzen. Das sieht in der Datei „MainFrm.h" dann folgendermaßen aus:

```
...
// Zugriffsmethoden
public:
    void SetOCIEnvironmentInitialized(bool bInit);
    bool IsOCIEnvironmentInitialized() const;

...
private:
// wurde das OCILIB Environment bereits initialisiert?
bool    m_bOCIEnvironmentInitialized = false;
```

Dazu drei Anmerkungen:

Man sollte sich angewöhnen, ausschließlich lesende Zugriffe auf Attribute einer Klasse stets als „const" zu deklarieren. Falls eine solche Methode dann irgendwo versuchen würde, Attribute der Klasse zu ändern (z. B. auch indirekt über den Aufruf einer nicht als „const" deklarierten Methode), wird der Compiler einen Fehler auswerfen. Weiters bezeichnen wir in Anlehnung an übliche Konventionen alle Datenattribute einer Klasse mit dem vorangestellten „m_". Das hilft, sie jederzeit von lokalen Variablen zu unterscheiden.

Und drittens sind Zugriffsmethoden immer in folgender Form zu deklarieren:

```
// Zugriffsmethoden
void Set…(<Attributtyp> <Variablenname>);    // zum Setzen
<Attributtyp> Get…() const;                   // zum Abfragen
bool Is…() const;                             // zum Abfragen von Ja/nein Typen (bool)
```

Wenn wir jetzt versuchen würden zu kompilieren, würde der Linker natürlich einen fehlenden Funktionsrumpf melden. Wir müssen diese Methoden ja auch implementieren (definieren), nicht nur deklarieren. Dies geschieht in der Implementationsdatei oder Quellcodedatei (MainFrm.cpp). Wir können das manuell erledigen, oder uns von Visual Studio helfen lassen, in dem wir im h-File mit der rechten Maustaste auf die Methodendeklaration klicken:

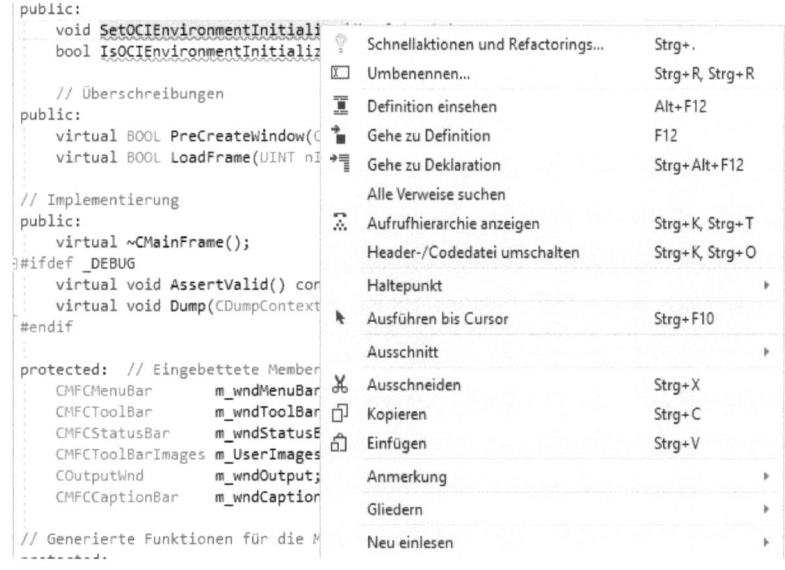

Abb. 28: Schnellaktionen in Visual Studio

---

[22] Datenattribute sollten im Sinne der Datenkapselung **immer** „private" sein. Der Zugriff darauf soll ausschließlich über entsprechende Zugriffsmethoden erfolgen.

Hier klicken wir auf den obersten Menüpunkt „Schnellaktionen und Refactorings..." und bekommen folgendes Menü angezeigt:

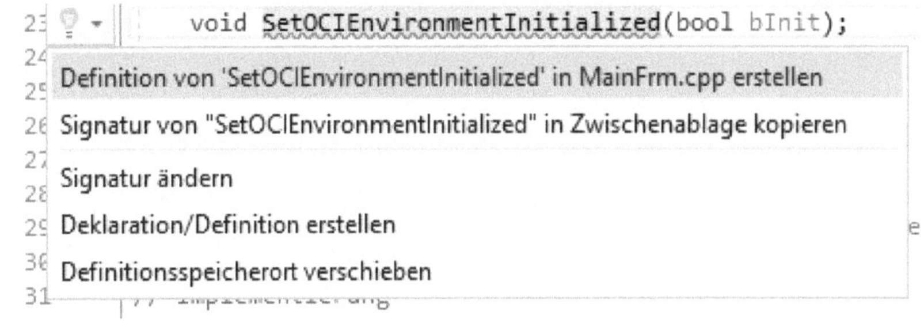

Abb. 29: Schnellaktionen in Visual Studio

Wenn wir hier den obersten Menüeintrag auswählen, erzeugt Visual Studio in dem zum h-File gehörenden cpp-File den Rumpf (Body) der Methode vollautomatisch. Wir müssen dann nur noch diesen Rumpf mit Leben füllen, sprich: die Methode fertig programmieren. Wir wenden obiges Vorgehen jetzt für beide Methoden an und bekommen als Ergebnis im cpp-File:

```
void CMainFrame::SetOCIEnvironmentInitialized(bool bInit)
{
}


bool CMainFrame::IsOCIEnvironmentInitialized() const
{
    return false;
}
```

Das „Ausprogrammieren" dieser beiden Zugriffsmethoden ist sehr einfach. Die Set-Methode setzt das Attribut (die Membervariable), während die Is-Methode ihren Wert zurückgibt. Wir werden das in Zukunft nicht mehr im Detail erwähnen. Die fertigen Methoden sehen dann wie folgt aus:

```
void CMainFrame::SetOCIEnvironmentInitialized(bool bInit)
{
    m_bOCIEnvironmentInitialized = bInit;
}
…
bool CMainFrame::IsOCIEnvironmentInitialized() const
{
    return m_bOCIEnvironmentInitialized;
}
```

Mit diesen Vorarbeiten sind wir nun in der Lage, das OCILIB-Environment auf sichere Art und Weise zu initialisieren. Wir machen das sinnvollerweise in der Methode „OnCreate()" der Mainframe-Klasse, und zwar ganz am Ende, direkt vor dem return:

```
int CMainFrame::OnCreate(LPCREATESTRUCT lpCreateStruct)
{
    …
    if (!IsOCIEnvironmentInitialized())
    {
        // es gab noch keine Anmeldung, Environment ist also gesetzt
        // UND DAS DARF MAN WIRKLICH NUR 1x SETZEN
        Environment::Initialize(Environment::Default | Environment::Threaded);
        Environment::EnableWarnings(true);
```

```
        SetOCIEnvironmentInitialized(true);
    }


    return 0;
}
```

Wenn man ein Environment initialisiert, muss man am Ende des Programmes dieses Environment auch wieder aufräumen. Was ist nun „das Ende" unseres Programmes? Antwort: Wenn das Hauptfenster (Mainframe) zerstört wird, also der Destruktor der Klasse MainFrame. Dort implementieren wir die Aufräumarbeiten wie folgt:

```
CMainFrame::~CMainFrame()
{
    // Datenbankumgebung bereinigen
    if (Environment::Initialized())
    {
        // Datenbankconnect aufraeumen, wenn Anwendung und damit DB Objekt beendet wird
        Environment::Cleanup();
    }
}
```

Würde wir diesen Cleanup nicht durchführen, dann würde das Programm beim Beenden mit einer Exception (Ausnahme = unerwarteter Fehler) abstürzen. Damit ist die Initialisierung programmiert. Wir versuchen nun, die Anwendung zu erstellen, indem wir wieder den Menüpunkt „Erstellen/VCO erstellen" aufrufen. Dies sollte zu folgender Erfolgsmeldung führen:

```
1>------ Erstellen gestartet: Projekt: VCO, Konfiguration: Debug Win32 -----
1>VCO.vcxproj -> D:\VCO\VCO\Debug\VCO.exe
==== Erstellen: 1 erfolgreich, 0 fehlerhaft, 0 aktuell, 0 übersprungen ====
```

Falls wir hier *Fehlermeldungen des Compilers* bekommen, können wir, wie bereits erwähnt, mit einem Doppelklick auf die betreffende Fehlermeldung an die Stelle in den Sourcedateien gelangen, an denen der Compiler den Fehler vermutet. Neben Compilerfehlern können aber auch *Linkerfehler* (Fehler beim Binden der kompilierten Dateien zu einem Executable) auftreten, und die sind meistens schwieriger zu lokalisieren, zumal ein Doppelklick auf den Fehler hier gar nichts bewirkt.

Bekommen wir z. B. Fehlermeldungen der folgenden Form, dann findet der Linker vermutlich die Bibliothek nicht, in der diese Objektdateien liegen:

```
1>------ Erstellen gestartet: Projekt: VCO, Konfiguration: Debug Win32 -----
1>MainFrm.cpp
1>OutputWnd.cpp
1>VCO.cpp
1>Code wird generiert...
1>MainFrm.obj : error LNK2019: Verweis auf nicht aufgelöstes externes Symbol
"_OCI_GetLastError@0" in Funktion ""int __cdecl ocilib::Check<int>(int)"
(??$Check@H@ocilib@@YAHH@Z)".
```

Der Grund dafür kann sein, dass wir die Umgebungsvariable (siehe bei Punkt 4.3.1 - Windows Umgebungsvariablen) nicht korrekt gesetzt haben. Oder wir haben beim Anpassen der Konfiguration (siehe Punkt 4.2.3 - Konfiguration und Includepfade in Visual Studio) einen Fehler gemacht.

Am wahrscheinlichsten aber ist, dass wir in der Konfiguration noch einen Eintrag benötigen, der wie folgt aussieht:

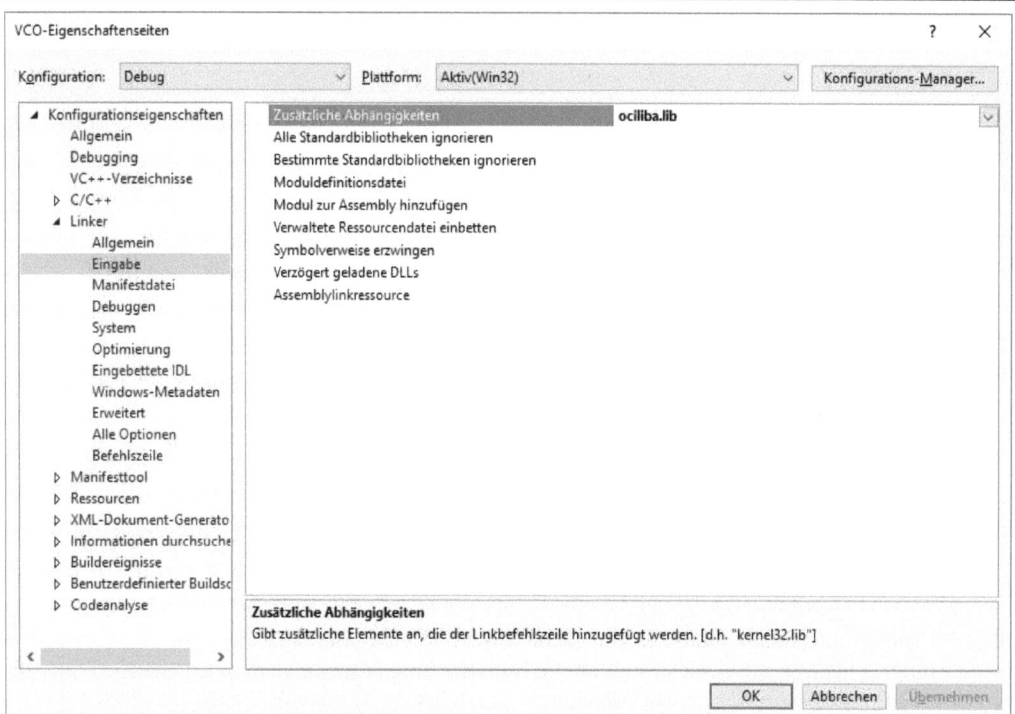

Abb. 30: Visual Studio: Externe Abhängigkeiten

> Man sollte nicht darauf vergessen, diese Abhängigkeit bei allen Konfigurationen (Debug und Release) einzutragen.

Damit[23] sollte es nun funktionieren. Wenn wir das Erstellen (= den Build) erfolgreich durchgeführt haben, können wir das Programm ausprobieren, indem wir im Menü „Debuggen" den Menüpunkt „Debugging starten" anklicken (oder einfach die Funktionstaste F5 drücken). Die Anwendung wird geöffnet und sollte in etwa wie folgt aussehen:

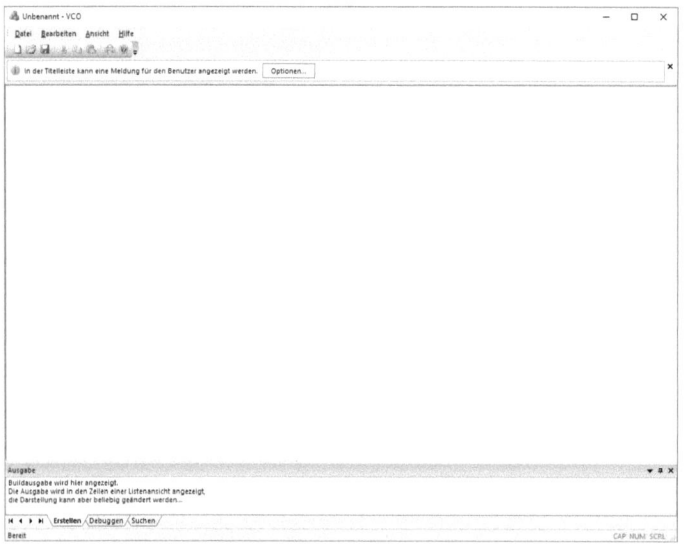

Abb. 31: Erster Aufruf von VCO

---

[23] Es ist nicht immer nötig, die Bibliothek bei den externen Abhängigkeiten einzutragen. Ob dies erforderlich ist, hängt von der jeweiligen Konfiguration ab. Es kann aber in keinem Fall schaden.

Man kann hier natürlich nicht erkennen, dass im Hintergrund die Funktionalität zur Anbindung an die Datenbank bereits vorbereitet worden ist.

4.4.2 Beenden der Anwendung

Wenn man die Anwendung beendet, zum Beispiel über das Systemmenü rechts oben, lohnt sich danach jedenfalls ein Blick in das Ausgabefenster von Visual Studio. Die letzten Zeilen sollten hier wie folgt aussehen:

```
"VCO.exe" (Win32): "C:\Windows\SysWOW64\NapiNSP.dll" wurde entladen.
"VCO.exe" (Win32): "C:\Windows\SysWOW64\pnrpnsp.dll" wurde entladen.
"VCO.exe" (Win32): "C:\Windows\SysWOW64\nlaapi.dll" wurde entladen.
"VCO.exe" (Win32): "C:\Windows\SysWOW64\winrnr.dll" wurde entladen.
"VCO.exe" (Win32): "C:\Windows\SysWOW64\FWPUCLNT.DLL" wurde entladen.
"VCO.exe" (Win32): "C:\Windows\SysWOW64\winmmbase.dll" wurde entladen.
"VCO.exe" (Win32): "C:\Windows\SysWOW64\winmm.dll" wurde entladen.
"VCO.exe" (Win32): "C:\Windows\SysWOW64\secur32.dll" wurde entladen.
"VCO.exe" (Win32): "C:\Windows\SysWOW64\dbghelp.dll" wurde entladen.
"VCO.exe" (Win32): "C:\Windows\SysWOW64\msasn1.dll" wurde entladen.
"VCO.exe" (Win32): "C:\Windows\SysWOW64\crypt32.dll" wurde entladen.
"VCO.exe" (Win32): "C:\Windows\SysWOW64\cryptui.dll" wurde entladen.
"VCO.exe" (Win32): "D:\app\LeitenbauerG\product\11.2.0\client_1\oraociei11.dll" wurde
entladen.
"VCO.exe" (Win32):
"C:\Windows\WinSxS\x86_microsoft.vc80.crt_1fc8b3b9a1e18e3b_8.0.50727.9445_none_d08c58b44
42ba54f\msvcr80.dll" wurde entladen.
"VCO.exe" (Win32): "C:\Windows\SysWOW64\psapi.dll" wurde entladen.
"VCO.exe" (Win32): "D:\app\LeitenbauerG\product\11.2.0\client_1\oci.dll" wurde entladen.
Der Thread 0x3558 hat mit Code 0 (0x0) geendet.
Der Thread 0x14dc hat mit Code 0 (0x0) geendet.
Der Thread 0x15e0 hat mit Code 0 (0x0) geendet.
Der Thread 0xc04 hat mit Code 0 (0x0) geendet.
Das Programm "[9652] VCO.exe" wurde mit Code 0 (0x0) beendet.
```

Die wichtigsten Zeilen sind die letzten fünf: Code 0 bedeutet, dass die Anwendung fehlerfrei beendet worden ist. Wenn wir beispielsweise den Cleanup nicht korrekt durchgeführt hätten, sähe das wie folgt aus:

```
Ausgelöste Ausnahme: Lesezugriffsverletzung
"**_Pnode**" war "0xDDDDDDDD".
```

Man sollte also immer auch auf das Ausgabefenster achten, wenn man ein Programm debuggt hat.

4.5   Verbinden eines Users mit der Datenbank

Als letzten Schritt werden wir jetzt testweise unsere Anwendung dahingehend erweitern, dass wir uns mit der Datenbank verbinden (Login). Dazu benötigen wir vorher noch etwas Information über das so genannte Exceptionhandling (Ausnahmebehandlung, also das Behandeln von Fehlern) und das Ausgeben von Meldungen in Visual C++:

4.5.1 Meldungsausgabe in Visual C++

Für die Ausgabe von Meldungsfenstern stellt uns das MFC Framework eine schnelle und einfache Möglichkeit zur Verfügung, die Funktionen der Familie „MessageBox()". Da unsere Anwendung den Zeichensatz ANSI verwendet, werden wir die Erweiterung „MessageBoxA()" verwenden. Diese hat folgende Deklaration:

```
MessageBoxA(
    _In_opt_ HWND hWnd,
    _In_opt_ LPCSTR lpText,
    _In_opt_ LPCSTR lpCaption,
    _In_ UINT uType);
```

Die Parameter haben dabei folgende Bedeutung (die auch in der MFC Hilfe[24] nachgeschlagen werden kann):

Der erste Parameter (HWND hWnd) ist der Windowhandle, dem „die Messagebox gehört". Man kann hier auch „NULL" verwenden, dann ist die Messagebox keinem Fenster zugehörig. Sinnvoller ist es aber, den Handle des aktiven Fensters zu verwenden. Um diesen Handle zu ermitteln, kann man die Funktion „GetForeground-Window()->m_hWnd" verwenden.

Der zweite Parameter (LPCSTR lpText) ist der auszugebende Text in Form eines Charakterfeldes (LPCSTR ist ein Typedef für const char*).

Der dritte Parameter ist der Text für die Überschrift (Titelleiste) des Meldungsfensters.

Der letzte Parameter definiert, welche Icons und Buttons das Meldungsfenster haben soll. Diese Parameter können mit dem Oder-Operator „|"auch kombiniert werden. Es gibt folgende Möglichkeiten:

Parameterwert	Buttons im Meldungsfenster
MB_ABORTRETRYIGNORE	Abbrechen, Wiederholen, Ignorieren
MB_CANCELTRYCONTINUE	Abbrechen, Wiederholen, Weiter
MB_HELP	Zusätzlicher Button „Hilfe"
MB_OK	**OK (dies ist der Defaultwert)**
MB_OKCANCEL	OK, Abbrechen
MB_RETRYCANCEL	Wiederholen, Abbrechen
MB_YESNO	Ja, Nein
MB_YESNOCANCEL	Ja, Nein, Abbrechen

Dazu können Icons kombiniert werden, und zwar folgende:

Parameterwert	Icon
MB_ICONEXCLAMATION	Ausrufezeichen
MB_ICONWARNING	Ausrufezeichen
MB_ICONINFORMATION	Ein kleines „i" in einem Kreis
MB_ICONASTERISK	Ein kleines „i" in einem Kreis
MB_ICONQUESTION	Fragezeichen
MB_ICONSTOP	Stoppschild
MB_ICONERROR	Stoppschild
MB_ICONHAND	Stoppschild

Zusätzlich kann man festlegen, welcher der (maximal vier) Buttons der Messagebox der Standardbutton (User drückt die Taste „ENTER" statt zu klicken) sein soll, indem man folgendes Flag mit „|" dazu kombiniert:

MB_DEFBUTTON1 – der erste (linke) Button hat den Fokus, ist also der Standardbutton. Entsprechend wäre MB_DEFBUTTON2 dann der zweite, etc.

---

[24] Die MFC Hilfe bekommt man schnell, wenn man die betreffende Funktion markiert und dann die Funktionstaste F1 betätigt. Sofern man eine Internetverbindung hat, wird man sofort auf die richtige Seite der MFC Dokumentation geleitet.

Weiters kann man noch festlegen, ob die Messagebox geschlossen werden muss, bevor man mit der Anwendung weiterarbeiten kann, ob der Text rechts- oder linksbündig sein soll, etc. Mehr dazu findet man in der MFC Hilfe von Microsoft Visual Studio.

4.5.2   Exceptionhandling mit OCILIB

Dieses Buch ist kein Grundlagenwerk für C++, daher wird hier auch das Exceptionhandling nicht in voller Breite erklärt sondern nur gestreift.

Exception heißt Ausnahme, und gemeint sind damit alle jene Vorfälle im Ablauf von Programmen, die nicht dem Wunschergebnis entsprechen. Anders formuliert: Probleme und Fehler. Exceptionhandling ist eine sehr effiziente, schnelle und praktische Art, Fehlercodes, die in Methoden von Klassen auftreten, abzufangen. Das Grundprinzip ist, dass jede Exception so lange an die jeweils aufrufende Methode weitergegeben wird, bis sich jemand darum kümmert. Dabei sind Exceptions als Objekte einer eigenen Klassenhierarchie zu verstehen, an deren oberster Stelle die Basisklasse „std::exception" steht. OCILIB nutzt Exceptions als grundlegendes Prinzip zum Abfangen (da steckt das Wort „catch" ja sogar bereits drinnen) von auftretenden Problemen. Daher solle ausnahmslos jede Datenbankoperation in einem so genannten „try-catch-Block" programmiert werden.

Das Angenehme dabei ist: Egal, wo innerhalb des try-Blocks die Ausnahme auftritt („geworfen wird"), man landet einheitlich im Fehlerbehandlungsteil („catch-Block"), bekommt die Art der Ausnahme mitgeliefert, und kann sich an **einer** Stelle um die gesamte Fehlerbehandlung kümmern, anstatt von unzähligen Funktionen jedes Mal die Rückgabewerte überprüfen zu müssen – was dann oft nicht gemacht wird und zu Abstürzen führt, wenn diese Fehler wirklich einmal auftreten.

Die Verwendung von OCILIB in Visual C++ sieht daher, wenn man es richtig macht, immer in etwa wie folgt aus:

```
…
// irgendeine Datenbankoperation folgt nun
try
{
    … // hier wird der "Normalfall" programmiert
}
catch (std::exception &ex)
{
    // Ein Fehler ist aufgetreten, den OCILIB geworfen hat
    CStringA sError;              // fuer den Fehlertext
    sError.Append(ex.what());     // Fehlertext ermitteln
    // Fehler ausgeben:
    MessageBoxA(AfxGetMainWnd()->m_hWnd, sError, "Fehler!", MB_ICONERROR);
}
…
```

Damit sind wir nun gerüstet, unsere erste Anmeldung an die Datenbank zu codieren.

4.5.3   Endlich – wir melden uns an der Datenbank an

Wir haben ja im Kapitel 2 einen User (guenter) angelegt und ihm die entsprechenden Rechte zum Verbinden gewährt sowie ein Passwort für ihn gesetzt. Diesen User werden wir jetzt hart codiert und testweise an der Datenbank anmelden, und im Falle eines Erfolges eine entsprechende Meldung ausgeben.

> Das dient uns nur zum Testen. Wir werden dieses Codefragment dann natürlich wieder entfernen. Hart codierte Benutzer/Passwort-Kombinationen haben in einem Programmcode nichts verloren.

Wo sollen wir diese Anmeldung am besten durchführen?

Der Einfachheit halber erledigen wir das ebenfalls in der Methode „OnCreate()" der Mainframe-Klasse, und zwar unterhalb der Initialisierung des Environments und nur, wenn diese erfolgreich war. Dieses Codefragment sieht daher folgendermaßen aus:

```cpp
if (!IsOCIEnvironmentInitialized())
{
  // es gab noch keine Anmeldung, Environment ist also gesetzt
  // UND DAS DARF MAN WIRKLICH NUR 1x SETZEN
  Environment::Initialize(Environment::Default |
                          Environment::Threaded);
  Environment::EnableWarnings(true);
  SetOCIEnvironmentInitialized(true);


  // Testweise Anmelden eines Users
  try
  {
      Connection con;
      con.Open("UDB", "guenter",   "schonwiedereinpasswort",
               Environment::SessionDefault);
      if (con.IsServerAlive())
      {
        // Anmeldung erfolgreich
        MessageBoxA( GetForegroundWindow()->m_hWnd, "Anmeldung erfolgreich!",
                   "DB: UDB", MB_OK);

        con.Close(); // Connection wieder schliessen
      }
  }
  catch (std::exception &ex)
  {
      // Fehlermeldung ausgeben
      CStringA sError;
      sError.Append(ex.what());
      MessageBoxA(AfxGetMainWnd()->m_hWnd, sError,
      "DB Fehler!", MB_ICONERROR);
  }
}
```

Wir erstellen nun das Programm und führen es aus (debuggen es), worauf wir hoffentlich folgende Meldung bekommen:

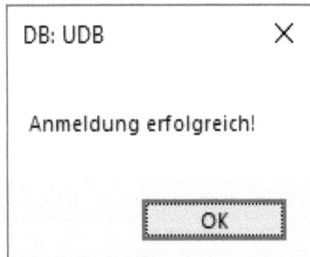

Abb. 32: Erfolgreich an der Datenbank angemeldet

Wenn wir hingegen einen Fehler gemacht haben, indem wir zum Beispiel das Passwort falsch codiert haben, erhalten wir die originale Oracle Datenbank Fehlermeldung:

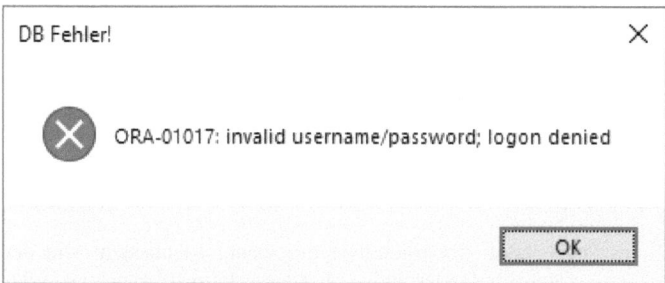

Abb. 33: Fehler bei der Datenbankanmeldung

> Wir entfernen den Codeteil mit der Anmeldung jetzt wieder, weil wir in den nächsten Kapiteln einen Logindialog (Anmeldefenster) programmieren werden, bei dem man die Anmeldedaten eingeben kann.

4.6 Zusammenfassung

Wir haben in diesem Kapitel einiges gelernt:

➢ Was ist eine API und mit welcher API kann man Anwendungen für Oracle-Datenbanken effizient erstellen?

➢ Wie integriert man eine API wie OCILIB ins Projekt?

➢ Wie verbindet man eine Anwendung mit OCILIB mit einer Datenbank?

➢ Was ist Exceptionhandling?

➢ Wie meldet man sich als User aus einer Anwendung an der Datenbank an?

➢ Wie verwendet man Messageboxen?

Im übernächsten Kapitel werden wir unsere Anwendung um einen Anmeldedialog (Logindialog) erweitern, der sich nicht nur an der Datenbank anmelden kann, sondern auch die zuletzt eingegebenen Anmeldedaten speichert[25] und beim nächsten Aufruf automatisch vorbelegt. Aber bevor wir das tun, werden wir uns im nächsten Kapitel Gedanken über eine flexible Datenbankverbindungsklasse machen, die wir in der Folge immer wieder verwenden werden.

---

[25] Mit Ausnahme des Passwortes natürlich. Man speichert Passwörter aus Sicherheitsgründen nie, schon gar nicht unverschlüsselt!

5 Eine Datenbank-Basisklasse

Natürlich könnte man im Zuge eines Projektes die Datenbankabfragen ausschließlich mit OCILIB Befehlen programmieren. Es ist aber sinnvoll und spart vor allem Aufwand, die wichtigsten im Projekt benötigten Funktionalitäten in einer Basisklasse zusammenzufassen. Dazu müssen wir uns als erstes ansehen, wie man in Visual Studio C++ eine neue Klasse anlegt. Und dazu wiederum sehen wir uns als ersten Punkt den Projektmappenexplorer näher an:

5.1 Ordnung schaffen im Projektmappenexplorer

Wenn man in Visual Studio links den Bereich ins Auge fasst, der irgendwie ein wenig so aussieht wie der Windows Explorer, dann ist man beim Projektmappenexplorer gelandet. Dieser hat eine Baumstruktur und sieht, ohne Änderungen durch den Benutzer, für ein Projekt in etwa wie folgt aus:

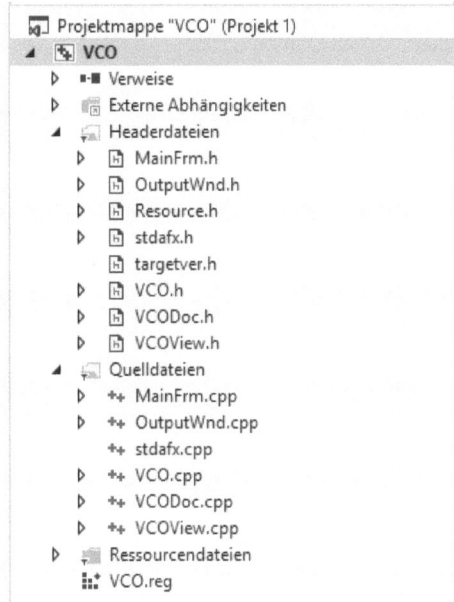

Abb. 34: Der „unbehandelte" Projektmappenexplorer

Glücklicherweise ermöglicht uns Visual Studio, die Baumstruktur dort nach unseren Wünschen zu gestalten. Dabei macht es Sinn, die Aufteilung in „Headerdateien"(h-Files) und „Quelldateien" (cpp-Files) beizubehalten, zugleich aber etwas zu erweitern. Wie man das macht, ist Geschmackssache und hat auf das entstehende Programm keine Auswirkungen. Sehr wohl aber auf die tägliche Arbeit, bei der man darauf angewiesen ist, sich im entstehenden Urwald der vielen Dateien zurechtzufinden.

Eine sehr einfache Möglichkeit, die man später noch erweitern kann, wäre es, jeweils unterhalb der Filter (Ordner) „Headerdateien" und „Quelldateien" Unterfilter „MFC" und „VCO" zu definieren, in die man dann die Dateien verschiebt. Dabei sind keine Operationen im Windows Explorer nötig, man kann alles direkt im Visual Studio[26] machen.

Unter „MFC" legen wir dann alle derzeit bestehenden Dateien ab, also die Files, die der Visual Studio Assistent beim Erzeugen des Projekts generiert hat. In den Ordner „VCO" kommen die Dateien, die wir selbst erzeugen. Diese Struktur kann jederzeit erweitert oder zusätzlich unterteilt werden, aber derzeit reicht uns das. Um die neuen Ordner anzulegen, klicken wir mit der rechten Maustaste auf „Headerdateien" und erhalten folgendes Kontextmenü, indem wir einen neuen Filter (Ordner) hinzufügen können:

---

[26] Es werden übrigens dadurch keine Dateien auf der Festplatte verschoben. Es handelt sich um eine reine Darstellungsfrage in Visual Studio. Also entsteht dadurch auch kein Problem wegen eventueller Includepfade und dergleichen!

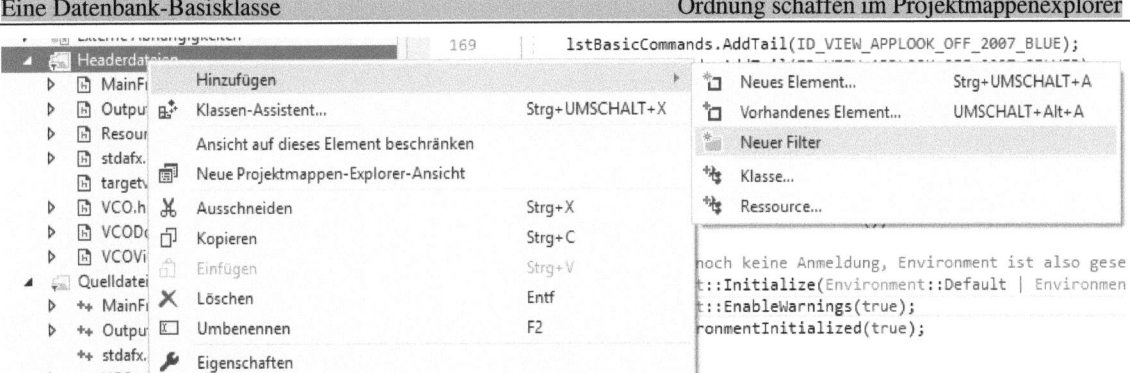

Abb. 35: Neuen Filter im Projektmappenexplorer anlegen

Wir klicken „Neuer Filter" an und geben „VCO" ein, machen das Gleiche noch einmal und geben „MFC" ein. Der Projektmappenexplorer sollte jetzt wie folgt aussehen (wenn nicht, kann man mit Drag & Drop Filter verschieben oder auch mit der rechten Maustaste löschen):

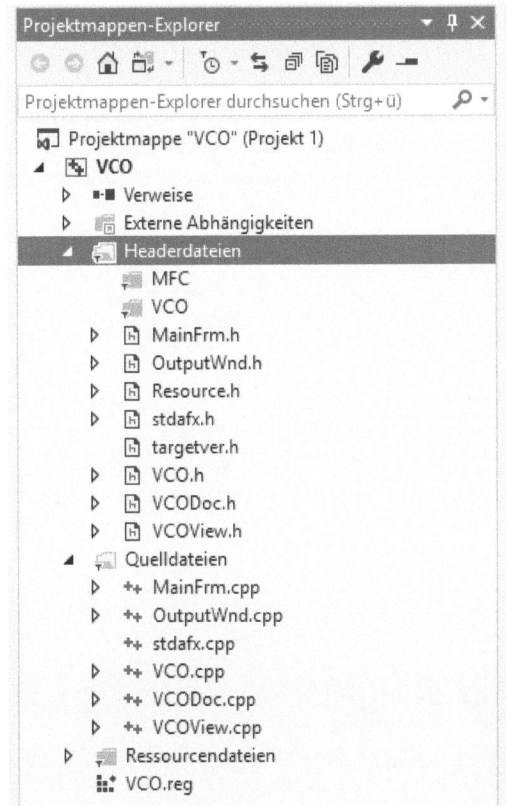

Abb. 36: Der Projektmappenexplorer mit den neuen Filtern

Nun können wir mit Drag & Drop alle Headerdateien in den Filter „MFC" verschieben. Die drei Dateien mit den Dateinamen „VCO.h", „VCODoc.h" und „VCOView.h" können wir entweder ebenfalls in den Filter „MFC" verschieben oder auch in den Filter „VCO". Einerseits sind sie natürlich spezifisch für das Projekt VCO, andererseits aber auch vom Assistenten generiert worden.

Das ist also Geschmackssache.

Wenn wir damit fertig sind, gehen wir für die Quelldateien genau gleich vor (Filter hinzufügen und dann die Dateien verschieben). Der Projektmappenexplorer sollte nun in etwa wie folgt aussehen:

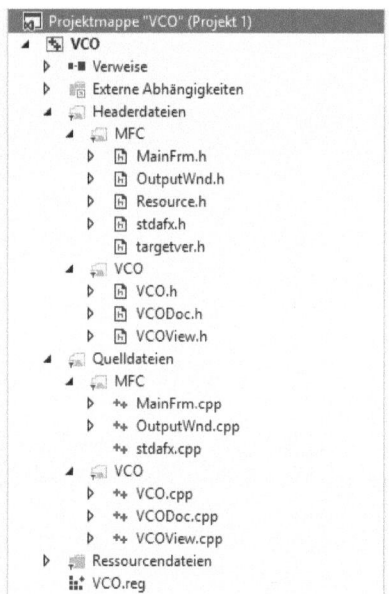

Abb. 37: Der Projektmappenexplorer ist nun besser strukturiert

Üblicherweise wird man die Filter, die man gerade nicht braucht, zuklappen (kleines schwarzes Dreieck beim Filter) und hat dann einen guten Überblick über die Dateien, mit denen man gerade arbeitet. Nachdem wir jetzt Ordnung geschaffen haben, gehen wir daran, die neu zu erstellende Basisklasse für unsere Datenbankfunktionalität zu erzeugen.

5.2 Eine neue Klasse erzeugen

Es gibt verschiedene Wege, um in Visual C++ eine neue Klasse inkl. der dazugehörigen h- und cpp-Files zu erstellen. Die sauberste ist sicherlich, dazu den Visual Studio Klassenassistenten zu verwenden, man kann aber auch die Klassen manuell als Dateien erstellen und dem Projekt hinzufügen. Wir verwenden hier den Klassenassistenten. Dazu klicken wir mit der rechten Maustaste auf den Filter „VCO" unterhalb der Headerdateien:

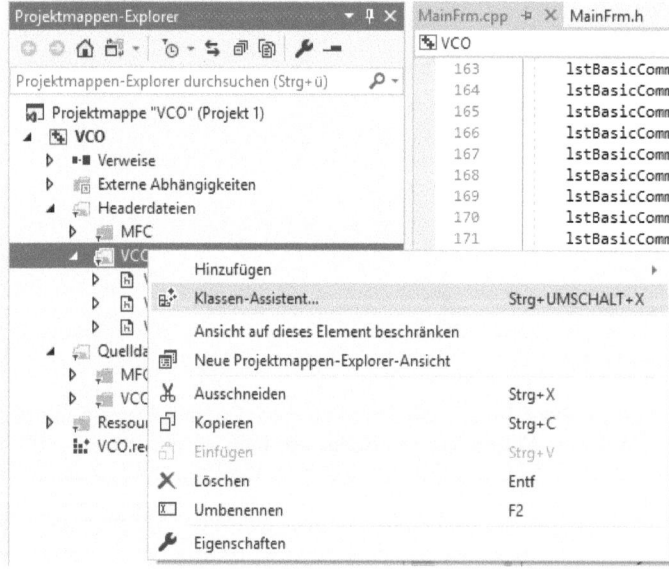

Abb. 38: Aufrufen des Klassenassistenten

Wenn wir diesen Menüpunkt anklicken, öffnet Visual Studio den Dialog für den Klassenassistenten:

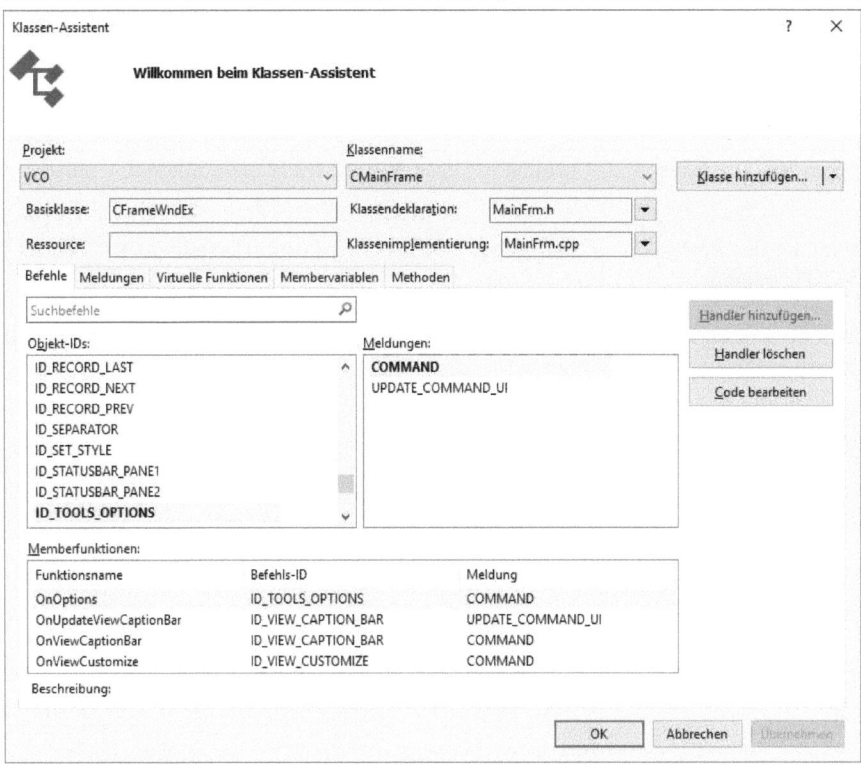

Abb. 39: Der Visual C++ Klassenassistent

In diesem Dialog klicken wir nun auf den Button „Klasse hinzufügen …" und bekommen den Dialog für das Erstellen einer neuen Klasse im Projekt angezeigt, wobei hier der Klassenname bereits eingetippt wurde:

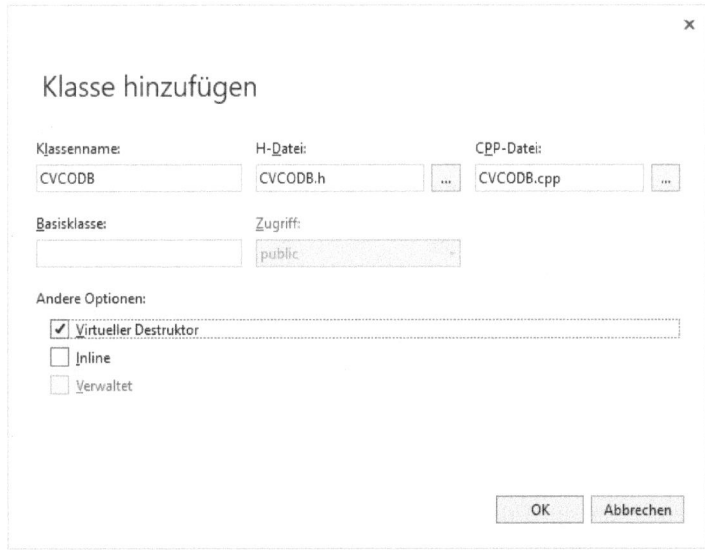

Abb. 40: Die Klasse CVCODB erzeugen

Wir nennen die Klasse „CVCODB". Die Dateinamen schlägt der Assistent selbständig vor. Eine Basisklasse hat diese Klasse nicht. Wichtig ist dabei der „virtuelle Destruktor". Ein Destruktor kann nämlich als **„virtual"** deklariert werden. Dies erlaubt es einem Zeiger auf ein Basisklassenobjekt, den richtigen Destruktor aufzurufen, wenn der Zeiger gerade auf ein abgeleitetes Klassenobjekt weist. Der Destruktor einer Klasse, die von einer Klasse mit einem **virtuellen** Destruktor abgeleitet ist, ist selbst immer auch **virtuell**. Klassen, von denen man in Zukunft vorhat, weitere Klassen abzuleiten (Subklassen zu bilden) sollte man auf jeden Fall mit einem virtuellen Destruktor versehen. Da virtuelle Methoden keine (oder zumindest keine spürbaren) Performancenachteile mit sich bringen, ist es generell ratsam, Methoden virtuell zu deklarieren. Davon ausgenommen sind lediglich reine Zugriffsmethoden, wo dies nicht nötig ist (aber auch nicht schadet).

Man sollte Klassen immer mit dem Buchstaben „C" beginnen. Diese Vereinbarung dient allerdings nur der Übersicht.

Zusätzlich fügen wir vorne immer das Projektkürzel „VCO" ein, sodass unsere (selbst erstellten) Klassen in diesem Projekt alle mit „CVCO" beginnen.

Wenn wir nun auf den Button „OK" klicken, und danach auch den Klassenassistenten mit „OK" beenden, tut sich einiges im Projektmappenexplorer:

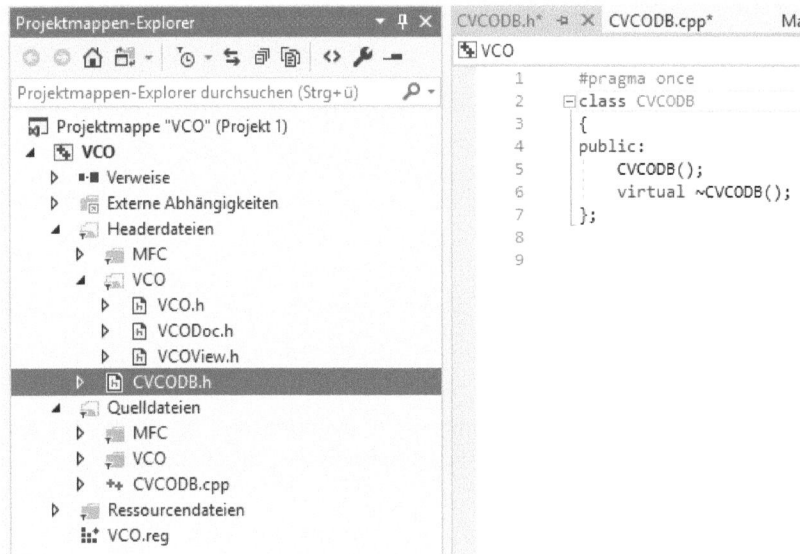

Abb. 41: Die Klasse CVCODB wurde erzeugt

Leider hat der Assistent die Klasse nicht unter dem Filter „VCO" eingefügt, sondern hat die beiden Dateien („CVCODB.h" und „CVCODB.cpp") unterhalb „Headerdateien" bzw. unterhalb „Quelldateien" angelegt. Das ist aber kein großes Problem, wir ziehen die Dateien einfach mittels Drag & Drop in den jeweiligen Filter „VCO". Weiters fällt uns auf, dass der Assistent die beiden neu erstellten Dateien auch gleich geöffnet und rechts in den Arbeitsbereich geladen hat, wo wir ihnen nun Leben einhauchen können.

5.2.1   Ein wenig Nomenklatur sollte sein

Man sollte sich angewöhnen, Sourcecode zu kommentieren. Und zwar ausführlich! Die Gründe dafür sind in der Literatur zur Genüge erläutert worden:

Erstens sollte jeder Sourcecode, den man programmiert, auch für andere Programmierer stets verständlich sein und bleiben. Schließlich kann niemand garantieren, dass man immer zur Verfügung steht, wenn Änderungen oder Fehlerbehebungen nötig werden. Man kann erkranken, im Urlaub sein – oder eine andere Aufgabe, vielleicht sogar in einem anderen Unternehmen, wahrgenommen haben.

Zweitens ist das nach Erfahrung des Autors auch für den Ersteller des Sourcecodes hilfreich, wenn er oder sie nach längerer Zeit, diesen wieder einmal bearbeiten oder erweitern soll.

Daher wird empfohlen, am Beginn **jeder** Datei ein Mindestmaß an Information über den Inhalt und den Sinn der Datei als Kommentar einzufügen. Das könnte beispielsweise wie folgt aussehen, wobei hier natürlich jedes Unternehmen seine eigenen Richtlinien haben kann (und wird):

```
// Datenbankzugriffsklasse fuer VCO
// CVCODB.h                    Deklaration
// Beschreibung:               Datenbankobjektklasse, nutzt OCILIB
// Autor:                      DI Guenter Leitenbauer
// Begin Erstellung:           2019-02-16
// Historie:
//
//////////////////////////////////////////////////////////////////
// Globale Daten/Objekte:
//
// Globale Funktionen:
//
// Klassen:                    CVCODB
//
//////////////////////////////////////////////////////////////////
```

Ob man seine Kommentare in Deutsch oder Englisch schreibt, hängt schlussendlich nur davon ab, wer je mit diesen Sourcen in Berührung kommen wird. Klassenbibliotheken, Funktionsbibliotheken und jede Software, die man öffentlich anbietet oder zur Verfügung stellt, sollte man daher immer auf Englisch kommentieren. Für die Dateien in diesem deutschsprachigen Buch bietet sich naturgemäß eher Deutsch an.

Weitere Vereinbarungen[27] bezüglich des Codes sind ebenfalls sinnvoll:

➢   Membervariablen einer Klasse beginnen immer mit „m_"

➢   Klassennamen beginnen immer mit „CVCO"

➢   Methodennamen beginnen mit einem Großbuchstaben

➢   Variablennamen weisen auf den Typ hin:

♦   „i" für ganzzahlige Typen (char, int, long, …)
♦   „f" für Fließkommatypen (float, double, …)
♦   „s" für Zeichenketten und Stringtypen (CString, char*, …)
♦   „b" für Booleantypen (bool)
♦   „a" für Felder (CArray, …)
♦   "p" für alle Zeigervariablen (*)
♦   "h" für alle Handles
♦   "c" für Konstanten

Das bedeutet, dass zum Beispiel ein Feld von Integers als Membervariable mit „m_ai" beginnen würde, als „normale" (lokale) Variable nur mit „ai".

5.2.2   Was soll unsere neue Klasse können?

Bevor wir mit der Implementierung der Klasse beginnen, ist es sinnvoll, sich zu überlegen, was diese Klasse leisten soll. Dazu dient üblicherweise die Projektphase „Softwareentwurf". Es würde ein eigenes Buch füllen, sich über den Softwareentwurf auszubreiten, wir werden dieses Thema hier nur insoweit streifen, wie es für das Verständnis absolut erforderlich ist.

Ziele unserer Datenbankzugriffsklasse sind:

➢   Login / Logout

➢   Bereitstellung von geöffneten Datenbankverbindungen

---

[27] Das ist natürlich nur ein Vorschlag, aber ein sinnvoller!

➢ Ordnungsgemäße Beendigung von Datenbankverbindungen, die nicht mehr benötigt werden

➢ Fehlerbehandlung

➢ Abfragen ausführen und Resultsets (Ergebnisse) zurückgeben

➢ Bereitstellung oft verwendeter Abfragen (wie zum Beispiel: Anzahl der Datensätze für eine Tabelle mit einer Suchbedingung, etc.)

Die Klasse soll also soweit möglich das Aufbauen einer Datenbankverbindung und die Logik bei Abfragen und manipulativen Zugriffen (einfügen, ändern, löschen) implementieren und bereitstellen. Wir werden nun die einzelnen Forderungen Schritt für Schritt in unsere neue Klasse aufnehmen.

5.2.3   Login / Logout

Wenn unsere Klasse dem Anwender bei Bedarf eine geöffnete Datenbankverbindung bereitstellen können muss, dann muss dazu eine gültige User/Passwort-Kombination bekannt sein. Diese bekommt die Klasse bei der ersten Anmeldung eines Anwenders an die Datenbank. Wir haben ja schon eine Datenbankanmeldung programmiert (siehe im letzten Kapitel), allerdings ohne dazu einen Dialog zu verwenden. Da ein solcher Dialog eine weitere Klasse (Dialogklasse) erfordert, werden wir diesen Punkt erst einmal aufschieben.

Worüber wir uns allerdings schon jetzt Gedanken machen müssen ist der Punkt, wo wir uns die (erfolgreichen) Userdaten merken, um sie beim Aufbau einer Datenverbindung wiederverwenden zu können, ohne den User erneut zu belästigen. Da er sich ja bereits angemeldet hat, würde es bei ihm nur Kopfschütteln hervorrufen, wenn er erneut nach seinen Kontodaten gefragt werden würde.

Für die Ablage der Userdaten bieten sich folgende Möglichkeiten an:

➢ Die Anwendungsklasse „VCO"

➢ Die Hauptrahmenfensterklasse „MainFrm"

➢ Die Datenbankverbindungsklasse CVCODB (mit einer Einschränkung!)

Die Möglichkeiten haben allesamt Vor- und Nachteile.

Die erste Möglichkeit scheiden wir aus, weil wir die Anwendungsklasse möglichst „schlank" halten wollen.

Wenn wir die zweite Möglichkeit verwenden, müssen wir die Hauptrahmenfensterklasse lediglich um drei Membervariablen und die entsprechenden Zugriffsmethoden ergänzen. Das ist eine sehr einfache und vor allem gut verständliche Methode.

Die dritte Variante wäre deutlich komplexer, allerdings auch effizienter, weil nicht jedes Mal eine neue Instanz der Datenbankzugriffsklasse erstellt werden muss, wenn man eine Datenbankverbindung anfordert. Man würde bei dieser Variante genau eine Instanz der Zugriffsklasse in der Hauptrahmenklasse erstellen und für jeden Zugriff dann einen Handle bereitstellen und danach wieder zerstören.

Aus Gründen der Einfachheit entscheiden wir uns hier für die zweite Variante. Zumal sie auch keine gravierenden Nachteile aufweist.[28]

Bevor wir die Erweiterungen der Hauptrahmenfensterklasse betrachten, machen wir uns kurz Gedanken, wie wir in unserem Projekt generell mit Zeichenketten umgehen werden.

5.2.4   Zeichenketten und die Klassenfamilie CString

Die Microsoft Foundation Classes (MFC) bieten zur Behandlung von Zeichenketten Klassen, die über die Funktionalität der üblichen char* - Zeichenketten weit hinausgehen: Die Klassen CString, CStringW und CStringA,

---

[28] Für sicherheitsrelevante Software sollte man sich überdies Passwörter nie im Klartext merken, sondern eine geeignete, sichere Verschlüsselung dafür verwenden, zum Beispiel DES. Wir lassen das hier der besseren Übersichtlichkeit halber weg.

wobei das „A" für den Zeichensatz ANSI steht. Da wir unser Projekt im ANSI Zeichensatz erstellen, ist CStringA die Klasse, die wir verwenden sollten, um nicht andauernd mit Typumwandlungen konfrontiert zu werden. Allerdings werden wir auch CString häufig einsetzen.

Diese Klassen sind in ihrer Verwendung viel sicherer als char*, so muss man sich beispielsweise keinerlei Gedanken über den Terminierungscharacter „\0" machen, muss keinen Speicherplatz allokieren oder freigeben, etc. Weiters bieten sie Methoden und Operatoren zum Anhängen und Zusammenfügen von Zeichenketten, zum Finden von Teilstrings, und vieles mehr. Wir verwenden daher diese Klassen (CString und CStringA) durchgängig für unser Projekt.

Wie wir später noch sehen werden, benötigen wir allerdings gewisse Erweiterungen[29], wenn wir CStrings in OCILIB verwenden wollen, aber dazu später mehr.

5.2.5 Erweiterung der Hauptrahmenfensterklasse

In der Hauptrahmenfensterklasse speichern wir (nach erfolgtem und vor allem erfolgreichem Erstlogin des Users) die Anmeldedaten in drei zusätzlichen CString-Objekten:

```
private:
...
    CString m_sUser;  // Anmeldename des Users in der Oracle DB
    CString m_sPwd;   // Passwort des Users in der Oracle DB
    CString m_sSID;   // Oracle DB SID
```

Das ist weitgehend ungefährlich, weil wir diese Zeichenketten (in Zukunft verwenden wir dafür den Ausdruck Strings), und hier vor allem das Passwort, dem Anwender nicht anzeigen werden. Da diese Attribute privat, also nur innerhalb der Klasse „CMainFrame" sichtbar sind, benötigen wir auch entsprechende Zugriffsmethoden, die wir hier ein letztes Mal anführen und in Zukunft nicht mehr gesondert erwähnen werden – es wird vorausgesetzt, dass solche Zugriffsmethoden deklariert und implementiert worden sind:

Deklarationsdatei MainFrm.h:

```
// Zugriffsmethoden
public:
...
    void      SetUser(CString sUser);
    CString   GetUser() const;
    void      SetPwd(CString sPwd);
    CString   GetPwd() const;
    void      SetSID(CString sSID);
    CString   GetSID() const;
```

Implementierungsdatei MainFrm.cpp:

```
// Zugriffsmethoden
...
void CMainFrame::SetUser(CString sUser)
{
    m_sUser = sUser;
}
```

---

[29] Man kann von CString zwar eine eigene Klasse ableiten, allerdings ist das nicht sinnvoll, da die Methoden in CString nicht virtuell deklariert sind. Daher sollte man Erweiterungen zu CString **nicht** in von CString abgeleiteten Klassen implementieren. Wenn man das will, sollte man von CStringT ableiten. Die CString, CStringA, und CStringW Klassen sind nämlich nur Spezialisierungen der Template-Klasse CStringT basierend auf dem Typ von Zeichendaten, die sie unterstützen.

```cpp
CString CMainFrame::GetUser() const
{
   return m_sUser;
}

void CMainFrame::SetPwd(CString sPwd)
{
   m_sPwd = sPwd;
}

CString CMainFrame::GetPwd() const
{
   return m_sPwd;
}

void CMainFrame::SetSID(CString sSID)
{
   m_sSID = sSID;
}

CString CMainFrame::GetSID() const
{
   return m_sSID;
}
```

Wie man sieht, ist der Mechanismus immer der gleiche:

Set-Methoden haben keinen Rückgabetyp (void) und ein Argument (Funktionsparameter) mit dem gleichen Typ wie das zu setzende Attribut.

Get-Methoden sind const, haben den Rückgabetyp des Attributs und kein Argument.

Warum machen wir das so „kompliziert" und deklarieren die Attribute nicht einfach als public?

Der Grund dafür ist das so genannte „Information Hiding Prinzip". Man sollte Implementierungsdetails immer verbergen und kapseln. Das gibt einem die Möglichkeit, die Schnittstelle einer Klasse klar zu definieren und gegebenenfalls später sogar die Variablen völlig anders zu definieren oder zu erweitern. Solange man die Schnittstelle (public bzw. protected für abgeleitete Klassen) nicht ändert, wird der Benutzer einer Klasse von allen internen Details verschont und kann die Klasse wie gewohnt benutzen.

Nun können wir darangehen, die Klasse CVCODB mit Leben zu füllen.

5.3   Aufbau der Datenbankklasse CVCODB

Wir werden die Definition dieser Klasse im Zuge des Projekts immer wieder erweitern. Vorerst begnügen wir uns daher mit sehr grundlegenden Funktionalitäten, die diese Klasse bereitstellen soll, die wichtigste davon sind:

➢   Ein Objekt (eine Instanz) dieser Klasse erzeugen zu können

➢   Ein Objekt dieser Klasse zerstören zu können

➢   Ein Objekt dieser Klasse an der Datenbank anmelden zu können

5.3.1   Erzeugen eines Objekts – der Konstruktor

Das Wissen darum, was ein Konstruktor und ein Standardkonstruktor in C++ ist, darf vorausgesetzt werden?

Eigentlich ist nur wichtig zu wissen, dass der Konstruktor automatisch genau dann aufgerufen wird, wenn ein Objekt erzeugt werden soll. Also gleichsam beim „Anlegen". Im Konstruktor werden demzufolge jene Tätigkeiten durchgeführt, die nötig sind, um das Objekt korrekt zu initialisieren. Und das ist in unserem Falle (bei der Datenbankklasse CVCODB) eben, die Verbindung zur Datenbank herzustellen, sofern die Benutzerdaten schon bekannt sind.

Wenn noch kein Benutzer an die Datenbank angemeldet worden ist, kann das Datenbankklassenobjekt natürlich nicht für Datenbankzugriffe verwendet werden. Es gibt mehrere Möglichkeiten, dies dem Benutzer (das ist in unserem Fall der Programmierer, der das Objekt erzeugen möchte), mitzuteilen. Man könnte beispielsweise eine Exception werfen, eine Fehlermeldung anzeigen, indem der Anwender aufgefordert wird, sich zuerst anzumelden, etc.

Auf jeden Fall aber sollte die Klasse über eine Methode verfügen, mit der der Programmierer abfragen kann, ob das Objekt über eine gültige Verbindung zur Datenbank verfügt oder nicht. Wenn er das dann nicht macht, ist es sein Problem. Wir bevorzugen genau diese Variante.

Wir benötigen also in unserer Klasse ein Attribut, das uns anzeigt, ob gültige Userdaten vorhanden sind, und auch ob das Objekt bereits verbunden wurde, und ergänzen CVCODB.h wie folgt:

```
class CVCODB
{
public:
  CVCODB();                 // Konstruktor
  virtual ~CVCODB();        // Destruktor

private:
  bool      m_bValidConnect;           // Connectdaten sind gueltig
  bool      m_bIsConnected = false;    // Objekt ist nun verbunden
};
```

Und natürlich implementieren wir dazu zwei entsprechende Zugriffsmethoden, wobei wir fuer das zweite Attribut, das wir mit false initialisieren, weil beim Erzeugen des Objekts dieses ja keinesfalls bereits verbunden sein kann, nur eine Abfragemethode benötigen, weil es bei der Anwendung nur von der Klasse CVCODB selbst gesetzt werden darf:

```
void SetValidConnect(bool bValidConnect);
bool IsConnectValid();      // gueltige Userdaten vorhanden?
bool IsConnected() const;   // Objekt an DB angemeldet?
```

Wie das geht, wissen wir ja bereits.

Die Deklaration der Zugriffsmethode „IsConnectValid()" ist ausnahmsweise nicht „const". Wir werden sehen, dass in dieser Zugriffsmethode eine Membervariable geändert wird, weil wir hier überprüfen, ob alle Verbindungsparameter über nicht leere Werte verfügen. Dazu benutzen wir die Methode „IsEmpty()" der Klasse „CString" und den Oder-Verknüpfungsoperator „||":

```
bool CVCODB::IsConnectValid()
{
  // Wenn die Verbindungsdaten leer sind
  // kann man sich nicht verbinden
  CMainFrame* pMain = (CMainFrame*)AfxGetMainWnd();
  if ( pMain->GetUser().IsEmpty() || pMain->GetPwd().IsEmpty() ||
       pMain->GetSID().IsEmpty())
  {
      m_bValidConnect = false;
  }
  else
```

```
    {
        m_bValidConnect = true;
    }


    return m_bValidConnect;
}
```

Jetzt zum Code des Konstruktors, dieser könnte wie folgt aussehen, wobei wir zuerst nur das Gerüst aufbauen[30]:

```
// Konstruktor
CVCODB::CVCODB()
{
    // ueberpruefen, ob gueltige Verbindungsdaten vorhanden sind:
    if (IsConnectValid())
    {
        // Verbindung an die Datenbank durchfuehren


        // Verbindung gelungen, Objekt als verbunden markieren
        m_bIsConnected = true;
    }
    else
    {
        // noch keine gueltigen Benutzerdaten vorhanden
        m_bIsConnected = false;
    }
}
```

> Von Zeit zu Zeit sollte man das Projekt erstellen (Build), um gegebenenfalls Fehler frühzeitig zu erkennen. Hier wäre jetzt ein guter Zeitpunkt dafür.

Aufmerksame Leserinnen haben jetzt vielleicht eine Frage:

Wer setzt eigentlich wann den Status, der anzeigt, dass funktionierende Userdaten vorhanden und überprüft sind?

Gut, dass diese Frage auftaucht. Die Antwort ist folgende:

Das muss beim ersten Login erfolgen, also beim noch zu erstellenden Anmeldedialog. Wenn die Anmeldung gutgeht, wird das Flag[31] gesetzt. Wir gehen jetzt einfach mal davon aus, dass diese Daten bereits gesetzt wurden. Und kommen zurück zum Konstruktor. Nun füllen wir den Bereich unterhalb des Kommentars „Verbindung an die Datenbank durchfuehren" mit Leben. Dazu holen wir uns zuerst die Anmeldedaten. Wir wissen ja noch, dass diese über Zugriffsmethoden der Klasse „CMainFrame" ermittelt werden können.

Zuerst deklarieren wir dafür drei lokale Variablen vom Typ CString, denen wir dann die entsprechenden Werte zuweisen. Man könnte das auch in einem Schritt machen, es ist aber übersichtlicher und besserer Stil, die Variablendeklarationen möglichst alle am Anfang einer Funktion (oder in diesem Fall einer Methode) zu sammeln. Dabei erweist es sich als sinnvoll, eine weitere lokale Variable vom Typ CMainFrame* anzulegen, der wir den Zeiger auf unser Hauptfenster zuweisen, um das nicht bei allen drei Abfragen einzeln machen zu müssen.

---

[30] Das ist eine empfohlene Implementierungsmethode, sie nennt sich „Top-Down-Development". Zuerst legt man die groben Abläufe fest, dann erst werden diese mit Leben gefüllt, also ausprogrammiert. Das erleichtert es, den Überblick zu bewahren.

[31] Ein Flag, also ein Fähnchen, ist in der Sprache der Programmierter immer ein Ja/Nein-Anzeiger, in unserem Falle also eine Variable des Typs bool, eben das Attribut „m_bValidConnect".

Natürlich müssen wir dazu die Deklarationsdatei „MainFrm.h" vorher inkludieren, der Kopfbereich unserer CVCODB.cpp sieht also in etwa wie folgt aus:

```
// Datenbankzugriffsklasse fuer VCO
// CVCODB.cpp            Implementierung
// Beschreibung:         Datenbankobjektklasse, nutzt OCILIB
// Autor:                DI Guenter Leitenbauer
// Begin Erstellung:     2019-02-16
// Historie:
//
/////////////////////////////////////////////////////////////////
// Globale Daten/Objekte:
//
// Globale Funktionen:
//
// Klassen:              CVCODB
//
/////////////////////////////////////////////////////////////////

#include "stdafx.h"
#include "CVCODB.h"
#include "MainFrm.h"
…
```

Der Konstruktor hat nun auch schon etwas mehr Inhalt:

```
// Konstruktor
CVCODB::CVCODB()
{
    // lokale Variablen
    CString     sUser, sPwd, sSID;
    CMainFrame* pMain = (CMainFrame*)AfxGetMainWnd();

    // ueberpruefen, ob gueltige Verbindungsdaten vorhanden sind:
    if (IsConnectValid())
    {
        // Verbindung an die Datenbank durchfuehren. Dazu zuerst die Benutzerdaten holen
        sUser = pMain->GetUser();
        sPwd = pMain->GetPwd();
        sSID = pMain->GetSID();
        // Verbindung durchfuehren

        // Verbindung gelungen, Objekt als verbunden markieren
        m_bIsConnected = true;
    }
    else
    {
        // noch keine gueltigen Benutzerdaten vorhanden
        m_bIsConnected = false;
    }
}
```

> Wir haben den Typecast (CMainFrame*) dazu verwendet, das Ergebnis von AfxGetMainWnd() anzupassen, weil wir ja mit Sicherheit wissen, dass unsere MainFrame-Klasse den Typ CMainFrame besitzt.
>
> Diese Methode liefert nämlich einen Zeiger des Typs CWnd* zurück, während wir aber einen Zeiger des Typs CMainFrame* benötigen.
>
> Da alle Framewindowklassen von CWnd abgeleitet sind, ist dieser Cast (Typumwandlung) zulässig.

Jetzt fehlt nicht mehr viel. Als letzten Schritt werden wir nun die Verbindung zur Datenbank mit diesen Parametern durchfuehren. Wir erinnern uns ja an die Testverbindung im letzten Kapitel und wissen schon, wie das mit OCILIB geht. Dieses Wissen möchten wir nun im Konstruktor ergänzen. Dabei fällt uns auf, dass unsere Klasse ein zusätzliches Attribut benötigt, nämlich eine OCILIB Connection. Wir werden dieses Attribut aber als Zeiger anlegen, damit wir volle Flexibilität wahren, das Objekt dynamisch allokieren, und freigeben und dafür Zugriffsmethoden definieren können, die dann nicht jedes Mal das ganze Objekt kopieren müssen[32]

Die Headerdatei wird also um folgendes private Attribut ergänzt, wobei wir dazu natürlich zuerst OCILIB inkludieren müssen, und auch die Verwendung des OCILIB-Namespaces nicht vergessen dürfen:

```
#include "ocilib.hpp"
using namespace ocilib;
…
private:
…
   Connection* m_pCon = 0;     // OCILIB Connection
```

Wir gewöhnen uns an, alle Zeigerattribute mit 0 zu initialisieren. Das macht Sinn, weil man dann sehr schnell mit der Abfrage „if(m_pCon)" feststellen kann, ob der Zeiger bereits auf ein gültiges Objekt zeigt oder noch nicht.

Um CStringA-Werte mit OCILIB verwenden zu können, müssen wir sie übrigens casten. OCILIB stellt dazu den Operator „(ostring)" zur Verfügung[33]. Damit ist unser Konstruktor jetzt vollständig:

```
CVCODB::CVCODB()
{
   // lokale Variablen
   CStringA    sUser, sPwd, sSID;
   CMainFrame* pMain = (CMainFrame*)AfxGetMainWnd();

   // ueberpruefen, ob gueltige Verbindungsdaten vorhanden sind:
   if (IsConnectValid())
   {
       // Verbindung an die Datenbank durchfuehren. Dazu zuerst die Benutzerdaten holen
       sUser = pMain->GetUser();
       sPwd = pMain->GetPwd();
       sSID = pMain->GetSID();

       // Verbindung durchfuehren
       try
       {
           m_pCon = new Connection();
```

---

[32] Das ginge auch mit C++ Referenzen, ist aber nach Ansicht des Autors komplizierter und auch weniger üblich als Zeiger.

[33] Würden wir die Klasse CString verwenden, wäre das etwas aufwändiger, weil OCILIB dazu keinen Umwandlungsoperator zur Verfügung stellt. Wir müssten zuerst die CString-Objekte in einen CStringA überführen, und dann diese mit „(ostring)" casten.

```
               if (m_pCon)       // Zeiger nach new IMMER ueberpruefen!
               {
                       m_pCon->Open( (ostring)sSID, (ostring)sUser, (ostring)sPwd,
                                     Environment::SessionDefault);
                       if (m_pCon->IsServerAlive())
                       {
                               // Anmeldung erfolgreich. Hier erfolgt keine Meldung!
                               m_bIsConnected = true; // Flag setzen
                       }
               }
       }
       catch (std::exception)
       {
               // keine Fehlermeldung ausgeben aber Connected-Status auf false setzen
               m_bIsConnected = false;
       }
   }
   else
   {
       // noch keine gueltigen Benutzerdaten vorhanden
       m_bIsConnected = false;
   }
}
```

Wer genau beobachtet, merkt, dass sich der Programmcode zu dem der Testverbindung im vorigen Kapitel etwas unterscheidet:

Da wir hier für das Connection-Objekt eine Zeigervariable verwendet haben, müssen wir in der Folge natürlich auch die Zeichenfolge „." durch „->" ersetzen. Außerdem entfiel die Messagebox im Fehlerfall.

Und nach „std::exception" fehlt der Variablenname. Den lassen wir weg, weil wir ihn nicht benutzen und sonst nur eine Compilerwarnung über eine unbenutzte lokale Variable die Folge wäre.

5.3.2   Zerstören eines Objekts – der Destruktor

Nun müssen wir uns noch um den Destruktor kümmern, der glücklicherweise deutlich einfacher ist:

```
// Destruktor
CVCODB::~CVCODB()
{
   if (m_pCon)
   {
       if (!m_pCon->IsNull() && m_pCon->IsServerAlive())
       {
               m_pCon->Close();        // Connection schliessen
       }
   }

   delete m_pCon;                      // Speicher aufraeumen
   m_pCon = 0;
   m_bIsConnected = false;
}
```

Zuerst schließen wir die Connection, allerdings erst, nachdem wir überprüft haben, ob sie existiert („!IsNull()")[34] und offen ist („IsServerAlive()"). Natürlich haben wir vorher auch überprüft, ob der Zeiger auf das Connection-Objekt nicht etwa 0 ist. Danach dürfen wir keinesfalls darauf vergessen, das Objekt mit „delete" wieder freizugeben, sonst produzieren wir eine sogenannte Speicherleiche (Memory leak).

Nach dem Freigeben eines Objekts mit „delete" sollte man immer auch den zugehörigen Zeiger auf 0 setzen, auch wenn dies am Ende des Destruktors eine Fleißaufgabe ist, weil danach das Objekt, das den Zeiger beinhaltet, und damit auch der Zeiger, sowieso zerstört wird. Allerdings schläft der Programmierfehlerteufel immer nur einen leichten Schlaf. Irgendwann kommt man vielleicht auf die Idee, im Destruktor noch Code anzuhängen und das Objekt zu verwenden. Das hat dann unweigerlich einen Absturz zur Folge,.

5.3.3   Ein weiterer Konstruktor

Wir haben einen Standardkonstruktor implementiert. Allerdings wäre auch ein Konstruktor praktisch, dem wir die Verbindungsdaten (so vorhanden), gleich mit übergeben. Das kann bei zwei Gelegenheiten recht nützlich sein:

➢   Beim Login, also im Logindialog

➢   Wenn man für eine Abfrage einmal eine Datenbankverbindung mit anderen Benutzerdaten als denen des angemeldeten Anwenders benötigt

Die Deklaration dieses Konstruktors sieht dann wie folgt aus:

```
class CVCODB
{
public:
   CVCODB();   // Standardkonstruktor

   CVCODB(      // Konstruktor mit Verbindungsdaten
       CStringA sUser,       // Username
       CStringA sPwd,        // Passwort
       CStringA sSID,        // DB SID
       bool bStore = false   // Verbindungsdaten merken?
   );
...
```

Wir haben dabei auch einen Defaultparameter hinzugefügt, mit dem wir festlegen können, ob die mitgegebenen Benutzerdaten als Standardbenutzerdaten im Hauptrahmenfenster abgelegt werden sollen oder nicht (Defaultwert: nicht ablegen). Die Implementierung dieses Konstruktors ist der des Standardkonstruktors sehr ähnlich:

```
// Konstruktor mit Verbindungsangaben als Parameter
CVCODB::CVCODB(
   CStringA sUser,
   CStringA sPwd,
   CStringA sSID,
   bool bStore
)
{
   if (bStore)
   {
       // die Verbindungsdaten merken wir uns
       CMainFrame*   pMain = (CMainFrame*)AfxGetMainWnd();
```

---

[34] Dabei machen wir uns die Eigenschaft der Sprache C++ zunutze, dass die zweite Bedingung, hier „IsServerAlive()" gar nicht mehr geprüft wird, wenn die erste Bedingung „!IsNull()" (man beachte das „!", also NOT) nicht erfüllt ist. Sonst gäbe es nämlich eine Exception von OCILIB, also de facto einen Absturz.

```
    pMain->SetUser(sUser);
    pMain->SetPwd(sPwd);
    pMain->SetSID(sSID);
}
// Verbindung durchfuehren
try
{
    m_pCon = new Connection();
    if (m_pCon)      // Zeiger nach new IMMER ueberpruefen!
    {
            m_pCon->Open( (ostring)sSID, (ostring)sUser, (ostring)sPwd,
                         Environment::SessionDefault);
            if (m_pCon->IsServerAlive())
            {
                    // Anmeldung erfolgreich, hier erfolgt keine Meldung!
                    m_bIsConnected = true;          // Flag setzen
                    m_bValidConnect = true;
            }
    }
}
catch (std::exception)
{
    // keine Fehlermeldung ausgeben
    m_bIsConnected = false;       // Status auf false setzen
}
}
```

5.4   Einige wichtige Methoden der Klasse

Um diese Klasse auch benutzen zu können, benötigen wir noch ein paar Erweiterungen.

5.4.1   Zugriff auf das Connection-Objekt

So soll die Klasse das Connection-Objekt zur Verfügung stellen können. Dafür braucht es eine Zugriffsmethode, die wie folgt zu deklarieren ist:

```
public:
    Connection* GetConnection();      // Connectionobjekt zurueckgeben
```

Die Implementierung dieser Methode ist äußerst simpel:

```
Connection* CVCODB::GetConnection()
{
    return m_pCon;
}
```

Damit kann man im Prinzip schon alles machen, was an Datenbankzugriffen denkbar ist. Man kann die Klasse aber natürlich noch um viele weitere nützliche Methoden erweitern, zum Beispiel um eine Methode für die Durchführung von Datenbankabfragen inklusive Fehlerbehandlung.

5.4.2   Abfragemethode

Nur mit dem Connection-Objekt könnte man schon alle nötigen Datenbankzugriffe implementieren. Allerdings müsste man sich dann auch immer um das Abfangen von Exceptions kümmern, bräuchte also jedes Mal einen try-catch-Block. Um sich Arbeit zu ersparen, kann man einige wichtige Anwendungsfälle aber auch gleich in der Datenbankklasse implementieren, und der mit Sicherheit wichtigste Anwendungsfall ist eine SQL Abfrage, also ein SELECT. Diesen Fall werden wir jetzt vorbereiten. In der Zukunft werden wir die Klasse dann sukzessive um weitere Funktionalitäten ergänzen.

Bei einer SQL Abfrage übergibt der Programmierer unserer Klasse einen CString mit dem SQL Statement und bekommt als Ergebnis einen Zeiger auf das Abfrageobjekt. Daraus kann man sich ein Resultset erzeugen, also ein Abfrageergebnis, das auch leer sein kann.

Wenn die Abfrage fehlschlägt[35], wird über eine Exception eine Oracle-Fehlermeldung ausgegeben und der zurückgegebene Zeiger bekommt den Wert 0. Daran kann der Anwender erkennen, dass bei der Abfrage ein Fehler aufgetreten ist.

Die Deklaration dieser Methode sieht daher wie folgt aus:

```
public:
    Statement* DoSelect(CString s); // SQL Select durchfuehren
```

Die Implementierung ist etwas umfangreicher:

```
Statement* CVCODB::DoSelect(CString s)
{
    CWaitCursor wait;        // "Sanduhr" anzeigen
    Statement* pSt = 0;      // der Abfragezeiger
    try
    {
        if ( m_pCon && !s.IsEmpty() ) // IMMER ueberpruefen!
        {
            ostring oStmt((CStringA)s);       // String umwandeln
            pSt = new Statement(*m_pCon);     // Freigabe d. Aufrufer
            pSt->Execute(oStmt);              // Ausfuehren der Abfrage
        }
        else
        {
            pSt = 0;         // Fehler: kein Connectionobjekt
        }
    }
    catch (std::exception &ex)
    {
        // Oracle-Fehlermeldung ausgeben
        // OraMessageBox(ex)[36];
        pSt = 0;
    }
    return pSt; // Zeiger auf Abfrage zurueckgeben
}
```

Damit lassen wir es vorerst bewenden, weitere Methoden können wir später noch hinzufügen, wenn sie benötigt werden.

> In dieser Methode wird ein Objekt vom Typ „Statement" allokiert, das der Aufrufer der Methode danach freigeben muss, um ein Speicherleck zu vermeiden!

---

[35] Wenn beispielsweise der übergebene SQL Abfragestring fehlerbehaftet ist.

[36] Diese Methode werden wir im Kapitel 7 implementieren. Sie muss zum jetzigen Zeitpunkt daher noch auskommentiert werden.

5.5   Zusammenfassung

Wir haben uns in diesem Kapitel erarbeitet,

➢   wie man im Projektmappenexplorer Ordnung schafft

➢   wie man mit dem Klassenassistenten eine neue Klasse erzeugt

➢   dass eine gewisse Nomenklatur bei Variablen- und Klassennamen hilfreich ist

➢   wie man in Visual C++ am einfachsten Zeichenketten (Strings) definiert und verwendet

➢   wie man Zugriffsmethoden programmiert

➢   wie man Konstruktoren und Destruktoren von Klassen nutzt und programmiert

➢   wie man sich programmtechnisch an eine Datenbank anmeldet

➢   wie man eine einfache Basisklasse für Datenbankzugriffe erstellt

Bevor wir nun unsere Klasse erweitern, werden wir im nächsten Kapitel einen Anmeldedialog erstellen, damit die Werte, die wir hier so nonchalant einfach verwendet haben, auch von jemandem zur Verfügung gestellt werden.

6   Der Login-Dialog

Nun wird es langsam Zeit, unseren ersten Dialog zu erstellen. Bei einer Datenbankanwendung muss das natürlich ein Anmeldedialog (Login-Dialog) sein, in dem sich der User an der Datenbank authentifizieren kann. Das Erstellen von Dialogen wird vom MFC Framework und Visual Studio mit dem Ressourceneditor sehr gut unterstützt, den wir uns jetzt auch gleich näher ansehen wollen. Und zwar in diesem Fall sehr genau! Für die Zukunft setzen wir das Vorgehen dann als bekannt voraus.

6.1   Der Ressourceneditor

Was sind „Ressourcen" in Visual Studio?

Darunter fallen alle Elemente der Benutzeroberfläche wie Dialoge, Icons, Menüs, Bitmaps, etc. Diese Ressourcen können in Visual Studio sehr einfach grafisch erstellt und geändert und dann mit C++-Klassen verknüpft werden. Wir werden beides gleich im Detail betrachten. Es gibt hier nämlich durchaus einige Besonderheiten, die man beachten muss, will man ein funktionierendes Windowsprogramm erstellen. Visual Studio hält die Informationen über Ressourcen in Textdateien, die mit „.rc" bzw. „.rc2" enden. Dargestellt werden die Ressourcen allerdings grafisch[37]. Was ist der Unterschied zwischen den Dateien „VCO.rc" und „VCO.rc2"?

Die Datei mit der Endung „rc" wird von Visual Studio automatisch erstellt, wobei die Datei mit „rc2" inkludiert wird. Man sollte also manuelle Änderungen stets in der Datei „VCO.rc2" durchführen. Weiters kann man auf diese Weise auch Ressourcen, die in mehreren Projekten verwendet werden sollen, wiederverwenden. Man fügt dem Projekt einfach die betreffende „rc2"-Datei hinzu. Wir gehen dazu in den Projektmappenexplorer, klappen die Ressourcen auf und doppelklicken auf VCO.rc2:

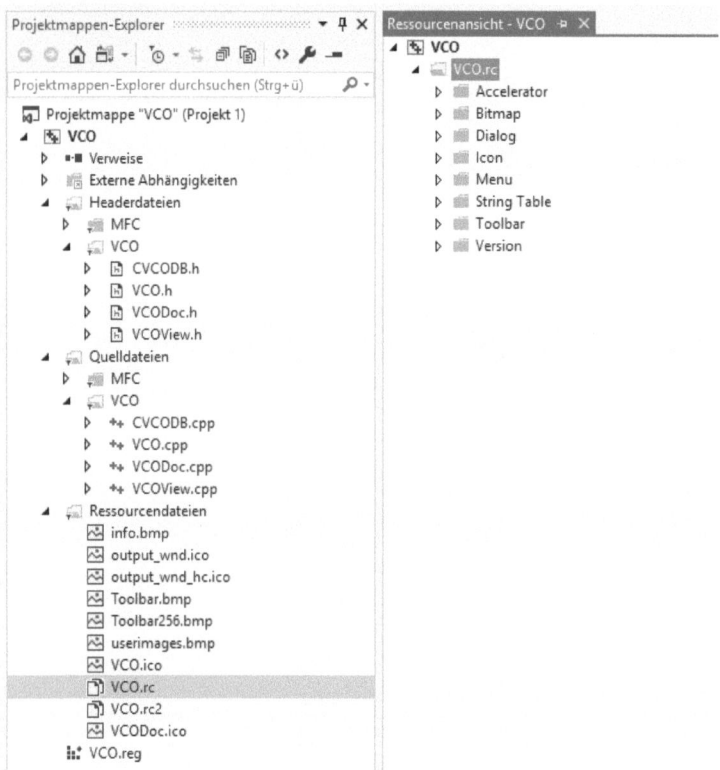

Abb. 42: Ressourcendateien im Projektmappenexplorer

---

[37] Man kann auch die Textdateien direkt editieren. Dies ist allerdings nur für erfahrene Programmierer mit guten Kenntnissen von Visual Studio empfehlenswert.

Man sieht, dass im Arbeitsbereich rechts jetzt ein Auswahlbaum mit allen Ressourcen unseres Projekts angezeigt wird. Dort klappen wir jetzt den Eintrag „Dialog" herunter. Man erkennt, dass das Projekt derzeit über eine einzige Dialogressource verfügt, nämlich die für den Aboutdialog. Diese Ressource hat der Anwendungsassistent beim Erzeugen des Projekts generiert, aber natürlich kann man sie jederzeit bearbeiten.

Nun klicken wir mit der rechten Maustaste, um das Kontextmenü anzuzeigen, mit dem wir eine neue Ressource hinzufügen können. Visual Studio sollte jetzt in etwa folgendermaßen aussehen:

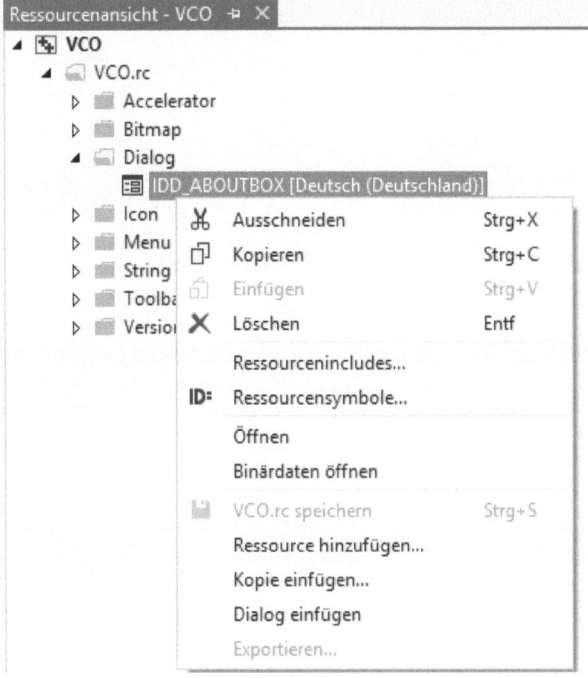

Abb. 43: Eine Ressource hinzufügen

Wir klicken nun auf „Ressource hinzufügen…", überprüfen, dass wir im daraufhin angezeigten Dialog auf „Dialog" stehen und klicken dort auf den Button „Neu".

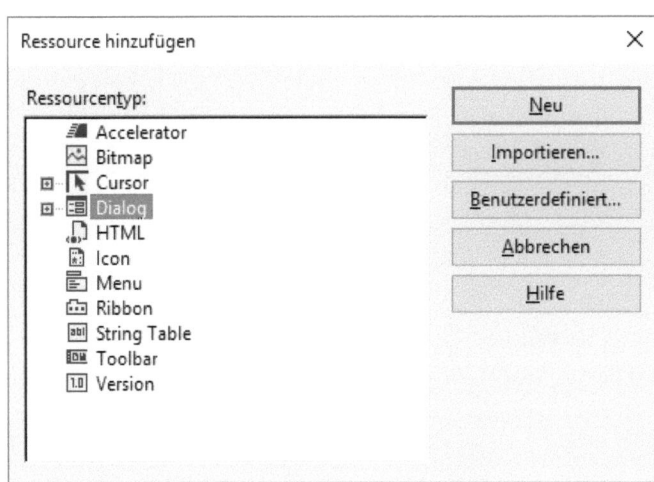

Abb. 44: Eine Ressource hinzufügen - Auswahldialog

Der Arbeitsbereich von Visual Studio sollte uns nun eine neue, fast leere Dialogressource zeigen:

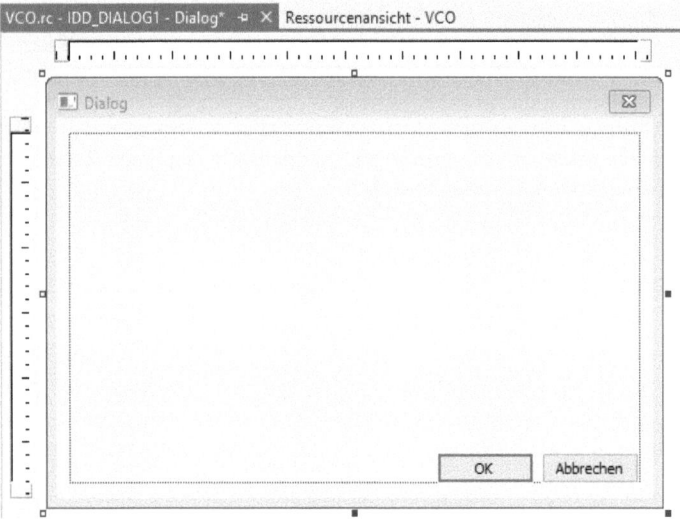

Abb. 45: Eine Ressource hinzufügen - Auswahldialog

Man sieht, dass die Buttons „OK" und „Abbrechen" standardmäßig schon im Dialog enthalten sind. Da wir diese beiden Buttons sowieso benötigen, belassen wir sie, wie sie sind. Wir brauchen in unserem Dialog allerdings auch noch einige weitere Bedienungselemente, nämlich die Datenfelder, in denen wir den Usernamen, das Passwort und die Datenbank-SID[38] eingeben können, an die sich der Anwender anmelden kann. Wir werden sehen, dass diese Bedienungselemente (Controls) sehr einfach ergänzt und angepasst werden können.

Dazu richten wir unseren Blick nach rechts, wo neben dem Arbeitsbereich ein weiterer Frame angezeigt werden sollte, nämlich die Toolbox. Falls diese nicht angezeigt wird, kann sie im Menü „Ansicht" zur Anzeige ausgewählt werden. Der Bereich rechts sollte sich dann in etwa wie folgt präsentieren:

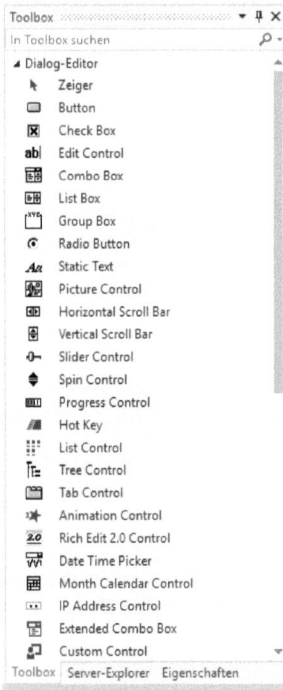

Abb. 46: Toolbox

---

[38] SID steht bei Oracle für „System Identifier" und ist, vereinfacht gesagt, ein eindeutiger Name für eine Datenbank.

Wenn die anderen Reiter (unten) bei uns etwas anders aussehen, stört uns das jetzt nicht. Wichtig ist nur: Die Reiter „Toolbox" und „Eigenschaften" werden angezeigt, und „Toolbox" ist ausgewählt. In diesem Werkzeugkasten (Toolbox) sehen wir die Icons und rechts daneben die Bezeichnungen verschiedener Bedienelemente, die wir mittels Doppelklick, oder noch besser: mittels Drag & Drop, unserem Dialog hinzufügen können, was wir jetzt auch gleich tun werden.

6.1.1   Hinzufügen von Bedienelementen

Wir ziehen als erstes das Element „Static Text" aus der Toolbox an die gewünschte Stelle im Dialog und ändern den Text zu „Username", indem wir diesen einfach eintippen. Danach ziehen wir rechts daneben ein Element „Edit Control", also ein Datenfeld. Unser Dialog sollte jetzt in etwa wie folgt aussehen:

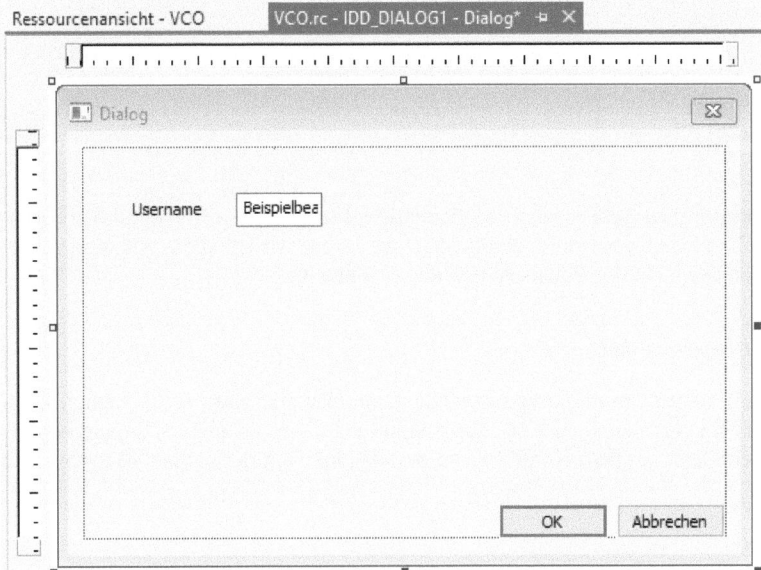

Abb. 47: Der Logindialog mit einem ersten Bedienelement

Wir können nun das Layout nach unseren Wünschen anpassen, indem wir das Datenfeld zum Beispiel etwas breiter machen, damit der einzugebende Username auch sicher darin Platz findet. Dazu klicken wir es an und ziehen es an den „Anfassern" breiter.

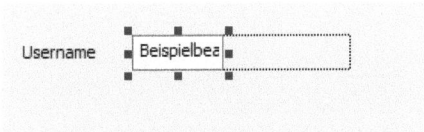

Abb. 48: Ändern der Breite des Datenfeldes

Damit unser Dialog ein ansprechendes Aussehen bekommt, müssen wir die Bedienelemente auch aneinander ausrichten. Das tun wir, indem wir bei gedrückter STRG-Taste zuerst das auszurichtende Element und danach das Element, an dem es auszurichten ist, anklicken, worauf beide markiert sind:

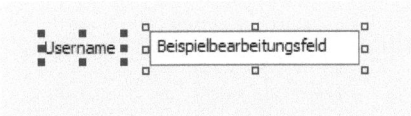

Abb. 49: Mehrere Bedienelemente markieren

Wenn wir nun im Menü „Format" das Untermenü „Ausrichten" und dort den Menüpunkt „Oben" anwählen, wird das Datenfeld am Text „Username" ausgerichtet:

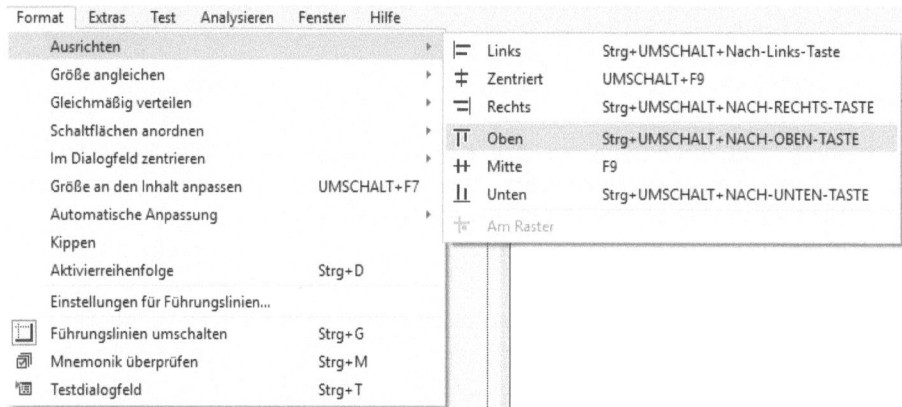

Abb. 50: Bedienelemente ausrichten

Natürlich kann man sich auch das Tastaturkürzel merken, das daneben angegeben ist. Einige (nicht alle) Ausrichteoptionen erreicht man zudem sehr schnell auch über die rechte Maustaste. Bevor wir auf diese Art weitere Bedienelemente einfügen, werfen wir einen Blick auf die Eigenschaften dieser Elemente.

6.1.2   Eigenschaften von Bedienelementen

Wenn man ein Bedienelement (Control) anklickt (und damit auswählt), kann man sich dazu rechts seine Eigenschaften anzeigen lassen (und sie gegebenenfalls auch ändern). Dazu klickt man auf den Reiter „Eigenschaften" oder – noch schneller – wählt „Eigenschaften" aus dem Kontextmenü aus, das man mit der rechten Maustaste am betreffenden Bedienelement bekommt:

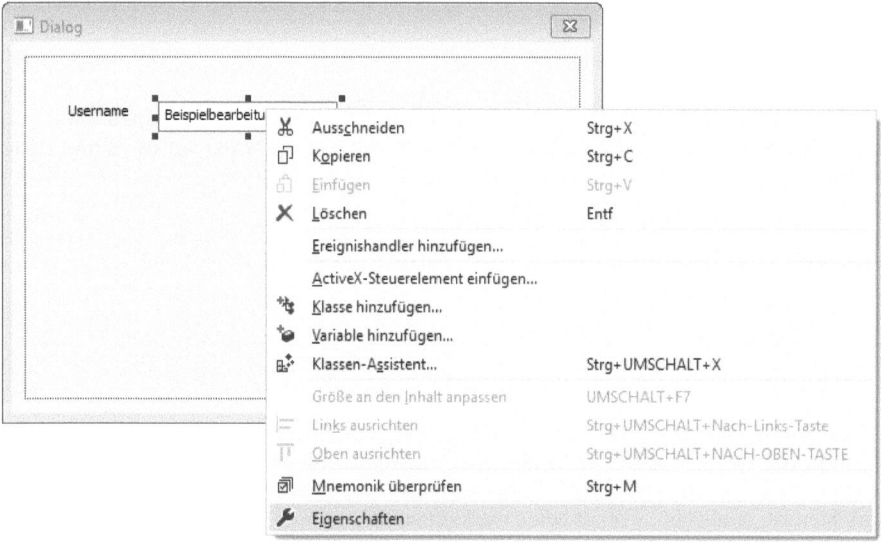

Abb. 51: Eigenschaften zum Bedienelement anzeigen

Die vielen Eigenschaften des Bedienelements werden dann rechts angezeigt, dort wo wir eben noch die Toolbox zur Auswahl der Elemente hatten.

Keine Angst, nur einige wenige davon sind für uns von Interesse:

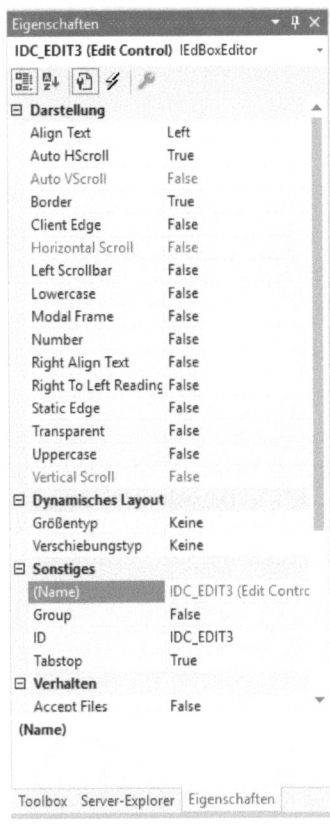

Abb. 52: Eigenschaften eines Datenfeldes

Wir können hier alle Felder bis auf eines in den Defaultwerten belassen. Was wir aber ändern, das ist die ID des Feldes. „IDC_EDIT3" ist zu nichtssagend. Wir ändern dieses Feld auf „IDC_LOGIN_USER" und bestätigen mit der Taste ENTER.

Dabei bedeutet

➤   „IDC" „Identifikation für ein Control" (Bedienelemente heißen in Englisch „Controls").

➤   „LOGIN" ist unser Hinweis darauf, dass das Bedienelement im Logindialog verwendet wird

➤   „USER" ist unser Hinweis darauf, dass hier der Username eingegeben werden soll

Diese Nomenklatur ist natürlich nur ein Vorschlag. Man kann das für sein eigenes Projekt nach Belieben festlegen. Allerdings wird empfohlen, zumindest **irgendeiner** Nomenklatur zu folgen.

> Die ID des Textes links daneben (Static Text) zu ändern, macht wenig Sinn, weil wir diesen im Programm nicht benutzen werden.

6.1.3   Die weiteren Bedienelemente hinzufügen

Um jetzt noch die Texte und Datenfelder für die Eingabe des Passwortes und der Datenbank-SID hinzuzufügen, könnte man natürlich genauso, wie für den User beschrieben, vorgehen. Es gibt allerdings einen schnelleren Weg, wenn man schon ein ähnliches Bedienelement im Dialog erstellt hat.

Man wählt den Text und das Datenfeld aus, indem man wieder die Taste „STRG" gedrückt hält, wie wir das schon für das Ausrichten getan haben. Wenn beide Elemente ausgewählt sind, kann man sie mit STRG+C und STRG+V kopieren und einfügen[39]. Der interessierende Teil des Dialogs sieht dann wie folgt aus:

---

[39] Das funktioniert genauso natürlich auch über das Menü „Bearbeiten" mit „Kopieren" und „Einfügen".

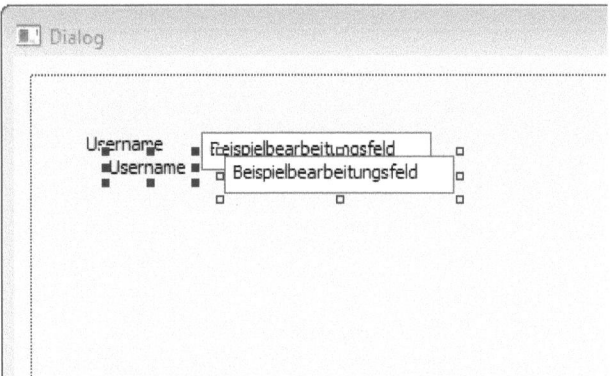

Abb. 53: Bedienelemente kopieren und einfügen

Da die neu eingefügten Bedienelemente nun selektiert sind, kann man sie mit der linken Maustaste oder aber auch mit den Pfeiltasten auf der Tastatur ganz einfach an die gewünschte Stelle verschieben. Danach sollte man sie natürlich noch wie gewohnt ausrichten. Nun ändert man den neu eingefügten Text auf „Passwort" und die Eigenschaften des Datenfeldes auf „IDC_LOGIN_PWD". Es ergibt sich folgender Dialogausschnitt:

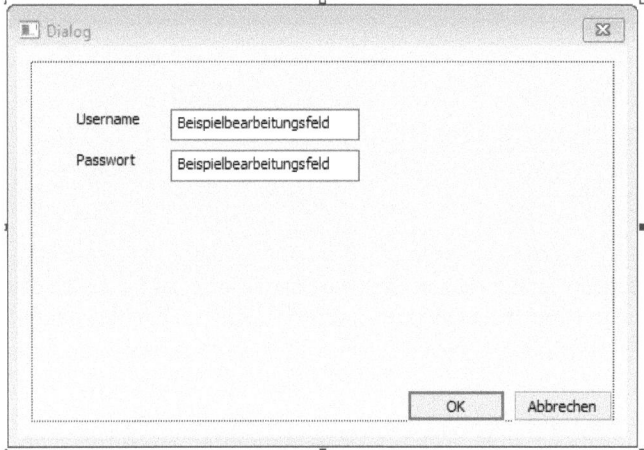

Abb. 54: Bedienelemente kopieren und einfügen

Da man das Passwort bei der Eingabe nicht im Klartext angezeigt bekommen soll, ändern wir in den Eigenschaften für dieses Datenfeld noch einen weiteren Eintrag:

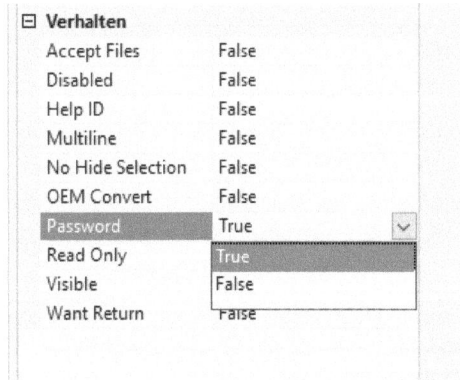

Abb. 55: Texteingabe für Passwort verbergen

Jetzt fehlt uns noch das Eingabefeld für die Datenbankbezeichnung (SID), die wir genauso aus der Text/Datenfeld-Kombination für den Usernamen mittels Selektieren, Kopieren und Einfügen erstellen und dann ausrichten.

Wir vergessen natürlich auch nicht, die ID dafür in „IDC_LOGIN_SID" zu ändern. Damit ist die Ressource für den Logindialog fast fertig:

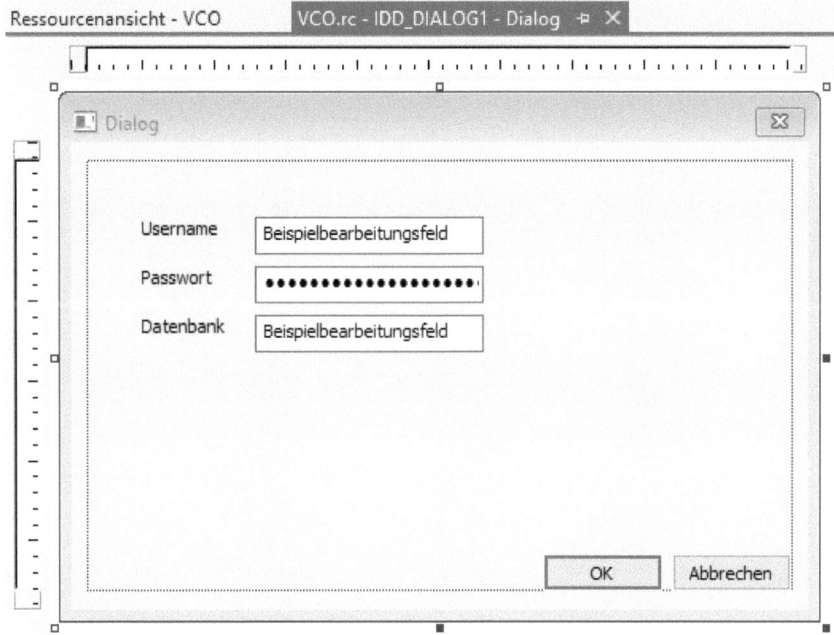

Abb. 56: Logindialog mit allen Bedienelementen

Nun klicken wir irgendwo in einen leeren Bereich des Dialogs, worauf die Dialogressource die Auswahlmarkierungen, wie in der Abbildung oben erkennbar, erhält. Wenn wir nun mit der rechten Maustaste die „Eigenschaften" auswählen, können wir zu guter Letzt auch noch die Eigenschaften des Dialogs selbst bearbeiten.

6.1.4   Dialogeigenschaften ändern

Nicht nur Bedienelemente haben Eigenschaften sondern auch der Dialog selbst. Und zwar viele!

Glücklicherweise sind auch hier die Defaultwerte sehr geschickt gewählt, sodass wir nur zwei Eigenschaften ändern müssen:

1. Den Titelzeilentext des Dialogs („Caption")

2. Die ID des Dialogs

Das führen wir wie gewohnt rechts im Eigenschaftenfenster durch. Die Überschrift („Caption") ändern wir auf „VCO Anmeldung", die ID auf „IDD_LOGIN".

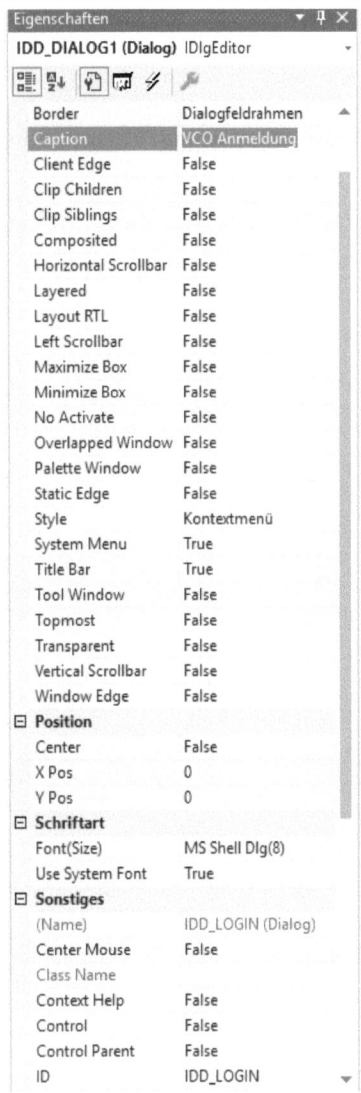

Abb. 57: Dialogeigenschaften

Jetzt ist die Ressource für den Anmeldedialog fertig, und wir können uns daran machen, dafür eine Klasse zu erstellen.

6.2   Erstellen der Dialogklasse

Wie verwendet man eine eben erstellte Ressource nun in einem C++-Programm?

Man muss sie mit einer Dialogklasse, die man aber erst erstellen muss, verknüpfen. Auch dazu gibt es mehrere Möglichkeiten. Man kann die Klasse „von Hand" erstellen oder dazu den Klassenassistenten benutzen.

Wir entscheiden uns für die Methode mit dem Klassenassistenten, weil sie gerade für Einsteiger den Vorteil besitzt, einige gern gemachte Fehler vermeiden zu helfen. Und da gibt es in der Tat ein paar wirklich heimtückische Fallen.

Wir klicken also mit der rechten Maustaste irgendwo in den leeren Bereich der Dialogressource und wählen dann den Menüpunkt „Klassen hinzufügen" aus. Dies bringt uns ohne Umweg über den Klassenassistenten sofort zum Hinzufügen der Dialogklasse:

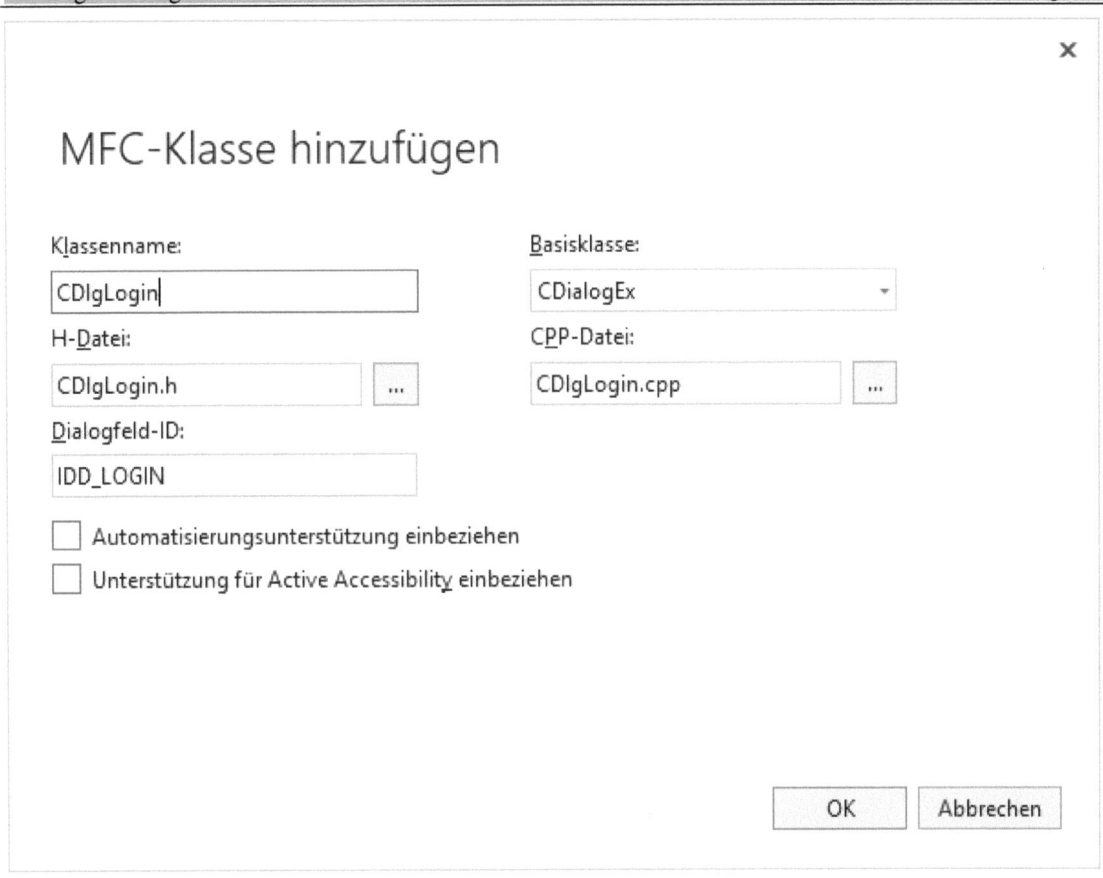

Abb. 58: Neue Dialogklasse

Dabei sind die Werte schon eingetragen worden. Folgende Datenfelder und Comboboxen wurden geändert, beziehungsweise wurden dort Werte eingetragen:

➢   der **Klassenname**: CDlgLogin

➢   Die **Automatisierungsunterstützung** wurde deaktiviert (wenn sie das nicht schon war), ebenso die **Unterstützung für Active Accessibility**

Die restlichen Felder bleiben unverändert, beziehungsweise so, wie sie vom Assistenten vorbelegt werden, das betrifft auch die vorgeschlagene MFC-Basisklasse „CDialogEx".

Nun klicken wir auf den Button „OK", worauf die Dateien („CDlgLogin.h" und „CDlgLogin.cpp") angelegt werden und die Headerdatei „CDlgLogin.h" zudem auch gleich geöffnet wird. Links, im Projektmappenexplorer, sollten wir die beiden Dateien noch unter den passenden Filter „VCO" ziehen, damit unsere Struktur gewahrt bleibt.

Wenn wir jetzt das Projekt erstellen (Build), sollte kein Fehler gemeldet werden.

6.2.1   Anpassen der Headerdatei

Nachdem wir natürlich nicht vergessen haben, unseren Kommentarblock am Dateikopf einzufügen, sehen wir uns die vom Assistenten erzeugten Datei an:

```
// Logindialogklasse fuer VCO
// CDlgLogin.h              Deklaration
// Beschreibung:            Klasse fuer den Logindialog
// Autor:                   DI Guenter Leitenbauer
```

```
// Begin Erstellung:            2019-02-18
// Historie:
///////////////////////////////////////////////////////////////
// Globale Daten/Objekte:
//
// Globale Funktionen:
//
// Klassen:                CDlgLogin : public CDialogEx
//
///////////////////////////////////////////////////////////////

#pragma once

class CDlgLogin : public CDialogEx
{
    DECLARE_DYNAMIC(CDlgLogin)

public:
    CDlgLogin(CWnd* pParent = nullptr);    // Standardkonstruktor
    virtual ~CDlgLogin();

// Dialogfelddaten
#ifdef AFX_DESIGN_TIME
    enum { IDD = IDD_LOGIN };
#endif

protected:
    virtual void DoDataExchange(CDataExchange* pDX);   // DDX/DDV

    DECLARE_MESSAGE_MAP()
};
```

Da ist noch nicht sehr viel passiert. Der Assistent hat Deklarationen für den Standardkonstruktor[40] und den Destruktor angelegt und die Dialogressource verknüpft. Weiters wurden die Makros für die Messagemap eingefügt. Diese sind unbedingt nötig, um den Datenaustausch zwischen Dialog und den Datenattributen der Klasse herstellen zu können.

6.2.2   Anpassen der Quellcodedatei

In der Quellcodedatei, die wir uns aus dem Projektmappenexplorer öffnen, tragen wir ebenfalls den Dateikopfkommentarblock ein.

Die Datei, die der Assistent erzeugt hat, sieht folgendermaßen aus (der Kommentarkopf wurde weggelassen):

```
#include "stdafx.h"
#include "VCO.h"
#include "CDlgLogin.h"
#include "afxdialogex.h"

IMPLEMENT_DYNAMIC(CDlgLogin, CDialogEx)
```

---

[40] Ein Standardkonstruktor hat definitionsgemäß entweder gar keine oder nur Defaultparameter.

```
CDlgLogin::CDlgLogin(CWnd* pParent /*=nullptr*/)
  : CDialogEx(IDD_LOGIN, pParent)
{
}

CDlgLogin::~CDlgLogin()
{
}

void CDlgLogin::DoDataExchange(CDataExchange* pDX)
{
   CDialogEx::DoDataExchange(pDX);
}

BEGIN_MESSAGE_MAP(CDlgLogin, CDialogEx)
END_MESSAGE_MAP()

// CDlgLogin-Meldungshandler
```

Auch hier finden wir im Wesentlichen nur leere Definitionen zu den im Headerfile bestehenden Deklarationen[41] sowie die Implementierungsmakros für den Datenaustausch. Damit können wir mit diesem Dialog noch nicht allzu viel anfangen. Was wir jetzt noch benötigen, sind folgende Dinge:

➢ Attribute (Membervariablen) für die Verknüpfung der Eingabefelder mit deren Inhalten im Programmcode

➢ Meldungshandler für das Reagieren auf Benutzerinteraktionen (wie zum Beispiel das Klicken des Anwenders auf „OK" oder „Abbrechen")

6.2.3   Datenaustausch mit Membervariablen

Wir müssen also Attribute für die Abbildung der Datenfeldinhalte hinzufügen. Das könnten wir manuell tun, oder wir lassen uns vom Klassenassistenten helfen. Der Klassenassistent bietet uns hier allerdings nicht allzu viel Hilfe, weshalb wir das gleich manuell erledigen. Zuerst fügen wir im Headerfile folgende Zeilen hinzu:

```
private:
   CString          m_sUser;        // Username: IDC_LOGIN_USER
   CString          m_sPwd;         // Passwort: IDC_LOGIN_PWD
   CString          m_sSID;         // DB SID:   IDC_LOGIN_SID
...
};
```

Also jeweils eine Membervariable (Attribut) für jedes Eingabefeld, das wir geschickterweise in den Kommentar schreiben, um uns später leichter zurechtzufinden. Wir haben jetzt also die Variablen für die Eingabefelder deklariert, aber wie kommen die Werte, die der Anwender eingibt, in diese Variablen? Und wann kommen sie in diese Variablen? Dazu müssen wir uns das DDX/DDV-Konzept (Datenaustausch) von MFC zumindest in groben Zügen ansehen.

---

[41] In C++ spricht man von Deklarationen, also „Bekanntmachungen" im Headerfile und Definitionen im Quellcodefile. Vereinfacht gesagt legt eine Deklaration die Schnittstelle einer Methode oder Funktion (oder auch Klasse) fest, also das WAS, während eine Definition den eigentlichen Programmcode (also das WIE) enthält.

6.2.4   Der Datenaustausch in MFC

Die MFC bieten sehr brauchbare Mechanismen zum Datenaustausch (DDX = Dialog Data eXchange) und zur Dateneingabevalidierung (DDV = Dialog Data Validation).

Mit DDX können dabei Daten, die der Benutzer eingegeben hat, in eine Variable übernommen werden – oder umgekehrt, Daten aus einer Variable in ein Eingabefeld, etc. transferiert werden. DDV dient der Validierung, also beispielsweise der Überprüfung, ob der Benutzer mehr als die erlaubte Länge eingegeben hat. Wir werden uns hier in erster Linie mit DDX beschäftigen. In diesem Zusammenhang sind für uns vor allem zwei Methoden interessant:

Die von den MFC bereitgestellte Methode „BOOL UpdateData(BOOL bSaveAndValidate = TRUE)" dient dazu, die Daten entweder vom Bedienelement zur Variablen zu kopieren (Parameter = TRUE) oder in die andere Richtung (Parameter = FALSE). Der Programmierer ist dafür verantwortlich, diese Methode zum geeigneten Zeitpunkt mit dem passenden Parameter aufzurufen.

Die Methode „void DoDataExchange(CDataExchange* pDX)" wird aus den MFC Basisklassen aufgerufen, wenn ein „UpdateData()" erfolgt und regelt den eigentlichen Austausch. Hier fügt der Programmierer die entsprechenden Austauschvereinbarungen durch einen Methodenaufruf hinzu.

Das soll uns fürs Erste reichen. Das Thema wird uns später noch zur Genüge beschäftigen.

6.2.5   Implementierung der DDX-Methode

Im Quellcodefile müssen wir daher als erstes die entsprechenden Methodenaufrufe in „DoDataExchange()" einfügen. Dazu verwenden wir die überladene[42] globale Methode „DDX_Text" wie folgt:

```
void CDlgLogin::DoDataExchange(CDataExchange* pDX)
{
   CDialogEx::DoDataExchange(pDX);

   // Daten mit Dialogelementen abstimmen
   DDX_Text(pDX, IDC_LOGIN_USER, m_sUser);
   DDX_Text(pDX, IDC_LOGIN_PWD, m_sPwd);
   DDX_Text(pDX, IDC_LOGIN_SID, m_sSID);
}
```

Dabei ist es wichtig, den Aufruf der Basisklassenmethode (erste Zeile im Methodenrumpf) nicht zu vergessen! Glücklicherweise hat das der Klassenassistent für uns schon erledigt, wir dürfen diese Zeile nur nicht löschen. Die globale Funktion „DDX_Text()" ist dabei immer gleich aufgebaut:

Im Parameter „pDX" steckt die Information, in welche Richtung der Datenaustausch zu erfolgen hat. Darum müssen wir uns hier also nicht kümmern, weil wir diesen Parameter von „UpdateData()" mitgeliefert bekommen.

Im zweiten Parameter steht die ID des Bedienelements, so wie wir es im Ressourceneditor erstellt haben.

Im dritten Parameter schließlich steht der Variablenname der Variable, mit der wir das Bedienelement verknüpfen möchten. Der Typ dieser Variable bestimmt, welche der überladenen Versionen von DDX_Text tatsächlich aufgerufen wird.

> Im Gegensatz zu älteren Versionen von MFC heißt die Funktion jetzt immer „DDX_Text", egal, ob sie Zahlen oder Zeichenketten behandelt. Die Überladung macht diese Vereinfachung möglich.

Damit ist der eigentliche Datenaustausch auch schon programmiert. Was wir jetzt noch benötigen, ist eine Reaktion unserer Loginklasse, wenn der Anwender den Button „OK" oder „Abbrechen" klickt. Dabei ist der Klick auf

---

[42] Function Overloading ist Teil des C++ Sprachkonzepts und erlaubt es dem Programmierer, Funktionen mit gleichem Namen in verschiedenen Varianten mit verschiedenen Parametern zu deklarieren und zu definieren.

„Abbrechen" schon fertig implementiert, weil hier keine weitere Aktion nötig ist, außer den Dialog zu schließen, und das erledigt bereits das MFC-Framework.

Bei „OK" müssen wir uns allerdings vor dem Schließen des Dialogs, den ebenfalls das Framework erledigt, an die Datenbank anmelden, und dazu benötigen wir einen so genannten Eventhandler.

Wie man vielleicht schon vermutet, kommt dazu wieder der Klassenassistent zum Einsatz.

Es gibt dazu verschiedene Möglichkeiten.

6.2.6   Das Eventhandling für den Button „OK"

Wir wechseln also wieder zur Dialogressource und klicken dort mit der rechten Maustaste auf den Button „OK" und dann auf „Ereignishandler hinzufügen…".

Wir könnten uns aber auch die Eigenschaften des Buttons anzeigen lassen und dann oben auf das Blitzsymbol („Steuerelementereignisse") klicken und dort beim Ereignis „BN_CLICKED" eine Handlermethode eintragen.

Beide Möglichkeiten sind gleichwertig. Wir verwenden hier die erste Methode:

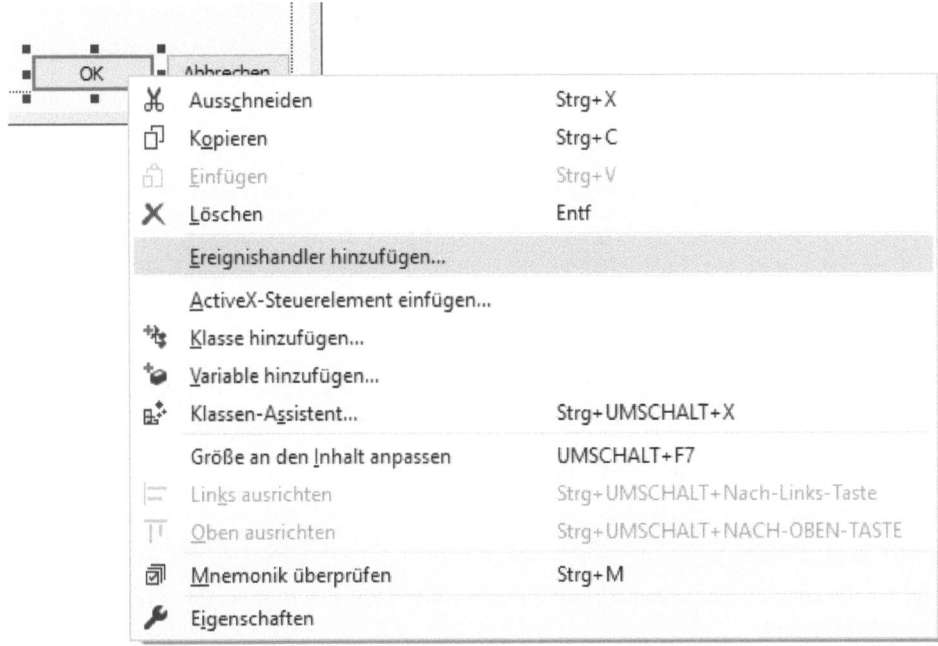

Abb. 59: Einen Eventhandler für „OK" hinzufügen

Nach Klick auf „Ereignishandler hinzufügen…" zeigt der Assistent uns folgenden Dialog, in dem wir den Methodennamen und sogar den Meldungstyp noch ändern könnten, wozu wir aber jetzt keine Veranlassung haben.

Was genau ist dabei der „Meldungstyp"?

Bedienelemente können nicht nur angeklickt werden. Je nach Element können sie mit der linken oder rechten Maustaste einfach oder doppelt geklickt, heruntergeklappt, editiert, betreten, verlassen, etc. werden.

Für jedes dieser Ereignisse kann man – je nach Bedarf – einen eigenen Eventhandler definieren.

Der Methodenname „OnBnClickedOk" drückt in unserem Fall aber genau das aus, was wir wollen:

Eine Eventhandlermethode, die beim einfachen Linksklick auf den Button die Bearbeitung übernimmt.

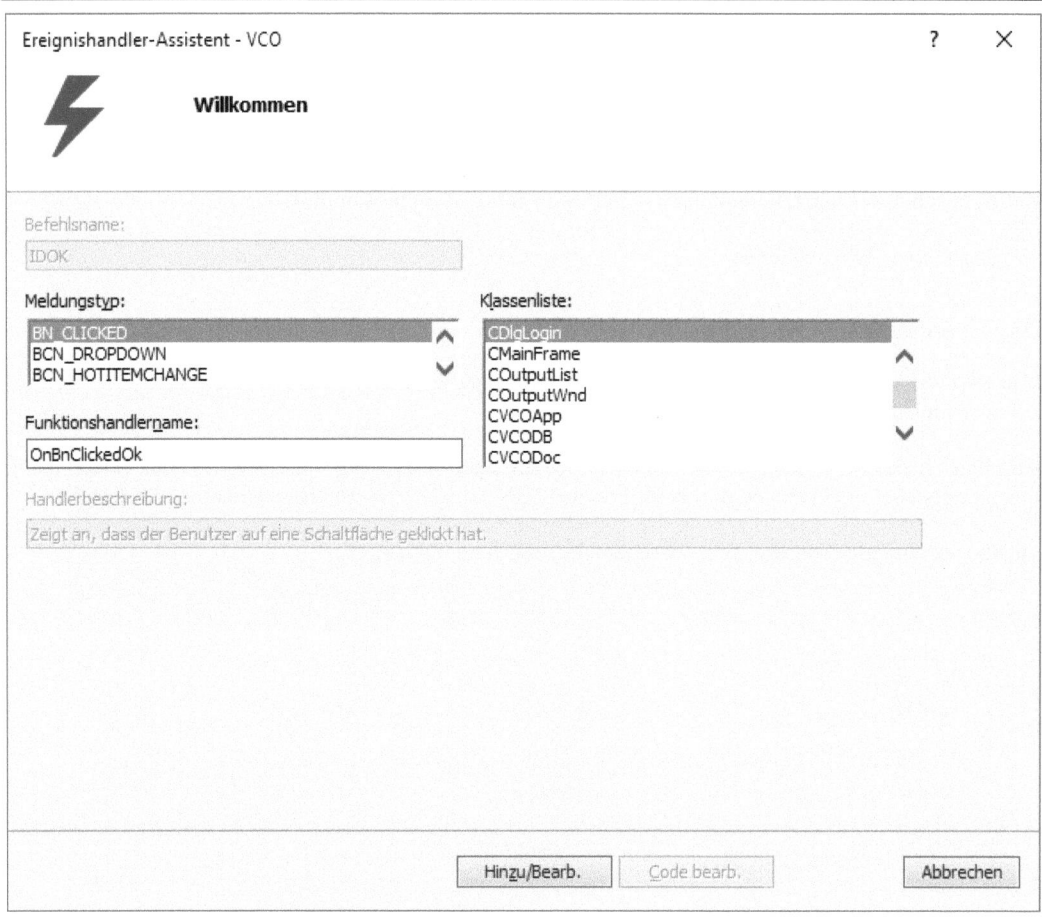

Abb. 60: Auswahl der Daten für den Eventhandler

Wenn wir diese Einstellungen mit einem Klick auf „Hinzu/Bearb." Übernehmen, werden im Headerfile und im Quellcodefile alle nötigen Einträge vom Assistenten hinzugefügt. Diese sehen wie folgt aus:

Im Headerfile hat der Assistent am Ende folgende Zeilen hinzugefügt:

```
public:
   afx_msg void OnBnClickedOk();
```

Dies ist die Deklaration der Eventhandlermethode für einen einfachen Klick auf den Button „OK". Im Quellcodefile finden wir jetzt folgenden Eintrag:

```
// CDlgLogin-Meldungshandler


void CDlgLogin::OnBnClickedOk()
{
// TODO: Fügen Sie hier Ihren Handlercode für Benachrichtigungen des Steuerelements ein.
   CDialogEx::OnOK();
}
```

Das "TODO:" weist uns darauf hin, wo wir hier noch Arbeit vor uns haben:

Vor dem Aufruf von „OnOK()" der Basisklasse. Dieser Basisklassenaufruf ist wichtig und darf nicht gelöscht werden, wenn man will, dass der Dialog nach Durchführung unserer Arbeiten (Anmeldung an die Datenbank) korrekt beendet und geschlossen wird.

Weiters hat der Assistent einen Eintrag in der Messagemap[43] hinzugefügt, den wir aber nicht ändern müssen:

```
BEGIN_MESSAGE_MAP(CDlgLogin, CDialogEx)
   ON_BN_CLICKED(IDOK, &CDlgLogin::OnBnClickedOk)
END_MESSAGE_MAP()
```

6.2.7   Vorbereitung der Anmeldung an die Datenbank

Wir sind nun fast fertig. Was noch fehlt, ist die Anmeldung an die Datenbank mit den vom Anwender eingegebenen Daten für User, Passwort und SID. Wir erinnern uns jetzt daran, dass unsere Datenbankklasse diese Userdaten durch Zugriffsmethoden aus der Mainframe-Klasse ermittelt. Wir müssen also zuerst die im Dialog eingegebenen Daten in unsere Dialogvariablen bringen, dazu benutzen wir „UpdateData(TRUE)" und dann die entsprechenden Werte in der Klasse „CMainFrame" setzen (die Headerdatei „MainFrm.h" vorher inkludieren):

```
#include "MainFrm.h"
…
void CDlgLogin::OnBnClickedOk()
{
   // Anmeldung an die Datenbank:
   // 1. Daten aus dem Dialog uebernehmen
   UpdateData(TRUE);

   // 2. Connectdaten in CMainFrm setzen
   // dazu zuerst einen Zeiger auf das Hauptfenster
   CMainFrame* pMain = (CMainFrame*)AfxGetMainWnd();
   // dann ueber Zugriffsmethoden setzen
   pMain->SetUser((CStringA)m_sUser);
   pMain->SetPwd((CStringA)m_sPwd);
   pMain->SetSID((CStringA)m_sSID);

   CDialogEx::OnOK(); // Basisklasse schliesst den Dialog
}
```

Da unsere Variablen den Typ „CString" haben, die Methoden zum Setzen in „CMainFrame" aber den Typ „CStringA" verlangen, müssen wir die Variablen vorher casten. Ein Cast von „CString" nach „CStringA" ist aber ungefährlich, weil wir unser Projekt ja sowieso im ANSI-Zeichensatz angelegt haben.

> Natürlich könnten wir unsere Membervariablen „sUser", etc. auch gleich als „CStringA" definieren. Dann müssten wir aber in der DDX-Methode auf „CString" casten, weil diese für „CStringA" nicht überladen ist.
>
> Wo man dann schlussendlich castet, ist eigentlich egal.

Nun können wir die eigentliche Datenbankanmeldung programmieren.

6.2.8   Anmeldung an die Datenbank

Wir benötigen jetzt nur noch ein Objekt der Klasse „CVCODB". Wenn wir dieses anlegen, wird der Konstruktor dieser Klasse automatisch aufgerufen, wo, wie wir wissen, die Datenbankverbindung hergestellt wird. Um ein Objekt der Klasse „CVCODB" anlegen zu können, müssen wir die Headerdatei dieser Klasse natürlich vorher inkludieren.

---

[43] Die Messagemap ist eigentlich ein Präprozessormakro, also keine sonderlich „elegante" Art, das Messagehandling zu implementieren. Dafür ist sie sehr praktisch und flexibel. Wenn man Anwendungen mit MFC erstellen will, führt daran kein Weg vorbei.

Nach dem Anlegen des Objekts sollten wir auf jeden Fall überprüfen, ob die Verbindung zur Datenbank funktio-niert hat. Wie wir uns erinnern, stellt uns die Klasse „CVCODB" dazu die Zugriffsmethode „IsConnected()" zur Verfügung. Damit sieht die vollständige Methode nun wie folgt aus:

```
#include "CVCODB.h"

…

void CDlgLogin::OnBnClickedOk()
{
    // Anmeldung an die Datenbank:
    // 1. Daten aus dem Dialog uebernehmen
    UpdateData(TRUE);

    // 2. Verbindungsobjekt anlegen
    // Verbindung erfolgt dort im Konstruktor
    CVCODB hDB((CStringA)m_sUser, (CStringA)m_sPwd, (CStringA)m_sSID, true);

    // 3. Verbindungsstatus ueberpruefen
    if (hDB.IsConnected())
    {
        // Verbindung klappte
        MessageBoxA(  GetForegroundWindow()->m_hWnd,
                      "Anmeldung an die Datenbank erfolgreich!", "Datenbankanmeldung",
                      MB_OK);
        CDialogEx::OnOK();
    }
    else
    {
        // Verbindung fehlgeschlagen
        MessageBoxA(  GetForegroundWindow()->m_hWnd,
                      "Anmeldung an die Datenbank schlug fehl!",
                      "Datenbankanmeldung", MB_ICONERROR);
        CDialogEx::OnCancel();
    }
}
```

Dabei ersetzen jetzt die Codezeilen nach dem Kommentar „Verbindung erfolgt dort im Konstruktor" den bisheri-gen Code mit dem Standardkonstruktor. Der letzte Parameter beim Anlegen des CVCODB-Objektes ist, wie wir uns erinnern, dafür da, um festzulegen, ob die Verbindungsdaten in der Hauptrahmenklasse abgelegt werden sol-len. Natürlich wollen wir das an dieser Stelle.

> Die Texte für die Meldungen wurden hier direkt in den Code geschrieben. Das ist üblicherweise keine sehr gute Idee. Wir werden etwas später noch darauf eingehen, wie man das über den so genannten „Stringtable" besser lösen kann.

Es fällt auf, dass wir den Dialog bei fehlerhaftem Login mit „OnCancel()" beenden. Das ist nötig, weil wir den Aufrufer des Dialogs über die nicht erfolgreiche Verbindung zur Datenbank ja in Kenntnis setzen müssen.

Damit ist die Logindialogklasse fertig. Wir können das Projekt jetzt noch einmal erstellen und überprüfen, ob es korrekt kompiliert und gelinkt wird.

Allerdings haben wir noch keine Möglichkeit, die Funktion zu überprüfen, weil noch keine Stelle im Code diesen Dialog aufruft.

6.3   Aufruf des Logindialogs

Wir müssen uns immer die Frage stellen, wo und wie der Aufruf eines Dialoges am sinnvollsten ist. Beim Login-dialog ist das üblicherweise am Programmstart der Fall. Das heißt für uns, dass wir diesen Dialog aufrufen, wenn das Hauptrahmenfenster (CMainFrame) fertig erstellt worden ist. Dies ist in der Klasse „VCO", also im Anwendungsobjekt der Fall.

Bevor wir das tun, machen wir aber noch einen kleinen Exkurs in die Theorie von Dialogen und deren Aufruf.

6.3.1   Dialoge aufrufen in MFC

Es gibt zwei Arten von Dialogen: modale und nichtmodale.

Modale Dialoge kennt jeder zur Genüge: Man kann mit dem Programm erst fortfahren, wenn der Dialog geschlossen wurde. Modale Dialoge sind auch mit Abstand die am häufigsten anzutreffende Variante.

Bei nichtmodalen Dialogen kann man den Dialog offenlassen und im gleichen Programm trotz offenem Dialog etwas anderes machen. Ein typischer Einsatzbereich dafür sind zum Beispiel Dialoge zum Einstellen von Werten, während man arbeitet, wie man das vielleicht aus manchen Bildbearbeitungsprogrammen kennt.

Der Logindialog ist aber definitiv ein Kandidat für einen modalen Dialog: Die Anwendung soll so lange blockiert sein, bis der Dialog entweder mit „OK" oder mit „Abbrechen" beendet worden ist.

Um einen solchen Dialog anzuzeigen, muss man zwei Schritte durchführen:

1.   Das Dialogobjekt aus der Dialogklasse erzeugen

2.   Die Methode „DoModal()" dieses Objekts aufrufen.

Am Ende des Dialogs kann man zusätzlich noch den Rückgabewert überprüfen, um zum Beispiel festzustellen, ob der Dialog mit „OK" oder „Abbrechen" beendet worden ist.

6.3.2   Aufruf unseres Logindialogs im Hauptrahmenfesnter

Wir haben oben festgestellt, dass wir den Logindialog am Ende der Erzeugung des Hauptrahmenfensters aufrufen möchten. Da am Ende der Methode „OnCreate()", also dort, wo wir das OCILIB-Environment initialisiert haben, das Hauptrahmenfenster noch nicht fertig erzeugt worden ist, würde ein Aufruf an dieser Stelle unweigerlich zu einem Absturz des Programmes führen.

Wir werden daher den Dialog aus dem Anwendungsobjekt aufrufen, welches uns genau für solche Zwecke die Eventhandlermethode „OnInitInstance()" zur Verfügung stellt. Wir vergessen dabei natürlich nicht, die Dialogklasse in „VCO.cpp" zu inkludieren. Das Ergebnis sieht dann wie folgt aus:

```
#include "CDlgLogin.h"
...
// CVCOApp-Initialisierung
BOOL CVCOApp::InitInstance()
{
...
    CDlgLogin dlgLogin;
    if (dlgLogin.DoModal() == IDOK)
    {
        // Anmeldung erfolgreich, keine weitere Aktion
    }
    else
    {
        // Anmeldung fehlgeschlagen, wir beenden die Anwendung
```

```
      return FALSE;   // beendet die Anwendung
  }
  return TRUE;
}
```

Damit ist unser Logindialog implementiert und aufgerufen worden.

Wir erstellen nun das Projekt und starten das Programm im Menü „Debuggen" oder mit der Funktionstaste F5. Wenn wir alles richtig gemacht haben, öffnet sich der Logindialog, wo wir die bekannten Daten (siehe Kapitel 2) eingeben:

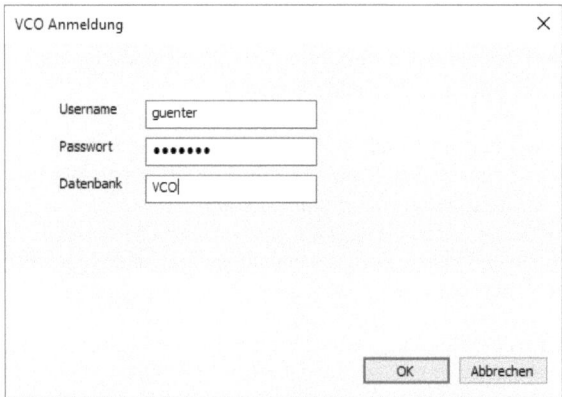

Abb. 61: Wir melden uns das erste Mal mit der Anwendung an

Falls wir das richtige Passwort eingegeben haben, dankt uns das unsere Anwendung mit der Meldung:

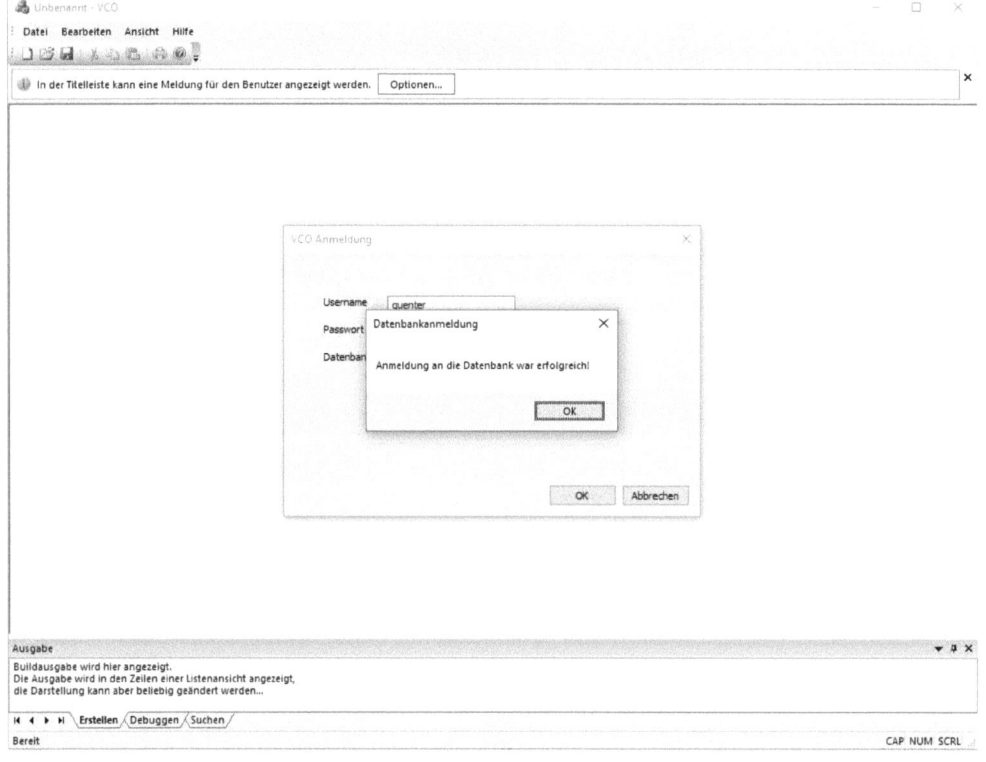

Abb. 62: Der Login hat funktioniert!

Bei falschen Anmeldedaten bekommen wir eine Fehlermeldung:

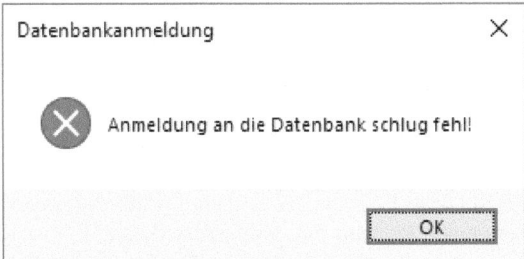

Abb. 63: Der Login schlug fehl!

Nach Quittieren dieser Meldung, beendet sich das Programm korrekt (ohne weitere Meldung).

6.4   Zusammenfassung

Wir haben in diesem Kapitel gelernt,

➢   wie man Ressourcen mit dem Ressourceneditor erstellt

➢   wie man Ressourcen mit Klassen verknüpft

➢   wie man Werte zwischen den Ressourcen und den Attributen der Klasse austauscht

➢   wie man Eventhandler erstellt

➢   wie man Dialoge aufruft

Im nächsten Kapitel werden wir – zur Entspannung unserer strapazierten Köpfe – die Anwendung etwas komfortabler gestalten, indem wir uns Werte von Datenfelder, wie beispielsweise den Usernamen, für den nächsten Aufruf (in der Registrierung) merken, und dann mit diesem letzten Wert wieder vorbelegen werden.

7 Die Windows Registry

Früher legten Windowsanwendungen ihre Parameter in so genannten „Inifiles" ab. Diese Inifiles galten für alle Anwender eines PCs gleichermaßen und hatten auch sonst alle Nachteile von Dateien: Man konnte sie irrtümlich löschen. Wenn sie geöffnet waren, waren sie für weitere Zugriffe gesperrt, etc.

Windows hat, um diese Nachteile zu vermeiden, schon vor etlichen Jahren das Konzept der „Windows Registrierung" (Registry) eingeführt. Dort kann eine Anwendung unterhalb ihres Anwendungsschlüssels beliebige Strukturen aufbauen, zudem gibt es eigene Bereiche für eine „MACHINE" (die Einträge gelten dann für alle Anwender dieses Rechners) und für einen „USER" (jeder Anwender hat seinen eigenen Satz von Einstellungen). Visual Studio trägt dem mit speziellen Zugriffsfunktionen Rechnung.

7.1 Aufbau der Windows Registry

Man kann sich die Registry von Windows sehr einfach selbst ansehen. Dazu muss man nur im Startmenü mit „Ausführen" die Anwendung für den Registriereditor aufrufen:

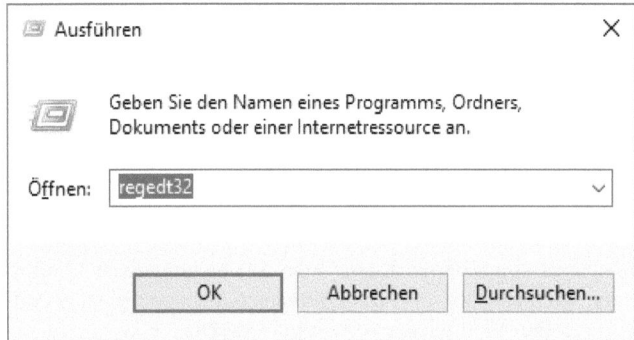

Abb. 64: Registriereditor aufrufen

> Wenn man hier Werte ändert, sollte man genau wissen, was man tut!

Der Aufbau der Registrierung hat die Form einer Baumstruktur, wobei die oberste Ebene wie folgt strukturiert ist:

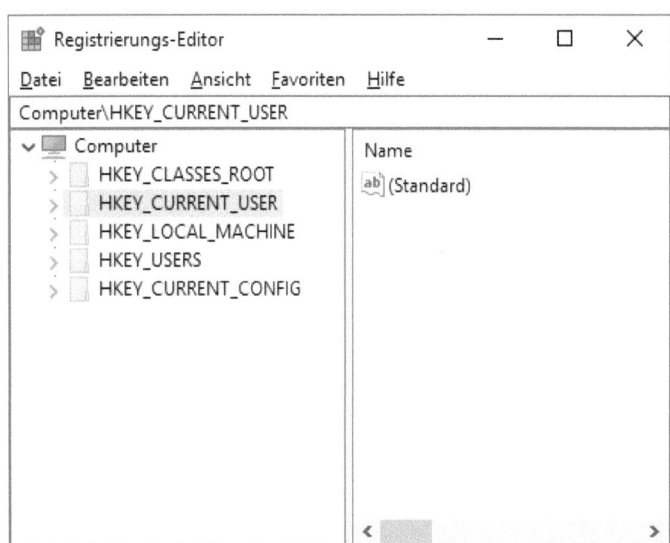

Abb. 65: Registriereditor

Dabei sind für uns nur zwei Schlüssel von Bedeutung:

➤ HKEY_CURRENT_USER enthält die Einträge für den gerade an Windows angemeldeten Anwender

➤ HKEY_LOCAL_MACHINE enthält alle Einträge für diesen Computer, die für alle Anwender darauf gleichermaßen gelten

Daneben gibt es weitere Schlüssel, wie zum Beispiel HKEY_CLASSES_ROOT, in dem die Zuordnungen von Anwendungen zu Dateiendungen festgelegt werden. Da wir in unserem Projekt alle Einträge anwenderspezifisch speichern wollen, benötigen wir überhaupt nur den Key HKEY_CURRENT_USER. Wenn wir diesen Key nun aufklappen, sehen wir darunter eine Liste von weiteren Einträgen, den Subkeys:

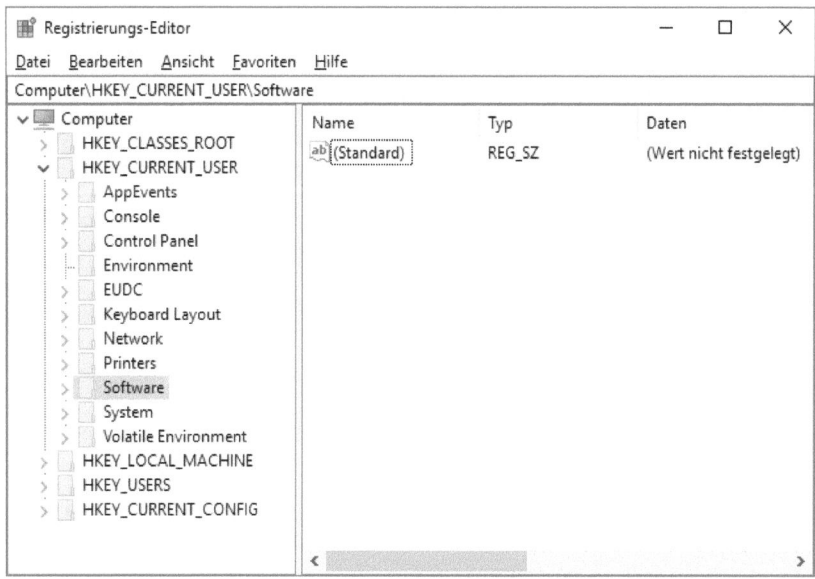

Abb. 66: Subkeys von HKEY_CURRENT_USER

Auch hier interessiert uns nur ein Untereintrag, nämlich „Software". Klappen wir auch diesen Eintrag nach unten, kommt eine lange Liste mit allen möglichen Anwendungen, die auf dem System irgendwann einmal installiert und nicht wieder (vollständig) deinstalliert worden sind[44].

Unterhalb von „Software" sollten wir auch alle Einträge ansiedeln, die wir für unser Projekt VCO in der Registrierung benötigen. Allerdings nicht direkt unter „Software", sondern in einem Subkey, den wir beispielsweise „VCO" nennen können. Manche Unternehmen stellen dem auch noch den Unternehmensnamen voran. Dann würde der volle Pfad für den Autor dieses Buchs also lauten:

HKEY_CURRENT_USER\Software\Leitenbauer\VCO

Unter diesen Subkeys stehen dann irgendwann die eigentlichen Einträge. Dies können Zeichenketten oder auch Zahlen sein. Jeder Eintrag hat dann einen Wert, der auch leer sein kann.

7.2 Zugriffe auf die Registry aus MFC Anwendungen

MFC erlaubt sehr flexible Zugriffe auf die Registry. Leider heißt flexibel auch meistens: Viele Parameter, komplexe Verwendung. Sehen wir uns dazu die Lesemethode für die Registrierung einmal näher an. Die Deklaration dafür sieht wie folgt aus:

---

[44] Bemerkung am Rande: Man sollte Anwendungen immer mit dem Deinstallationsprogramm entfernen und nicht einfach von der Platte löschen. Gute Deinstallationsprogramme säubern nämlich auch die Registrierung von allen Artefakten der zu deinstallierenden Anwendung.

```
LSTATUS RegGetValueA(
 HKEY    hkey,
 LPCSTR  lpSubKey,
 LPCSTR  lpValue,
 DWORD   dwFlags,
 LPDWORD pdwType,
 PVOID   pvData,
 LPDWORD pcbData);
```

Nicht gerade einladend, oder?

Wen es interessiert, der mag sich die Erläuterungen dazu in der MFC Hilfe ansehen. Wir wollen dieses Buch lesbar halten, und werden einen anderen Weg gehen: Wir erstellen eine einfach zu verwendende Klasse, die genau das kann, was wir brauchen, und den Rest einfach weglässt.

7.3   Eine einfache Registry-Klasse

Was soll unsere Klasse können? Sammeln wir die Anforderungen kurz:

➢   Einlesen von Registryeinträgen mit möglichst wenigen Angaben und möglichst wenig Aufwand

➢   Schreiben (Abspeichern) von Registryeinträgen mit möglichst wenigen Angaben und möglichst wenig Aufwand

➢   Unsere Klasse soll CRegEntry heißen

➢   Der Subkey für alle Einträge zur Anwendung VCO wird im Headerfile festgelegt und soll „Software\VCO" heißen.

Insbesondere möchten wir nicht jedes Mal sieben Parameter (siehe 7.2 - Zugriffe auf die Registry aus MFC Anwendungen) versorgen müssen! Im Idealfall möchten wir nur den Eintrag und natürlich den Wert (beim Schreiben) angeben müssen, beziehungsweise den Wert für einen Eintrag lesen.

7.3.1   Die Klasse erstellen

Damit können wir die Deklaration dieser Klasse auch schon anschreiben, nachdem wir die Klasse wie gewohnt mit dem Klassenassistenten angelegt haben (ohne Basisklasse). Wir haben vergessen, wie das funktionierte? Ein letztes Mal:

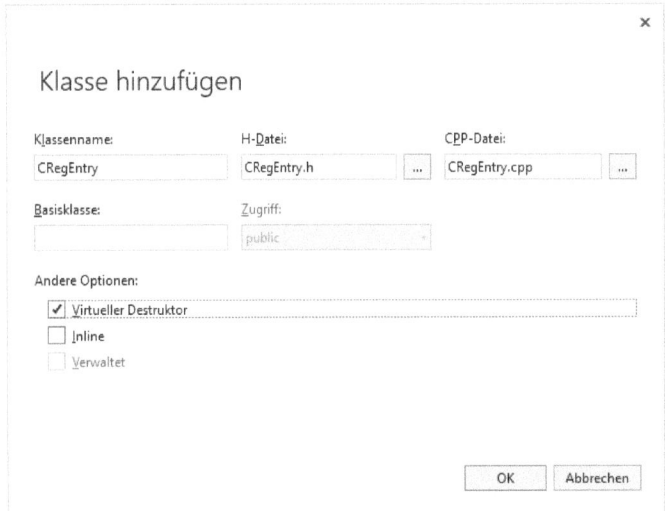

Abb. 67: Die Klasse CRegEntry mit dem Klassenassistenten anlegen

Danach verschieben wir natürlich unsere Klasse im Projektmappenexplorer auch gleich noch unter den Filter „VCO". Die Deklarationsdatei der Klasse hat der Assistent ja bereits für uns geöffnet. Nachdem wir den Kommentarkopf ergänzt haben, sehen wir uns die Deklaration der Klasse an:

```
// Registryklasse fuer VCO
// CRegEntry.h         Deklaration
// Beschreibung:       Klasse fuer den Registry-Lesen und -Schreiben
// Autor:              DI Guenter Leitenbauer
// Begin Erstellung: 2019-02-19
// Historie:
//////////////////////////////////////////////////////////////////
// Globale Daten/Objekte:
//
// Globale Funktionen:
//
// Klassen:            CRegEntry
//////////////////////////////////////////////////////////////////

#pragma once

class CRegEntry

{
public:
   CRegEntry();
   virtual ~CRegEntry();
};
```

Außer dem Standardkonstruktor und dem Destruktor ist hier noch nichts deklariert worden. Wir ergänzen das jetzt

➢ mit einer Konstantendefinition des Subkeys[45] für unsere Anwendung

➢ mit den Methoden zum Lesen und Schreiben von Registryeinträgen

➢ mit einem Attribut für den Subkey der Anwendung[46]

➢ mit einem Defaultargument für den Standardkonstruktor

Damit sieht unsere Deklaration nun wie folgt aus:

```
#define csVCO_REG_KEY "SOFTWARE\\VCO"       // Anwendungs-Subkey
#define ciVCO_REG_MAXSIZE    1000           // maximale Datenlaenge

class CRegEntry
{
public:
   CRegEntry(CStringA sSubkey = "");
   virtual ~CRegEntry();              // Destruktor
```

---

[45] Da C++ einen Backslash („\") als so genanntes Escapezeichen benutzt, muss man zur Darstellung eines tatsächlichen Backslashes in einer Zeichenkettenkonstanten diesen jeweils doppelt eingeben, also „\\". Die tatsächliche Zeichenkette hat dann nur einen Backslash.

[46] Dieses Attribut könnte man auch weglassen und überall die Konstante „csVCO_REG_KEY" verwenden, wo man in der Implementation der Klasse den Anwendungs-Subkey benötigt. Wenn wir allerdings flexibel bleiben wollen, können wir für das Attribut später Zugriffsmethoden hinzufügen, und die Klasse damit auch für andere Subkeys einsetzen.

```
CStringA Read(
    CString&        sVal,           // OUT: gelesener CString
    CStringA        sEntry,         // Bez. des Eintrags
    CStringA        sSubkey = ""    // optionaler Subkey
);

bool Write(
    CString sValue, // einzutragender Wert
    CStringA        sEntry,         // Bez. des Eintrags
    CStringA        sSubkey = ""    // optionaler Subkey
);

private:
  CStringA m_sSubkey;
  CStringA m_sApplKey = csVCO_REG_KEY;        // Hauptschluessel
};
```

Um diese Klasse zu verwenden, werden wir also in Zukunft nur folgendes tun müssen:

```
CRegEntry reg("Logindialog");
reg.Read(sUser, "Username");            // Wert aus Registry einlesen
reg.Write(sUser, "Username");           // Wert in Registry schreiben
```

Wobei die Methoden „true" zurückgeben, wenn sie erfolgreich waren, sonst „false". Die Konstante „ciVCO_REG_MAXSIZE" beschränkt die Maximallänge der zu schreibenden Daten auf willkürliche 1000 Zeichen. Natürlich kann man hier je nach Notwendigkeit auch eine andere Maximalgröße festlegen. Man sollte aber sehr große Datenmengen laut Microsoft nicht in der Registry ablegen. Microsoft nennt dabei eben eine ungefähre Größe von 1 KByte. Aber bevor wir die Klasse wie oben verwenden können, müssen wir natürlich die Funktionalität erst im Quellcode implementieren.

7.3.2   Die Implementation der Klasse CRegEntry

Im Konstruktor der Klasse passiert nicht viel. Wir setzen dort lediglich das Attribut „m_sSubKey" auf den Wert der Konstante:

```
CRegEntry::CRegEntry(CStringA sSubkey)
{
    m_sSubkey = sSubkey;
}
```

Den Destruktor lassen wir überhaupt, wie er ist. Bleiben noch die beiden Methoden zum Lesen und Schreiben von „CString" Werten. Betrachten wir zuerst die Schreibemethode:

```
bool CRegEntry::Write (
    CString         sValue,         // einzutragender CStringA
    CStringA        sEntry,         // Bez. des Eintrags
    CStringA        sSubkey         // optionaler Subkey
)
{
    bool bRet = true;               // Rueckgabewert
    CStringA    sStr(sValue);

    if (sSubkey == "")
        sSubkey = m_sSubkey;
```

```
  const char* cval = (const char*)sStr;
  bRet = SaveToRegistry(cval, sEntry, HKEY_CURRENT_USER, sSubkey, REG_SZ);

  sStr.ReleaseBuffer();
  return bRet;
}
```

Diese Methode ruft eine uns bislang unbekannte Methode auf, die die eigentliche Schreiboperation übernimmt. Der Methodenaufruf „sStr.ReleaseBuffer()" ist dabei nötig, um ein Speicherleck zu vermeiden. Das wird klarer, wenn wir uns die eigentliche Schreibmethode ansehen werden. Da dies alles innerhalb der Klasse passiert und vor dem Anwender verborgen bleibt, ist es aber keine potenzielle Fehlerquelle. Diese Schreibmethode müssen wir erst erstellen. In ihr steckt die eigentliche Arbeit. Aber warum machen wir das so kompliziert in zwei Schritten?

Der Grund ist, dass diese Schreibmethode auch andere Datentypen als Zeichenketten verarbeiten können soll. Damit wir unsere Registry-Klasse später einfach um andere Typen ergänzen können. Wir müssen, und das ist das Gute an der Sache, diese Arbeit nur einmal machen, und nicht bei jedem Schreiben eines Registrywertes. Das funktioniert in Zukunft dann so einfach, wie weiter vorne beschrieben.

Wie sieht die eigentliche Schreibmethode nun aus? Sehen wir uns zuerst die Deklaration an:

```
bool  SaveToRegistry(                            // die eigentliche Schreibmethode
   const char* sVal,                             // kann nur char* verarbeiten
   const char* sEntry,                           // Eintrag
   HKEY hMainKey = HKEY_CURRENT_USER,            // Hauptschluessel
   const char* sSubkey = "",                     // optionaler Subkey
   DWORD nType = REG_SZ                          // Datentyp
);
```

Das sieht mächtig kompliziert aus. Was bedeuten die einzelnen Parameter?

Da diese Methode für alle möglichen Datentypen funktionieren soll, können wir hier keine CString verwenden, sondern definieren die zu schreibenden Daten „sVal" als Zeiger auf einen Character, also auf eine Zeichenkette, wie wir sie aus der Programmiersprache C kennen.

Der zweite Parameter ist der Eintragsname, zum Beispiel „Username", unter dem wir in der Registry den Eintrag, wie er in „sVal" enthalten ist, ablegen.

Der Parameter „nKey" kann einen Hauptschlüssel enthalten. Wenn er 0 ist, wird der Hauptschlüssel „HKEY_CURRENT_USER" verwendet.

Der Parameter sSubkey enthält den Subschlüssel unterhalb des Applikationsschlüssels („SOFTWARE\\VCO"), also zum Beispiel „Logindialog". Wenn dieser Parameter leer ist, wird der Eintrag direkt unterhalb des Applikationsschlüssels angelegt, was man aus Gründen der Übersichtlichkeit vermeiden sollte.

Der letzte Parameter legt den Datentyp fest und ist entweder „REG_SZ" für Zeichenketten oder „REG_DWORD" für alle anderen Datentypen.

Die Implementierung dieser Schreibmethode, über die wir uns glücklicherweise auch nur einmal Gedanken machen müssen, muss all diese Möglichkeiten berücksichtigen, und ist daher dementsprechend komplex. Daher auch die ausführlichen Kommentare im Code:

```
bool CRegEntry::SaveToRegistry(
   const char* sVal,        // zu speichernder Wert
   const char* sEntry,      // Eintrag
   HKEY hMainKey,           // Schluessel (MACHINE, USER, ...)
   const char* sSubkey,     // optionaler Subkey
```

```
    DWORD nType                    // Datentyp, REG_SZ per Default
)
{
    // speichert den Wert als REG_SZ (String) in die Registry ab
    bool bRet = true;              // Rueckgabewert
    DWORD       dwResult;          // fuer das Ergebnis des Oeffnen des Keys
    HKEY        hTheKey;           // Handle fuer den eig. Schluessel
    CString sKey;                  // Eintrag ("Software\VCO\Subkey\Entry")
    ULONG   nSize;                 // Datenbedarf der abzulegenden Daten

    // Subschluessel aufbauen
    if (strlen(sEntry))
    {
        // Key definieren
        sKey = m_sApplKey + "\\" + sSubkey;
    }
    else
        return false;  // kein Entry angegeben

    // Typ festlegen; wenn kein Typ uebergeben, dann REG_SZ
    switch (nType)
    {
        case REG_DWORD:
        {
                nSize = sizeof(DWORD);
                break;
        }
        case REG_SZ:
        {
                nSize = strlen(sVal) + 1;
                break;
        }
        case REG_NONE:
        {
                nSize = strlen(sVal);
                break;
        }
        default:
        {
                nType = REG_SZ;
                nSize = strlen(sVal) + 1;
                break;
        }
    }

    // Laenge ueberpruefen
    if (nSize > ciVCO_REG_MAXSIZE)
    {
        // Datenstring zu lang
```

```
        bRet = false;
    }
    else
    {
        // Schluessel oeffnen
        CStringA sK(sKey);
        if (RegCreateKeyExA( hMainKey, sK, 0, NULL, REG_OPTION_NON_VOLATILE,
                             KEY_ALL_ACCESS,NULL, &hTheKey, &dwResult) == ERROR_SUCCESS)
        {
            CStringA sa(sEntry);
            // Wert abspeichern:
            if (RegSetValueExA(   hTheKey, (const char*)(sa), 0, nType, (BYTE*)sVal,
                                  nSize) == ERROR_SUCCESS)
                    bRet = true;
            else
                    bRet = false;  // Fehler beim Schreiben
        }
        else
                bRet = false;  // Fehler beim Erzeugen
    }
    return bRet;
}
```

Geschafft!

Wenn man in die Registry schreibt (oder aus ihr liest), muss man zuerst immer den Betreffenden Subschlüssel öffnen. Das erledigt die Funktion „RegCreateKeyExA()", die uns auch mit dem Rückgabewert „ERROR_SUCCESS" anzeigt, dass das Öffnen gutgegangen ist. Nur dann können wir mit der Funktion „RegSetValueExA()" einen den Wert der Variablen „sVal" in den Eintrag „sEntry", den wir zuerst entsprechend umwandeln (casten) müssen, schreiben. Auch diese Funktion zeigt uns über den Rückgabewert an, ob das funktioniert hat.

> Man muss darauf achten, die verschiedenen Varianten der Registryfunktionen nicht zu mischen. Wir verwenden hier stets die ANSI-Variante (mit dem „A" am Ende).
>
> Würden wir hier die Funktion „RegCreateKeyExA()"′verwenden, liefe in der Debug-Konfiguration alles ganz normal. Der Fehler tritt dann leider erst in der Release-Konfiguration auf (Error Code 234). Ein Fehler, den man dann nicht leicht findet.

Vorher haben wir noch den Datentyp überprüft. Dies passiert in der Mehrfachabfrage „switch (nType)", wo wir denn die zu schreibende Buffergröße „nSize" entsprechend setzen müssen. Nun fehlen uns noch die Methoden zum Lesen von Registryeinträgen. Analog zur Schreibmethode ist die Methode „Read()" ebenfalls sehr einfach zu implementieren:

```
bool CRegEntry:: Read(
    CString&    sVal,        // OUT: gelesener CString
    CStringA    sEntry,      // Eintrag
    CStringA    sSubkey      // Unterschluessel
)
{
    ULONG       nSize = ciVCO_REG_MAXSIZE;
    bool        bRet = false;
    char*       buffer = new char[ciVCO_REG_MAXSIZE+1];
```

```
    if (sSubkey == "")
        sSubkey = m_sSubkey;

    bRet = ReadFromRegistry(buffer, nSize, sEntry, HKEY_CURRENT_USER, sSubkey, REG_SZ);
    if (bRet)
    {
        sVal = CString(buffer);
    }
    else
    {
        // Fehler beim Einlesen
        sVal.Empty();
    }

    delete[] buffer;
    return bRet;
}
```

Auch diese Methode ruft die eigentliche Schreibmethode auf, in der das tatsächliche Einlesen ganz ähnlich zum Schreiben in „SaveToRegistry()" erfolgt. Diese Methoden müssen wir uns glücklicherweise auch nur einmal überlegen. Die Lesemethode sieht dann wie folgt aus:

```
bool CRegEntry::ReadFromRegistry(    // die eigentliche Lesemethode
    char* sVal,               // Buffer f. Ergebnisstr, muss bereitgestellt werden
    ULONG nSize,              // Groesse des Ergebnisbuffers
    const char* sEntry,       // Eintrag
    HKEY hMainKey,            // Hauptschluessel
    const char* sSubkey,      // optionaler Subkey
    DWORD nType               // Datentyp
)
{
    // liest Wert aus der Registry und versorgt damit sVal
    bool bRet = true;         // Rueckgabewert
    DWORD      dwResult;      // fuer Ergebnis des Oeffnen des Keys
    HKEY hTheKey;             // Handle fuer den eigentlichen Schluessel
    CString sKey;             // Eintrag ("Software\VCO\Subkey\Entry")

    // Subschluessel aufbauen
    if (strlen(sEntry))
    {
        // Key definieren
        sKey = m_sApplKey + "\\" + sSubkey;
    }
    else
        return false;  // kein Entry angegeben

    // Typ festlegen; wenn kein Typ uebergeben, dann REG_SZ
    switch (nType)
    {
        case REG_DWORD:
        {
```

```
                    nSize = sizeof(DWORD);
                    break;
        }
    case REG_SZ:
        {
                    nSize = strlen(sVal) + 1;
                    break;
        }
    case REG_NONE:
        {
                    nSize = strlen(sVal);
                    break;
        }
    default:
        {
                    nType = REG_SZ;
                    nSize = strlen(sVal) + 1;
                    break;
        }
    }

    // Schluessel oeffnen
    if ( RegCreateKeyExA(hMainKey, sK, 0, NULL, REG_OPTION_NON_VOLATILE, KEY_ALL_ACCESS,
         NULL, &hTheKey, &dwResult) == ERROR_SUCCESS)
    {
        LPCSTR sa(sEntry);
        nSize = ciVCO_REG_MAXSIZE;    // Wichtig, ist ein IN/OUT!
        // Wert einlesen:
        LSTATUS l = RegQueryValueExA(hTheKey, sa, 0, &nType, (BYTE*)sVal, &nSize);
        if (l == ERROR_SUCCESS)
                bRet = true;   // das Lesen funktionierte
        else
                bRet = false;  // Fehler beim Lesen
    }
    else
        bRet = false; // Fehler beim Erzeugen

    return bRet;
}
```

Auch hier muss man wieder darauf achten, die gleichen Funktionstypen wie beim Schreiben zu verwenden, also die ANSI-Funktionen mit dem „A" am Ende.

Vielleicht ist man als Programmierer in anderen Anwendungen schon den Registry-Funktionen „GetProfileStringA()" oder ähnl. begegnet.

Diese sind zwar einfacher zu benutzen als die eben kennengelernten Funktionen wie „RegSetValueExA()", allerdings sind sie nur noch aus Kompatibilitätsgründen zu 16-bit-Windows in MFC verfügbar, und sollten laut MFC Dokumentation in neuen Programmen nicht mehr verwendet werden.

Mit unserer Klasse „CRegEntry" haben wir aber jetzt sowieso eine noch viel einfacher zu verwendende Möglichkeit erstellt.

Damit ist die Registry-Klasse zumindest für Zeichenketten fertig. Wir testen sie natürlich gleich aus, indem wir uns den im letzten Kapitel erstellten Logindialog als Opfer wählen.

7.4 Verwendung der Registryklasse im Logindialog

Um die Anmeldeparameter (außer dem Passwort natürlich) in der Registry abzulegen bzw. aus der Registry einzulesen, müssen wir uns zuerst einmal Gedanken darüber machen, wann im Ablauf (d. h.: wo im Code) wir das tun möchten.

Das Schreiben werden wir sinnvollerweise beim eigentlichen Login durchführen, also in der Methode „OnBnClickedOk()".

Das Einlesen müssen wir durchführen, bevor der Dialog dem Anwender angezeigt wird. Dafür gibt es ein eigenes Ereignis, nämlich den Eventhandler, bzw. die Eventhandlermethode „OnInitDialog()". Sehen wir uns zuerst den Schreibvorgang an.

7.4.1 Logindaten in die Registry ablegen

Es sind nur drei zusätzliche Codezeilen nötig, um die Werte für den Usernamen und die SID, die der Anwender eingegeben hat, in der Registry abzulegen:

```
#include "CRegEntry.h"
…

void CDlgLogin::OnBnClickedOk()
{
    // Anmeldung an die Datenbank:
    // 1. Daten aus dem Dialog uebernehmen
    UpdateData(TRUE);

    // Registryeintraege schreiben
    CRegEntry reg("Login");    // legt den Subschluessel fest
    reg.Write(m_sUser, "Username");
    reg.Write(m_sSID, "SID");
    …
}
```

Spätestens jetzt sollte uns klar werden, warum wir uns die Arbeit für die Klasse „CRegEntry" angetan haben. Nun zum Einlesen und Vorbelegen. Auch das ist jetzt keine Hexerei mehr:

7.4.2 Logindaten aus der Registry einlesen

Das Einlesen selbst ist ähnlich einfach wie das Schreiben. Die Klassendeklaration haben wir ja bereits inkludiert, also brauchen wir für das Einlesen nur noch folgende Codezeilen:

```
    // Registryeintraege einlesen
    CRegEntry reg("Login");    // legt den Subschluessel fest
    reg.Read(m_sUser, "Username");
    reg.Read(m_sSID, "SID");
```

Die noch zu klärende Frage ist, an welcher Stelle wir diese Daten einlesen. Wie bereits erwähnt, bietet MFC einen Eventhandler in Form einer virtuellen Methode, die beim Initialisieren eines Dialoges aufgerufen werden kann. Dazu verwenden wir erneut den Klassenassistenten:

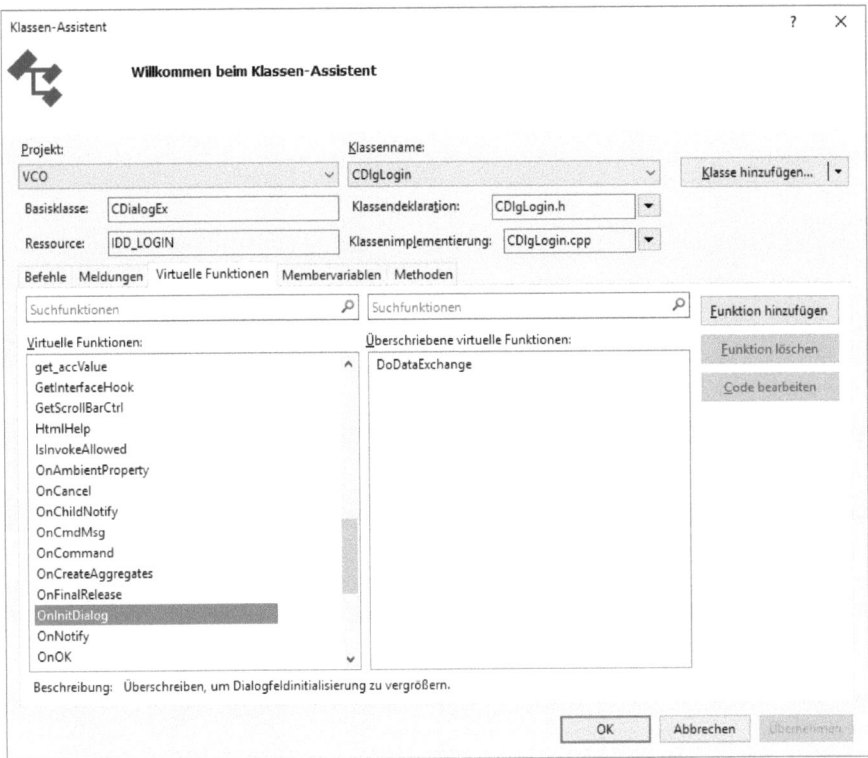

Abb. 68: Die virtuelle Methode OnInitDialog()

Wir rufen den Klassenassistenten wie gewohnt über einen Rechtsklick am Filter „VCO" im Projektmappenexplorer auf. Dann stellen wir sicher, dass folgende Daten ausgewählt sind, wie im Bild ersichtlich:

> Klassenname „CDlgLogin"

> Reiter „Virtuelle Funktionen"

Dort markieren wir die virtuelle Funktion „OnInitDialog" und klicken auf den Button „Funktion hinzufügen". Die virtuelle Methode wird dann im Headerfile und im Quellcodefile automatisch erstellt, und wir können den Assistenten mit dem Button „OK" schließen. Sehen wir uns die Änderungen im Headerfile zuerst an. Dort wurde folgender Code hinzugefügt:

```
virtual BOOL OnInitDialog();
```

Nun zur Implementierungsdatei. Hier finden wir folgende neuen Codezeilen:

```
BOOL CDlgLogin::OnInitDialog()
{
    CDialogEx::OnInitDialog();

    // TODO:  hier zusätzliche Initialisierung hinzufügen.
    return TRUE; // return TRUE unless you set the focus to a control
            // AUSNAHME: OCX-Eigenschaftenseite muss FALSE zurückgeben.
}
```

Wir müssen nun dort[47], wo der Kommentar „TODO:" uns schon dazu einlädt, unsere Zeilen zum Einlesen aus der Registry einfügen. Und danach müssen wir noch dafür sorgen, dass über einen Methodenaufruf von „UpdateDa-

---

[47] Wichtig ist immer, dass die Methode OnInitDialog() der Basisklasse bereits aufgerufen worden ist, weil erst dann der Dialog tatsächlich einen Zustand hat, wo seine Attribute auch wirklich existieren. Auch kann „UpdateData()" erst danach aufgerufen werden.

ta(FALSE)" die Werte, die wir soeben in die Variablen „m_sUser" und „m_sSID" eingelesen haben, auch in den entsprechenden Datenfeldern dargestellt werden.

Die Methode „OnInitDialog()" sieht mit unseren Erweiterungen also wie folgt aus:

```
BOOL CDlgLogin::OnInitDialog()
{
   CDialogEx::OnInitDialog();

   // Registryeintraege einlesen
   CRegEntry reg("Login");    // legt den Subschluessel fest
   reg.Read(m_sUser, "Username");
   reg.Read(m_sSID, "SID");
   UpdateData(FALSE);

   return TRUE; // return TRUE unless you set focus to a control
}
```

Jetzt erstellen wir das Projekt und starten es mit der Funktionstaste „F5". Noch sind die Felder natürlich leer, weil noch keine Registryeinträge existieren. Wir tragen unsere Werte ein und melden uns an. Danach beenden wir die Anwendung und starten sie erneut.

Voila! Der Logindialog begrüßt uns jetzt mit den Werten, die wir bei der letzten Anmeldung eingegeben hatten!

7.5   Erweiterung auf andere Datentypen

Die Klasse ist ja wirklich nett, könnte man jetzt einwenden, aber manchmal muss man auch einen Integer in der Registry ablegen. Was dann? Soll man die als Text ablegen? Hier zeigt sich jetzt der Sinn in der Aufspaltung der Schreib- und Leseoperationen in jeweils zwei Methoden. Für Integer (int) müssen wir dann lediglich die Methode „Read()" und die Methode „Write()" überladen[48]. Das sieht in der Deklaration folgendermaßen aus:

```
bool Read(
   int& iVal,              // OUT: gelesener int
   CStringA sEntry,        // Bez. des Eintrags
   CStringA sSubkey = ""   // optionaler Subkey
);
...
bool Write(
   int iValue,             // einzutragender int
   CStringA sEntry,        // Bez. des Eintrags
   CStringA sSubkey = ""   // optionaler Subkey
);
```

Die Implementierung ähnelt der für CString:

```
bool CRegEntry::Write(
   int        iValue,      // einzutragender int
   CStringA   sEntry,      // Bez. des Eintrags
   CStringA   sSubkey      // optionaler Subkey
)
{
   bool bRet = true;  // Rueckgabewert
```

---

[48] Overloading: Gleicher Funktionsname, andere Parametertypen

```
CStringA sVal;
sVal.Format("%d", iValue); // aus Integer mach Text

if (sSubkey == "")
    sSubkey = m_sSubkey;


bRet = SaveToRegistry(sVal, sEntry, HKEY_CURRENT_USER, sSubkey, REG_SZ);
return bRet;
}
```

Und auch die Implementierung für die Lesemethode ähnelt der für den CString:

```
bool CRegEntry::Read(
    int& iVal,          // OUT: gelesener int
    CStringA sEntry,    // Bez. des Eintrags
    CStringA sSubkey    // optionaler Subkey
)
{
    ULONG       nSize = ciVCO_REG_MAXSIZE;
    bool        bRet = false;
    char*       buffer = new char[ciVCO_REG_MAXSIZE + 1];

    if (sSubkey == "")
        sSubkey = m_sSubkey;

    bRet = ReadFromRegistry(buffer, nSize, sEntry, HKEY_CURRENT_USER, sSubkey, REG_SZ);
    if (bRet)
    {
        iVal = _ttoi(CString(buffer)); // aus Text mach Integer
    }

    delete[] buffer;
    return bRet;
}
```

Weitere Datentypen wie „UINT", „float", „double", etc. können mit entsprechenden weiteren Überladungen der beiden Methoden „Read()" und „Write()" ebenfalls implementiert werden.

7.6   Zusammenfassung

Wir haben in diesem Kapitel gelernt,

➢   wie man die Registry (Registrierung) in einem Programm verwendet,

➢   indem man sich eine einfache Registry-Klasse erstellt.

➢   wie man Werte in die Registry ablegt und

➢   wie man diese Werte aus der Registry liest, um damit Eingabefelder vorbelegen zu können.

➢   wie man in einem Dialog Attribute und Datenfelder mit Werten aus der Registry vorbelegt

Im nächsten Kapitel werden wir untersuchen, wie man Meldungstexte am geschicktesten verwaltet und verwendet. Weiters möchten wir noch die Fehlermeldung bei fehlgeschlagenem Login etwas aussagekräftiger gestalten, indem wir über den spezifischen Datenbankfehler informieren.

8 Meldungstexte

Keine Anwendung mit einer Benutzerschnittstelle kommt bei der Benutzerinteraktion ohne Messageboxen und Meldungstexte aus. Die Frage dabei ist:

Wie soll man diese geschickt organisieren, um einen guten Kompromiss aus Überblick, Effizienz und Wartbarkeit zu bekommen?

Die schlechteste Idee überhaupt wäre, die Meldungstexte einfach als so genannte „Literale" hart in den Code zu programmieren[49]. Eine bessere Möglichkeit wäre eine zentrale Includedatei mit den gesammelten Texten. Diese Variante hat allerdings einen gravierenden Nachteil:

Da sehr viele Sourcedateien Meldungen ausgeben werden, müssen alle diese Dateien bei jeder kleinen Änderung in der zentralen Meldungsdatei (zum Beispiel dem Hinzufügen einer neuen Meldung) neu kompiliert werden, was bei großen Projekten erhebliche Zeit dauern kann. Zudem ist diese Möglichkeit bei Anwendungen, die in mehreren Sprachen erstellt werden sollen, nicht optimal.

8.1 Stringtables

Idealerweise definiert man Texte (nicht nur Meldungstexte, auch Menütexte, etc.) am besten über den so genannten STRINGTABLE. Das bietet zudem den Vorteil, dass man hier auch in Hinblick auf eine Mehrsprachenfähigkeit einer Anwendung eine sehr gute Lösung zur Hand hat, weil man dann einfach nur einen neuen Stringtable mit den Meldungen in der Zielsprache anlegen muss.

Den Stringtable findet man unter den Ressourcen. Wir klicken im Projektmappenexplorer auf den Eintrag „Ressourcendateien" (klappen diesen auf). Dort klicken wir auf „VCO.rc2" und klappen dann den Baum bei „String Table" auf.

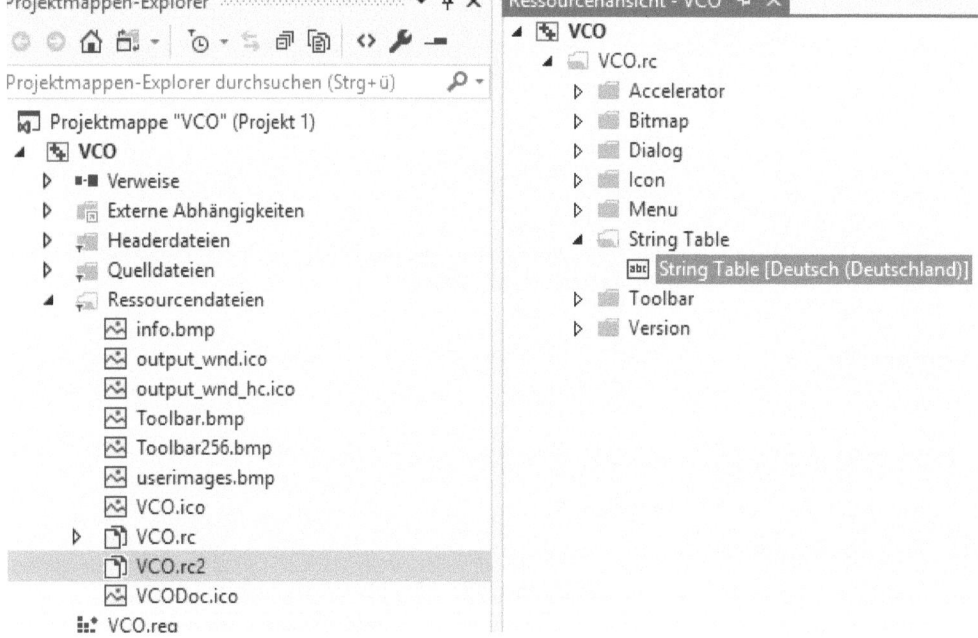

Abb. 69: Der Stringtable in den Ressourcen

---

[49] Das erschwert nicht nur die Umstellung der Anwendung auf eine andere Sprache. Es werden auch an und für sich gleiche Meldungen mehrmals codiert, mit allen bekannten Risiken für Redundanzen.

Wenn wir hier den Stringtable öffnen, wird eine lange Liste mit allen bereits definierten Zeichenketten in den Arbeitsbereich geladen.

VCO.rc - String Tab...tsch (Deutschland)] ⊕ ✕	Ressourcenansicht - VCO	
ID	**Wert**	**Beschriftung**
IDS_STATUS_PANE1	122	Bereich 1
IDS_STATUS_PANE2	123	Bereich 2
IDS_TOOLBAR_STANDARD	124	Standard
IDS_TOOLBAR_CUSTOMIZE	125	Anpassen...
IDR_MAINFRAME	128	VCO\n\nVCO\n\n\nVCO.Document\nVCO.Document
IDS_OUTPUT_WND	157	Ausgabe
ID_VIEW_CAPTION_BAR	221	Blendet die Titelleiste ein oder aus.\nTitelleiste ein- oder ausblenden
IDS_CAPTION_BUTTON	231	Optionen...
IDS_CAPTION_BUTTON_TIP	232	Für weitere Optionen hier klicken
IDS_CAPTION_TEXT	233	In der Titelleiste kann eine Meldung für den Benutzer angezeigt werden.
IDS_CAPTION_IMAGE_TIP	234	Wichtig
IDS_CAPTION_IMAGE_TEXT	235	Dies ist eine Informationsmeldung für den Benutzer.
IDS_BUILD_TAB	300	Erstellen
IDS_DEBUG_TAB	301	Debuggen
IDS_FIND_TAB	302	Suchen
IDS_EDIT_MENU	306	Bearbeiten
IDS_TIT_DBANMELDUNG	312	Datenbankanmeldung
IDS_MSG_ANMELDUNGOK	313	Die Anmeldung an die Datenbank war erfolgreich!

Abb. 70: Die derzeitigen Einträge im Stringtable (Ausschnitt)

Wir können hier sehr einfach Einträge hinzufügen, indem wir nach unten scrollen und in die leere Zeile klicken.

AFX_IDS_SCMAXIMIZE	61187	Maximiert das Fenster.
AFX_IDS_SCNEXTWINDOW	61188	Wechselt zum nächsten Dokumentfenster.
AFX_IDS_SCPREVWINDOW	61189	Wechselt zum vorherigen Dokumentfenster.
AFX_IDS_SCCLOSE	61190	Schließt das aktive Fenster und fordert zum Speichern des Dokuments auf.
AFX_IDS_SCRESTORE	61202	Stellt die ursprüngliche Fenstergröße wieder her.
AFX_IDS_SCTASKLIST	61203	Aktiviert die Aufgabenliste.
IDS_MSG_TEST	315	Testeintrag

Abb. 71: Einen neuen Eintrag erzeugen

Natürlich kann man auch bestehende Einträge ändern, löschen, kopieren, etc. Wir legen nun drei Einträge an, denn mehr Texte haben wir in unserem Projekt bislang nicht verwendet:

IDS_TIT_DBANMELDUNG	312	Datenbankanmeldung
IDS_MSG_ANMELDUNGOK	313	Die Anmeldung an die Datenbank war erfolgreich!
IDS_MSG_ANMELDUNGFA...	314	Die Anmeldung an die Datenbank schlug fehl!

Abb. 72: Unsere ersten drei Meldungstexte

Dabei sind die IDs weitgehend egal. Man sollte nur nicht für verschiedene Texte die gleiche ID verwenden. Für unsere Texte gilt folgende Nomenklatur, damit wir sie jederzeit leicht auffinden:

➢ IDS_TIT_<freier Text> für Fenstertitel, etc.

➢ IDS_MSG_<freier Text> für Meldungen.

➢ ID-Bezeichner immer in GROSSBUCHSTABEN

Wie verwenden wir diese Einträge nun im Programmcode?

8.2 Stringtableeinträge im Programm verwenden

Für die Verwendung von Stringtables stellt uns MFC eine sehr einfache Methode („LoadString()" bzw. „Load-StringW()") in der Klasse „CString" (und auch in der Klasse „CStringA) zur Verfügung, wobei als weiterer Include nur die Headerdatei „resource.h"[50] ist:

```
CString sMeldung;
sMeldung.LoadStringW(IDS_MSG_ANMELDUNGOK);
```

Wir müssen also unsere zwei Aufrufe der Messagebox in der Klasse „CDlgLogin" ein wenig ändern:

```
void CDlgLogin::OnBnClickedOk()
{
…

    // 3. Verbindungsstatus ueberpruefen
    if (hDB.IsConnected())
    {
        // Verbindung klappte
        CStringA sMeldung, sTitel;
        sTitel.LoadStringW(IDS_TIT_DBANMELDUNG);
        sMeldung.LoadStringW(IDS_MSG_ANMELDUNGOK);
        MessageBoxA(GetForegroundWindow()->m_hWnd, sMeldung, sTitel, MB_OK);
        CDialogEx::OnOK();
    }
    else
    {
        // Verbindung fehlgeschlagen
        CStringA sMeldung, sTitel;
        sTitel.LoadStringW(IDS_TIT_DBANMELDUNG);
        sMeldung.LoadStringW(IDS_MSG_ANMELDUNGFAILED);
        MessageBoxA(GetForegroundWindow()->m_hWnd, sMeldung, sTitel, MB_ICONERROR);
        CDialogEx::OnCancel();
    }
}
```

Das wirkt etwas aufwändiger (und ist es auch), als die Texte direkt in den Code zu schreiben, ist aber die einzige Variante, die bei ernsthaften Projekten Sinn macht.

8.3 Spezielle Meldungstexte

Es gibt Situationen, da ist der Meldungstext zur Programmierzeit noch nicht vollständig bekannt. Man stelle sich beispielsweise folgende Meldung vor:

„User guenter erfolgreich an der Datenbank angemeldet!"

Dann weiß man beim Programmieren natürlich noch nicht, welche User sich später einmal an die Datenbank anmelden werden. Wir brauchen also so etwas wie flexible Meldungstexte mit Platzhaltern. Dafür stellt C++ in den CString-Klassen eine einfache Möglichkeit zur Verfügung:

---

[50] Viele Sourcedateien inkludieren diese Datei bereits implizit, indem sie Dateien inkludieren, die ihrerseits „resource.h" bereits geladen haben.

8.3.1   Die Methode CString::Format()

Die Verwendung dieser Methode ist äußerst einfach. Zuerst fügt man in den jeweiligen Meldungstext die entsprechenden Platzhalter ein. Diese beginnen immer mit dem Zeichen „%". Die wichtigsten davon sind:

➢   %ls kann durch eine beliebige Zeichenkette ersetzt werden (gilt für CString)

➢   %s kann durch eine beliebige Zeichenkette ersetzt werden (gilt für CStringA)

➢   %d kann durch eine beliebige Ganzzahl ersetzt werden

➢   %.2f kann durch eine Fließkommazahl ersetzt werden, wobei die Zahl „2" hier anzeigt, dass dann genau zwei Nachkommastellen ausgegeben werden

Wenn wir also eine Meldung wie die folgende im Stringtable eintragen (man beachte das „%ls"):

```
IDS_MSG_ANMUSEROK  315  Der User %ls wurde erfolgreich an die Datenbank angemeldet.
```

Dann können wir uns das im Code wie folgt zunutze machen:

```
…
// Verbindung klappte
CStringA sMeldung, sTitel;
sTitel.LoadStringW(IDS_TIT_DBANMELDUNG);
sMeldung.Format(IDS_MSG_ANMUSEROK, m_sUser);
MessageBoxA(GetForegroundWindow()->m_hWnd, sMeldung, sTitel, MB_OK);
CDialogEx::OnOK();
…
```

Dabei fällt auf, dass wir statt der Methode „LoadStringW()" und die Methode „Format()" verwendet haben, die in dieser Überladung das Laden bereits beinhaltet und zusätzlich noch die Ersetzung der Platzhalter vornimmt. Und das Ergebnis ist dann:

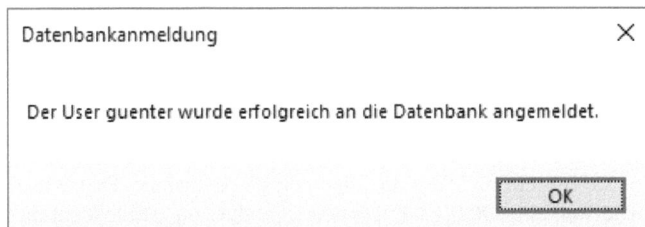

Abb. 73: Meldungsfenster der erfolgreichen Anmeldung

8.3.2   Das Zeichen „%" als Zeichen im Text

Wenn man einmal einen Text braucht, indem das Zeichen „%" vorkommt, muss man aufpassen. Nehmen wir an, wir möchten folgende Meldung ausgeben:

„Der Auftrag XY123 ist zu 95% erledigt." Dabei sei die Zahl 95 eine ganze Zahl und wie auch die Auftragsbezeichnung zur Laufzeit einzutragen. Dann muss der Eintrag im Stringtable lauten:

```
IDS_MSG_AUFTRPRZ  316  Der Auftrag %ls ist zu %d%% erledigt.
```

Im Programmcode wird man dann etwas in der folgenden Art finden, wobei wir davon ausgehen, dass die Auftragsbezeichnung in der Variablen „sAuftrag" und der Erledigungsprozentsatz in der Variablen „iErledigung" stehen soll:

```
…
CStringA sMeldung, sTitel;
sTitel.LoadStringW(IDS_TIT_ERLEDIGUNG);
```

```
sMeldung.Format(IDS_MSG_AUFTRPRZ, sAuftrag, iErledigung);
MessageBoxA(GetForegroundWindow()->m_hWnd, sMeldung, sTitel, MB_OK);
...
```

> Die Anzahl der Parameter der Methode „Format()" muss immer zur Anzahl der Platzhalter im String passen. Ansonsten meldet der Compiler einen Fehler.

Damit lassen wir das Thema „Meldungen" jetzt gut sein. Wir werden nun aber noch eine Kleinigkeit in der Datenbankbasisklasse „CVCODB" ergänzen, wo wir diese Meldungen gut gebrauchen können.

8.4 Fehlermeldung beim Verbindungsaufbau

Als wir die Datenbankklasse erstellt haben, haben wir eventuelle Exceptions beim Anmeldevorgang zwar aufgefangen („catch") aber nicht beachtet oder ausgewertet. Das werden wir nun ändern. Es soll im Fehlerfalle dem Anwender der Oracle-Datenbankfehler als Messagebox gemeldet werden. Wir werden dazu einen flexiblen Meldungstext, wie oben erläutert, einsetzen. Dieser Text sei wie folgt definiert worden:

```
IDS_MSG_ORAERR   317  Datenbankfehler %d\nOracle Fehlertext: %ls
```

Dabei bedeutet das Steuerzeichen „\n" einfach einen „Return", also eine neue Zeile im Text. Der catch-Block im Konstruktor ist daher etwas zu erweitern auf:

```
catch (std::exception &ex)
{
    // Fehlermeldung ausgeben
    CString sTitel, sMeldung, sErr(ex.what());
    int iErr = ((ocilib::Exception&)ex).GetOracleErrorCode();
    sTitel.LoadStringW(IDS_TIT_DBANMELDUNG);
    sMeldung.Format(IDS_MSG_ORAERR, iErr, sErr);
    MessageBoxA(pMain->m_hWnd, (CStringA)sMeldung, (CStringA)sTitel, MB_ICONERROR);

    m_bIsConnected = false;    // Connected-Status auf false setzen
}
```

Was wurde hier genau gemacht?

Die Exception, die aufgefangen wurde, ist vom Typ „std::exception", also die allgemeinste Ausnahme. Da sie aber beim Connect an die Datenbank auftritt, muss sie natürlich eine OCILIB-Exception sein, die von „std::exception" abgeleitet wurde[51]. Man kann daher ruhigen Gewissens die Ausnahme auf diesen Typ casten (umwandeln), und den Oracle-Fehlercode mit der von OCILIB zur Verfügung gestellten Methode ermitteln:

```
int iErr = ((ocilib::Exception&)ex).GetOracleErrorCode();
```

Für den Fehlertext ist nicht einmal der Cast nötig, weil hier schon die Basisklasse „std::exception" die Methode „what()" anbietet:

```
CString sErr(ex.what());
```

Dabei wird der ermittelte Fehler direkt dem Konstruktor einer CString-Variable übergeben, diese bekommt also den Wert, den „ex.what()" zurückgibt. Nachdem nun noch der Titel und die Meldung vorbelegt werden, wie wir es gerade gelernt haben, wird die Fehlermeldung ausgegeben. Wenn man sich beispielsweise mit einem falschen Passwort anzumelden versucht, bekommt man nun die Meldung:

---

[51] Ein Blick in die Datei „ocilib.hpp" zur Deklaration der Klasse „Exception" beweist uns dies. Dort finden wir: class Exception : public std::exception

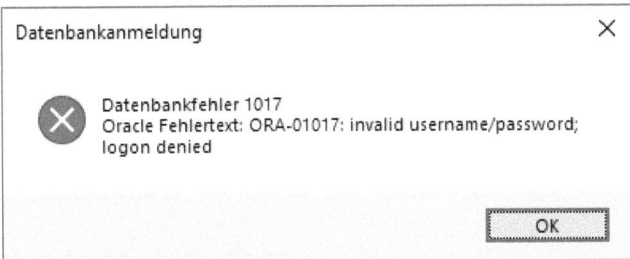

Abb. 74: Anmeldungsversuch mit falschem Passwort

8.4.1 Eine eigene Fehlermeldungsmethode

Da die Vorgangsweise beim Melden von solchen Datenbankfehlern immer die gleiche ist, empfiehlt es sich, den Code dafür in eine eigene Methode auszulagern, die man dann überall, wo OCILIB-Exceptions auftreten, verwenden kann. Wenn man eine gleichartige Tätigkeit an verschiedenen Stellen immer wieder benötigt, schreit das geradezu nach einer Funktion, in diesem Fall nach einer Klassenmethode.

Wir deklarieren also eine zusätzliche öffentliche Methode, der wir lediglich die Exception übergeben, im Header-file „CVCODB.h" wie folgt:

```
public:
…
    int  OraMessageBox(std::exception &ex);
```

Die Implementierung ist dann im Wesentlichen das, was wir vorhin im catch-Block gemacht haben:

```
int CVCODB::OraMessageBox(std::exception & ex)
{
    CMainFrame* pMain = (CMainFrame*)AfxGetMainWnd();
    CString sTitel, sMeldung, sErr(ex.what());
    int iErr = ((ocilib::Exception&)ex).GetOracleErrorCode();
    sTitel.LoadStringW(IDS_TIT_DBANMELDUNG);
    sMeldung.Format(IDS_MSG_ORAERR, iErr, sErr);
    return MessageBoxA(pMain->m_hWnd,(CStringA)sMeldung,(CStringA)sTitel, MB_ICONERROR);
}
```

Der catch-Block selbst (und in Zukunft jede Oracle-Fehlermeldung) vereinfacht sich dann zu:

```
catch (std::exception &ex)
{
    // Fehlermeldung ausgeben
    OraMessageBox(ex);
    m_bIsConnected = false;   // Connected-Status auf false setzen
}
```

Und wieder hat unsere Datenbankklasse ein wenig dazugewonnen. Damit können wir auch den Kommentar (siehe Punkt 5.4.2) entfernen.

8.5 Wartecursor

Etwas unschön ist noch, dass man keine „Sanduhr" angezeigt bekommt, während die Anmeldung versucht wird.

Bei erfolgreicher Anmeldung fällt aufgrund der fast augenblicklichen Durchführung nicht auf, dass sich der Cursor während der laufenden Anmeldung nicht ändert. Aber wenn wir einmal versuchen, eine falsche Datenbank-SID einzugeben, dann warten wir je nach Voreinstellung der Oracle-Datenbank durchaus etliche Sekunden – ohne Rückmeldung einer „Sanduhr".

Man nennt das natürlich nicht „Sanduhr". Der korrekte Begriff lautet „Wait-Cursor". Und seine Verwendung ist äußerst einfach.

MFC stellt uns dafür nämlich eine Klasse „CWaitCursor" zur Verfügung. Wir müssen lediglich ein Objekt erzeugen, wenn der Cursor zur „Sanduhr" werden soll. Zerstört wird das Objekt dann am Ende des jeweiligen Blocks[52] von selbst.

Wir ergänzen daher unseren Konstruktor wie folgt:

```
CVCODB::CVCODB(
    CStringA sUser,
    CStringA sPwd,
    CStringA sSID,
    bool bStore
)
{
    …
    try
    {
        CWaitCursor wait;
        …
    }
    …
}
```

> Ein Waitcursor sollte nur dort verwendet werden, wo mit Sicherheit keine Interaktion mit dem Anwender vorkommen wird, also im Inneren von Methoden und Funktionen ohne Dialoge, Messageboxen, etc.
>
> Es führt auch zu keinen Problemen, wenn solche Waitcursors geschachtelt werden, wenn also eine Funktion, in der schon ein Waitcursor erzeugt worden ist, eine Funktion aufruft, die ihrerseits einen Waitcursor erzeugt.

8.6   Zusammenfassung

Wir haben in diesem Kapitel wieder einiges gelernt, nämlich

➢   wie man Meldungstexte im Stringtable definiert

➢   wie man diese Meldungstexte verwendet

➢   wie man Meldungstexte flexibel gestaltet, sodass man sie zur Laufzeit anpassen kann

➢   wie man Datenbankfehlermeldungen als Messagebox ausgibt

➢   wie man Fehlercodes und Fehlertexte von Oraclefehlern ermittelt und mit einer eigenen Methode ausgibt

➢   wie man einen Waitcursor setzt

Im nächsten Kapitel werden wir unsere Anwendung mit einem weiteren wichtigen Bestandteil ausstatten: dem Menü.

---

[52] Ein „Block" ist in C++ alles, was zwischen zwei geschwungenen Klammern {…} steht.

9   Menüs und Menüpunkte

Kaum eine Anwendung kommt ohne Menüs aus. Auch unsere Anwendung, die im Wesentlichen noch immer die vom Anwendungsassistenten erzeugte Struktur hat, beinhaltet bereits Menüs, ohne dass wir etwas dazu beigetragen hätten:

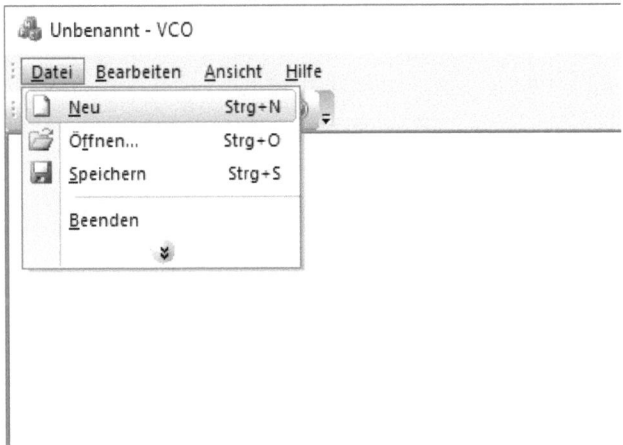

Abb. 75: Die Menüs in VCO

Woher kommen diese Menüs?

9.1   Die Ressource Menu

Menüs sind, wie Dialoge und der Stringtable, Ressourcen und dementsprechend im Ressourceneditor pflegbar. Sehen wir uns die Menüressourcen für unsere Anwendung, so wie sie der Anwendungsassistent erstellt hat, kurz an. Man kommt zu ihnen, wie man auch zu den anderen Ressourcen gelangt – über einen Doppelklick auf die Ressourcendatei „VCO.rc2" im Projektmappenexplorer:

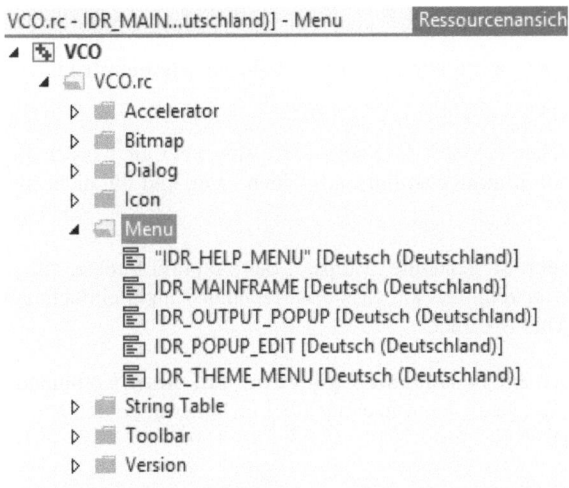

Abb. 76: Menüressourcen

Es gibt also bereits fünf (!) Menüs in unserer Rumpfanwendung. Doppelklicken wir jetzt auf den Eintrag „IDR_MAINFRAME", dann wird uns das Hauptmenü angezeigt (daneben wurde zum besseren Verständnis das Hauptmenü der laufenden Anwendung eingeblendet):

Abb. 77: Menüressourcen

Die Unterschiede in der Darstellung ergeben sich aus dem gewählten Stil der Applikation, doch dazu später mehr. Machen wir uns nun ein paar Gedanken zu Menüs an sich. Wie sind sie aufgebaut?

9.1.1 Der Aufbau von Menüs

Menüs können wie im Bild in einer **Menüzeile** angeordnet sein. Die Reihenfolge der einzelnen Menüs in der Menüzeile ist in Windowsanwendungen zwar nicht vorgeschrieben, man sollte aber die üblichen Standards einhalten, um dem Anwender eine Art „gewohntes Feeling" zu geben.

Unsere VCO Menüzeile enthält derzeit folgende Menüs:

Abb. 78: Menüzeile in VCO

Hier ist also begrifflich im Ressourceneditor eigentlich eine Menüzeile gemeint, wo „Menu" steht. Der Grund dafür ist, dass Menüressourcen beides sein können: ganze Menüzeilen oder auch nur einzelne Menüs, wie beispielsweise kontextabhängige Menüs (rechte Maustaste).

Wenn wir diese vier Menüs in der Menüzeile herunterklappen, sehen wir die darin enthaltenen **Menüeinträge**, oft auch als **Menüpunkte** bezeichnet.

Bei diesen Einträgen sind manchmal Buchstaben unterstrichen („Neu"). Das zeigt dem Anwender an, dass er mit der entsprechenden Taste bei heruntergeklapptem Menü den Eintrag ebenfalls auswählen kann, und ihn nicht mit der Maus anklicken muss.

Manche Menüeinträge haben am Ende des Namens auch eine so genannte „Ellipse", das sind drei Punkte, angefügt bekommen, wie bei „Speichern unter…". Das wiederum zeigt uns an, dass der Menüpunkt nicht einfach nur eine Aktion auslöst, sondern ein neues Fenster oder einen Dialog öffnet.

Und schließlich steht in manchen Fällen daneben auch noch ein Tastaturkürzel (Shortcut). Mit dieser Kombination, wie hier beispielsweise „STRG+N" für den Menüeintrag „Neu", kann man auch bei nicht heruntergeklapptem Menü jederzeit den Menüpunkt auswählen, wenn dieser aktiv[53] ist.

Bei manchen Menüeinträgen sieht man rechts auch noch einen kleinen Pfeil. Damit werden Untermenüs angedeutet, die sich öffnen, wenn man den betreffenden Menüeintrag anklickt. Auch unsere Anwendung hat bereits solche Menüeinträge mit Untermenüs:

---

[53] Befindet man sich zum Beispiel gerade in einem modalen Dialog, sind alle Menüs und Menüpunkte des Hauptrahmenfensters eben **nicht** anwählbar, auch nicht über ein Tastaturkürzel!

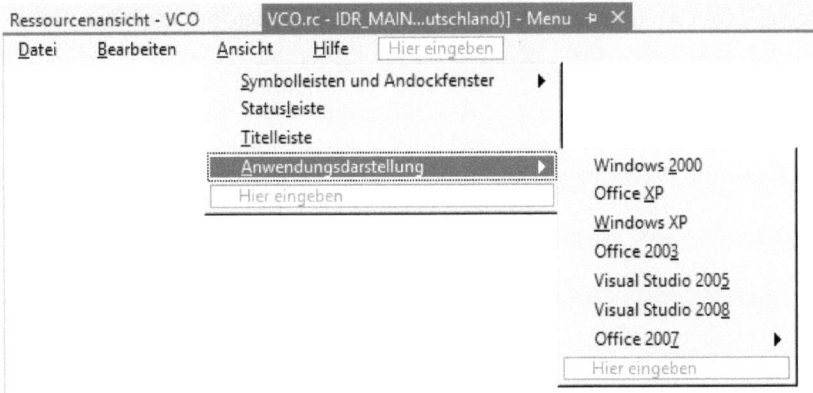

Abb. 79: Folgemenü

9.1.2 Menüs bearbeiten

Unsere Datenbankanwendung hat keinerlei Funktionalität betreffend der Bearbeitung von Dateien. Folglich machen auch die im Menü „Datei" enthaltenen Menüeinträge zum Neuanlegen, Öffnen und Speichern von Dateien keinen Sinn. Wir werden diese Einträge also entfernen. Dies geschieht, indem wir die Ressource im Ressourceneditor öffnen, das Menü „Datei" aufklappen, auf den jeweiligen Menüeintrag klicken und ihn entweder mit der Taste „Entf" oder über das Menü der rechten Maustaste löschen:

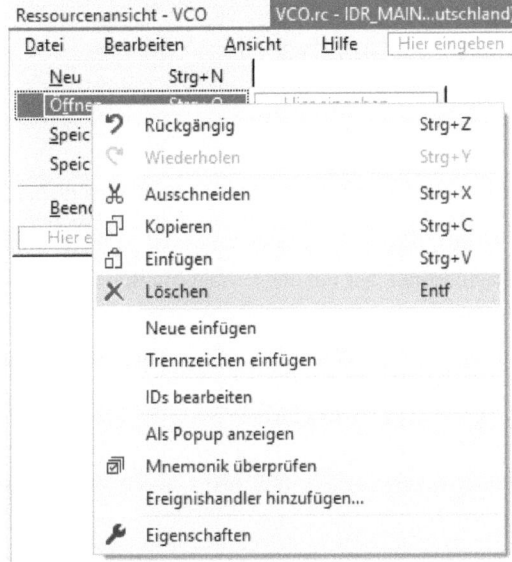

Abb. 80: Menüeintrag entfernen

Diesen Schritt führen wir für alle Einträge außer für den Eintrag „Beenden" aus, auch für den Trennstrich. Danach sollte das Menü „Datei" wie folgt aussehen:

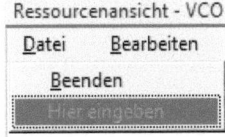

Abb. 81: Das korrigierte Dateimenü

Wir können den Effekt kontrollieren, indem wir unsere Anwendung jetzt erstellen, starten, uns anmelden und das Menü öffnen.

Abb. 82: Das korrigierte Dateimenü in der laufenden Anwendung

Die weiteren Menüs lassen wir vorerst unverändert. Im Menü „Datei" werden wir jetzt einen Eintrag hinzufügen, und zwar den Eintrag „Optionen…". Dazu klappen wir es herunter und tippen in das leere Feld den Text „&Optionen" ein. Dabei zeigt das Zeichen „&" an, welcher Buchstabe unterstrichen dargestellt und somit das Tastaturkürzel für den Eintrag sein soll, in unserem Falle das „O":

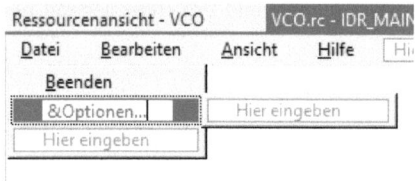

Abb. 83: Einen Menüeintrag „Optionen" hinzufügen

Nachdem wir den Eintrag mit der Taste „ENTER" bestätigt haben, können wir ihn noch nach oben verschieben, um ihn über dem Eintrag „Beenden" zu positionieren. Dies geschieht einfach mittels Drag & Drop. Nun möchten wir zwischen diesen beiden Einträgen noch einen Trennstrich. Ja, den haben wir vorhin irrtümlich gelöscht. Das ist aber kein Problem. Wir können jederzeit einen hinzufügen. Dazu wählen wir mit der rechten Maustaste einfach den Menüpunkt „Trennzeichen einfügen" aus:

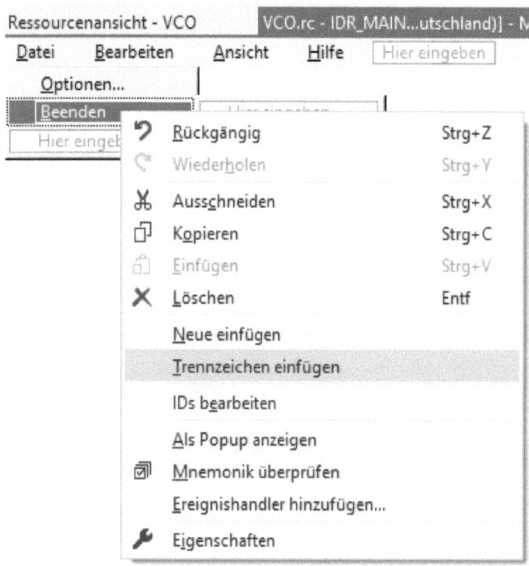

Abb. 84: Einen Trennstrich hinzufügen

Das Trennzeichen wird immer oberhalb des ausgewählten Menüeintrags eingefügt, kann aber ebenso wie Menüeinträge mit Drag & Drop auch nachträglich verschoben werden.

9.1.3   Menüeintragseigenschaften

Sehen wir uns jetzt den eben angelegten Menüeintrag „Optionen" genauer an. Wenn wir ihn anklicken, und mit der rechten Maustaste „Eigenschaften" auswählen, werden uns rechts, also im Eigenschaftenfenster, das wir bereits vom Erstellen des Logindialogs kennen, die Eigenschaften des Menüeintrags angezeigt. Dort können wir alle Eigenschaften auch nachträglich noch ändern. Wir sehen, dass der Ressourceneditor dem neuen Menüeintrag auch eine ID zugewiesen hat, aus der sowohl das Menü als auch der Eintrag ablesbar ist:

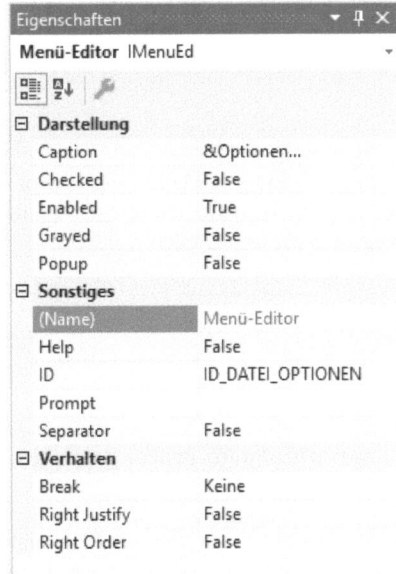

Abb. 85: Eigenschaften von Menüeinträgen

Es gibt keinen Grund, jetzt hier etwas zu ändern. Aber etwas hinzufügen werden wir:

Beim Punkt „Prompt" können wir einen Text eintragen, der in der Statuszeile (ganz unten) angezeigt wird, wenn man mit dem Mauszeiger über dem Menüeintrag verweilt. Hier tragen wir ein: „Ruft den Optionendialog auf". Werfen wir stattdessen einen Blick auf die anderen Menüressourcen, die der Anwendungsassistent angelegt hat.

9.1.4   Die Menüressource IDR_HELP_MENU

In diesem Menü finden wir derzeit noch als einzigen Eintrag den Menüpunkt „Informationen zu VCO…" Dies wäre das Menü, indem man zum Beispiel eine Hilfedatei aufrufen lassen könnte. Wir ändern hier vorerst nichts.

9.1.5   Die Menüressource IDR_OUTPUT_POPUP

Dies ist ein Kontextmenü (Menü über die rechte Maustaste), das für uns vorerst keine Bedeutung hat. Wir belassen es, wie es ist.

9.1.6   Die Menüressource IDR_POPUP_EDIT

Dies ist ebenfalls ein Kontextmenü. Es beinhaltet die Menüpunkte zum Ausschneiden, Kopieren und Einfügen von Daten, also die so genannten Copy & Paste – Befehle. Diese sind durchaus nützlich, auch hier ändern wir also nichts.

9.1.7 Die Menüressource IDR_THEME_MENU

In diesem Menü kann die Anwenderin das Erscheinungsbild der Anwendung zur Laufzeit nach ihren Wünschen einstellen – eine sehr praktische Sache. Es besteht für uns kein Grund, dieses Menü zu bearbeiten, weil die Funktionalität dazu unsere Anwendung nicht beeinflusst, sondern lediglich die Benutzeroberfläche in ihrem Erscheinungsbild.

9.2 Reaktion auf einen Menüeintrag

Wir können jetzt zwar unsere Menüressourcen erstellen und bearbeiten. Aber wie man in der Anwendung programmtechnisch reagiert, wenn eine Anwenderin einen Eintrag ausgewählt hat, das müssen wir uns noch ansehen. Dazu ist es erforderlich, dass wir uns zuerst einen Überblick verschaffen, wo diese Reaktion überhaupt in die Anwendung eingeklinkt werden kann. Wir benötigen also etwas Information dazu, wie Windows eine Anwendung strukturiert, werden das aber nur so weit untersuchen, wie dies für unser Verständnis erforderlich ist.

9.2.1 Windowsanwendungen mit MFC und Menüauswahl

Grundsätzlich sind die Menüs in der Hauptmenüleiste als Teil des Hauptrahmenfensters (CMainFrame) zu betrachten. Sie sollten also auch in dieser Klasse behandelt werden. Dabei sind die Notwendigkeiten in einer „üblichen" Document/View-Anwendung andere als bei einer Datenbankanwendung, wie wir sie erstellen wollen.

Es bleiben also vorerst zwei Fragen zu klären:

1.   Wo in CMainFrame soll man Klicks auf Menüeinträge behandeln?

2.   Wie kommt man zu solchen Eventhandlerroutinen?

Der lange Weg, um sich über die Behandlung von Menüereignissen ein Bild zu machen, wäre, in der entsprechenden MFC Dokumentation nachzuschlagen. Aber es gibt einen schnelleren Weg.

Öffnen wir noch einmal das Menü „IDR_MAINFRAME" und klicken auf den von uns hinzugefügten Menüeintrag „Optionen". Wenn wir jetzt mit der rechten Maustaste das zugehörige Kontextmenü öffnen, sehen wir darin einen Eintrag „Ereignishandler hinzufügen…":

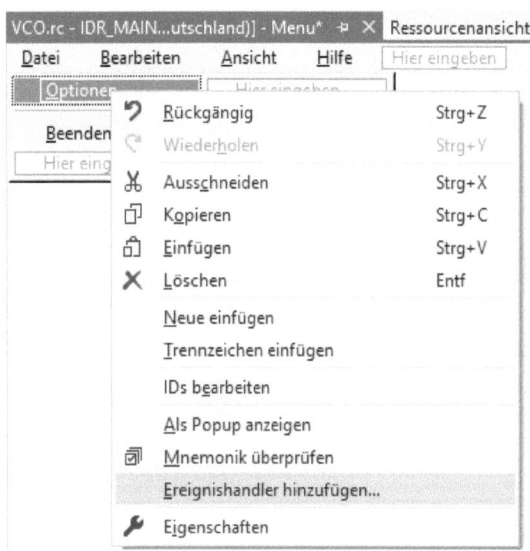

Abb. 86: Einen Eventhandler für einen Menüeintrag hinzufügen

Klicken wir diesen Eintrag an, dann bekommen wir einen Dialog, indem wir rechts die Klasse „CMainFrame" auswählen:

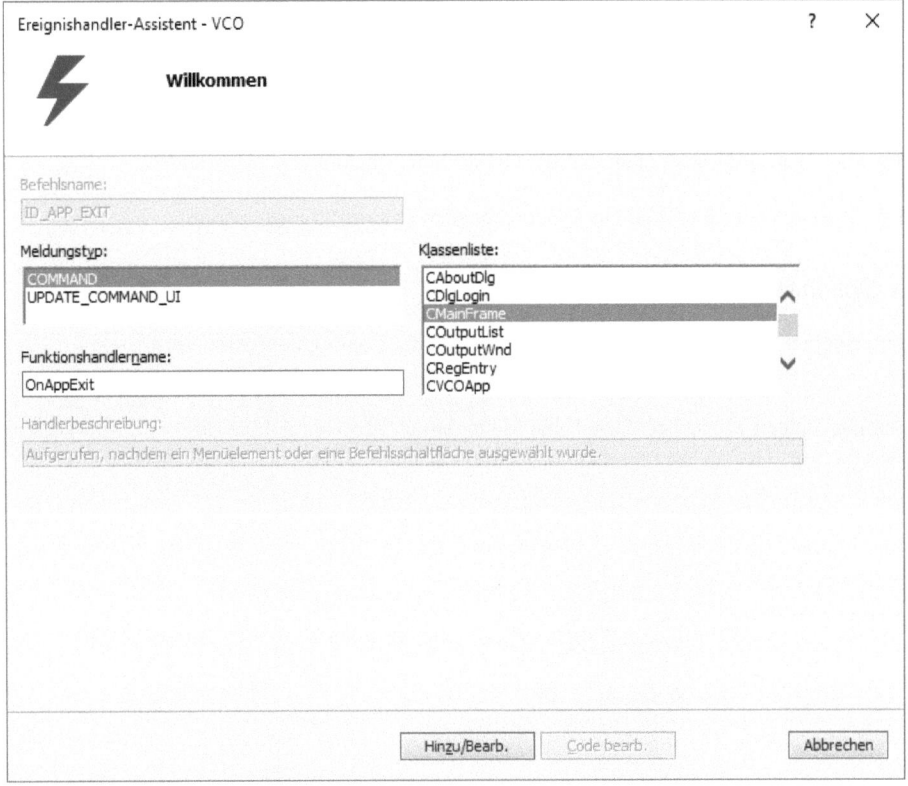

Abb. 87: Auswahl der Klasse für den Eventhandler

Nach Klick auf „Hinzu/Bearb." Fügt der Assistent alle nötigen Einträge in die Sourcecodedateien hinzu und öffnet uns auch gleich die Implementierungsdatei („MainFrm.cpp") an der richtigen Stelle. In der Headerdatei „MainFrm.h" wurde lediglich die Deklaration für die Eventhandlermethode am Ende hinzugefügt:

```
public:
    afx_msg void OnDateiOptionen();
```

Diese Methode wurde als öffentlich (public) deklariert. Es ist aber auch möglich, sie zu den anderen Eventhandlern, die allesamt als geschützt (protected) deklariert worden sind, zu verschieben. Für die Quellcodedatei "MainFrm.cpp" wurde nicht nur der Methodenrumpf mit einer Standardimplementierung erzeugt, sondern auch der Eintrag in das Messagehandling-Makro vorgenommen:

```
...
BEGIN_MESSAGE_MAP(CMainFrame, CFrameWndEx)
...
    ON_COMMAND(ID_DATEI_OPTIONEN, &CMainFrame::OnDateiOptionen)
END_MESSAGE_MAP()
...
// CMainFrame-Meldungshandler
...
void CMainFrame::OnDateiOptionen()
{
    // TODO: Fügen Sie hier Ihren Befehlshandlercode ein.
}
```

Wie der Kommentar „TODO:" schon vermuten lässt, wird man genau hier die entsprechende Behandlungslogik implementieren, im Falle der „Optionen" natürlich den Aufruf des Optionendialogs (den es allerdings derzeit noch nicht gibt).

9.3   Ein einfacher Optionendialog

Wir erinnern uns daran, dass wir im letzten Kapitel eine Fehlerbehandlungsroutine für Oracle-Fehlermeldungen geschrieben haben, ja? Wir möchten jetzt unsere Anwendung dahingehend erweitern, dass sich die Anwenderin in einem noch zu erstellenden Optionendialog aussuchen kann, ob solche Oracle-Fehlermeldungen angezeigt oder unterdrückt werden sollen. Diese Einstellung ist dann auf alle Oracle-Fehlermeldungen anzuwenden.

Was benötigen wir dafür? Als Erstes mit Sicherheit eine entsprechenden Optionendialogressource.

9.3.1   Erstellen der Optionendialogressource

Zum Erstellen der Ressource gehen wir genauso vor wie beim Erstellen der Logindialogressource:

Wir öffnen den Ressourceneditor durch einen Doppelklick auf die Ressourcendatei „VCO.rc2", wählen den Unterpunkt „Dialog" und mit der rechten Maustaste darauf den Menüeintrag „Ressource hinzufügen…". Im folgenden Dialog klicken wir den Eintrag „Dialog" an und dann den Button „Neu":

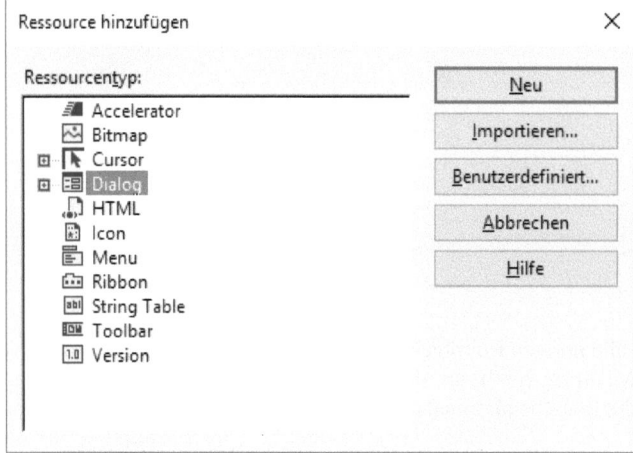

Abb. 88: Neue Dialogressource

Wir bekommen wieder einen bis auf die beiden Standardbuttons leeren Dialog, in dem wir mit der Toolbox rechts nun eine Checkbox hinzufügen und diese wie unten ersichtlich benennen. Den Dialog passen wir in der Größe auch gleich ein wenig an (wir verkleinern ihn):

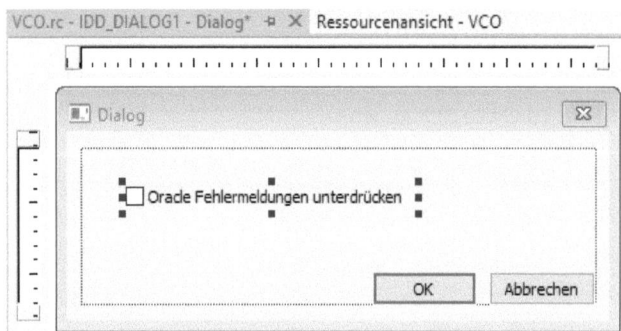

Abb. 89: Unser Optionendialog

Die wenig aussagekräftige ID der hinzugefügten Checkbox benennen wir zum Beispiel in „IDC_OPT_NOORAERRORS" um. Zur Erinnerung: Das geschieht rechts, in den Eigenschaften.

Den Dialog benennen wir (ebenfalls in den Eigenschaften, diesmal in denen des Dialogs) in „VCO Optionen" um. Und die ID der Dialogressource selbst nennen wir „IDD_DLG_OPTIONEN". Jetzt müssen wir für diese Dialogressource eine Klasse erstellen. Auch das verläuft äquivalent zum Logindialog:

Wir klicken mit der rechten Maustaste irgendwo in den leeren Bereich der Dialogressource, und wählen dann den Menüpunkt „Klasse hinzufügen" aus. Dies bringt uns ohne Umweg über den Klassenassistenten (MFC Klasse hinzufügen) sofort zum Hinzufügen der Dialogklasse. Diese Klasse bezeichnen wir „CDlgOptionen". Wenn die Vorgangsweise nicht mehr klar sein sollte, sehen wir nochmal kurz im Kapitel 6 nach. Als Basisklasse wählen wir auch hier wieder die MFC-Klasse „CDialogEx", die Dialogfeld-ID ist natürlich die ID unserer eben erstellten Optionendialogressource, also „IDD_DLG_OPTIONEN".

MFC-Klasse hinzufügen

Klassenname:	Basisklasse:
CDlgOptionen	CDialogEx
H-Datei:	CPP-Datei:
CDlgOptionen.h	CDlgOptionen.cpp

Dialogfeld-ID:

IDD_DLG_OPTIONEN

☐ Automatisierungsunterstützung einbeziehen
☐ Unterstützung für Active Accessibility einbeziehen

OK   Abbrechen

Abb. 90: Die Einstellungen beim Erzeugen der Dialogklasse

Wenn man beim Erstellen Fehler gemacht hat, zum Beispiel einen Tippfehler bei der Dialogfeld-ID, dann kann man diese Fehler natürlich nachträglich manuell in den erzeugten Dateien immer noch beheben.

Der Klassenassistent hat uns nun hoffentlich zwei neue Dateien erzeugt, die wir wie gewohnt im Projektmappenexplorer in den Filter „VCO" verschieben. Danach ergänzen wir den Kommentarkopf, ebenfalls wie schon mehrfach durchgeführt. Unsere Dateien sollten nun in etwa folgendermaßen aussehen.

Die Deklarationsdatei „CDlgOptionen.h":

```
// Optionendialogklasse fuer VCO
// CDlgOptionen.h           Deklaration
// Beschreibung:            Klasse fuer den Optionendialog
// Autor:                   DI Guenter Leitenbauer
// Begin Erstellung:        2019-02-24
// Historie:
///////////////////////////////////////////////////////////////
// Globale Daten/Objekte:
//
// Globale Funktionen:
//
// Klassen:                 CDlgOptionen : public CDialogEx
```

```
////////////////////////////////////////////////////////////////
#pragma once

class CDlgOptionen : public CDialogEx
{
   DECLARE_DYNAMIC(CDlgOptionen)

public:
   CDlgOptionen(CWnd* pParent = nullptr);   // Standardkonstruktor
   virtual ~CDlgOptionen();

// Dialogfelddaten
#ifdef AFX_DESIGN_TIME
   enum { IDD = IDD_DLG_OPTIONEN };
#endif

protected:
   virtual void DoDataExchange(CDataExchange* pDX);    // DDX/DDV


   DECLARE_MESSAGE_MAP()
};
```

Die Quellcodedatei „CDlgOptionen.cpp":

```
// Optionendialogklasse fuer VCO
// CDlgOptionen.cpp          Implementierung
// Beschreibung:             Klasse fuer den Optionendialog
// Autor:                    DI Guenter Leitenbauer
// Begin Erstellung:         2019-02-24
// Historie:
//
////////////////////////////////////////////////////////////////
// Globale Daten/Objekte:
//
// Globale Funktionen:
//
// Klassen:                  CDlgOptionen : public CDialogEx
////////////////////////////////////////////////////////////////

#include "stdafx.h"
#include "VCO.h"
#include "CDlgOptionen.h"
#include "afxdialogex.h"

IMPLEMENT_DYNAMIC(CDlgOptionen, CDialogEx)

CDlgOptionen::CDlgOptionen(CWnd* pParent /*=nullptr*/)
   : CDialogEx(IDD_DLG_OPTIONEN, pParent)
{
}
```

```
CDlgOptionen::~CDlgOptionen()
{
}

void CDlgOptionen::DoDataExchange(CDataExchange* pDX)
{
    CDialogEx::DoDataExchange(pDX);
}

BEGIN_MESSAGE_MAP(CDlgOptionen, CDialogEx)
END_MESSAGE_MAP()
```

Bevor wir diese Klasse mit der Funktionalität ausstatten, die es uns erlaubt, uns den Zustand der Checkbox „Oracle Fehlermeldungen unterdrücken" (IDC_OPT_NOORAERRORS) zu merken, werden wir zuerst den (derzeit noch) ohne Funktionalität ausgestatteten Dialog aus dem Menü aufzurufen versuchen.

9.3.2   Aufruf des Optionendialogs mit dem Menüeintrag

Wir haben dies im Punkt 9.2 „Reaktion auf einen Menüeintrag" bereits vorbereitet und müssen daher jetzt nur noch die Dialogklasse in „CMainFrame" inkludieren, und den Dialog in der Eventhandlermethode „OnDateiOptionen()" aufrufen, was sehr einfach ist:

```
#include "CDlgOptionen.h"
…
void CMainFrame::OnDateiOptionen()
{
    // Optionendialog aufrufen
    CDlgOptionen dlgOptionen;
    dlgOptionen.DoModal();
}
```

Da das Abspeichern der Einstellungen (Optionen) direkt im Optionendialog erfolgen soll, braucht man hier den Rückgabetyp des Dialogs nicht auszuwerten.

9.3.3   Ablegen des Checkbox-Status in der Registry

Jetzt sind noch die Einstellungen (derzeit nur der Checkboxstatus) irgendwie abzulegen, wenn die Anwenderin den Dialog mit „OK" beendet. Wird der Dialog mit „Abbrechen" beendet, ist natürlich gar keine weitere Aktion nötig. Solche Einstellungen (Optionen) legt man am besten anwenderspezifisch ab, was sofort an die Registry denken lässt. Und genau da werden wir sie auch ablegen.

Der Eventhandler für den Button „OK"

Dafür benötigen wir einen Eventhandler im Dialog, der aufgerufen wird, wenn man den Button „OK" anklickt. Wie im Kapitel 6 beschrieben, wechselt man dazu zur Dialogressource, und klickt dort mit der rechten Maustaste auf den Button „OK" und dann auf „Ereignishandler hinzufügen…".

Das Attribut für die Checkbox

Für die Checkbox benötigen wir ebenfalls ein Attribut. Allerdings keines für ihren Wert, sondern eines für das „Control", also das Checkbox-Element an sich. Dazu geht man wie folgt vor:

Als Erstes muss man wissen, dass Checkboxes nichts anderes sind als eine spezielle Form von Buttons. MFC stellt für alle Buttons die Klasse „CButton" zur Verfügung, von der wir ein Attribut anlegen. Man kann das wieder über den Assistenten machen, aber in diesem Fall ist es fast einfacher, das Attribut selbst anzulegen, indem man in der Headerdatei einfach eine Deklaration wie die folgende hinzufügt:

```
private:
    CButton m_CtrlNoOraErr; // Checkbox Control
```

> Die Vereinbarung, alle Controlelement-Attribute mit „m_Ctrl" beginnen zu lassen, hilft später enorm bei der Unterscheidung von „normalen" Wertvariablen.

Wichtig ist, diese Variable nun auch mit der Checkbox zu „verbinden". Dazu dient folgender Eintrag in der Datei „CDlgOptionen.cpp":

```
void CDlgOptionen::DoDataExchange(CDataExchange* pDX)
{
    CDialogEx::DoDataExchange(pDX);
    DDX_Control(pDX, IDC_OPT_NOORAERRORS, m_CtrlNoOraErr);
}
```

Es gibt einen Unterschied zwischen „DDX_Text()" und „DDX_Control()":

„DDX_Text()" dient dazu, die Werte im Datenfeld mit denen in den zugehörigen Attributen abzugleichen. „DDX_Control()" hingegen verbindet ein Objekt (zum Beispiel von der Klasse „CCheckbox") mit einem Control. Dies ermöglicht uns, mit diesem Objekt die Methoden der entsprechenden Klasse (zum Beispiel CCheckbox::"GetCheck()") aufzurufen,

Abspeichern in der Registry

Der restliche für das Abspeichern in der Registry nötige Code ist dank unserer Registryklasse ebenfalls sehr einfach und kurz. Betrachten wir zuerst die Deklarationsdatei „CDlgOptionen.h", wo lediglich eine Methodendeklaration und obige Attributdeklaration hinzugekommen ist:

```
...
    DECLARE_MESSAGE_MAP()
public:
    afx_msg void OnBnClickedOk();
private:
    CButton m_CtrlNoOraErr; // Checkbox Control
```

In der Implementierungsdatei „CDlgOptionen.cpp" sind ein paar mehr Codezeilen zu erstellen:

```
#include "CRegEntry.h"
...
void CDlgOptionen::DoDataExchange(CDataExchange* pDX)
{
    CDialogEx::DoDataExchange(pDX);
    DDX_Control(pDX, IDC_OPT_NOORAERRORS, m_CtrlNoOraErr);
}
...
BEGIN_MESSAGE_MAP(CDlgOptionen, CDialogEx)
    ON_BN_CLICKED(IDOK, &CDlgOptionen::OnBnClickedOk)
END_MESSAGE_MAP()
...
// CDlgOptionen-Meldungshandler
void CDlgOptionen::OnBnClickedOk()
{
    UpdateData(TRUE);  // Aenderungen uebernehmen
```

```
// Status der Checkbox in der Registry ablegen
CRegEntry reg("Optionen");
reg.Write(m_CtrlNoOraErr.GetCheck(),"keine Oraclemeldungen");
CDialogEx::OnOK();
}
```

Jetzt speichert der Dialog nach Klicken auf „OK" den Zustand der Checkbox als Ganzzahl (angewählt=1, nicht angewählt=0) in der Registry ab, indem man beim Klick auf „OK" zwei Aktionen durchführt:

1. Mit „UpdateData(TRUE)" wird der Zustand der Dialogelemente in die Variablen übernommen.

2. „m_CtrlNoOraErr.GetCheck()" liefert eine ganze Zahl, die den Zustand der Checkbox widerspiegelt. Ist die Checkbox angehakt, liefert diese Methode die Zahl 1, sonst die Zahl 0.

> Stürzt das Programm nach Klicken auf „OK" mit einer Ausnahme ab, dann hat man vermutlich vergessen, die Zeile „DDX_Control(…" einzufügen.

Allerdings fehlt uns noch der Code, um die Checkbox beim Öffnen des Dialogs mit dem derzeit in der Registry abgelegten Wert vorzubelegen.

Checkbox beim Öffnen korrekt setzen

Wir wissen noch vom Logindialog, welcher Zeitpunkt sich dafür anbietet: die Methode „OnInitDialog()". Wie beim Logindialog fügen wir diese Methode mit dem Assistenten hinzu. Dann ergänzen wir sie um das Einlesen des aktuellen Wertes aus der Registry, und setzen die Checkbox entsprechend. Die Dateiausschnitte dazu sehen wie folgt aus, zuerst die Deklarationsdatei (das Headerfile) „CDlgOptionen.h":

```
public:
    virtual BOOL OnInitDialog();
```

Im Quellcode (Datei „CDlgOptionen.cpp") haben wir folgende Erweiterungen vorgenommen:

```
BOOL CDlgOptionen::OnInitDialog()
{
    CDialogEx::OnInitDialog();

    // Registryeintraege einlesen
    CRegEntry reg("Optionen");
    int iCb;
    reg.Read(iCb, "keine Oraclemeldungen");
    m_CtrlNoOraErr.SetCheck(iCb);
    return TRUE;
}
```

Wir können die Anwendung jetzt einmal erstellen und ausprobieren. Beim wiederholten Öffnen und Schließen des Optionendialogs sollte sich die Checkbox ihren letzten Zustand jeweils merken. Allerdings fällt uns bei der genaueren Betrachtung des Sourcecodes eine Sache auf, die etwas unschön ist:

Wir haben zweimal die gleichen Texte hart in den Code geschrieben.

Konstante statt Literale

Der Text „Optionen" wie auch der Text „keine Oraclemeldungen" ist zweimal hart codiert worden. Oder anders formuliert: Er wurde als Literal codiert. Das ist aus mehreren Gründen ungünstig:

➢ Bei einem Tippfehler in einem der beiden Fälle erkennt C++ natürlich nicht, dass eigentlich der gleiche Text gemeint war.

➢ Bei Änderungen des Textes muss er an mehreren Stellen gleich geändert werden, was eine typische Fehlerquelle darstellt.

➢ Bei Änderungen der Anwendungssprache sind alle Texte in allen Sourcecodedateien zu überarbeiten.

Man sollte Literale im Sourcecode daher tunlichst vermeiden und diese als Konstante in einer Headerdatei oder im Stringtable definieren. Da diese Headerdatei überall eingelesen werden muss, wo die Texte verwendet werden, bietet sich an, dafür eine eigene Datei nur mit solchen Texten zu erstellen. Wir legen uns also im Projektmappenexplorer bei den Headerdateien eine neue Datei „VCORegTexte.h" an.

Abgesehen vom obligaten Kommentarkopf hat diese Datei dann folgenden Inhalt:

```
// Registry-Schluessel
#define cs_VCO_REG_LOGIN          "Login"
#define cs_VCO_REG_OPTIONEN       "Optionen"


// Registry-Entries
#define cs_VCO_REG_USER           "Username"
#define cs_VCO_REG_SID            "SID"
#define cs_VCO_REG_NOORAERR       "keine Oraclemeldungen"
```

Dabei wurden die Texte des Logindialogs auch gleich mit aufgenommen. In der Quellcodedatei „CDlgOptionen.cpp" ändern sich dementsprechend folgende Methoden, wobei wir auch das Inkludieren der Textdatei nicht vergessen:

```
#include "VCORegTexte.h"
…
// CDlgOptionen-Meldungshandler
void CDlgOptionen::OnBnClickedOk()
{
   CRegEntry reg(cs_VCO_REG_OPTIONEN);
   reg.Write(m_CtrlNoOraErr.GetCheck(), cs_VCO_REG_NOORAERR);
…
}
…
BOOL CDlgOptionen::OnInitDialog()
{
…
   CRegEntry reg(cs_VCO_REG_OPTIONEN);
   reg.Read(iCb, cs_VCO_REG_NOORAERR);
…
}
```

Natürlich ziehen wir das jetzt analog auch in der Klasse „CDlgLogin" nach.

9.3.4 Erweitern der Fehlerbehandlungsmethode

Damit sind wir mit unserem Optionendialog fertig. Was jetzt noch fehlt, ist die Berücksichtigung unserer Option bei der Ausgabe von Oracle-Fehlermeldungen. Dafür gibt es zwei Möglichkeiten:

1. Man kann die Option jedes Mal überprüfen, wenn man eine Oracle-Fehlermeldung ausgeben möchte.

2. Man überprüft die Option nur an einer Stelle, nämlich der von uns in weiser Voraussicht erstellten Methode „OraMessageBox()" in der Klasse „CVCODB".

Natürlich wählen wir die zweite Möglichkeit und ändern die angesprochene Methode etwas ab:

```cpp
#include "VCORegTexte.h"
#include "CRegEntry.h"
…
int CVCODB::OraMessageBox(std::exception & ex)
{
    // ueberpruefen, ob Oracle-Fehlermeldungen anzuzeigen sind
    CRegEntry reg(cs_VCO_REG_OPTIONEN);
    int iNoOraErr;
    reg.Read(iNoOraErr, cs_VCO_REG_NOORAERR);

    if (iNoOraErr)
    {
        // keine Fehlermeldungen anzeigen
        return IDOK;
    }
    else
    {
        CMainFrame*    pMain = (CMainFrame*)AfxGetMainWnd();
        CString sTitel, sMeldung, sErr(ex.what());
        int iErr = ((ocilib::Exception&)ex).GetOracleErrorCode();
        sTitel.LoadStringW(IDS_TIT_DBANMELDUNG);
        sMeldung.Format(IDS_MSG_ORAERR, iErr, sErr);
        return MessageBoxA(   pMain->m_hWnd, (CStringA)sMeldung, (CStringA)sTitel,
                            MB_ICONERROR);
    }
}
```

Jetzt erstellen wir unsere Anwendung und probieren alles aus.

Im ersten Schritt melden wir uns mit einem gültigen Passwort an und setzen das Häkchen im Optionendialog. Dann beenden wir die Anwendung, starten sie neu und geben ein falsches Passwort ein. Jetzt sollte nur noch die Meldung erscheinen, dass die Anmeldung fehlgeschlagen ist, aber nicht mehr die Messagebox mit dem Oracle-Fehler. Wir starten die Anwendung noch einmal, melden uns mit einem gültigen Passwort an und entfernen das Häkchen im Optionendialog. Anwendung beenden, neu starten und Anmeldung mit einem falschen Passwort sollte jetzt beide Meldungen (Oracle-Fehlermeldung und „Anmeldung fehlgeschlagen" zur Folge haben.

9.4   Zusammenfassung

Wir haben uns in diesem Kapitel wieder einiges erarbeitet. Wir wissen jetzt,

➢   wie man Menüressourcen erstellt und bearbeitet

➢   wie man Menüs in eine Anwendung integriert

➢   wie man mit Klicks auf Menüeinträge verfährt, um die gewünschte Aktion in der Anwendung auszuführen

➢   wie man einen Optionendialog erstellt

➢   wie man die Optionen in der Registry ablegt und in einer Fehlerbehandlungsmethode einliest und umsetzt

➢   wie man Literale durch Konstanten ersetzt und warum

Im nächsten Kapitel wird es mit der Datenbankanwendung endlich ernst. Wir werden Daten aus der Datenbank holen und anzeigen.

10 Die erste Datenbankabfrage

Wir haben bislang in erster Linie grundlegende Funktionalitäten einer Datenbankanwendung besprochen, aber noch keine Datenbankabfrage erstellt. Dies werden wir nun ändern. In diesem Kapitel werden wir daher einen Dialog erstellen, der uns die Ergebnisse einer Datenbankabfrage in eine Tabelle (Liste) lädt. Da wir derzeit nur eine einzige Datenbanktabelle erstellt haben (VCO_PERSON), wird die Abfrage natürlich auch diese eine Tabelle betreffen. Dazu werden wir als ersten Schritt einige weitere Datensätze in die Tabelle eintragen.

10.1 Datenbanktabellen mit SQL bearbeiten

Im Kapitel 2 haben wir die Tabelle „VCP_PERSON" erstellt und einen Datensatz eingetragen. Wir haben dort auch gelernt, wie man die Werte einer Tabelle mit SQL abfragen kann, wozu wir das Werkzeug SQL*Plus benutzt haben:

```
SELECT Name, Vorname
FROM VCO_PERSON;
```

Die Datenbank liefert uns (hoffentlich) etwas in der Art:

```
NAME                            VORNAME
------------------------------  -----------------------------
Leitenbauer                     Günter
SQL>
```

Wir können nun weitere Datensätze eintragen, begnügen wir uns vorerst mit zwei weiteren Records:

```
INSERT INTO VCO_PERSON
(PersonID, Name, DBKennung, Vorname, Titel, Geschlecht)
VALUES (2, 'Mustermann', 'max', 'Max', NULL, 'm');
INSERT INTO VCO_PERSON
(PersonID, Name, DBKennung, Vorname, Titel, Geschlecht)
VALUES (3, 'Lustig', 'anna', 'Anna', 'Dr.', 'w');

SQL*Plus sollte nun ausgeben, dass die beiden Einträge erstellt wurden:
2 Zeilen wurden erstellt.
SQL>
```

Allerdings sind diese derzeit noch temporär. Erst wenn wir sie bestätigen, werden sie permanent in der Datenbank abgespeichert:

```
SQL> commit;
Transaktion mit COMMIT abgeschlossen.
SQL>
```

Jetzt können wir noch einmal die Abfrage von vorhin absetzen und erhalten:

```
SQL> select Name, Vorname
  2  from VCO_PERSON;
NAME                                        VORNAME
------------------------------------------  ----------------
Leitenbauer                                 Günter
Mustermann                                  Max
Lustig                                      Anna
SQL>
```

10.1.1 Grundsätzliches zu SQL-Abfragen

Man sollte bei SQL-Abfragen in Programmen immer alle gewünschten Spalten explizit anschreiben. Eine Abfrage der Form

```
SELECT * FROM VCO_PERSON;
```

sollte unbedingt vermieden werden.

Warum?

Obige Abfrage liefert alle Spalten der Tabelle, wobei es in der Definition von SQL keine Vorschrift gibt, in welcher Reihenfolge diese Spalten geliefert werden müssen. Hier kann jeder Hersteller sein eigenes Süppchen kochen, und wenn es ihm Spaß macht, das Rezept dafür auch noch mit jeder Version ändern.

Eine Abfrage wie

```
SELECT Name, Vorname, DBKennung, Titel, Geschlecht
FROM VCO_PERSON;
```

hingegen legt sowohl die Spalten, die die Abfrage berücksichtigen muss, als auch ihre Reihenfolge eindeutig fest. Ein weiterer Grund für diese explizite Nennung der Datenbankspalten ist die Tatsache, dass ja eine Datenbanktabelle durchaus auch um zusätzliche Spalten erweitert werden kann, und dies sogar bei existierenden Datensätzen[54].

Eine Abfrage der Form „select * ..." würde nach der Erweiterung einer Tabelle um eine Spalte dann plötzlich eine Spalte mehr liefern. Was das für ein Programm bedeutet, dass statt den erwarteten sechs auf einmal sieben Daten pro Datensatz geliefert bekommt, weiß jeder, der einmal mit Zeigern und Feldern in C++ gearbeitet hat. Die Abfrage für unseren Dialog wird dementsprechend also wie folgt aussehen, wobei wir jetzt die Reihenfolge ein wenig umgestellt haben:

```
SELECT Titel, Vorname, Name, Vorname, DBKennung, Geschlecht
FROM VCO_PERSON;
```

Wir werden uns hier vorerst nicht weiter mit SQL beschäftigen. Wenn wir SQL-Funktionalitäten benötigen, werden wir uns dies sukzessive erarbeiten.

10.2 Der Dialog „Personen"

Bevor wir einen Dialog entwerfen, machen wir uns ein paar Gedanken, was dieser Dialog leisten soll. Wir kommen zu folgenden Forderungen:

➤ Der Dialog soll das Suchen von Personen in der Tabelle „VCO_PERSON" ermöglichen, und die Treffer in einer Tabelle darstellen.

➤ Es soll möglich sein, die Treffer mit Suchkriterien einzuschränken, und zwar mittels Suchfeldern für Vorname, Name und Geschlecht.

➤ Das Hinzufügen, Ändern und Löschen von Personen wird vorerst nicht unterstützt.

10.2.1 Suchkriterien

Damit entwerfen wir unseren Dialog im Ressourceneditor, wobei wir uns an das Kapitel 6 erinnern. Wir benennen den Dialog mit „IDD_DLG_PERSON" und die Titelzeile mit „Personenpflege".

Der Dialog sollte in etwa folgendermaßen aussehen, wobei wir hier noch lange nicht fertig sind:

---

[54] Es existiert lediglich die Einschränkung, dass diese neuen Spalten keine Pflichtspalten (NOT NULL) sein dürfen, weil die bestehenden Datensätze ja hier keine Werte haben können.

Nach Ergänzen aller Werte kann man diese Spalten dann aber sogar zu Pflichtspalten ändern. Es dürfen lediglich zu keinem Zeitpunkt Datensätze mit leeren Pflichtfeldern existieren, was das DBMS auch prüft und verhindert.

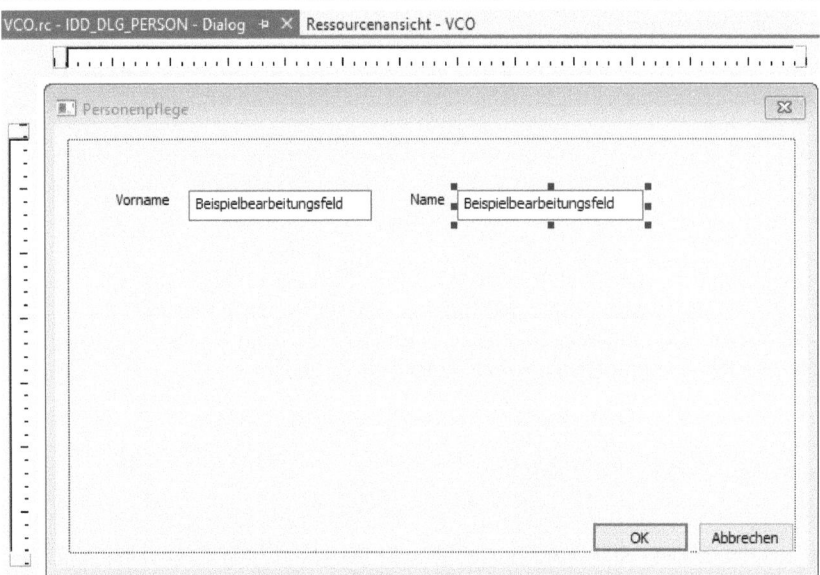

Abb. 91: Erstentwurf der Dialogressource für die Darstellung von Personen

Wir benennen diese beiden Suchfelder mit „IDC_PERSON_S_VORNAME" und „IDC_PERSON_S_NACHNAME". Wir möchten allerdings auch noch ein weiteres Suchkriterium definieren, und zwar das Geschlecht. Nun macht es wenig Sinn, den Anwender hier etwas eingeben zu lassen, viel geschickter wäre eine Auswahl aus einer vorgegebenen Liste. Dafür stellt MFC uns die Comboboxen (Kombinationslistenfelder) zur Verfügung. Wir wählen dieses Element in der Toolbox aus und ziehen es in den Dialog. Natürlich stellen wir auch diesem Element einen Text voran.

In den Eigenschaften benennen wir die Combobox mit „IDC_PERSON_S_GES" und passen die Größen und Ausrichtungen der einzelnen Elemente so an, dass alles schön aussieht. Um die Suchkriterien etwas vom Rest des Dialogs abzugrenzen, ziehen wir dann aus der Toolbox auch noch eine „Group Box" in den Dialog, tippen den Text „Suchkriterien" ein und passen die Größe an. Nun benötigen wir, ebenfalls aus der Toolbox, noch einen Button, den wir „IDC_PERSON_SUCHEN" nennen und mit „Suchen" beschriften, nachdem wir ihn in den Dialog gezogen und ausgerichtet haben. Der Dialog sollte nun in etwa wie folgt aussehen:

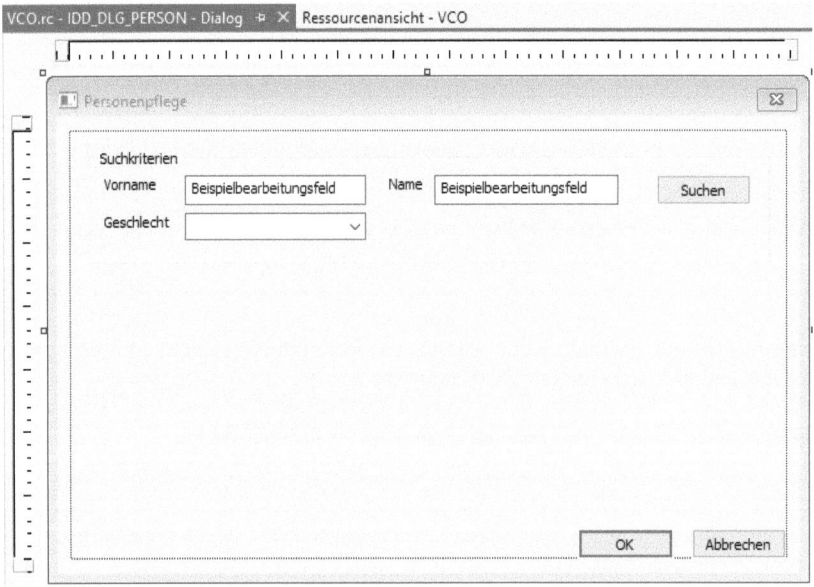

Abb. 92: Suchkriterien der Personenpflege

10.2.2 Das Tabellenelement

Um die gefundenen Datensätze darstellen zu können, benötigen wir eine Tabelle. MFC stellt uns dafür ein vorge-
fertigtes Element zur Verfügung, das „List Control". Die zugehörige Klasse heißt dann „CListCtrl". Wir ziehen
nun ein List Control in die Dialogressource, passen die Größe an und nennen es „IDC_PERSON_LIST". Die
einzige Eigenschaft, die wir hier ändern, ist die Eigenschaft „Single Selection", die wir auf „True" stellen.

Die Dialogressource ist damit fertig:

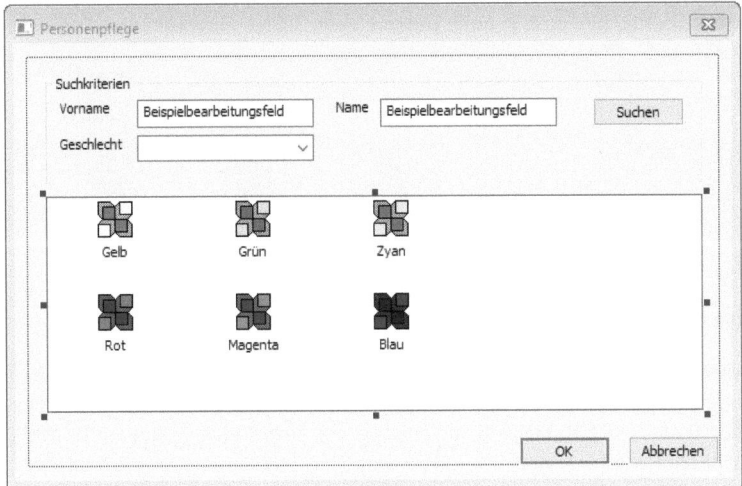

Abb. 93: Dialogressource „Personenpflege"

Die etwas eigenartig anmutenden Darstellung der Liste zeigt uns, dass die Liste derzeit im LVS_ICON-Style ist.
Wir benötigen sie aber im LVS_REPORT-Style[55]. Daher gehen wir in den Eigenschaften zum Eintrag „View" und
stellen diesen auf den Wert „Bericht":

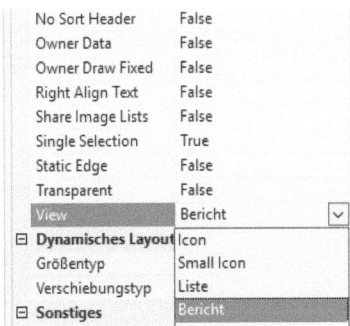

Abb. 94: Stil der Liste auf „Bericht" setzen

Nur mit dieser Einstellung werden uns die Spalten korrekt angezeigt.

10.3 Erstellen der Dialogklasse

Wie man zu einer Dialogressource eine Klasse erstellt, haben wir im Kapitel 6 gelernt. Wir klicken also wieder
mit der rechten Maustaste irgendwo in den leeren Bereich der Dialogressource und wählen dann den Menüpunkt
„Klassen hinzufügen" und dann „MFC Klasse hinzufügen" aus. Im nun angezeigten Dialog definieren wir wie

---

[55] Das ist wichtig! Nur in diesem Style können Daten in Tabellenform dargestellt werden. Vergisst man auf dieses Flag,
werden manche Methoden der Klasse „CListCtrl" einfach nicht das tun, was man von ihnen erwartet.

gewohnt den Klassennamen. Wir nennen die Klasse „CDlgPerson". Die Basisklasse ist selbstverständlich wieder „CDialogEx". Die Dialogfeld-ID ist natürlich die ID unserer eben erstellten Dialogressource, nämlich „IDD_DLG_PERSON". Der Assistent legt die Klassen an, die wir links im Projektmappenexplorer wie üblich unter den Filter „VCO" verschieben. Danach ergänzen wir die Kopfkommentare der neuen Klasse in beiden Dateien (Headerdatei und Implementationsdatei). Bevor wir die Klasse „ausprogrammieren", erstellen wir zuerst einen Eintrag im Menü[56], mit dem wir den Dialog aufrufen.

10.4 Erstellen des Menüeintrags

Aus welchem Menü rufen wir nun diesen Dialog am besten auf? Derzeit sieht unser Hauptmenü (Menü des Hauptrahmenfensters) mit der Ressource-ID „IDR_MAINFRAME" wie folgt aus:

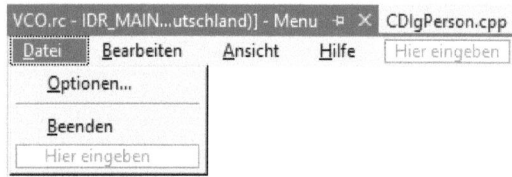

Abb. 95: Das Menü des Hauptrahmenfensters

Irgendwie passt von der Logik her ein Aufruf eines Datenbankdialogs in keines der Menüs. Wir werden ein neues erstellen, welches wir „Datenpflege" nennen wollen. Dazu tippen wir rechts (im Feld „Hier eingeben") den Text „Daten&pflege" ein und bestätigen mit der Taste ENTER. Danach verschieben wir dieses neue Menü an die Stelle nach „Bearbeiten". Unsere Menüleiste sieht jetzt wie folgt aus:

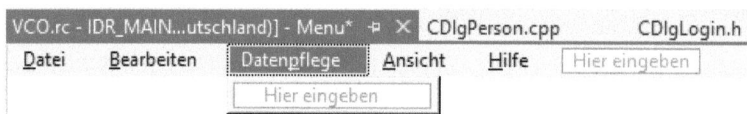

Abb. 96: Die um die Datenpflege erweiterte Menüleiste des Hauptrahmenfensters

Nun benötigen wir noch einen Menüeintrag „Personen…", den wir im Feld „Hier eingeben" unterhalb des Menüs „Datenpflege" anlegen. Die ID erstellt Visual Studio selbständig mit „ID_DATENPFLEGE_PERSONEN". Wir belassen diese ID, wie sie ist. Unser Menü ist jetzt fertig:

Abb. 97: Menüpunkt „Personen" im neuen Menü

Was wir jetzt noch benötigen, ist der Aufruf unseres Pflegedialogs, wenn der Anwender diesen Menüpunkt anklickt.

10.5 Aufruf aus dem Menü

Der Aufruf dieses Dialogs erfolgt sehr ähnlich zum Aufruf des Optionendialogs im letzten Kapitel. Wir gehen also genauso vor, wie bei den Optionen, wenn wir den Handler hinzufügen und ausprogrammieren. Öffnen wir also noch einmal das Menü „IDR_MAINFRAME" und klicken auf den von uns hinzugefügten Menüeintrag „Personen". Wenn wir jetzt mit der rechten Maustaste das zugehörige Kontextmenü öffnen, sehen wir darin einen Ein-

---

[56] Dies entspricht wieder der bereits empfohlenen „Top Down" Vorgangsweise, bei der man zuerst die grobe Programmlogik erstellt, um sich danach den Details zu widmen.

trag „Ereignishandler hinzufügen…". Auf diese Weise fügen wir den entsprechenden Eventhandler hinzu und gehen dann vor wie bei den Optionen. Das Headerfile „MainFrm.h" sieht beim entsprechenden Ausschnitt jetzt wie folgt aus:

```
public:
    afx_msg void OnDateiOptionen();
    afx_msg void OnDatenpflegePersonen();
```

Die Quellcodedatei „MainFrm.cpp" sollte, nachdem wir noch manuell den Dialogaufruf analog zu den Optionen hinzugefügt haben, wie folgt aussehen:

```
#include "CDlgPerson.h"
…
BEGIN_MESSAGE_MAP(CMainFrame, CFrameWndEx)
…
    ON_COMMAND(ID_DATENPFLEGE_PERSONEN, &CMainFrame::OnDatenpflegePersonen)
END_MESSAGE_MAP()
…
void CMainFrame::OnDatenpflegePersonen()
{
    // Personenpflegedialog aufrufen
    CDlgPerson dlgPerson;
    dlgPerson.DoModal();
}
```

Bevor wir mit dem Ausprogrammieren des eigentlichen Pflegedialogs fortfahren, erstellen wir die Anwendung und probieren alles aus. Nach Starten, Anmelden und Klicken auf den Menüeintrag „Personen" im Menü „Datenpflege", sollte der Dialog geöffnet werden, und wie folgt am Bildschirm erscheinen:

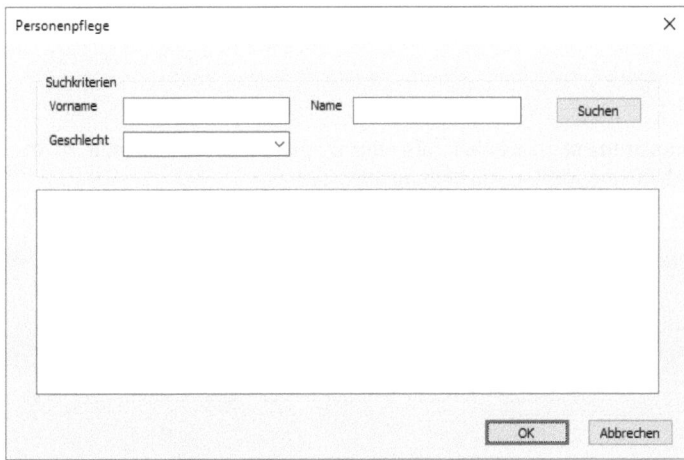

Abb. 98: Ein erster Aufruf des Dialogs „Personenpflege"

Wir sehen, dass hier noch einiges fehlt:

➢ In der Combobox „Geschlecht" stehen noch keine Listendaten

➢ Die Suchkriterien sind bei jedem Aufruf neu einzugeben – hier wäre eine Vorbelegung wünschenswert

➢ Klicken auf den Button „Suchen" hat noch keinen Effekt

➢ Die Liste ist bislang ein weißes Rechteck ohne jede Struktur

Aber die Programmlogik funktioniert bereits jetzt. Der Dialog kann aus dem Menü aufgerufen und mit „OK" oder „Abbrechen" beendet werden.

10.6 Wir füllen die Klasse mit Intelligenz

Nehmen wir uns also obige Punkte einen nach dem anderen vor.

10.6.1 Vorbelegen der Comboboxliste mit Werten

Es gibt verschiedene Möglichkeiten, die Liste einer Combobox mit Werten zu füllen. Man kann das im Programm tun oder auch erst zur Laufzeit der Anwendung. Da die Combobox „Geschlecht" nur drei Werte beinhalten soll („w", „m" und „x" für „unbekannt oder sonstig"), können wir diese ruhigen Gewissens schon im Programm festlegen[57]. Und das geht am einfachsten in den Eigenschaften im Ressourceneditor:

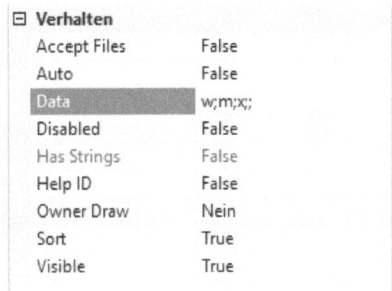

Abb. 99: Die Listenwerte einer Combobox festlegen

Man schreibt einfach die durch Semikolons getrennten Werte in das Feld rechts von „Data" im Bereich „Verhalten" der Eigenschaften. Wir verwenden folgende Listendaten „w;m:x;;". Dabei ist das zweite Semikolon wichtig: Es legt fest, dass auch ein „leerer" Eintrag enthalten ist. Schließlich wollen wir dieses Suchkriterium auch so auswählen können, dass bei der Suche alle Geschlechter gefunden werden. Dazu benötigen wir ein „leeres" Suchkriterium. Wenn wir jetzt das Programm erstellen und starten, sehen wir, dass die Liste entsprechend gefüllt wurde. Leider bemerken wir auch, dass man über die Tastatur in dieser Combobox auch andere Werte direkt eingeben kann, was wir vermeiden möchten.

Combobox ohne Eingabemöglichkeit

Um eine Combobox zu einem reinen Auswahlinstrument zu machen, also die Eingabe über die Tastatur zu verhindern, müssen wir im Ressourceneditor lediglich eine weitere Einstellung anpassen:

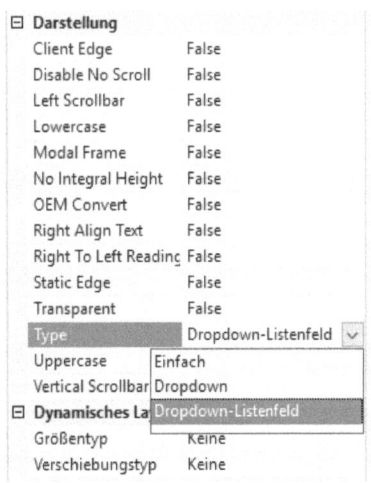

Abb. 100: Reine Auswahlcombobox

---

[57] Wie man eine Liste zur Laufzeit füllt, wird in einem späteren Kapitel gezeigt.

Wir stellen dazu in den Eigenschaften der Combobox lediglich den „Type" von „Dropdown" auf „Dropdown-Listenfeld" um.

10.6.2 Suchfelder mit Registryfunktionalität

Es wäre bedienerfreundlicher, wenn man nicht bei jedem neuen Aufruf des Dialog stets alle Suchfelder leer vorfindet, sondern wenn diese stattdessen mit den zuletzt verwendeten Werten vorbelegt werden würden. Dazu müssen wir nur zwei Dinge tun:

1. Bei Klick auf „OK" (beendet den Dialog) die aktuellen Werte in die Registry ablegen[58].

2. Beim Öffnen des Dialog (Methode „OnInitDialog()") die Werte aus der Registry einlesen und die Felder vorbelegen.

Zuerst legen wir natürlich in unserer Datei „VCORegTexte.h" die entsprechenden Einträge an:

```
// Registry-Schluessel
#define cs_VCO_REG_PERSONENDLG      "Personenpflege"

...

// Registry-Entries

...

#define cs_VCO_REG_VORNAME          "Vorname"
#define cs_VCO_REG_NACHNAME         "Nachname"
#define cs_VCO_REG_GESCHLECHT       "Geschlecht"

...
```

Nun benötigen wir die virtuelle Methode für den Klick auf „OK" und die virtuelle Methode „OnInitDialog()", die wir beide mit dem Klassenassistenten wie gewohnt (siehe im Kapitel über den Logindialog) anlegen – natürlich kann man das als geübter Programmierer auch manuell, also ohne den Klassenassistenten, durchführen.

Außerdem benötigen wir entsprechende Attribute für die Suchfelder. Auch diese können wir entweder mit dem Assistenten oder manuell erstellen.

Das hat im Code der Dialogdeklaration „CDlgPerson.h" zur Folge:

```
...
public:
    virtual BOOL OnInitDialog();
    virtual void OnOK();

...

private:
    CString m_sSVorname;            // Suchfeld Vorname
    CString m_sSNachname;           // Suchfeld Nachname
    CString m_sSGeschlecht;         // Suchfeld Geschlecht
    CComboBox m_CtrlSGeschlecht;    // Control fuer Combobox

...
```

Im Code der Dialogimplementierung „CDlgPerson.cpp" sind folgende Erweiterungen nötig:

```
#include "CRegEntry.h"
#include "VCORegTexte.h"

...

void CDlgPerson::DoDataExchange(CDataExchange* pDX)
{
```

---

[58] Ein Klick auf „Abbrechen" sollte keinerlei Änderungen hervorrufen, also auch keine in der Registry.

```
   CDialogEx::DoDataExchange(pDX);

   // Daten mit Dialogelementen abstimmen
   DDX_Text(pDX, IDC_PERSON_S_VORNAME, m_sSVorname);
   DDX_Text(pDX, IDC_PERSON_S_NACHNAME, m_sSNachname);
   DDX_Text(pDX, IDC_PERSON_S_GES, m_sSGeschlecht);

   // Controls zuweisen
   DDX_Control(pDX, IDC_PERSON_S_GES, m_CtrlSGeschlecht);
}
…
void CDlgPerson::OnOK()
{

   UpdateData(TRUE);   // Daten in Attribute uebernehmen

   // Suchfeldinhalte in Registry abspeichern
   CRegEntry reg(cs_VCO_REG_PERSONENDLG);
   reg.Write(m_sSVorname, cs_VCO_REG_VORNAME);
   reg.Write(m_sSNachname, cs_VCO_REG_NACHNAME);
   reg.Write(m_sSGeschlecht, cs_VCO_REG_GESCHLECHT);

   CDialogEx::OnOK();
}
…
BOOL CDlgPerson::OnInitDialog()
{
   CDialogEx::OnInitDialog();

   // Suchfelder vorbelegen
   CRegEntry reg(cs_VCO_REG_PERSONENDLG);
   reg.Read(m_sSVorname, cs_VCO_REG_VORNAME);
   reg.Read(m_sSNachname, cs_VCO_REG_NACHNAME);
   reg.Read(m_sSGeschlecht, cs_VCO_REG_GESCHLECHT);

   UpdateData(FALSE); // Daten in die Felder uebernehmen
   m_CtrlSGeschlecht.SelectString(-1, m_sSGeschlecht);

   return TRUE;   // return TRUE unless set the focus to a control
}
…
```

Das war's auch schon!

Wir erstellen das Projekt und starten es. Beim ersten Öffnen des Dialogs sind natürlich noch keine Suchfeldwerte in der Registry vorhanden. Wir geben daher einige Werte ein und schließen den Dialog mit „OK". Wenn wir ihn erneut öffnen, sollten die eben eingegebenen Werte nun bereits in den Feldern stehen:

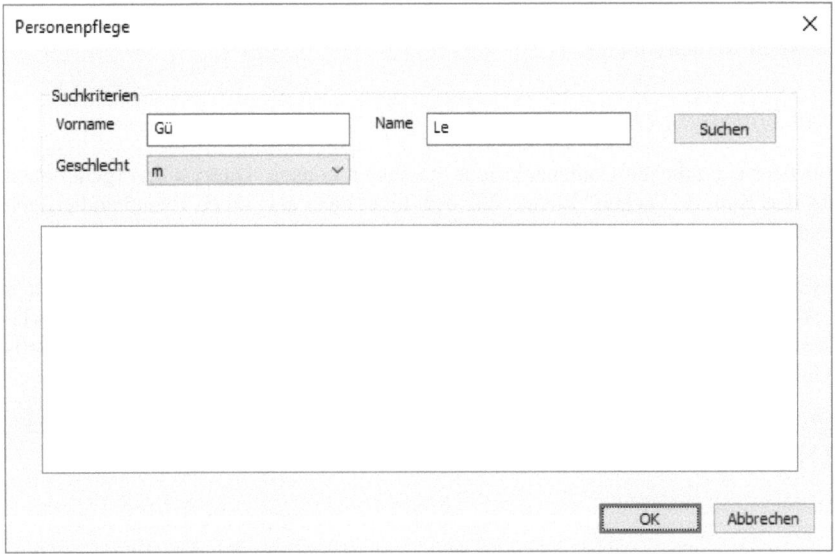

Abb. 101: Suchfelder vorbelegt

Da das doch einige Erweiterungen waren, die unter Umständen nicht alle klar sind, werden sie hier noch einmal einzeln erklärt:

```
CString m_sSVorname;         // Suchfeld Vorname
CString m_sSNachname;        // Suchfeld Nachname
CString m_sSGeschlecht;      // Suchfeld Geschlecht
CComboBox m_CtrlSGeschlecht; // Control fuer Combobox
```

Die ersten drei Zeichenkettenattribute beinhalten die Werte, die der Anwender in die entsprechenden Felder eingibt. Das letzte Attribut wird benötigt, um später auf die Funktionalität der Combobox (nicht den Inhalt) zugreifen zu können.

Um die Werte aus den Feldern in die Attribute zu übernehmen, ist der Aufruf von „UpdateData(TRUE)" nötig, wie er in der Methode „OnOK()" am Anfang gemacht wird:

```
void CDlgPerson::OnOK()
{
  UpdateData(TRUE);  // Daten in Attribute uebernehmen
```

Die Methode "UpdateData()" ruft, wie wir wissen, unter anderem die Methode „DoDataExchange()" auf, in der die eigentliche Zuweisung (welches Eingabeelement gehört zu welchem Attribut) vorgenommen wird:

```
// Daten mit Dialogelementen abstimmen
DDX_Text(pDX, IDC_PERSON_S_VORNAME, m_sSVorname);
DDX_Text(pDX, IDC_PERSON_S_NACHNAME, m_sSNachname);
DDX_Text(pDX, IDC_PERSON_S_GES, m_sSGeschlecht);
```

In dieser Methode wird auch festgelegt, welches Eingabeelement zu welchem Control-Attribut gehört:

```
// Controls zuweisen
DDX_Control(pDX, IDC_PERSON_S_GES, m_CtrlSGeschlecht);
```

Das Schreiben und Lesen in die/aus der Registry dürfte keiner Erläuterung bedürfen. Allerdings steht am Ende der Methode „OnInitDialog()" eine Zeile, die noch erklärt werden muss:

```
m_CtrlSGeschlecht.SelectString(-1, m_sSGeschlecht);
```

Einer Combobox kann nicht einfach ein Wert zugewiesen werden, wenn diese eine reine Auswahlcombobox (wie in unserem Falle) ist. Man muss mit den Methoden, die die Comboboxklasse bietet, den betreffenden Wert tatsächlich auswählen, und genau das macht obiger Aufruf. Dabei definiert der erste Parameter (-1), dass die Suche in der Liste vor dem ersten Eintrag (Index 0) beginnen soll und der erste Eintrag, dessen Text der Variable „m_sSGeschlecht" entspricht, selektiert werden soll.

10.6.3 Eventhandler für den Button „Suchen"

Jetzt sind wir so weit, dass wir uns der eigentlichen Datenbanksuche zuwenden können. Diese soll vorgenommen werden, wenn der Anwender auf den Button „Suchen" klickt. Wir benötigen dazu also einen Eventhandler, den wir wie üblich mit dem Klassenassistenten erstellen.

Wir deklarieren weiters eine private Methode für die Suche, die wir aus diesem Eventhandler aufrufen. Natürlich könnten wir die Suche auch direkt in der Eventhandlermethode implementieren, aber es ist immer besser, solche Funktionalitäten zu trennen, also strukturiert zu programmieren. Die damit verbundenen Änderungen im Headerfile und im Quellcodefile sehen wie folgt aus, zuerst das Headerfile „CDlgPerson.h":

```
public:
   afx_msg void OnSearch();

...
private:

...

   bool DoSearch();    // Suche in der DB durchfuehren

...
```

Im Quellcodefile „CDlgPerson.cpp" sind folgende Erweiterungen nötig:

```
bool CDlgPerson::DoSearch()
{
   bool bRet = true;

...

   // Suche durchfuehren
   CWaitCursor wait; // "Sanduhr" setzen

...

   return bRet;
}

...
BEGIN_MESSAGE_MAP(CDlgPerson, CDialogEx)
   ON_BN_CLICKED(IDC_PERSON_SUCHEN, &CDlgPerson::OnSearch)
END_MESSAGE_MAP()

...

void CDlgPerson::OnSearch()
{
   // Suchmethode aufrufen
   DoSearch();
}
```

Wieder haben wir nur die grobe Struktur implementiert, und werden die eigentliche Suchmethode jetzt mit Leben füllen. Dabei dürfen wir die Programmlogik, die jetzt bereits implementiert ist, vergessen, und können unsere ganze Konzentration der Methode „DoSearch()" widmen.

10.7 Die eigentliche Suche in der Datenbank

Die Suche ist eigentlich eine Datenbankabfrage mit nachfolgendem Holen der Treffer und Auswertung derselben, was bedeutet, dass wir die Treffer in die Tabelle im unteren Teil des Dialogs eintragen wollen. Daher gliedert sie sich in folgende Hauptelemente:

➤   Erzeugen des SQL Abfragestatements

➢ Ausführen dieses SQL Statements

➢ Holen (Fetch) der Treffer

➢ Eintragen der Treffer in die Tabelle

Wir nehmen uns diese Teile jetzt einzeln vor.

10.7.1 Erzeugen der SQL Abfrage

Um die Daten aus der Tabelle „VCO_PERSON" abzufragen, muss man sich zuerst die Tabellendefinition anse-hen, also welche Spalten es gibt, welche Datentypen diese Spalten haben, ob es Pflichtspalten (NOT NULL) oder optionale Spalten (NULL) sind, und welche Länge die Daten in diesen einzelnen Spalten haben können. Das Werkzeug „SQL*Plus" bietet dazu einen sehr praktischen Befehl, der alle wesentlichen Daten eines Datenbankob-jekts in tabellarischer Form am Bildschirm ausgibt. Dieser Befehl ist **nicht** Teil der Abfragesprache SQL! Der Befehl heißt „DESC". Wir öffnen also SQL*Plus, melden uns an und wenden den Befehl an:

```
SQL> desc VCO_PERSON
 Name                                Null?     Typ
 ----------------------------------- --------- ------------
 PERSONID                            NOT NULL  NUMBER
 NAME                                NOT NULL  VARCHAR2(40)
 DBKENNUNG                                     VARCHAR2(32)
 VORNAME                             NOT NULL  VARCHAR2(40)
 TITEL                                         VARCHAR2(20)
 GESCHLECHT                          NOT NULL  VARCHAR2(20)
SQL>
```

Unsere Tabelle hat also sechs Spalten (Attribute) mit den rechts dargestellten Optionalitäten und Datentypen. Nun können wir das SQL Statement für die Abfrage entwerfen, wobei die Groß- und Kleinschreibung für Schlüssel-wörter von SQL und für Datenbankobjekte (Tabellennamen, Spaltennamen, etc.) keine Rolle spielt:

```
select PERSONID, TITEL, VORNAME, NAME, DBKENNUNG, GESCHLECHT
from    VCO_PERSON
where
order by NAME, VORNAME;
```

Dabei wird uns klar, dass das, was nach dem Schlüsselwort „where" kommt, abhängig ist von den Suchkriterien, die der Anwender eingegeben hat. Wir müssen also die Where-Klausel[59] zur Laufzeit zusammenbasteln, während der Rest der Abfrage schon feststeht, wenn wir das Programm erstellen. Wir beginnen mit dem Schritt, die Where-Klausel zusammenzustellen. Dabei ist einiges zu beachten:

➢ Ist das betreffende Suchfeld leer (keine Berücksichtigung in der Where-Klausel) oder nicht?

➢ Wurden Wildcards (Jokerzeichen wie „*") verwendet?

➢ Am Ende muss jedenfalls ein Jokerzeichen „*" ergänzt werden

Daher ist es vernünftig, den Schritt in eine eigene Funktion auszulagern, die folgendes erledigen soll:

➢ Man übergibt der Funktion die bestehende Where-Klausel, die auch leer sein darf.

➢ Man übergibt der Funktion den Spaltennamen und den Suchfeldinhalt, ohne sich darum zu kümmern, ob dieser leer ist, Jokerzeichen enthält, etc.

➢ Die Funktion gibt die um das Suchkriterium erweiterte Where-Klausel zurück, wobei es diese nur erweitert, wenn der Suchfeldinhalt nicht leer ist.

---

[59] Die Teile einer SQL Abfrage bezeichnet man als „Klauseln" (Clauses). Eine SQL Abfrage besteht zumindest aus einer Select-Klausel und einer From-Klausel, zumeist auch noch aus einer Where-Klausel und einer Order by-Klausel.

➢   Die Funktion kümmert sich zudem um Jokerzeichen, die es korrekt ergänzt bzw. in die Oracle-Wildcards
     übersetzt.

Diese Funktion ist global anzulegen, weil man sie immer wieder brauchen wird. Da dies immer in Zusammenhang
mit SQL Abfragen der Fall sein wird, fügen wir sie als globale Funktion in der Datei „CVCODB.h" bzw.
„CVCODB.cpp" hinzu. Die Deklaration der Funktion (und mehr müssen wir im Moment nicht wissen, um sie zu
verwenden) sieht in der Datei „CVCODB.h" unter Berücksichtigung obiger Anforderungen wie folgt aus

```
// globale Funktionen
CString ExpandWhereClause(
    CString sWhere,            // alte Where-Klausel
    CString sDBCol,            // DB Spaltenname
    CString sSearchVal         // Suchfeldinhalt
);
```

Und der Funktionsrumpf in "CVCODB.cpp" ist derzeit noch ohne jede Funktionalität

```
CString ExpandWhereClause(
    CString sWhere,            // alte Where-Klausel
    CString sDBCol,            // DB Spaltenname
    CString sSearchVal         // Suchfeldinhalt
)
{
    CString sWhereExp = sWhere;

    return sWhereExp;
}
```

Das eröffnet uns jetzt die Möglichkeit, das Zusammenstellen der SQL Abfrage äußerst einfach zu gestalten. Betrachten wir also die Quellcodedatei „CDlgPersonen.cpp":

```
#include "CVCODB.h"
…
bool CDlgPerson::DoSearch()
{
    bool bRet = true;

    // Suche durchfuehren
    CWaitCursor wait;    // "Sanduhr" setzen
    CString sStmt;       // SQL Abfrage
    CString sWhere;      // Where-Klausel

    // zuerst Where-Klausel erstellen
    UpdateData(TRUE);
    sWhere=ExpandWhereClause(sWhere,_T("VORNAME"),m_sSVorname);
    sWhere=ExpandWhereClause(sWhere,_T("NAME"),m_sSNachname);
    sWhere=ExpandWhereClause(sWhere,_T("GESCHLECHT"),m_sSGeschlecht);

    // SQL Statement zusammenfuegen
    sStmt = _T("select PERSONID, TITEL, VORNAME, NAME, DBKENNUNG, GESCHLECHT from
VCO_PERSON ");
    sStmt.Append(sWhere);
    sStmt.Append(_T(" order by NAME, VORNAME"));
```

```
// SQL Statement ausfuehren

return bRet;
}
```

Das ist also (noch) relativ einfach. Die Komplexität erwartet uns dann beim Ausprogrammieren der Methode „ExpandWhereClause()". Aber: Diese Komplexität erwartet uns nur einmal![60] Wenn diese Funktion realisiert und getestet ist, können wir sie für jede mögliche Where-Klausel der Zukunft einfach so aufrufen, wie oben gezeigt. Bevor wir uns um die Innereien dieser Funktion kümmern, stellen wir aber die Methode „DoSearch()" fertig. Das SQL Statement ist ja nun erstellt, der nächste Schritt ist dann das Exekutieren der Abfrage.

10.7.2 Ausführen der SQL Abfrage

Um eine SQL Abfrage ausführen zu können, braucht man eine Verbindung zur Datenbank. Wir haben dafür eine Klasse erstellt, die Klasse „CVCODB". Diese beinhaltet auch eine Fehlerbehandlung, um die wir uns also hier nicht kümmern müssen.

Somit ist dieser Teil des Codes sehr einfach zu halten:

```
...
// SQL Statement ausfuehren
CVCODB* pDB = new CVCODB;
if (pDB)
{
    Statement* pSt = pDB->DoSelect(sStmt);
    if (pSt) // Abfrage erfolgreich?
    {
        Resultset rs = pSt->GetResultset();
        // Abfrageergebnisse in Tabelle fuellen

        delete pSt;    // Freigabe nicht vergessen
    }
    delete pDB; // Datenbankobjekt freigeben
}
else
{
    // kein Datenbankverbindungsobjekt moeglich?
    bRet = false;
}
...
```

Dabei sind wir wie folgt vorgegangen:

Zuerst haben wir uns ein Verbindungsobjekt „CVCODB" erzeugt und überprüft, ob der Zeiger darauf (pDB) auch einen Wert hat.

Danach haben wir mit der Methode „DoSelect()" ein Statement-Objekt zurückbekommen, sofern die Abfrage erfolgreich war. Auch diesen Zeiger überprüfen wir natürlich. Daraus können wir uns nun ein Resultset erzeugen und die gefundenen Datensätze weiterverarbeiten – dieser Teil folgt gleich noch.

Am Ende müssen wir dafür sorgen, dass das Statement-Objekt freigegeben wird. Dies erledigen wir mit „delete pSt".

---

[60] Derzeit funktioniert sie nur für Suchkriterium vom Typ „CString". Es ist aber nicht schwierig, diese Funktion auch für Zahlen, etc. zu überladen. Im Moment reicht uns jedoch die Zeichenkettenvariante.

Man kann ruhig einmal versuchen, die Anweisung „delete pSt" wegzulassen, die Anwendung zu starten und eine Suche durchzuführen. Nach dem Beenden der Anwendung wird Visual Studio dann das entsprechende Speicherleck mit „Detected Memory Leaks!" im Ausgabefenster melden

Und dann müssen wir natürlich noch das Verbindungsobjekt wieder freigeben (delete pDB).

10.7.3 Holen der gefundenen Datensätze

Wir haben das Holen der gefundenen Treffer (Fetch) ja bereits vorbereitet, indem wir das Resultset angefordert haben. Sich durch dieses Resultset zu iterieren, ist vergleichsweise einfach und sieht wie folgt aus:

```
Resultset rs = pSt->GetResultset();
int iCount = 0;
while (rs++)
{
        // Abfrageergebnisse in Tabelle fuellen
        // ...
        iCount++;
}
CStringA sMeld;
sMeld.Format("Anzahl der gefundenen Datensätze: %d", iCount);
MessageBoxA( GetForegroundWindow()->m_hWnd, sMeld, "Abfrageergebnis", MB_OK);
```

Dabei dient die Messagebox jetzt lediglich dazu, uns eine Rückmeldung über die Anzahl der gefundenen Datensätze zu geben. Wir werden sie nach Fertigstellung wieder entfernen. Wir können jetzt unsere Anmeldung erstellen und ablaufen lassen und sollten folgendes Ergebnis sehen:

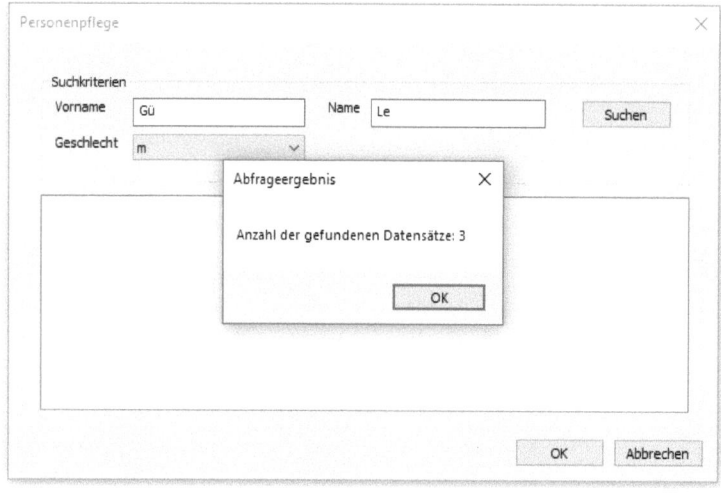

Abb. 102: Ein erstes Abfrageergebnis

Das sieht zwar nicht nach viel aus, aber wir haben nun tatsächlich unsere erste SQL-Abfrage erfolgreich programmiert! Jetzt müssen wir die Daten lediglich noch in die Tabelle bekommen, und dafür sehen wir uns zuerst die MFC-Klasse „CListCtrl" etwas genauer an.

10.7.4 Die Resultatstabelle und die Klasse CListCtrl

Die Klasse „CListCtrl" ist sehr mächtig und dementsprechend umfangreich. Ein Blick in die MFC-Dokumentation kann da durchaus verwirren oder sogar abschrecken. Aber wenn man die wichtigsten Punkte für die Verwendung kennt, ist sie nicht mehr so kompliziert zu verwenden und vor allem sehr nützlich. Zuallererst benötigen wir ein

Attribut für das Control. Das bekommen wir, indem wir mit dem Klassenassistenten eine Membervariable hinzu-fügen oder folgende Zeile im Headerfile „CDlgPerson.h" manuell einfügen:

```
private:
   CListCtrl m_CtrlListe;    // Ergebnistabelle
…
```

Dieses Controlattribut erlaubt es uns nun, auf die vielen Methoden der Klasse zuzugreifen, sobald wir im Quell-codefile „CDlgPerson.cpp" die übliche Zuordnung getroffen haben:

```
void CDlgPerson::DoDataExchange(CDataExchange* pDX)
{
…
   DDX_Control(pDX, IDC_PERSON_LIST, m_CtrlListe);
}
```

Nun müssen wir als ersten Schritt die Spalten erzeugen.

Erzeugen der Spalten

Das Erzeugen der Spalten erfolgt zur Laufzeit. Wir stellen sicher, dass wir die richtige (zur Abfrage passende) Anzahl an Spalten erzeugen, und dass wir sie in der richtigen Reihenfolge und korrekt beschriften. Da das Erzeu-gen der Spalten auch bei mehreren aufeinanderfolgenden Abfragen nur einmal durchzuführen ist, sollten wir das in der Methode vornehmen, die beim Erzeugen des Dialogs aufgerufen wird, also in „OnInitDialog()". Um die gesamte Breite des Dialogs auszunutzen, ermitteln wir als ersten Schritt die tatsächliche Breite und teilen die Spalten dann entsprechend auf.

Der Code dazu sieht für unseren Personendialog dann wie folgt aus:

```
BOOL CDlgPerson::OnInitDialog()
{
…
   // die 6 Spalten in der Liste erstellen
   CRect rect;
   m_CtrlListe.GetClientRect(&rect);        // Groesse ermitteln
   int nColW= rect.Width() / 13;            // 1% der Groesse

   m_CtrlListe.InsertColumn(0,_T("ID"),LVCFMT_LEFT,nColW*10);
   m_CtrlListe.InsertColumn(1,_T("Titel"),LVCFMT_LEFT,nColW*20);
   m_CtrlListe.InsertColumn(2,_T("Vorname"),LVCFMT_LEFT,nColW*25);
   m_CtrlListe.InsertColumn(3,_T("Nachname"),LVCFMT_LEFT,nColW*25);
   m_CtrlListe.InsertColumn(4,_T("Kennung"),LVCFMT_LEFT,nColW*10);
   m_CtrlListe.InsertColumn(5,_T("Geschl."),LVCFMT_LEFT,nColW*10);
   // Summe der Werte sollte 100% ergeben
…
}
```

Nun müssen wir die Spalten mit den eigentlichen Daten aus der Abfrage füllen. Dazu müssen wir aber zuerst die Werte aus dem Resultset ermitteln.

Werte aus dem Resultset holen

OCILIB stellt für das Holen (Fetch) der Werte eine überladene Methode zur Verfügung, nämlich die Methode „Resultset::Get()". Diese Methode wird wie folgt verwendet:

```
sVal = rs.Get<TYP>(2)
```

Wobei statt „TYP" dann der jeweilige Typ einzusetzen ist. Leider kann diese Methode zwar int, UINT, float, etc. verarbeiten aber keinen CString. Will man Zeichenketten auswerten, bekommt man diese immer als Typ „ostring" zurück, was im Wesentlichen ein TYPEDEF auf „std::basic_string" ist. Diese Klasse bietet aber eine Methode, mit der man den CString dann einfach bekommt: „c_str()". Daher muss man, um eine Zeichenkette aus der Oracle-Abfrage zurückzubekommen, das Resultset wie folgt auswerten:

```
sVal = rs.Get<ostring>(3).c_str();
```

Eine weitere Möglichkeit wäre, von der Klasse „Resultset" eine eigene Klasse abzuleiten, die diese Umwandlung bereits beinhaltet. Wir werden das aber hier nicht machen.

Einfügen einer neuen Zeile

Microsoft verwendet bei seinem CListCtrl eine etwas andere Terminologie als wir bei den Datenbanken. Der Grund liegt in der Einheitlichkeit der MFC-Klassen und -Methoden. Columns heißen in CListCtrl zwar ebenfalls Columns, aber für Zeilen (Rows) verwendet Microsoft den Begriff „Items". Die einzelnen Zellen (Cells) sind dann „Subitems". Das ist durchaus verwirrend, wenn man das erste Mal damit befasst ist.

Man fügt also **ein** Item ein, das heißt, man legt eine neue Zeile an. Die Werte in den einzelnen Spalten zu diesem Item werden dann nicht *eingefügt* sondern *gesetzt* (Set), was eher einem „Update" entspricht. Daran muss man sich einfach gewöhnen – oder eine Klasse von CListCtrl ableiten, die die komplexen Aufrufe in einfacheren und verständlicheren Methoden kapselt. Das werden wir hier aber aus Zeit- und Platzgründen (vorerst) ebenfalls nicht machen. Da alle Daten in einer Tabelle Zeichenketten sein müssen, werden wir die Daten, die keine Strings sind, vorher entsprechend konvertieren müssen. Das ist in unserem Falle nur die PERSONID. Also fügen wir in der Schleife beim Holen der Treffer (Datensätze) die entsprechenden „Get()"-Aufrufe ein. Das geht so:

```
Resultset rs = pSt->GetResultset();
int iCount = 0;
CString sVal; // CListCtrl kann nur Strings aufnehmen
int iVal;     // fuer Zahlenwerte bei den Treffern
while (rs++)
{
  // Abfrageergebnisse in Tabelle fuellen
  iVal = rs.Get<int>(1);                        // erste Spalte der Treffer=ID
  sVal.Format(_T("%d"), iVal);                  // ID in String umwandeln
  m_CtrlListe.InsertItem(iCount, sVal);         // neue Zeile
  sVal = rs.Get<ostring>(2).c_str();            // 2. Spalte holen
  m_CtrlListe.SetItemText(iCount,1,sVal);       // 2.Spalte setzen
  sVal = rs.Get<ostring>(3).c_str();            // 3. Spalte holen
  m_CtrlListe.SetItemText(iCount,2,sVal);       // 3.Spalte setzen
  sVal = rs.Get<ostring>(4).c_str();            // 4. Spalte holen
  m_CtrlListe.SetItemText(iCount,3,sVal);       // 4. Spalte setzen
  sVal = rs.Get<ostring>(5).c_str();            // 5. Spalte holen
  m_CtrlListe.SetItemText(iCount,4,sVal);       // 5. Spalte setzen
  sVal = rs.Get<ostring>(6).c_str();            // 6. Spalte holen
  m_CtrlListe.SetItemText(iCount,5,sVal);       // 6. Spalte setzen

  iCount++;
}
```

Das wirkt ziemlich umständlich und ist es auch. Wenn man CListCtrl öfter verwendet, wird man sich daher auf alle Fälle eine Klasse ableiten, und entsprechende Einfüge- und Änderungsmethoden implementieren. Glücklicherweise muss man das nicht einmal selbst machen. Es gibt in verschiedenen C++-Foren (wie www.codeproject.com oder www.codeguru.com) bereits einige sehr gute Erweiterungsklassen, die für freie Verwendung lizensiert sind. Diese Klassen bieten neben vereinfachtem Einfügen viele weitere Features, wie farbige

Tabellentexte, Sortierroutinen, etc. Wir erstellen jetzt unsere Anwendung und starten sie. Die Suche liefert dann folgendes Ergebnis:

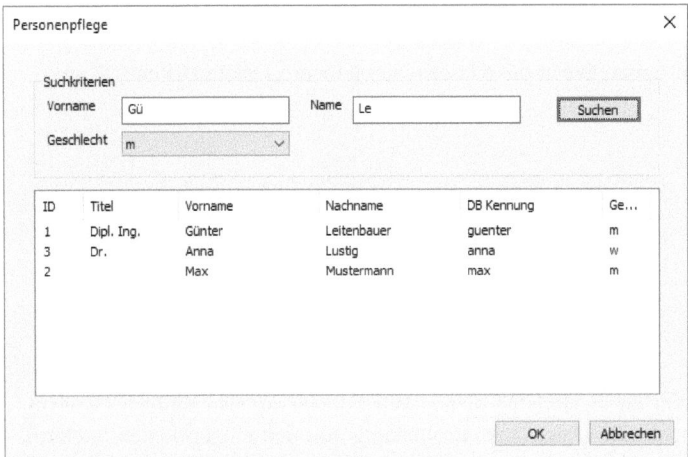

Abb. 103: Das Abfrageergebnis mit allen Daten

Das sieht schon sehr gut aus. Die Tabelle hat aber noch keine Linien, die Zeilen und Spalten abgrenzen und ist daher schlecht lesbar.

Gridlines

Um Zeilen- und Spaltenlinien (Gridlines) hinzuzufügen, bedarf es nur eines einzigen Aufrufs beim Erzeugen der Liste, also in „OnInitDialog()":

```
BOOL CDlgPerson::OnInitDialog()
{
…

    // Der Liste Spaltenlinien und Zeilenlinien geben
    m_CtrlListe.SetExtendedStyle(LVS_EX_GRIDLINES | m_CtrlListe.GetExtendedStyle());
…
}
```

> Wer mehr über die verschiedenen Stile von Listen wissen möchte, sollte sich die MFC Dokumentation zur Hand nehmen. Das ist sehr einfach, wenn man über einen Internetzugang verfügt. Man markiert zum Beispiel im Sourcecode die Konstante „LVS_EX_GRIDLINES" und drückt die Funktionstaste F1.
>
> Dann öffnet Visual Studio einen Browser, und man steht sofort auf der richtigen Seite in der Hilfe.

Nun sind auch die Tabellenlinien gut sichtbar:

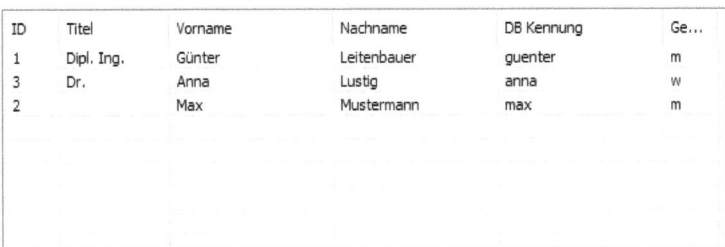

Abb. 104: Die Tabelle mit den Linien

Wenn wir die Suche zweimal hintereinander ausführen, fällt uns noch etwas auf:

Die zuletzt gefundenen Daten werden vor dem Einfügen der neuen Daten nicht gelöscht. Wir müssen also vor dem Einfügen der Daten die Liste leeren.

Leeren der Liste

Um alle Einträge einer CListCtrl-Tabelle zu entfernen, bietet die Klasse eine Methode „DeleteAllItems()" an:

```
bool CDlgPerson::DoSearch()
{
…

   m_CtrlListe.DeleteAllItems();      // alle ev. bestehenden Items loeschen

   // zuerst Where-Klausel erstellen

…
}
```

Falls noch keine Einträge enthalten sind, macht diese Methode nichts. Wir können sie also ruhigen Gewissens aufrufen. Allerdings bekommen wir derzeit noch alle Datensätze, unabhängig von den eingegebenen Suchkriterien, zurück. Das ist durchaus logisch, weil unsere Methode zum Aufbauen der Where-Klausel noch nicht implementiert ist. Das ist der letzte Punkt, den wir noch programmieren müssen.

10.7.5 Die Where-Klausel-Funktion

Unsere Where-Klausel ist derzeit noch eine leere Zeichenkette, weshalb die Abfrage natürlich alle Zeilen der Datenbanktabelle zurückgegeben hat. Das mag bei drei Zeilen keine Rolle spielen, aber bei 300 oder 3000 ist das mit Sicherheit unerwünscht (und verlangsamt auch die Ausführung des Programms). Somit werden wir jetzt aus den vom Anwender eingegebenen Suchkriterien eine Where-Klausel zusammenbauen.

Bei der Suche an sich müssen wir nichts mehr ändern. Wir erinnern uns, dass die entsprechenden Aufrufe in der Suchmethode „DoSearch()" ja bereits enthalten sind. Wir haben hier wieder einmal „Top-Down" programmiert, indem wir eine globale Funktion aufgerufen haben, die eigentlich noch gar nichts macht, außer eine leere Zeichenkette zurückzugeben:

```
bool CDlgPerson::DoSearch()
{
…

   // zuerst Where-Klausel erstellen
   UpdateData(TRUE);
   sWhere=ExpandWhereClause(sWhere,_T("VORNAME"),m_sSVorname);
   sWhere=ExpandWhereClause(sWhere,_T("NAME"),m_sSNachname);
   sWhere=ExpandWhereClause(sWhere,_T("GESCHLECHT"), m_sSGeschlecht);

…
}
```

Genau diese Funktion müssen wir jetzt mit Intelligenz füllen. Wir müssen dabei folgende Dinge überprüfen:

➢   Ist der übergebene Suchstring leer? Dann ändern wir die Klausel gar nicht.

➢   Ist die Klausel noch leer? Dann muss am Anfang das Schlüsselwort „where" hinzugefügt werden, ansonsten am Ende „and", um die verschiedenen Suchbedingungen mit einem logischen UND zu verknüpfen.

➢   Wenn der Suchstring nicht leer ist, fügen wir am Ende das Oracle-Jokerzeichen „%" an[61].

➢   Alle „*" ersetzen wir durch „%".

Wenn wir obigen Punkte implementieren, sieht die fertige Funktion wie folgt aus:

---

[61] „%" steht in Oracle für „beliebig viele beliebige Zeichen", entspricht also dem „*" in vielen anderen Anwendungen.

```
CString ExpandWhereClause(
   CString sWhere,            // alte Where-Klausel
   CString sDBCol,            // DB Spaltenname
   CString sSearchVal         // Suchfeldinhalt
)
{
   CString sWhereExp = sWhere;

   if (!sSearchVal.IsEmpty())
   {
      // Suchkriterium ist nicht leer
      sSearchVal.Append(_T("%"));

      if (sWhereExp.IsEmpty())
            sWhereExp = _T("where ");      // Schluesselwort "where" hinzufuegen
      else
            sWhereExp.Append(_T(" and ")); // Suchkriterien mit "and" verknuepfen

      CString sCrit; // eine temporaere Variable
      sCrit.Format(_T("%s like '%s'"), sDBCol, sSearchVal);
      sWhereExp.Append(sCrit);
   }

   sWhereExp.Replace(_T("*"), _T("%"));      // Jokerzeichen ersetzen
   return sWhereExp; // Where-Klausel zurueckgeben
}
```

Diese Arbeit mussten wir nur einmal machen, und können das für die Zukunft vergessen. Da reicht es dann, die Methode wie weiter oben gezeigt aufzurufen! Vielleicht fiel uns auf, dass das Suchkriterium in einfachen Hochkommata eingeschlossen wurde. So stellt Oracle Zeichenketten dar.

> Derzeit kann unsere globale Funktion „ExpandWhereClause()" nur Zeichenketten als Suchkriterien verarbeiten. Möchten wir die Funktionalität auf Zahlen, etc. ausdehnen, dann müssen wir diese Funktion entsprechen überladen.

10.8 Zusammenfassung

Wir haben in diesem Kapitel

> ➤ einiges über SQL-Abfragen gelernt

> ➤ einen einfachen Dialog zur Darstellung von Personendaten aus der Datenbank erstellt

> ➤ gelernt, wie man Suchkriterien in einem Dialog erstellt

> ➤ gelernt, wie man eine Comboboxliste mit Werten füllt

> ➤ gelernt, wie man ein Tabellenelement (CListCtrl) in einen Dialog integriert und Daten in diese Tabelle einträgt

> ➤ gelernt, wie man aus Suchkriterien eine SQL-Abfrage erstellt, ausführt und die Treffer abholt und in die benötigten Datentypen umwandelt

Was wir derzeit noch nicht können: Datensätze ändern oder neu einfügen. Wir werden das in den beiden nächsten Kapiteln angehen.

11 Datensätze ändern

Nachdem wir jetzt in der Lage sind, Daten in der Datenbank unter Berücksichtigung von Suchkriterien zu finden und in einer Tabelle darzustellen, muss der nächste Schritt sein, uns zu ermöglichen, diese Daten auch zu ändern. Dazu gibt es mehrere Möglichkeiten, wobei wir zuerst einmal zwischen „Ändern im Dialog" und „Ändern in der Datenbank" unterscheiden müssen.

Im Dialog arbeiten wir ja nur mit einer Kopie der Daten aus der Datenbank. Hier kann man ändern, so viel man will. Erst wenn man der Datenbank den Befehl (UPDATE) gibt, die Daten zu ändern, werden sie dort aktualisiert. Wobei man auch dann den Befehl noch bestätigen (COMMIT) muss.

Um die Daten im Dialog zu ändern, gibt es zwei gangbare Wege:

1. Man editiert die Daten direkt in der Tabelle (Liste)

2. Man öffnet durch einen Doppelklick auf eine Zeile der Tabelle (oder über ein Kontextmenü mit der rechten Maustaste) einen Änderungsdialog.

Wir entscheiden uns für die zweite Methode. Sie ist einfacher zu implementieren und in ihrem Ablauf klarer – der Anwender muss die Daten im Änderungsdialog bewusst abspeichern, indem er auf den Button „Speichern" klickt.

Es sind nun also zwei Dinge zu erledigen: Erstens einen solchen Dialog zu programmieren, und zweitens den Doppelklick zu behandeln, beziehungsweise das Kontextmenü zu erstellen.

11.1 Den Doppelklick auf eine Tabellenzeile verarbeiten

Um einen Doppelklick auf eine Tabellenzeile (List-Item) verarbeiten zu können, muss eine solche Zeile überhaupt einmal anwählbar (selektierbar) sein, was derzeit noch nicht der Fall ist.

11.1.1 Tabellenzeilen selektierbar machen

Um eine Zeile selektierbar zu machen, ziehen wir die MFC Hilfe zu Rate und erfahren, dass man dazu das Flag LVS_EX_FULLROWSELECT setzen muss.

Natürlich erledigen wir das wieder in der Dialogmethode „OnInitDialog()", direkt nach dem Setzen des Flags für die Tabellenlinien (siehe im vorhergehenden Kapitel):

```
BOOL CDlgPerson::OnInitDialog()
{
…
    // Zeilen selektierbar machen
    m_CtrlListe.SetExtendedStyle(LVS_EX_FULLROWSELECT |
                                m_CtrlListe.GetExtendedStyle());
…
}
```

Dabei verknüpfen wir diesen neuen Stil über ein logisches „Oder" (den senkrechten Strich „|") mit den bereits bestehenden Stilen, um diese beizubehalten.

Wenn wir die Anwendung nun erstellen und dann ausführen, den Dialog öffnen und nach Daten suchen, können wir jetzt einzelne Zeilen auswählen:

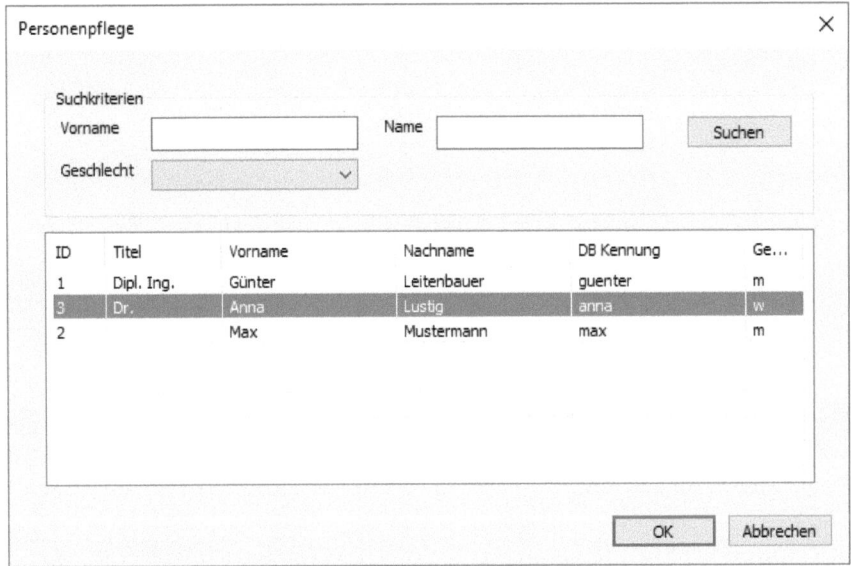

Abb. 105: Auswählbare Tabellenzeilen

Nun müssen wir auf einen Doppelklick auf eine Zeile reagieren lernen.

11.1.2 Doppelklick auf eine Tabellenzeile

Es gäbe hier die Möglichkeit, Doppelklicks im Dialog abzufangen, dann festzustellen, ob diese die Liste betreffen, und wenn ja, welche Zeile, und diese dann zu behandeln. Aber das ist fast genauso komplex, wie es sich hier liest.

Eine deutlich einfachere Lösungsmöglichkeit ist, dass wir uns eine Klasse von CListCtrl ableiten und diesen Event dort abfangen und behandeln. Wir hätten das zwar bereits im letzten Kapitel machen können, aber dieses war auch so schon recht umfangreich, weshalb wir das erst hier nachziehen.

11.1.3 Unsere eigene ListCtrl-Klasse

Um eine Klasse von CListCtrl abzuleiten, können wir wieder den Klassenassistenten bemühen, oder die Klasse manuell erstellen. Das Ergebnis sollte in jedem Fall das gleiche sein. Die Headerdatei „CVCOListCtrl.h" der neuen Klasse müsste dann wie folgt aussehen:

```
// Controlklasse fuer Tabellen (Listen)
// CVCOListCtrl.h          Deklaration
// Beschreibung:           ListCtrl mit erweiterter Funktionalitaet
// Autor:                  DI Guenter Leitenbauer
// Begin Erstellung:       2019-02-28
// Historie:
/////////////////////////////////////////////////////////////
// Globale Daten/Objekte:
//
// Globale Funktionen:
//
// Klassen:                CVCOListCtrl : public CListCtrl
//
/////////////////////////////////////////////////////////////

#pragma once
```

```
class CVCOListCtrl : public CListCtrl
{
    DECLARE_DYNAMIC(CVCOListCtrl)
public:
    CVCOListCtrl();
    virtual ~CVCOListCtrl();

protected:
    DECLARE_MESSAGE_MAP()
};
```

Und die Implementierungsdatei „CVCOListCtrl.cpp" ist ähnlich „leer", soll heißen: ohne viel Programmlogik:

```
// Controlklasse fuer Tabellen (Listen)
// CVCOListCtrl.cpp        Implementierung
// Beschreibung:           ListCtrl mit erweiterter Funktionalitaet
// Autor:                  DI Guenter Leitenbauer
// Begin Erstellung:       2019-02-28
// Historie:
////////////////////////////////////////////////////////////////////
// Globale Daten/Objekte:
//
// Globale Funktionen:
//
// Klassen:                CVCOListCtrl : public CListCtrl
//
////////////////////////////////////////////////////////////////////
#include "stdafx.h"
#include "VCO.h"
#include "CVCOListCtrl.h"

IMPLEMENT_DYNAMIC(CVCOListCtrl, CListCtrl)


CVCOListCtrl::CVCOListCtrl()
{
}


CVCOListCtrl::~CVCOListCtrl()
{
}


BEGIN_MESSAGE_MAP(CVCOListCtrl, CListCtrl)
END_MESSAGE_MAP()
// CVCOListCtrl-Meldungshandler
```

Nun fügen wir den Eventhandler für den Linksdoppelklick hinzu, zuerst im Headerfile:

```
public:
    afx_msg void OnLButtonDblClk(UINT nFlags, CPoint point);
...
```

Die Implementierungsdatei benötigt dann sowohl einen Eintrag in der Messagemap als auch den eigentlichen Methodenrumpf. Wir kennen das ja bereits:

```
BEGIN_MESSAGE_MAP(CVCOListCtrl, CListCtrl) ON_WM_LBUTTONDBLCLK()
END_MESSAGE_MAP()

...

// Doppelklick mit der linken Maustaste
void CVCOListCtrl::OnLButtonDblClk(UINT nFlags, CPoint point)
{
    // Doppelklick auf ein Listelement = Aendern

    CWnd* hParent = GetParent();
    POSITION pos = GetFirstSelectedItemPosition();
    if (pos)
    {
        // Aendern der Daten
        int nIndex = GetNextSelectedItem(pos); // Zeilenindex
        // ...
    }

    // Weiterleiten an Basisklasse:
    CListCtrl::OnLButtonDblClk(nFlags, point);
}
```

Um diese Klasse jetzt ausprobieren zu können, müssen wir alle Vorkommen von „CListCtrl" in den Dateien zum Personenpflegedialog durch „CVCOListCtrl" ersetzen. Am einfachsten geht das mit „Suchen und Ersetzen". Wir öffnen dazu die Datei „CDlgPerson.h", markieren irgendwo den zu ersetzenden Text (hier „CListCtrl") und betätigen folgende Tastenkombination: „UMSCHALT+STRG+H". Folgender Dialog öffnet sich daraufhin, wobei hier der ersetzende Text schon eingetragen wurde (das muss man selbst tun):

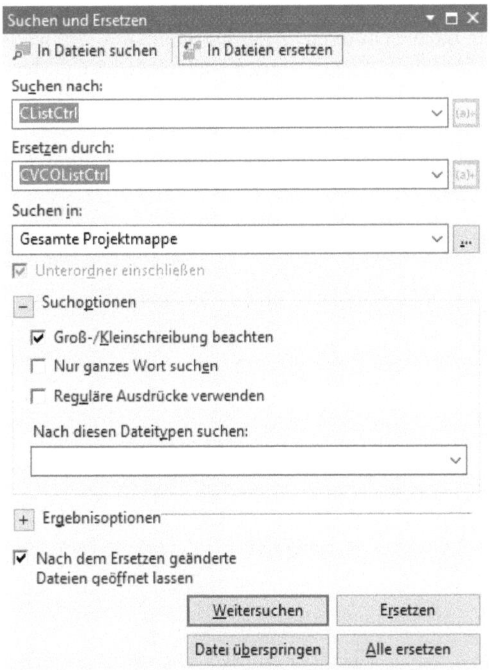

Abb. 106: Suchen und Ersetzen im Sourcecode

Es wird empfohlen, hier nicht „Alle ersetzen" anzuklicken, sondern das Ersetzen „unter Sichtkontrolle" mit dem Button „Ersetzen" durchzuführen. Nach jedem Ersetzen springt der Cursor automatisch zum nächsten Vorkommen des Textes und markiert diesen, und man kann sich entscheiden, ob man diesen ersetzen oder mit „Weitersuchen" zum nächsten springen will. Am Ende sieht das Headerfile wie folgt aus, nachdem genau eine Ersetzung vorgenommen wurde:

```
  #include "CVCOListCtrl.h"
…
private:
  CVCOListCtrl m_CtrlListe; // Ergebnistabelle
…
```

Hier haben wir manuell noch das Include des Headerfiles „CVCOListCtrl.h" ergänzt:

Wir sehen, dass der Cursor sofort in die nächste Datei („CDlgPerson.cpp") weiter gesprungen ist, und dort den nächsten Eintrag markiert hat. Wir hanteln uns mit „Ersetzen" auch durch diese Datei, bis keine Einträge von „CListCtrl" mehr gefunden werden, wobei wir natürlich Einträge in den Dateien „CVCOListCtrl.*" ignorieren. Hier ersetzen wir nichts!

> Es waren in Summe nur zwei Ersetzungen. Die könnte man natürlich auch manuell vornehmen.
>
> Wenn man „Suchen & Ersetzen" verwendet, hat man allerdings die Garantie, nichts zu übersehen, weil alle Dateien im Projekt durchsucht werden.

In Zukunft werden wir für Tabellen (Listen) natürlich immer gleich unsere eigene Klasse „CVCOListCtrl" verwenden. Wir „erwischen" jetzt also den Doppelklick des Anwenders direkt in der Tabellenklasse, und zwar auch dann, wenn diese in Zukunft in anderen Dialogen verwendet werden sollte Und dafür müssen wir dort nicht eine einzige Zeile programmieren! Was bleibt, ist die Frage: Was damit tun? Wir sind ja jetzt in der Klasse der Tabelle, ändern wollen wir diese Daten aber dann im Dialog, in dem die Tabelle eingebettet ist!

Eine Nachricht an den übergeordneten Dialog

Die Lösung ist einfach: Wir wälzen die Arbeit auf den ab, der dafür zuständig ist, den übergeordneten Dialog. Damit dieser davon auch informiert wird, wobei er natürlich auch erfahren muss, welche Daten zu ändern sind, schicken wir ihm eine Nachricht. MFC bietet uns alles, was wir dazu benötigen. Allerdings müssen wir noch definieren, wie die Nachricht heißen soll, und das machen wir am besten in einem eigenen Headerfile „VCOMessages.h":

```
// Anwendungsspezifische Windows Messages
// VCORegtexte.h          Deklaration
// Beschreibung:          Windows Messages
// Autor:                 DI Guenter Leitenbauer
// Begin Erstellung:      2019-02-28
// Historie:
//////////////////////////////////////////////////////////////
// Globale Daten/Objekte:
//
// Globale Funktionen:
//
// Klassen:
//
//////////////////////////////////////////////////////////////
#pragma once

#define WM_CHANGE_LISTENTRY        WM_USER + 101
```

"WM_USER" definiert dabei den Bereich, ab dem man gefahrlos eigene Nachrichten definieren kann, ohne die MFC-Nachrichtenbearbeitung irgendwie zu beeinflussen[62]. Natürlich müssen wir diese Headerdatei in unsere Datei „CVCOListCtrl.cpp" inkludieren, und die Eventhandlermethode um eine Zeile ergänzen:

```
#include "VCOMessages.h"
…
void CVCOListCtrl::OnLButtonDblClk(UINT nFlags, CPoint point)
{
    // Doppelklick auf ein Listelement = Aendern
    CWnd* hParent = GetParent();
    POSITION pos = GetFirstSelectedItemPosition();
    if (pos)
    {
        // Aendern der Daten
        int nIndex = GetNextSelectedItem(pos);
        hParent->SendMessage(WM_CHANGE_LISTENTRY, (WPARAM)nIndex, 0);
    }

    // Weiterleiten an Basisklasse:
    CListCtrl::OnLButtonDblClk(nFlags, point);
}
```

Jetzt ist sichergestellt, dass ein Doppelklick mit der linken Maustaste auf eine Tabellenzeile immer eine Nachricht „WM_CHANGE_LISTENTRY" an den übergeordneten Dialog zur Folge hat, wobei der Nachrichtenparameter „WPARAM" den Index der betreffenden Zeile enthält. Damit kann jeder Dialog, in dem eine Tabelle vom Typ „CVCOListCtrl" verwendet wird, auf diesen Event geeignet reagieren.

Wo liegt der Vorteil dieser Vorgangsweise?

Die gesamte Logik ist damit in der ListCtrl-Klasse programmiert worden. Diese Logik (Abfangen der Anwenderaktion, Behandeln dieses Events, Weiterleiten an den übergeordneten Dialog) kann für die Zukunft als gelöst betrachtet werden. Im übergeordneten Dialog ist nur noch das zu programmieren, wofür dieser Dialog wirklich zuständig ist: Das eigentliche Ändern der Dialogdaten. Wir werden im Kapitel 20 sehen, dass man auch für den Dialog über die Erstellung einer Dialog-Basisklasse diese Aufgabe weitgehend zentral in der Klasse durchführen kann.

11.1.4 Bearbeitung der Nachricht im Dialog

Das nächste zu lösende Problem, oder nennen wir es eher eine „Aufgabe", ist die Bearbeitung der Nachricht im Dialog. Das funktioniert analog zur Bearbeitung der Nachricht im CVCOListCtrl-Objekt. Wir sehen uns die Änderungen an, zuerst das Headerfile „CDlgPerson.h":

```
public:
afx_msg LRESULT OnChangeEntry(WPARAM wParam, LPARAM lParam);
…
```

Nun die Implementierungsdatei:

```
#include "VCOMessages.h"
…
BEGIN_MESSAGE_MAP(CDlgPerson, CDialogEx)
    …
    ON_MESSAGE(WM_CHANGE_LISTENTRY, OnChangeEntry)
```

---

[62] Ob man dabei mit WM_USER + 1 oder mit WM_USER + 101 für die eigenen Nachrichten beginnt, ist übrigens gleichgültig.

```
END_MESSAGE_MAP()

...

LRESULT CDlgPerson::OnChangeEntry(WPARAM wParam, LPARAM lParam)
{
  int iRet = 0;                     // Rueckgabewert
  int iIndex = (int)wParam;         // Index der zu aendernden Listenzeile


  // ...
  return iRet;
}
```

Damit steht das Gerüst. Wir können einfach überprüfen, ob wir diesen Punkt erreichen, wenn wir auf eine Tabellenzeile doppelklicken, indem wir hier eine Meldung ausgeben:

```
LRESULT CDlgPerson::OnChangeEntry(WPARAM wParam, LPARAM lParam)
{

  CStringA sMeld;
  sMeld.Format("Doppelklick auf den %d-ten Eintrag", iIndex + 1);
  MessageBoxA(GetForegroundWindow()->m_hWnd, sMeld, "Doppelklick!", MB_OK);
  ...
}
```

Natürlich entfernen wir diese Messagebox wieder, nachdem wir uns davon überzeugt haben, dass das funktioniert, indem wir die Anwendung erstellt, gestartet, den Dialog aufgerufen, dort die Suche durchgeführt und dann auf eine beliebige Trefferzeile doppelgeklickt haben.

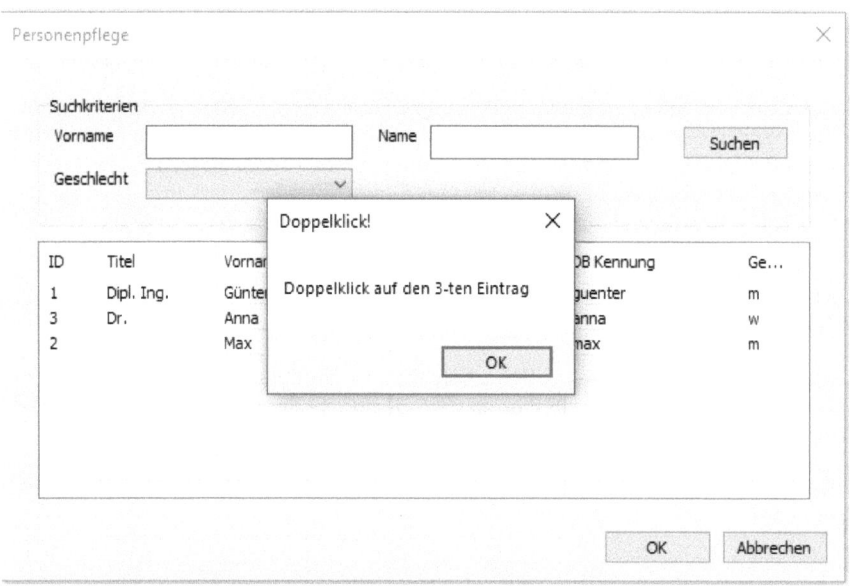

Abb. 107: Den Doppelklick auf die Tabellenzeile erwischt

Man kann übrigens versuchen, auf eine leere Zeile oder die Titelzeile zu klicken, um zu sehen, was passiert: Nichts! Genauso soll es auch sein! Jetzt können wir uns daran machen, die eigentlichen Änderungen der Daten zu programmieren.

11.2 Der Änderungsdialog

Um die Daten ändern zu können, benötigen wir einen neuen Dialog.

11.2.1 Die Dialogressource zum Ändern von Personen

Dazu entwerfen wir mit dem Ressourceneditor einen neuen Dialog „Personendaten ändern", den wir beim Doppelklick auf eine Tabellenzeile aufrufen, wobei wir die entsprechenden Daten der ausgewählten Zeile als Parameter übergeben werden. Als ID für diesen Dialog verwenden wir „IDD_DLG_PERS_AEND". Der Dialog sollte folgendes Aussehen haben:

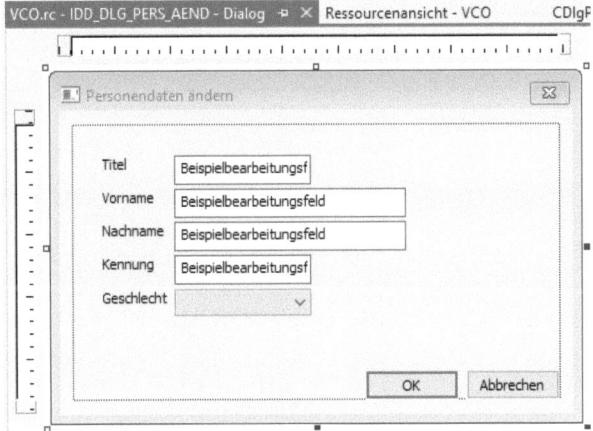

Abb. 108: Dialogentwurf zum Editieren der Personendaten

Wir nennen die Controls (von oben nach unten):

➤   IDC_PERSAEND_TITEL,

➤   IDC_PERSAEND_VNAME,

➤   IDC_PERSAEND_NNAME,

➤   IDC_PERSAEND_KENNUNG

➤   IDC_PERSAEND_G[63].

Die Combobox wurde dabei mit folgenden Listenwerten (Eigenschaft „Data") versehen: „w;m;x". Hier kommt natürlich keine Leerauswahl infrage! Nun müssen wir für diesen Dialog eine Klasse erstellen.

11.2.2 Die Dialogklasse zum Ändern von Personen

Wir gehen hier vor wie bereits beim Optionendialog und beim Personenpflegedialog:

1.   Zuerst legen wir mit dem Klassenassistenten eine neue Klasse mit dem Namen „CDlgPersEdit" an und verschieben sie im Projektmappenexplorer unter den Filter VCO.

2.   Dann fügen wir in dieser Klasse den Kommentarkopf ein.

3.   Als nächstes deklarieren wir die Attributvariablen für die Eingabefelder und verknüpfen sie durch die entsprechenden „DDX_Text()"-Aufrufe mit den Controls.

4.   Zuletzt erzeugen wir unseren Eventhandler „OnOK()" für die Behandlung eines Klicks auf den Button „OK".

Damit sehen unsere Klassendateien wie folgt aus, zuerst das Headerfile „CDlgPersEdit.h" (ohne Kommentarkopf):

---

[63] Wir haben dabei die ID nicht berücksichtigt, weil diese fortlaufende Nummer für den Anwender nicht von Interesse ist. Sie dient lediglich der eindeutigen Identifikation in der Datenbank. Man sollte Kunstschlüssel generell nach Möglichkeit vor dem Anwender verbergen.

```cpp
class CDlgPersEdit : public CDialogEx
{
    DECLARE_DYNAMIC(CDlgPersEdit)
public:
    CDlgPersEdit(CWnd* pParent = nullptr); // Standardkonstruktor
    virtual ~CDlgPersEdit();
// Dialogfelddaten
#ifdef AFX_DESIGN_TIME
    enum { IDD = IDD_DLG_PERS_AEND };
#endif
    // Eventhandler
    afx_msg void OnOK();
protected:
    virtual void DoDataExchange(CDataExchange* pDX); // DDX/DDV
    DECLARE_MESSAGE_MAP()
private:
    int         m_iID;                  // PERSONID
    CString     m_sTitel;               // IDC_PERSAEND_TITEL
    CString     m_sVorname;             // IDC_PERSAEND_VNAME
    CString     m_sNachname;            // IDC_PERSAEND_NNAME
    CString     m_sKennung;             // IDC_PERSAEND_KENNUNG
    CString     m_sGeschlecht;          // IDC_PERSAEND_G
    CComboBox   m_CtrlGeschlecht;       // IDC_PERSAEND_G
};
```

Das Implementierungsfile „CDlgPersEdit.cpp" sieht (ebenfalls ohne Kommentarkopf) wie folgt aus:

```cpp
#include "stdafx.h"
#include "VCO.h"
#include "CDlgPersEdit.h"
#include "afxdialogex.h"


IMPLEMENT_DYNAMIC(CDlgPersEdit, CDialogEx)


CDlgPersEdit::CDlgPersEdit(CWnd* pParent /*=nullptr*/)
    : CDialogEx(IDD_DLG_PERS_AEND, pParent)
{
}


CDlgPersEdit::~CDlgPersEdit()
{
}


void CDlgPersEdit::DoDataExchange(CDataExchange* pDX)
{
    CDialogEx::DoDataExchange(pDX);

    DDX_Text(pDX, IDC_PERSAEND_TITEL, m_sTitel);
    DDX_Text(pDX, IDC_PERSAEND_VNAME, m_sVorname);
    DDX_Text(pDX, IDC_PERSAEND_NNAME, m_sNachname);
```

```
  DDX_Text(pDX, IDC_PERSAEND_KENNUNG, m_sKennung);
  DDX_Text(pDX, IDC_PERSAEND_G, m_sGeschlecht);
  DDX_Control(pDX, IDC_PERSAEND_G, m_CtrlGeschlecht);
}


BEGIN_MESSAGE_MAP(CDlgPersEdit, CDialogEx)
  ON_BN_CLICKED(IDOK, &CDlgPersEdit::OnOK)
END_MESSAGE_MAP()


// CDlgPersEdit-Meldungshandler
void CDlgPersEdit::OnOK()
{
  // TODO: Fügen Sie hier Ihren Handlercode ein.
  CDialogEx::OnOK();
}
```

Bis jetzt haben wir nichts gemacht, was wir nicht bereits kennen würden. Aber nun stellt sich die Frage, wie wir die Daten aus dem Personenpflegedialog in den Änderungsdialog bekommen.

11.2.3 Übergabe der zu ändernden Daten

Natürlich könnte man die entsprechenden Daten (ID, Titel, Vorname, Nachname, Kennung und Geschlecht) einzeln als Parameter dem Konstruktor der Dialogklasse übergeben. Aber das hat einige Nachteile:

➢ Der Konstruktor wird aufgrund der vielen Parameter sehr unübersichtlich, der Aufruf ebenso – man denke an Dialoge, die deutlich mehr als nur fünf Eingabefelder besitzen.

➢ Bei späteren Erweiterungen muss der Konstruktor in Deklarations- und Implementierungsdateien geändert werden, ebenso jeder Aufruf des Dialogs.

➢ Viele Parameter sind stets eine Fehlerquelle (Verwechslungsgefahr)

Wir benötigen daher eine andere Lösungsmöglichkeit für dieses Problem.

Eine reine Datenklasse für die Personendaten

Wir deklarieren eine eigene Datenstruktur für unsere Personendaten. Man kann dies als C++ „struct" machen oder als C++ „class". Der Unterschied ist nur die Bezeichnung, weshalb wir bei der Klassendeklaration bleiben. Diese Deklaration könnte man gut als zusätzliche Deklaration in der Datei „CDlgPersEdit.h" unterbringen, aber man sollte aus Gründen der Modularität[64] jeder Klasse stets eine eigene Datei gönnen.

Wir erzeugen daher eine neue Klasse „CDataPerson", wobei das „Data" darauf hinweist, dass es sich um eine reine Datenklasse handelt. Die Headerdatei „CDataPerson.h" sieht dann wie folgt aus (wieder ohne Kommentarkopf):

```
class CDataPerson
{
public:
  CDataPerson();
  virtual ~CDataPerson();

  // Datenklasse fuer Tabelle VCO_PERSON
```

---

[64] Wenn man im Code diese neue Klasse verwenden will, muss man die entsprechende Deklarationsdatei inkludieren. Damit würde man, wenn wir beide Klassen in einer Datei deklarieren, auch alle Deklarationen der anderen Datei mitinkludieren und mitkompilieren. Das würde die Objektdateien nur sinnlos aufblähen.

```
    int         m_iID;              // PERSONID
    CString     m_sTitel;           // TITEL
    CString     m_sVorname;         // VORNAME
    CString     m_sNachname;        // NAME
    CString     m_sKennung;         // DBKENNUNG
    CString     m_sGeschlecht;      // GESCHLECHT
};
```

Dabei fällt uns auf, dass wir die Attribute hier öffentlich deklariert haben. In diesem Fall ist das in Ordnung, weil es ja eine reine Datenstruktur ohne jede weitere Funktionalität sein soll. Die Implementierungsdatei ist noch kürzer, sie beinhaltet ja keinerlei „Intelligenz":

```
#include "stdafx.h"
#include "CDataPerson.h"


CDataPerson::CDataPerson()
{
}


CDataPerson::~CDataPerson()
{
}
```

Übergabe der Daten an den Dialog

Jetzt können wir die Daten einfach als ein Objekt der obigen Klasse übergeben, wozu wir aber noch den Konstruktor der Dialogklasse „CDlgPersEdit.h" ändern müssen:

```
class CDlgPersEdit : public CDialogEx
{
…
public:
    CDlgPersEdit(
        const CDataPerson& daten,    // zu editierende Daten
        CWnd* pParent = nullptr      // Parentwindow
    );
```

In der Implementierungsdatei „CDlgPersEdit.cpp" passen wir den Konstruktor natürlich auch an:

```
CDlgPersEdit::CDlgPersEdit(
    const CDataPerson& daten,        // zu editierende Daten
    CWnd* pParent /*=nullptr*/       // Parentwindow
)
    : CDialogEx(IDD_DLG_PERS_AEND, pParent)
{
    m_iID = daten.m_iID;
    m_sTitel = daten.m_sTitel;
    m_sVorname = daten.m_sVorname;
    m_sNachname = daten.m_sNachname;
    m_sKennung = daten.m_sKennung;
    m_sGeschlecht = daten.m_sGeschlecht;
}
```

Der eigentliche Dialogaufruf sieht im Personenpflegedialog (CDlgPerson.cpp) dann wie folgt aus:

```
#include "CDataPerson.h"
#include "CDlgPersEdit.h"
…
LRESULT CDlgPerson::OnChangeEntry(WPARAM wParam, LPARAM lParam)
{
    int iRet = 0;              // Rueckgabewert
    int iIndex = (int)wParam;  // Index der zu aendernden Listenzeile

    CDataPerson daten; // Datenobjekt anlegen
    // Daten zuweisen
    daten.m_iID = _ttoi(m_CtrlListe.GetItemText(iIndex, 0));
    daten.m_sTitel = m_CtrlListe.GetItemText(iIndex, 1);
    daten.m_sVorname = m_CtrlListe.GetItemText(iIndex, 2);
    daten.m_sNachname = m_CtrlListe.GetItemText(iIndex, 3);
    daten.m_sKennung = m_CtrlListe.GetItemText(iIndex, 4);
    daten.m_sGeschlecht = m_CtrlListe.GetItemText(iIndex, 5);

    // Aenderungsdialog aufrufen
    CDlgPersEdit dlg(daten);
    dlg.DoModal();

    // Aenderungen sind nun in der DB abgespeichert (MB_OK)
    // diese Aenderungen in die Tabelle uebernehmen

    return iRet;
}
```

Wenn wir jetzt unsere Anwendung einmal erstellen, aufrufen, den Personenpflegedialog auswählen und dort die Suche durchführen und dann auf eine Tabellenzeile doppelklicken, sieht das schon sehr gut aus:

Abb. 109: Dialog zum Editieren der Personendaten

Allerdings ist natürlich die Auswahl in der Combobox für das Geschlecht noch nicht erfolgt. Wenn wir uns an den Pflegedialog im letzten Kapitel erinnern, wissen wir, dass wir diese Auswahl am besten in der Methode „OnInit-Dialog()" vornehmen, die wir allerdings erst mit den Klassenassistenten hinzufügen müssen. Die betreffenden Änderungen sehen dann wie folgt aus. Betrachten wir zuerst das Headerfile „CDlgPersEdit.h":

```
public:
…
    // Ueberschreibungen
```

```
   virtual BOOL OnInitDialog();
…
```

Und die Implementierung dieser Comboboxenauswahl im Quellcodefile „CDlgPersEdit.cpp" lautet:

```
BOOL CDlgPersEdit::OnInitDialog()
{
   CDialogEx::OnInitDialog();
   m_CtrlGeschlecht.SelectString(-1, m_sGeschlecht);


   return TRUE;  // return TRUE
}
```

Damit sind alle Daten korrekt übernommen worden und werden im Dialog angezeigt. Allerdings könnte der Anwender derzeit noch Daten in diese Felder eingeben, die zu lang sind, um sie in den entsprechenden Datenbankfeldern unterzubringen. Auch das kann man unterbinden:

Datenlänge von Eingabefeldern begrenzen

Eingabefelder sind mit Klassen vom Typ „CEdit" verbunden. Diese Klasse stellt unter anderem eine Methode zur Verfügung, mit der man die maximal eingebbare Datenlänge einer Zeichenkette limitieren kann. Diese Methode heißt dementsprechend „CEdit::SetLimitText(int iLen)". Um sie aufrufen zu können, muss man natürlich je eine Controlvariable deklarieren und mit „DDX_Control()" mit dem Eingabefeld verbinden. Das Headerfile:

```
private:
…
   CComboBox    m_CtrlGeschlecht;    // IDC_PERSAEND_G
   CEdit        m_CtrlTitel;         // IDC_PERSAEND_TITEL
   CEdit        m_CtrlVorname;       // IDC_PERSAEND_VNAME
   CEdit        m_CtrlNachname;      // IDC_PERSAEND_NNAME
   CEdit        m_CtrlKennung;       // IDC_PERSAEND_KENNUNG
…
```

Und das Implementierungsfile:

```
void CDlgPersEdit::DoDataExchange(CDataExchange* pDX)
{
…
   DDX_Control(pDX, IDC_PERSAEND_TITEL, m_CtrlTitel);
   DDX_Control(pDX, IDC_PERSAEND_VNAME, m_CtrlVorname);
   DDX_Control(pDX, IDC_PERSAEND_NNAME, m_CtrlNachname);
   DDX_Control(pDX, IDC_PERSAEND_KENNUNG, m_CtrlKennung);
}
…
BOOL CDlgPersEdit::OnInitDialog()
{
   CDialogEx::OnInitDialog();

   m_CtrlGeschlecht.SelectString(-1, m_sGeschlecht);

   // Datenlaengen begrenzen
   m_CtrlTitel.SetLimitText(20);
   m_CtrlVorname.SetLimitText(40);
   m_CtrlNachname.SetLimitText(40);
```

```
  m_CtrlKennung.SetLimitText(32);

  return TRUE;  // return TRUE
}
```

Damit ist nun auch sichergestellt, dass der Anwender keine zu langen Daten in die betreffenden Felder eintragen kann.

11.2.4 Hart kodierte Konstanten

Wir haben in dieser Implementierung an einigen Stellen Zahlenkonstanten direkt in den Code geschrieben, und zwar an folgenden Stellen:

➢ Bei den Textlängenlimitierungen der Eingabefelder in der Methode „CDlgPersEdit::OnInitDialog()"

➢ Bei den Spaltenbreitenfestlegungen für die Tabelle in der Methode „CDlgPerson::OnInitDialog()"

➢ Beim Hinzufügen der geholten Werte der Suchabfrage zur Tabelle in der Methode „CDlgPerson::DoSearch()", und zwar bei den Anweisungen „m_CtrlListe.SetItemText(iCount,1,sVal)", etc.

➢ Beim Zuweisen der Tabelleneinträge zur Datenstruktur in der Methode „CDlgPerson::OnChangeEntry()"

Solche „hart codierten" Zahlen („magic numbers") sollte man tunlichst vermeiden. Es wäre viel günstiger, diese Zahlen im jeweiligen Headerfile als Konstante zu definieren und diese Konstante dann im Code zu verwenden. Wir tun das hier lediglich aus Gründen der Übersichtlichkeit nicht!

11.3 Abspeichern der Änderungen in die Datenbank

Was können wir mit unserem Personenpflegedialog bislang?

➢ Wir können mit einem Doppelklick auf eine Tabellenzeile den Bearbeitungsdialog öffnen.

➢ Wir können die Daten der doppelgeklickten Tabellenzeile dem Bearbeitungsdialog übergeben und dort anzeigen

➢ Wir können die Daten im Bearbeitungsdialog editieren

Was wir noch nicht können, ist das Abspeichern der editierten Daten in die Datenbank. Aber auch das ist keine Hexerei. Immerhin sind die Schritte die gleichen wie bei der Abfrage:

➢ Erstellen des SQL Statements zum Ändern

➢ Ausführen des SQL Statements

➢ Überprüfen, ob das Ändern funktioniert hat

11.3.1 Zusammenbau des SQL Statements zum Ändern

Ein SQL Updatestatement hat immer die Form:

```
update VCP_PERSON
set NAME='Huber', VORNAME='Ernst'
where ID=3;
```

Wir müssen also folgende Aufgaben durchführen:

➢ Die Daten nach dem „=" durch die Daten ersetzen, die derzeit in den Controls des Dialog stehen

➢ Das Where-Statement so aufbauen, dass der richtige (und nur dieser) Datensatz geändert wird.

Wenn wir das alles korrekt machen, müsste Oracle genau einen geänderten Datensatz zurückmelden, was wir auch überprüfen werden[65], bevor wir ein „commit" absetzen. Somit sieht die Methode zum Ändern wie folgt aus. Das Headerfile „CDlgPersEdit.h":

```
private:
  // Methoden
  bool DoUpdate();   // UPDATE in der Datenbank durchfuehren
```

Und die Implementierungsdatei „CDlgPersEdit.cpp":

```
#include "CVCODB.h"
…
// UPDATE in der Datenbank durchfuehren
bool CDlgPersEdit::DoUpdate()
{
  bool bRet = false; // Rueckgabewert
  CWaitCursor wait;   // Sanduhr

  // 1. Statement aufbauen:
  CString sStmt;
  sStmt.Format(_T("update VCO_PERSON set TITEL='%s', NAME='%s', \
VORNAME='%s',DBKENNUNG='%s',GESCHLECHT='%s' where PERSONID=%d"),
m_sTitel, m_sNachname, m_sVorname, m_sKennung, m_sGeschlecht, m_iID);

// 2. Datenbankobjekt erzeugen:
  CVCODB* pDB = new CVCODB;
  if (pDB)
  {
      Statement* pSt = pDB->DoSelect(sStmt);// sStmt ausfuehren
      if (pSt)      // Aendern erfolgreich?
      {
              // Anzahl der geaenderten Datensaetze
              int iNumRows = pSt->GetAffectedRows();
              if (iNumRows == 1)   // muss 1 sein!
              {
                      // Aenderung bestaetigen
                      pDB->GetConnection()->Commit();
                      bRet = true;
              }
              else
              {
                      // alle ev. Aenderungen verwerfen
                      pDB->GetConnection()->Rollback();
                      bRet = false;
              }
              delete pSt;   // Freigabe nicht vergessen
      }
```

---

[65] Es wäre äußerst unangenehm, wenn die Datenbank zum Beispiel aufgrund eines Fehlers in der Where-Klausel „126784 Datensätze geändert" zurückmeldet, und wir mit einem „commit" dafür sorgen, dass alle 126784 Personen in der Personentabelle auf einen Schlag den gleichen Vornamen bekommen, wo wir doch nur den Vornamen einer Person ändern wollten, zumal so ein Fehler auch nicht mehr rückgängig zu machen wäre!

```
       delete pDB;              // DB Objekt freigeben
   }
   return bRet;
}
```

Dabei fällt auf, dass wir die Methode „CVCODB::DoSelect()" aufgerufen haben, die doch zum Suchen von Datensätzen erstellt wurde?

Da diese Methode einfach ein SQL Kommando ausführt (und sich nicht darum kümmert, welches) kann sie natürlich auch für ändernde Kommandos verwendet werden. Wir sollten sie also korrekterweise „DoSQL()" nennen, werden den Methodennamen jetzt aber nicht mehr ändern.

Mit der Methode „Statement::GetAffectedRows()" können wir abfragen, wie viele Zeilen verändert worden sind. Das Ergebnis muss 1 sein, nur dann bestätigen wir die Änderung mit der Methode „Connection::Commit()", andernfalls machen wir die Änderung mit „Connection::Rollback()" rückgängig. Je nach Ergebnis gibt die Methode dann „true" oder „false" (im Fehlerfall) als Ergebnis zurück.

11.3.2 Ausführen des SQL Statements und Fehlerbehandlung

Die eigentliche Ausführung erfolgte ja in der Methode „DoUpdate()". Wenn diese fehlschlägt, gibt sie „false" zurück. In diesem Falle ist eine Fehlermeldung nötig.

Natürlich haben wir die beiden Konstanten vorher zum Stringtable hinzugefügt:

| IDS_TIT_DB | 318 | Datenbank |
| IDS_MSG_UPDATEFAIL | 319 | Das Ändern in der Datenbank ist fehlgeschlagen! |

Die Methode „OnOK()" sieht daher wie folgt aus:

```
void CDlgPersEdit::OnOK()
{
   // Eingabewerte uebernehmen
   UpdateData(TRUE);

   // geaenderte Daten abspeichern
   if (DoUpdate())
   {
      // Abspeichern gutgegangen
      CDialogEx::OnOK();
   }
   else
   {
      // Abspeichern fehlgeschlagen
      CStringA sMeldung, sTitel;
      sTitel.LoadStringW(IDS_TIT_DB);
      sMeldung.LoadStringW(IDS_MSG_UPDATEFAIL);
      MessageBoxA(GetForegroundWindow()->m_hWnd, sMeldung, sTitel, MB_ICONERROR);
      CDialogEx::OnCancel();
   }
}
```

11.4 Zurück in den Personenpflegedialog

Nachdem wir im Änderungsdialog nun die Daten editiert, und in der Folge auch mit einem Klick auf „OK" in die Datenbank abgespeichert und den Dialog damit geschlossen haben, müssen wir jetzt lediglich noch die Anzeige der geänderten Daten in der Tabelle aktualisieren. Dazu gibt es zwei Möglichkeiten:

1. Wir können die entsprechenden Tabellenspalten selbst mit der Methode „SetItemText()" ändern, müssen uns dann aber die geänderten Daten vom (geschlossenen aber immer noch existenten[66]) Änderungsdialog übergeben lassen.

2. Wir rufen einfach noch einmal die Suchmethode „DoSearch()" auf.

Die zweite Variante ist natürlich deutlich einfacher, hat aber eine erneute Datenbanksuche zur Folge, die klarerweise etwas Zeit benötigt. Grundsätzlich sollte man unnötige Datenbankabfragen vermeiden. Wir machen hier eine Ausnahme, um dieses Kapitel so einfach wie möglich zu halten. Damit ist dann im Quellcodefile „CDlgPerson.cpp" nur eine einzige Zeile zu ergänzen:

```
LRESULT CDlgPerson::OnChangeEntry(WPARAM wParam, LPARAM lParam)
{
…

  // Aenderungsdialog aufrufen
  CDlgPersEdit dlg(daten);
  dlg.DoModal();

  // Aenderungen sind nun in der DB abgespeichert (MB_OK)
  // diese Aenderungen in die Tabelle uebernehmen
  // am einfachsten, in dem man DoSearch() aufruft
  DoSearch();

  return iRet;
}
```

Nun erstellen wir das Projekt und versuchen einige Daten in der Tabelle per Doppelklick zu ändern. Das war jetzt gar nicht so kompliziert, oder?

11.5 Zusammenfassung

Nun können wir also Daten im Dialog ändern und diese Änderungen in die Datenbank übernehmen. Dazu haben wir uns erarbeitet,

➤ wie man auf einen Doppelklick auf eine Zeile der Tabelle reagiert

➤ wie man Windows Messages behandelt

➤ wie man eine abgeleitete MFC-Control-Klasse erstellt und anpasst

➤ wie man einen Änderungsdialog erstellt und die Daten an diesen Dialog übergibt

➤ wie man für die Tabelle ein Kontextmenü erstellt und zuordnet

➤ wie man Änderungen in die Datenbank übernimmt und das Ergebnis auswertet

Im nächsten Kapitel werden wir den letzten noch offenen Punkt behandeln: Das Einfügen neuer Datensätze in Tabelle und Datenbank.

---

[66] Auch nach „OnOK()" existiert das Dialogobjekt noch, selbst wenn der Dialog schon geschlossen wurde. Das Dialogobjekt hört erst auf zu existieren, wenn sein Destruktor (am Ende des Blocks, indem es angelegt worden ist) aufgerufen worden ist, oder wenn es mit „delete" explizit zerstört wurde (auch dann erfolgt ein Destruktoraufruf).

12 Einen neuen Datensatz erstellen

Nachdem wir nun Datensätze suchen, anzeigen und sogar ändern können, fehlt nur noch, auch neue Datensätze im Dialog erzeugen und in die Datenbank einfügen zu können. Bevor wir uns an die dafür nötigen Arbeiten in der Anwendung machen, werden wir einen kurzen Ausflug in die Datenbankwelt machen, um uns die für unser Vorhaben nötigen Grundlagen zu erarbeiten.

12.1 Eindeutige Kunstschlüssel

Datensätze in Tabellen in einer relationalen Datenbank müssen stets eindeutig identifizierbar sein. Das kann über eine eindeutige natürliche Eigenschaft der Fall sein, oder auch einfach über eine erfundene Zeichenkombination, einen sogenannten Kunstschlüssel. Die einfachste Variante eines Kunstschlüssels ist eine fortlaufende Nummerierung der Datensätze. Die meisten Kundennummern bei Versandfirmen sind nichts anderes als solche künstlichen Identifikatoren.

In unserer Tabelle VCO_PERSON ist die Spalte PERSONID ein derartiger Kunstschlüssel. Hier bekommt jeder neue Eintrag einfach die nächsthöhere Nummer. Dabei werden für gelöschte Einträge alte Nummern nicht neu vergeben. Und natürlich sind „Lücken" in der Nummerierung ebenfalls kein Problem, zumal man Kunstschlüssel normalerweise dem Anwender nicht anzeigen wird[67].

Leider bieten relationale Datenbanken üblicherweise keine automatische Vergabe solcher Kunstschlüssel an. Dafür stellen sie uns aber ein anderes, brauchbares Hilfsmittel zur Verfügung: Sequenzen.

12.1.1 Sequenzen

Sequenzen sind nichts anderes als Zähler, deren Wert bei jeder Abfrage um den Wert 1 erhöht wird, wobei vollkommen egal ist, was der Abfragende mit dem Wert anstellt. Daher sind Sequenzen ideal dafür geeignet, den nächsten freien Kunstschlüssel zu ermitteln. Wie wird eine Sequenz in einer Datenbank angelegt? Das veranschaulicht das folgende Listing:

```
-- Sequenz SEQ_VCO_PERSON
CREATE SEQUENCE SEQ_VCO_PERSON start with 100;
CREATE PUBLIC SYNONYM SEQ_VCO_PERSON for VCO.SEQ_VCO_PERSON;
GRANT SELECT on SEQ_VCO_PERSON to VCO_USER;
```

Hier wurde eine Sequenz mit dem Namen „SEQ_VCO_PERSON" definiert, deren Zähler bei 100[68] beginnen soll. Danach wurde ein öffentlich sichtbarer Name für diese Sequenz erstellt, und der Rolle „VCO_USER" das Abfragerecht auf die Sequenz zugewiesen. Will man diese Sequenz jetzt benutzen, dann muss man nur eine einfache Abfrage durchführen, zum Beispiel in SQL*Plus:

```
SQL> select SEQ_VCO_PERSON.NEXTVAL from dual;

   NEXTVAL
----------
       100
SQL>
```

Dabei ermittelt die Funktion „NEXTVAL" der Sequenz den nächsten Wert und gibt ihn zurück. „FROM dual" ist dabei eine Art Platzhalter. „DUAL" ist eine in Oracle stets vorhandene Dummytabelle mit genau einer Spalte und einem Datensatz. Da ein „SELECT" immer auch ein „FROM" braucht, ist dieses Konstrukt nötig.

---

[67] Prominente Beispiele von Kunstschlüsseln, die eine reale Bedeutung bekommen, sind die Sozialversicherungsnummern oder auch Kundennummern.

[68] Das ist insofern klug, weil wir schon drei Datensätze mit Kunstschlüsseln unter 100 in unserer Tabelle eingetragen haben.

Interessant ist dabei, dass, wenn wir die gleiche Abfrage erneut ausführen, das Ergebnis ein anderes ist:

```
SQL> select SEQ_VCO_PERSON.NEXTVAL from dual;


  NEXTVAL
----------
      101
SQL>
```

Wir sehen also: Die Sequenz sorgt dafür, dass nicht zweimal die gleiche Zahl zurückgegeben wird. Das ist genau das, was wir für unsere Kunstschlüssel benötigen![69]

12.1.2 Erweiterung unserer Datenbankklasse

Wir erweitern daher die Klasse „CVCODB" um eine Methode, die uns für einen Tabellennamen „XXX" den nächsten Wert der zugehörigen Sequenz zurückgibt, wobei diese Methode voraussetzt, dass zu jeder Tabelle „XXX" eine entsprechende Sequenz mit dem Namen „SEQ_XXX" angelegt worden ist. Das Headerfile „CVCODB.h" ist dann wie folgt zu erweitern:

```
public:

…

  int GetNextID(CString sTab);       // Kunstschluessel holen
…
```

Die Implementierung ist auch nicht sehr schwierig, wie der Ausschnitt aus der Datei „CVCODB.cpp" zeigt:

```
int CVCODB::GetNextID(CString sTab)
{
  int iID = 0;               // neuer Schluessel
  CWaitCursor wait;          // Sanduhr

  CString sStmt;
  sStmt.Format(_T("select SEQ_%s.NEXTVAL from dual"), sTab);
  Statement* pSt = DoSelect(sStmt);
  if (pSt)
  {
      Resultset rs = pSt->GetResultset();
      while (rs++)
      {
          iID = rs.Get<UINT>(1);
      }
  }

  return iID; // 0 bei Fehler
}
```

Wenn die Methode einen Wert ungleich 0 zurückgibt, war sie erfolgreich. Dies abzuprüfen liegt in der Verantwortung des Programmierers.

Wir sind jetzt zum Einfügen neuer Datensätze zumindest datenbanktechnisch gerüstet. Welche Erweiterungen und Änderungen benötigen wir aber in der Anwendung?

---

[69] Wenn jemand allerdings die Kunstschlüssel in einer Tabelle manuell ändert, also beispielsweise den Wert 100 bereits benutzt hat, wird das Einfügen des Datensatzes mit dem Kunstschlüssel 100 scheitern. Aber IDs manipuliert man eben auch nicht!

12.2 Der Einfügedialog

Was muss ein Dialog können, mit dem wir einen neuen Datensatz in die Tabelle „VCO_PERSON" einfügen können sollen?

Im Wesentlichen das Gleiche wie der Änderungsdialog, den wir im letzten Kapitel realisiert haben: Man muss
damit die nötigen Daten eingeben bzw. auswählen können. Fragen wir daher einmal umgekehrt: Wodurch unterscheidet sich dieser Dialog vom Änderungsdialog?

➢ Der Dialog muss eine eindeutige ID für den neuen Datensatz ermitteln können

➢ Der Dialog muss ein INSERT statt eines UPDATE aufrufen

➢ Er bekommt beim Öffnen keine bestehenden Daten übergeben

➢ Der Dialogtitel „Personendaten ändern" ist unpassend

Das sind dann aber auch schon alle Unterschiede. Es wäre somit umständlich, hier einen vollkommen neuen Dialog zu erstellen. Stattdessen werden wir den bestehenden Dialog erweitern, sodass er auch das Neuanlegen von
Datensätzen durchführen kann. Als Erstes aber müssen wir uns darüber Gedanken machen, wie man die Neuanlage eines Datensatzes am besten initiiert. Auch dafür gibt es verschiedene Möglichkeiten. Auf jeden Fall sollte dies
aus dem Personenpflegedialog erfolgen:

➢ Man könnte zum Beispiel einen Button „Neu" im Personenpflegedialog erstellen

➢ Die Neuanlage könnte auch über ein Kontextmenü (Rechtsklick) auf die Tabelle im Personenpflegedialog
   erfolgen

Beide Möglichkeiten sind in Ordnung. Idealerweise wird man sogar beide Varianten parallel einsetzen. Wir entscheiden uns hier aber für die erste Möglichkeit.

12.2.1 Button „Neu" im Dialog „Personenpflege"

Wir erweitern den Dialog im Ressourceneditor mit einem Button „Neu". Der Dialog sieht nun wie folgt aus:

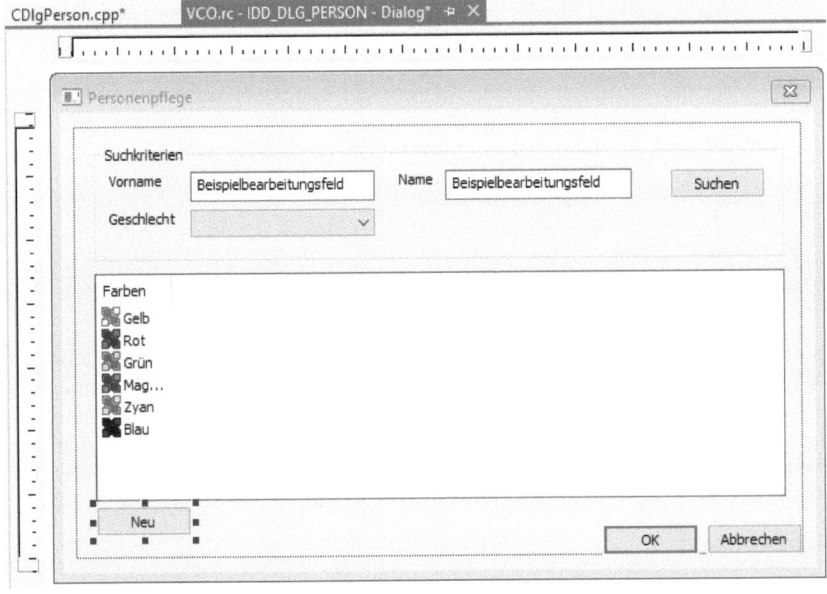

Abb. 110: Der Button „Neu"

In den Eigenschaften des Buttons klicken wir auf den gelben Blitz (Steuerelementereignisse) und tippen neben
„BN_CLICKED" den Namen der Eventhandlermethode ein, die wir erzeugen möchten. Wir nennen diese Metho-

de „OnNew()". Nach Betätigen der Taste ENTER hat der Assistent diese Methode deklariert, und zeigt uns ihren (noch ohne viel Code ausgestatteten) Funktionsrumpf an.

Die Änderungen im Einzelnen, zuerst in der Headerdatei „CDlgPerson.h":

```
public:
    afx_msg void OnNew();
```

Und auch in der Quellcodedatei „CDlgPerson.cpp" gibt es natürlich Änderungen:

```
BEGIN_MESSAGE_MAP(CDlgPerson, CDialogEx)
…

    ON_BN_CLICKED(IDC_PERSON_NEU, &CDlgPerson::OnNew)
END_MESSAGE_MAP()
…
void CDlgPerson::OnNew()
{
    // TODO: Fügen Sie hier Ihren Handlercode ein.
}
```

Wie wird nun dieser Handlercode aussehen, den wir ergänzen müssen?

Wir werden hier, ähnlich wie in der Methode „OnChangeEntry()" den Dialog aufrufen, mit dem wir die Daten neu eingeben. Im Unterschied zum Ändern werden wir allerdings kein Datenobjekt übergeben, beziehungsweise übergeben wir ein Datenobjekt mit der ID „-1". Daran kann der aufgerufene Dialog feststellen, dass wir einfügen wollen, und nicht etwa ändern. Den Änderungsdialog müssen wir dann etwas adaptieren, aber dazu später. Zuerst implementieren wir den Aufruf:

```
void CDlgPerson::OnNew()
{
    CDataPerson daten; // Datenobjekt anlegen

    daten.m_iID = -1;  // Einfuegen statt Aendern

    // Aenderungsdialog aufrufen
    CDlgPersEdit dlg(daten);
    dlg.DoModal();

    // Neuer Datensatz ist in der DB
    // Tabelle aktualisieren
    DoSearch();
}
```

Wenn wir jetzt die Anwendung erstellen, können wir bereits mit dem Button „Neu" den Änderungsdialog mit leeren Datenfeldern aufrufen. Würden wir allerdings dort Daten eingeben und auf „OK" klicken, wäre eine Oracle-Fehlermeldung die Folge, weil natürlich kein Datensatz mit der PERSONID = -1 existiert, und weil der Änderungsdialog versuchen würde, auf diese nicht existente ID ein UPDATE durchzuführen. Wir haben also in diesem Dialog noch ein wenig Arbeit zu erledigen.

12.2.2 Änderungen im Eingabedialog

Im Konstruktor der Dialogklasse „CDlgPersEdit" müssen wir feststellen, ob der Dialog zum Ändern oder zum Neuanlegen aufgerufen wurde. Dies werden wir uns dann in einem Attribut merken. Daher ergänzen wir im Headerfile „CDlgPersEdit.h" zuerst das Attribut:

```
private:
    bool m_bInsert;    // Aendern (false) oder Neuanlage (true)
```

Den Konstruktor erweitern wir daraufhin in der Implementierungsdatei „CDlgPersEdit.cpp" wie folgt:

```
CDlgPersEdit::CDlgPersEdit(
    const CDataPerson& daten,        // zu editierende Daten
    CWnd* pParent /*=nullptr*/       // Parentwindow
)
    : CDialogEx(IDD_DLG_PERS_AEND, pParent)
{
    m_iID = daten.m_iID;
    if (m_iID == -1)
    {
        // Neuanlage eines Datensatzes
        m_bInsert = true;
    }
    else
    {
        // Aendern eines Datensatzes
        m_bInsert = false;
        m_sTitel = daten.m_sTitel;
        m_sVorname = daten.m_sVorname;
        m_sNachname = daten.m_sNachname;
        m_sKennung = daten.m_sKennung;
        m_sGeschlecht = daten.m_sGeschlecht;
    }
}
```

Nun deklarieren wir im Headerfile eine neue private Methode „DoInsert()" analog zur Methode „DoUpdate()", mit der wir später das eigentliche Einfügen in die Datenbank durchführen werden:

```
private:
    // Methoden
    bool DoUpdate();         // UPDATE in der Datenbank durchfuehren
    bool DoInsert();         // INSERT in der Datenbank durchfuehren
```

In der Quellcodedatei ist diese Funktion (derzeit noch) lediglich ein Rumpf. Das stört uns aber im Moment nicht, Wir werden sie später mit der nötigen Funktionalität ausstatten:

```
// INSERT in der Datenbank durchfuehren
bool CDlgPersEdit::DoInsert()
{
    bool bRet = false; // Rueckgabewert

    return bRet;
}
```

Jetzt müssen wir uns noch um den Eventhandler beim Klicken auf den Button „OK" kümmern, den wir ebenfalls erweitern:

```
void CDlgPersEdit::OnOK()
{
    // Eingabewerte uebernehmen
    UpdateData(TRUE);
    bool bRet = true;         // Ergebnis der DB Operation
```

```
if (m_bInsert)
{
    // Einfuegen eines neuen Datensatzes
    bRet = DoInsert();
}
else
{
    // geaenderte Daten abspeichern
    bRet = DoUpdate();
}

// Fehlerbehandlung
if (bRet)
{
    // Abspeichern gutgegangen
    CDialogEx::OnOK();
}
else
{
    // Abspeichern fehlgeschlagen
    CStringA sMeldung, sTitel;
    sTitel.LoadStringW(IDS_TIT_DB);
    sMeldung.LoadStringW(IDS_MSG_UPDATEFAIL);
    MessageBoxA(GetForegroundWindow()->m_hWnd, sMeldung, sTitel, MB_ICONERROR);
    CDialogEx::OnCancel();
}
}
```

Damit ist die grundlegende Logik des Dialogs fertiggestellt, uns bleiben nur noch zwei zu erledigende Aufgaben. Die erste Aufgabe ist, den Dialogtitel im Falle des Neuanlegens zu ändern. Der lautet ja bislang „Personendaten ändern". Das können wir nicht im Konstruktor machen, weil da die Windowselemente noch nicht vollständig erzeugt worden sind. Es würde also unser Programm abstürzen lassen. Daher machen wir das am Ende der Methode „OnInitDialog()", die wir ja schon vom letzten Kapitel kennen:

```
BOOL CDlgPersEdit::OnInitDialog()
{
...

    if (m_bInsert)
    {
        // Dialogtiteltext ändern:
        SetWindowTextW(_T("Neue Person anlegen"));
    }
    return TRUE;  // return TRUE
}
```

Jetzt fehlt uns nur noch das eigentliche INSERT in der Datenbank.

12.2.3 Die Methode „DoInsert()"

Diese Methode bauen wir sehr ähnlich zur Methode „DoUpdate()" auf. Allerdings weicht die Syntax der Datenbankanweisung „INSERT" etwas von der einer Update-Anweisung ab, und wir benötigen auch noch einen eindeutigen Wert für die PERSONID des neuen Datensatzes. Die Methode sieht daher wie folgt aus:

```
// INSERT in der Datenbank durchfuehren
bool CDlgPersEdit::DoInsert()
{
   bool bRet = false;          // Rueckgabewert
   CWaitCursor wait;           // Sanduhr
   CVCODB* pDB = new CVCODB;
   if (pDB)
   {
        // 1. eindeutige ID ermitteln
        m_iID = pDB->GetNextID(_T("VCO_PERSON"));
        if (m_iID > 0)
        {
          // ID konnte ermittelt werden, Statement nun aufbauen
          CString sStmt;
          sStmt.Format(_T("insert into VCO_PERSON (PERSONID, TITEL, NAME, VORNAME, \
DBKENNUNG, GESCHLECHT) VALUES (%d, '%s', '%s', '%s', '%s', '%s')"),
m_iID, m_sTitel, m_sNachname, m_sVorname, m_sKennung, m_sGeschlecht);

          // Einfuegen durchfuehren
          Statement* pSt = pDB->DoSelect(sStmt);     // sStmt ausfuehren
          if (pSt)        // Aendern erfolgreich?
          {
               // Anzahl der eingefuegten Datensaetze
               int iNumRows = pSt->GetAffectedRows();
               if (iNumRows == 1)     // muss 1 sein!
               {
                    // Einfuegen bestaetigen
                    pDB->GetConnection()->Commit();
                    bRet = true;
               }

               delete pSt;    // Freigabe nicht vergessen
          }
        }
        delete pDB;           // DB Objekt freigeben
   }

   return bRet;
}
```

Dabei fällt auf, dass wir das „Rollback()" im Falle eines fehlerhaften Inserts weggelassen haben. Dies ist kein Problem, weil eine fehlerhafte Datenbankoperation per Definitionem nie Daten ändert, und weil die Anzahl der „affected rows" beim Einfügen eben nur 1 (Insert gelungen) oder 0 (Insert fehlgeschlagen) sein kann.

12.3 Das Ergebnis

Erstellen wir nun das Projekt, starten es und versuchen wir, einen neuen Datensatz anzulegen:

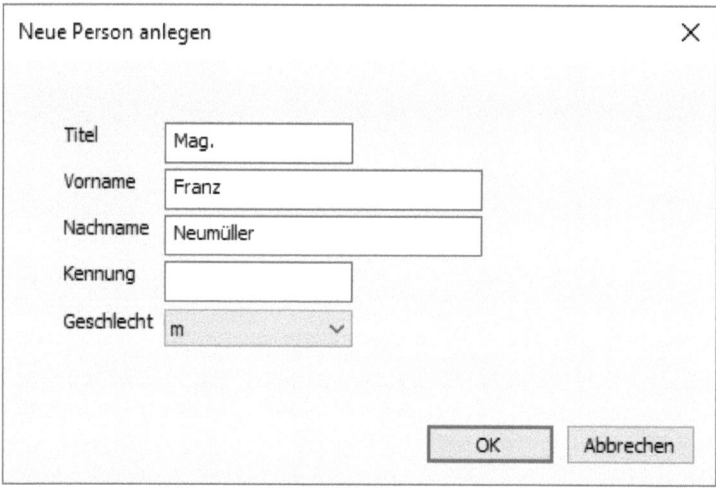

Abb. 111: Neuanlage einer Person

Wenn wir hier auf „OK" klicken, legt unser Dialog diesen Datensatz an und beendet sich. Im aufrufenden Dialog wird dann die Tabelle aktualisiert und zeigt den neuen Datensatz (sofern es die eingestellten Suchbedingungen zulassen):

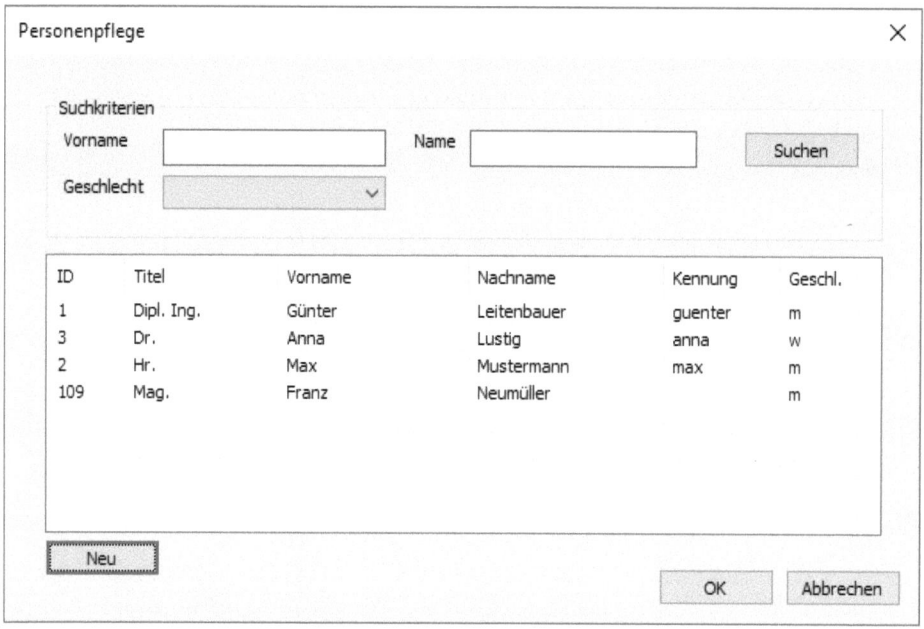

Abb. 112: Die Person wurde angelegt

12.3.1 Pflichtfelder

Unser Änderungs-/Neuanlagedialog zeigt uns derzeit leider nicht an, welche der Daten man ausfüllen **muss**, um einen Datensatz neu anzulegen. Diese Pflichtfelder sollte man dem Anwender immer kennzeichnen. Üblich ist dabei, den Text daneben **fett** zu schreiben oder mit einem „*" zu markieren. Wir entscheiden uns für die zweite Methode und rufen uns die Tabellendefinition von VCO_PERSON noch einmal in Erinnerung:

```
Name             Null?    Typ
---------------- -------- ------------
PERSONID         NOT NULL NUMBER
NAME             NOT NULL VARCHAR2(40)
```

```
DBKENNUNG                         VARCHAR2(32)
VORNAME                 NOT NULL  VARCHAR2(40)
TITEL                             VARCHAR2(20)
GESCHLECHT              NOT NULL  VARCHAR2(20)
```

Damit können wir im Ressourceneditor die Texte entsprechend ergänzen:

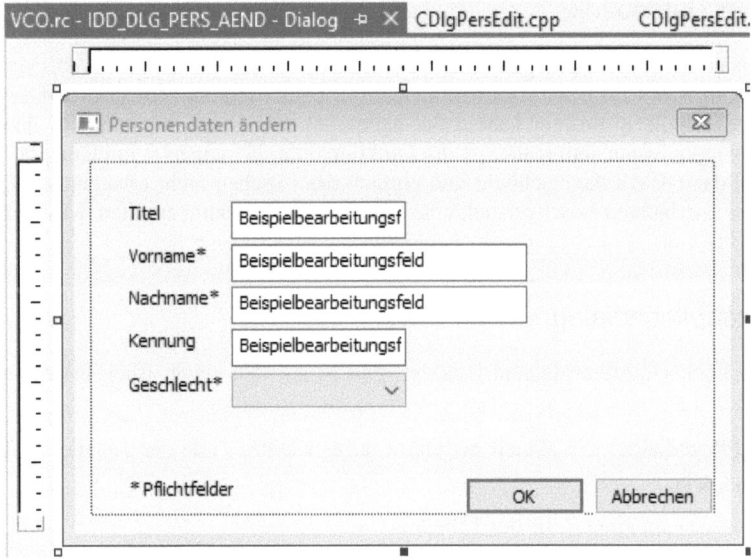

Abb. 113: Pflichtfelder im Dialog

12.4 Zusammenfassung

Wir haben in diesem Kapitel gelernt,

➢   wie man eindeutige Indizes in der Datenbank generiert

➢   wie man die Datenbankklasse um eine einfache Methode zum Ermitteln eindeutiger Schlüssel erweitert

➢   wie man einen bestehenden Änderungsdialog dahingehend erweitert, dass man damit auch neue Daten ein-
    fügen kann

➢   wie man Pflichtfelder im Dialog kennzeichnen kann

Im nächsten Kapitel werden wir unsere Anwendung um die Möglichkeit erweitern, Datensätze auch wieder zu
löschen.

13 Löschen von Datensätzen

Wenn man Datensätze anzeigen, ändern und neu anlegen kann, kommt spätestens nach dem ersten falsch angelegten Datensatz der Wunsch auf, diese auch wieder aus der Datenbank entfernen (löschen) zu können. Derzeit bietet unsere Anwendung noch keine derartige Löschfunktionalität, was wir in diesem Kapitel ändern werden.

13.1 Löschen von Daten in einer Datenbank

Das Löschen von Daten in einer Datenbank ist Einschränkungen unterworfen. Insbesondere verhindert das DBMS das Löschen, wenn die Daten von anderen Rows (=Datensätzen) in anderen Tabellen referenziert, also benutzt werden. Da wir derzeit nur eine einzige Tabelle in unserer Datenbank haben, ist diese Einschränkung für uns (vorerst) kein Thema. Selbst wenn sie es irgendwann sein sollte, ist die Funktionalität, die wir jetzt implementieren werden, davon kaum betroffen, weil das DBMS dann schlicht und einfach das Löschen nicht erlauben wird. Anders formuliert: Wir werden bei einem unerlaubten Löschversuch eine Oracle-Fehlermeldung erhalten. Machen wir uns also an die Arbeit.

13.2 Löschfunktionalität im Datenpflegedialog

Da man zum Löschen von Datensätzen keinen weiteren Dialog benötigt, gibt es auf den ersten Blick folgende Möglichkeiten, das Löschen anzustoßen:

➢ Über einen Button „Löschen" im Pflegedialog. Die aktuell markierte (ausgewählte) Zeile der Tabelle wird gelöscht, wenn man auf den Button klickt.

➢ Über ein Kontextmenü (rechte Maustaste auf einer Zeile der Tabelle)

➢ Mit der Taste „ENTF" der Tastatur. Die aktuell markierte (ausgewählte) Zeile der Tabelle wird gelöscht

Um unser Wissen etwas zu erweitern (den Ablauf mit einem Button beherrschen wir ja jetzt bereits), werden wir die zweite Möglichkeit implementieren – und zugleich in diesem Kontextmenü, das wir noch erstellen müssen, auch das Ändern und das Einfügen mit aufnehmen.

13.2.1 Ein Kontextmenü für die Tabelle

Mit dem Ressourceneditor erstellen wir ein neues Menü. Dazu wählen wir das Menü „IDR_POPUP_EDIT" aus und kopieren es (rechte Maustaste) und fügen es dann ein (ebenfalls rechte Maustaste).

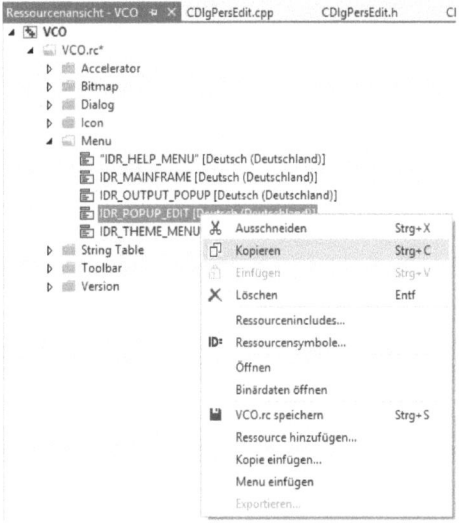

Abb. 114: Ein Menü kopieren

Nachdem wir das Menü eingefügt haben, benennen wir es um:

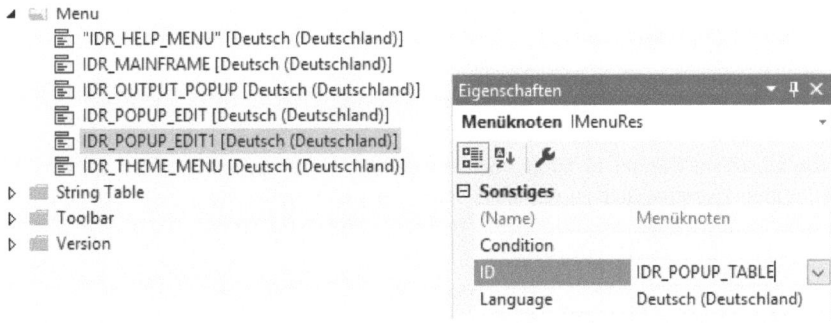

Abb. 115: Ein Menü umbenennen

Jetzt können wir uns daran machen, die einzelnen Menüeinträge zu erstellen. Das funktioniert wie bei jedem anderen Menü, wir haben das ja unter anderem bereits für das Menü „Bearbeiten" gemacht. Wenn wir dabei im Ressourceneditor mit der rechten Maustaste ins Menü klicken, können wir uns die IDs gleich mitanzeigen lassen:

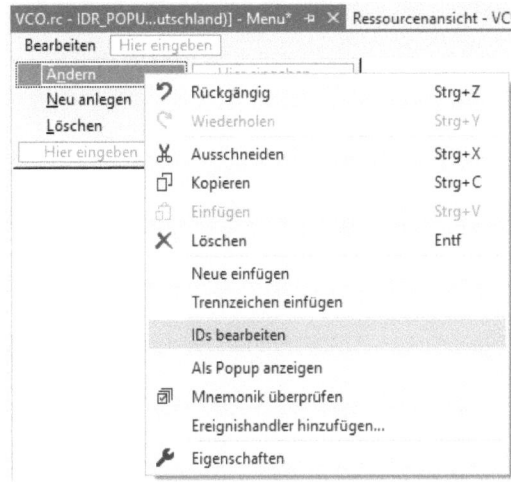

Abb. 116: Menü IDs bearbeiten

Das fertig bearbeitete Menü sollte dann wie folgt aussehen:

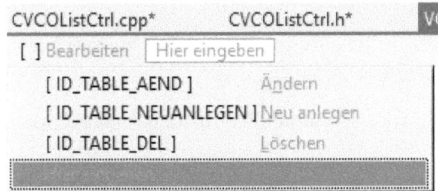

Abb. 117: Unser fertiges Kontextmenü

Wie verwendet man nun ein derartiges Menü?

13.2.2 Aufruf des Menüs im Programm

Zuallererst muss man sich klar werden, zu welcher Klasse dieses Kontextmenü passt.

Wir möchten es sehen, wenn jemand mit der rechten Maustaste in die Tabelle klickt, daher ist es natürlich sinnvoll, wenn wir die Menülogik in die Tabellenklasse Klasse „CVCOListCtrl" einbauen. Wie man dort auf einen Doppelklick auf eine Tabellenzeile reagiert, wissen wir ja bereits. Nun werden wir die Klasse entsprechend für einen Rechtsklick (Aufruf des Kontextmenüs) ergänzen.

13.3 Das Kontextmenü und die Klasse CVCOListCtrl

Wir gehen dafür genauso vor, wie wir es im Kapitel 11 taten, und verwenden den Klassenassistenten, um für den Event „WM_CONTEXTMENU" einen Eventhandler zu erstellen. Falls wir nicht mehr wissen, wie das funktioniert:

1. Aufrufen des Klassenassistenten

2. Dort die Klasse „CVCOListCtrl" auswählen

3. In den „Meldungen" die Meldung „WM_CONTEXTMENU" anklicken

4. „Handler hinzufügen" klicken

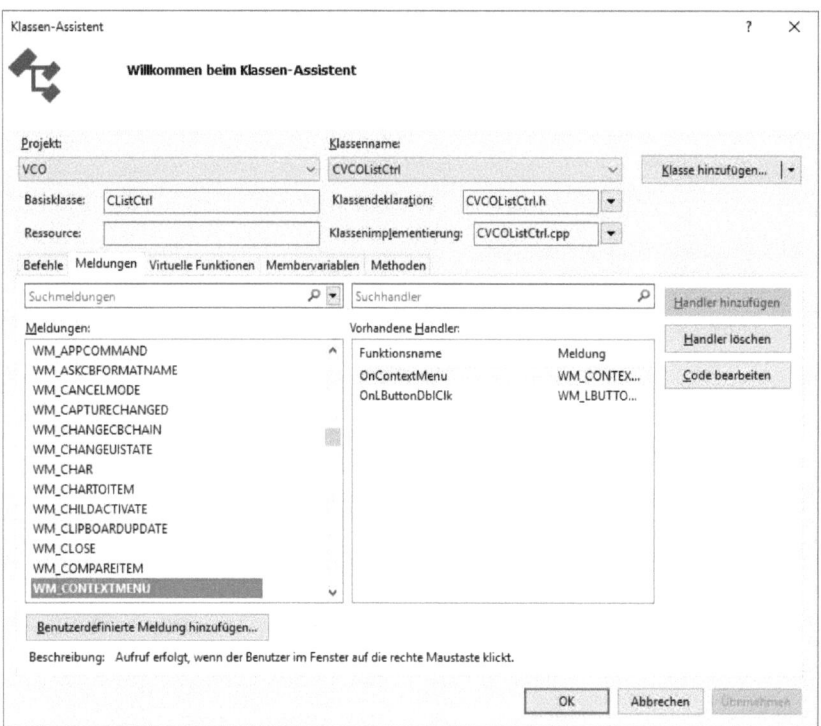

Abb. 118: Hinzufügen des Events mit dem Klassenassistenten

Das ergibt im Headerfile „CVCOListCtrl.h" folgende zusätzliche Zeile (der Eventhandler für den Linksdoppelklick war ja bereits vorhanden):

```
public:
    afx_msg void OnLButtonDblClk(UINT nFlags, CPoint point);
    afx_msg void OnContextMenu(CWnd* /*pWnd*/, CPoint /*point*/);
...
```

Im Quellcodefile „CVCOListCtrl.cpp" hat uns der Klassenassistent die folgenden Ergänzungen durchgeführt:

```
BEGIN_MESSAGE_MAP(CVCOListCtrl, CListCtrl)
    ON_WM_LBUTTONDBLCLK()
```

```
   ON_WM_CONTEXTMENU()
END_MESSAGE_MAP()
…
void CVCOListCtrl::OnContextMenu(CWnd*/*pWnd*/,CPoint /*point*/)
{
   // TODO: Fügen Sie hier Ihren Meldungshandlercode ein.
}
```

Nun müssen wir in dieser Eventhandlermethode das Kontextmenü aufrufen.

13.3.1 Aufrufen eines Kontextmenüs

Der Aufruf funktioniert wie folgt, wobei auch gleich die Behandlung des angewählten Menüeintrags inkludiert
wird:

```
void CVCOListCtrl::OnContextMenu(CWnd* pWnd, CPoint point)
{
   CMenu menu;                    // Menueobjekt erstellen
   int iCommand = 0;              // Kommandovariable


   CWnd* hParent = GetParent();                          // uebergeordneter Dialog
   POSITION pos = GetFirstSelectedItemPosition();
   int iIndex = GetNextSelectedItem(pos);               // Zeilenindex


   menu.LoadMenu(IDR_POPUP_TABLE);                      // Menueaufruf


   CMenu* pSumMenu = menu.GetSubMenu(0);
   ASSERT(pSumMenu != NULL);


   iCommand = pSumMenu->TrackPopupMenu(TPM_RIGHTBUTTON | TPM_CENTERALIGN |
                               TPM_RETURNCMD, point.x + 50, point.y, this, NULL);


   switch (iCommand)
   {
   case ID_TABLE_AEND:
   {
       // Aendern eines Tabelleneintrags: nur wenn iIndex >= 0
       if (iIndex >= 0)
               hParent->SendMessage(WM_CHANGE_LISTENTRY, (WPARAM)iIndex, 0);
       break;
   }
   case ID_TABLE_NEUANLEGEN:
   {
       // Neuanlegen eines Tabelleneintrags - iIndex egal
       break;
   }
   case ID_TABLE_DEL:
   {
       // Loeschen eines Tabelleneintrags: nur wenn iIndex >= 0
       break;
   }
```

```
    default:
        break;
    }
}
```

Das sieht jetzt wieder mächtig kompliziert aus, aber wir werden sehen, dass es das im Grunde genommen gar nicht ist. Sehen wir uns die Teile also einzeln an. Die folgenden Zeilen

```
CMenu menu;        // Menueobjekt erstellen
int iCommand = 0;  // Kommandovariable
```

definieren das Menüobjekt und eine Variable, die dann das vom Anwender angeklickte Kommando (den Menüeintrag, den der Anwender auswählt) enthalten wird. Die folgenden drei Codezeilen kennen wir schon aus dem Kapitel 11, als wir den Doppelklick auf eine Tabellenzeile bearbeitet haben.

```
CWnd* hParent = GetParent();                         // uebergeordneter Dialog
POSITION pos = GetFirstSelectedItemPosition();
int iIndex = GetNextSelectedItem(pos);               // Zeilenindex
```

In der Variable „iIndex" steht danach der (0-basierte) Index der Tabellenzeile, die der Anwender beim Rechtsklick selektiert hat. Diesen Wert werden wir noch benötigen. Die folgende Zeile

```
menu.LoadMenu(IDR_POPUP_TABLE); // Menueaufruf
```

lädt das Kontextmenü und stellt es dar. Jetzt wird es interessant. Die folgenden Zeilen

```
CMenu* pSumMenu = menu.GetSubMenu(0);
ASSERT(pSumMenu != NULL);
```

geben einen Zeiger auf das nunmehr erzeugte Popupmenü (ein Kontextmenü ist ein Popupmenü) zurück. Mit „ASSERT()" wird sichergestellt, dass dieser Zeiger nicht NULL ist, dass also auch tatsächlich ein Menü erzeugt worden ist. Schlägt diese Überprüfung fehl, stürzt das Programm (in der Debug-Konfiguration) mit einer sogenannten „Assertion" (einer Art Meldungsfenster mit einem Hinweis auf das Problem) ab. Den zurückgegebenen Zeiger benötigt man, um die Anwenderinteraktionen im Menü verfolgen zu können. Oder, weniger hochtrabend formuliert: Damit man weiß, welchen Menüeintrag der Anwender ausgewählt hat, und darauf reagieren kann. Und genau das macht folgende Zeile:

```
iCommand = pSumMenu->TrackPopupMenu(TPM_RIGHTBUTTON | TPM_CENTERALIGN |
                           TPM_RETURNCMD, point.x + 50, point.y, this, NULL);
```

Dabei kann man mit den Werten, die man zu „point.x" und „point.y" addiert, festlegen, wo genau das Popupmenü relativ zum Punkt, auf den man geklickt hat, angezeigt werden soll. In der Variable „iCommand" steht danach die ID des ausgewählten Menüeintrags, und um die kümmert sich der Rest des Codes:

```
switch (iCommand)
{
    case ID_TABLE_DEL:
    {
        ...
        break;
    }
}
```

Wer C++ programmiert, kennt diese Mehrfachbedingung.

In den „case"-Abschnitten[70] wird dabei auf die einzelnen Möglichkeiten reagiert. Wir haben dabei drei mögliche Fälle (und einen Fall „default", in den man aber eigentlich nicht gelangen kann). Der erste Fall behandelt den Menüeintrag „ID_TABLE_AEND", also „Ändern":

---

[70] Es ist wichtig, jeden „case" mit einem „break" abzuschließen, damit die Bearbeitung nicht einfach in den nächsten „case" weiterläuft!

```
case ID_TABLE_AEND:
{
    // Aendern eines Tabelleneintrags: nur wenn iIndex >= 0
    if (iIndex >= 0)
            hParent->SendMessage(WM_CHANGE_LISTENTRY, (WPARAM)iIndex, 0);
    break;
}
```

Wir überprüfen zuerst, ob der Index einen gültigen Wert hat, also >= 0 ist. In diesem Falle übergeben wir ihn wie beim Doppelklick im Kapitel 11 an eine Message, die wir dem übergeordneten Dialog senden, der sich dann darum kümmert. Wir können ab jetzt also nicht nur mit einem Doppelklick Tabelleneinträge ändern, sondern auch über das Kontextmenü – einfach ausprobieren, indem man jetzt die Anwendung erstellt und startet! Die beiden anderen Fälle haben wir derzeit noch nicht (vollständig) programmiert. Dies folgt jetzt.

Zusätzliche Messages definieren

Wir benötigen zwei zusätzliche Windowsmessages, die wir natürlich in unserer Datei „VCOMessages.h" definieren:

```
#define WM_CHANGE_LISTENTRY  WM_USER + 101
#define WM_INSERT_LISTENTRY  WM_USER + 102
#define WM_DELETE_LISTENTRY  WM_USER + 103
```

Damit können wir nun die beiden anderen Menüeinträge an den übergeordneten Dialog weitersenden:

```
void CVCOListCtrl::OnContextMenu(CWnd* pWnd, CPoint point)
{
…
    switch (iCommand)
    {
…
    case ID_TABLE_NEUANLEGEN:
    {
        // Neuanlegen eines Tabelleneintrags - iIndex egal
        hParent->SendMessage(WM_INSERT_LISTENTRY,(WPARAM)iIndex, 0);
        break;
    }
    case ID_TABLE_DEL:
    {
        // Loeschen eines Tabelleneintrags: nur wenn iIndex >= 0
        if (iIndex >= 0)
                hParent->SendMessage(WM_DELETE_LISTENTRY, (WPARAM)iIndex, 0);
        break;
    }
…
    }
}
```

Und damit sind wir in der Klasse „CVCOListCtrl" bereits fertig! Wieder haben wir zuerst die Programmlogik implementiert, und kümmern uns erst danach um die tatsächlich benötigten Aktionen wie in diesem Fall das Löschen. Den Rest müssen wir daher in der Dialogklasse „CDlgPerson" machen.

13.4 Bearbeiten der Meldungen in der Dialogklasse

Analog zur Bearbeitung der Meldung „WM_CHANGE_LISTENTRY" müssen wir in der Dialogklasse nun auch die Meldungen zum Einfügen und zum Löschen bearbeiten. Wir fügen daher die entsprechenden Messagehandler hinzu. Zuerst in der Headerdatei „CDlgPerson.h":

```
public:

…

    afx_msg LRESULT OnChangeEntry(WPARAM wParam, LPARAM lParam);
    afx_msg LRESULT OnDeleteEntry(WPARAM wParam, LPARAM lParam);
    afx_msg LRESULT OnInsertEntry(WPARAM wParam, LPARAM lParam);
```

Im Quellcodefile „CDlgPerson.cpp" müssen wir die Messagemap und die Methodenrümpfe ergänzen:

```
BEGIN_MESSAGE_MAP(CDlgPerson, CDialogEx)

…

    ON_MESSAGE(WM_CHANGE_LISTENTRY, OnChangeEntry)
    ON_MESSAGE(WM_DELETE_LISTENTRY, OnDeleteEntry)
    ON_MESSAGE(WM_INSERT_LISTENTRY, OnInsertEntry)
END_MESSAGE_MAP()
```

Sehen wir uns zuerst den Methodenrumpf für das Einfügen an. Das haben wir ja im letzten Kapitel noch über einen Klick auf den Button „Neu" gemacht:

```
LRESULT CDlgPerson::OnInsertEntry(WPARAM wParam, LPARAM lParam)
{
    int iRet = 0;              // Rueckgabewert
    CDataPerson daten;         // Datenobjekt anlegen
    daten.m_iID = -1;          // -1 = Einfuegen


    // Aenderungsdialog zum Einfuegen aufrufen
    CDlgPersEdit dlg(daten);
    dlg.DoModal();


    // Neuer Datensatz ist in der DB, jetzt die Tabelle aktualisieren
    DoSearch();
    return iRet;
}
```

Die Vorgangsweise entspricht genau der aus dem letzten Kapitel. Nun kann unsere Anwendung also das Einfügen sowohl über einen Klick auf den Button „Neu" als auch über das Kontextmenü mit der rechten Maustaste. Jetzt fehlt nur also noch die Funktionalität für das Löschen.

13.4.1 Löschen eines Datensatzes aufrufen

Wir deklarieren uns zuerst eine neue Methode „DoDelete()", in der wir später den eigentlichen Löschvorgang abbilden werden.

```
private:
    bool DoDelete(int iID);    // Loeschen eines Datensatzes
```

Dieser Methode geben wir lediglich den Kunstschlüssel (PERSONID) des zu löschenden Datensatzes als Parameter mit. Im Quellcodefile belassen wir vorerst die Dummyimplementierung, wir werden das dann gleich vervollständigen:

```
bool CDlgPerson::DoDelete(int iID)
{
```

```
   bool bRet = false;


   return bRet;
}
```

Zurück zum Messagehandler für das Löschen. Wir sind jetzt in der Lage, diesen fertigzustellen. Er wird wie folgt aussehen:

```
LRESULT CDlgPerson::OnDeleteEntry(WPARAM wParam, LPARAM lParam)
{
   int iRet = 0;              // Rueckgabewert
   int iIndex = (int)wParam;  // Index der zu aendernden Listenzeile
   int iID;                   // PERSONID, die zu loeschen ist

   iID = _ttoi(m_CtrlListe.GetItemText(iIndex, 0));


   // Loeschen durchfuehren
   if (DoDelete(iID))
   {
       // Datensatz ist geloescht, jetzt die Tabelle aktualisieren
       DoSearch();
   }
   return iRet;
}
```

Damit ist auch im Dialog die Programmlogik fertiggestellt!

13.4.2 Das eigentliche Löschen in der Datenbank

Derzeit macht unsere Löschmethode „DoDelete()" noch nichts. In ihr müssen wir jetzt noch die SQL-Anweisung für das Löschen des Datensatzes erzeugen und ausführen. Das funktioniert analog zu den Methoden „DoInsert()" und „DoUpdate()" in der Änderungsklasse, allerdings programmieren wir die Löschfunktion eben nicht in der Dialogklasse „CDlgPersEdit", weil wir diese gar nicht aufrufen, sondern gleich in der Personenpflegeklasse „CDlgPerson":

```
bool CDlgPerson::DoDelete(int iID)
{
   bool bRet = false;         // Rueckgabewert
   CWaitCursor wait;          // Sanduhr

   // 1. Statement aufbauen
   CString sStmt;
   sStmt.Format(_T("delete from VCO_PERSON where PERSONID=%d"),iID);

   // 2. Datenbankobjekt erzeugen
   CVCODB* pDB = new CVCODB;
   if (pDB)
   {
       Statement* pSt = pDB->DoSelect(sStmt);      // sStmt ausfuehren
       if (pSt)        // Loeschen erfolgreich?
       {
               // Anzahl der geloeschten Datensaetze
               int iNumRows = pSt->GetAffectedRows();
```

```
                    if (iNumRows == 1)     // muss 1 sein!
                    {
                            // Loeschung bestaetigen
                            pDB->GetConnection()->Commit();
                            bRet = true;
                    }
                    else
                    {
                            // alle ev. Aenderungen verwerfen
                            pDB->GetConnection()->Rollback();
                            bRet = false;
                    }
                    delete pSt;    // Freigabe nicht vergessen
            }
        delete pDB;            // DB Objekt freigeben
    }
    return bRet;
}
```

Wie man sieht, entspricht die Vorgangsweise genau der beim Ändern (siehe im Kapitel 11), nur das SQL State-ment unterscheidet sich natürlich – es ist deutlich einfacher.

> Auch hier ist es empfehlenswert, den Löschvorgang nur dann mit einem „Commit" zu bestätigen, wenn vom Datenbankmanagementsystem genau eine Zeile als betroffen zurückgemeldet wurde.

13.5 Unsere fertige Personenpflege

Unser Personenpflegedialog ist jetzt fertig. Wir können Datensätze suchen und anzeigen, sie ändern, neue Datens-ätze anlegen und bestehende Datensätze löschen. Und das alles mit relativ wenig Aufwand und unter Verwendung unserer Datenbankklasse aus dem Kapitel 5 und mit einem modernen Design inklusive Kontextmenüs. Wir kön-nen das Löschen nun noch ausprobieren, indem wir die Anwendung erstellen und im Dialog einen Datensatz löschen:

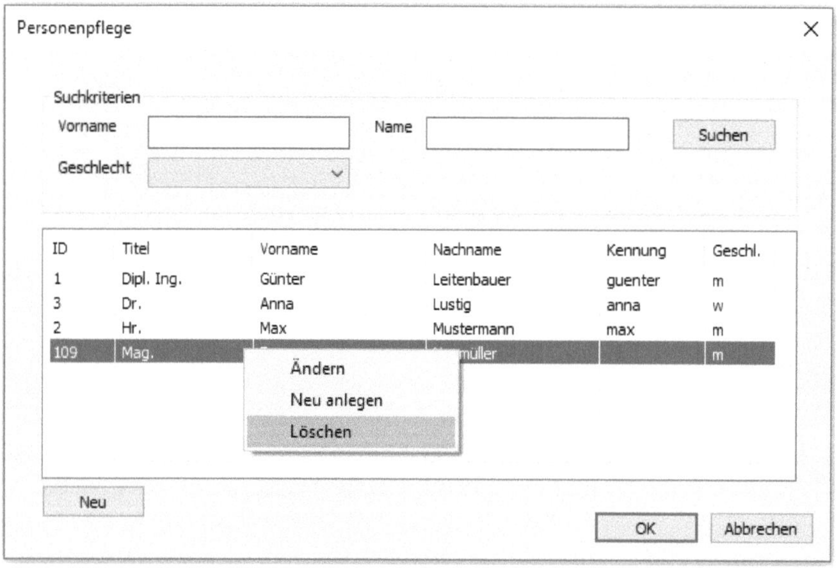

Abb. 119: Wir löschen einen Datensatz

Nach Klick auf „Löschen" wird dieser Datensatz gelöscht:

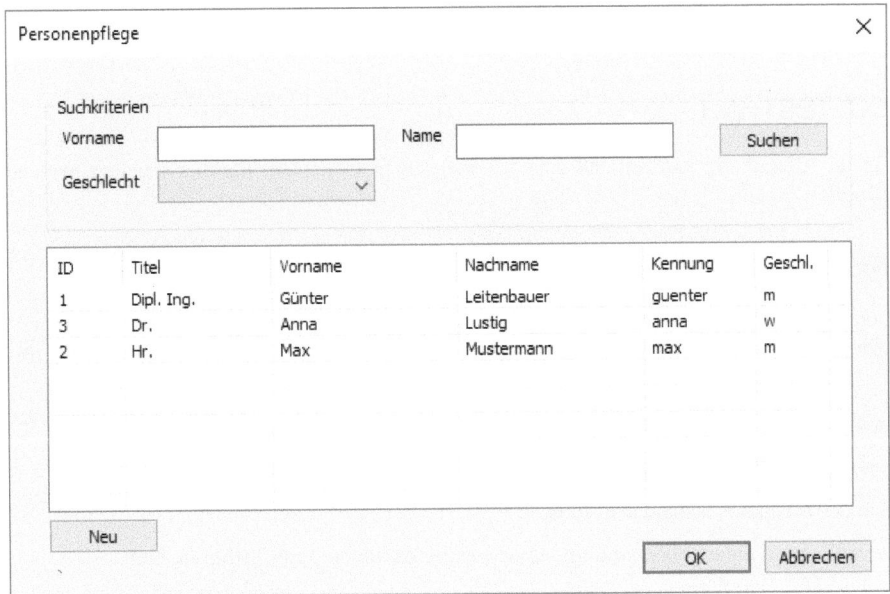

Abb. 120: Der Datensatz wurde gelöscht

13.6 Zusammenfassung

Wir haben in diesem Kapitel gelernt,

➢   wie man Datensätze löscht

➢   wie man ein Kontextmenü erstellt

➢   wie man ein Kontextmenü in den Programmcode einbindet

➢   wie man Klicks auf Menüeinträge des Kontextmenüs verarbeitet und an die Dialogklasse weiterleitet

Im nächsten Kapitel werden wir unsere Datenbank um eine zusätzliche Tabelle VCO_TESTFALL erweitern, die auch eine Beziehung („Ersteller") zur bestehenden Tabelle VCP_PERSON enthalten wird, um dann im übernächsten Kapitel einen Pflegedialog für diese neue Tabelle zu erstellen.

14 Erweitern der Datenbank

Es wird Zeit, unsere bislang noch recht überschaubare Datenbank (eine einzige Tabelle) etwas zu erweitern.

14.1 Die Tabelle VCO_TESTFALL

Bevor wir diese Tabelle in der Datenbank anlegen, müssen wir uns einige Gedanken darüber machen, welche Anforderungen sie erfüllen soll.

14.1.1 Problemfestlegung

Es soll eine neue Tabelle angelegt werden, in der man Testfälle ablegen kann. Dabei interpretieren wir den Begriff „Testfall" nicht ganz so streng, wie es die Definition erfordert. Für uns soll ein Testfall folgende Kriterien erfüllen:

➢ Er hat eine Bezeichnung, die nicht eindeutig sein muss

➢ Er benennt das zu testende Objekt (zum Beispiel einen Dialog oder auch nur eine Funktion)

➢ Es wird festgelegt, wie der Ausgangszustand sein muss

➢ Es wird festgelegt, welche Daten einzugeben sind und/oder welche Aktionen durchzuführen sind

➢ Es wird festgelegt, welche Ergebnisse erwartet werden

➢ Der Testfall kann entweder ein Positivtestfall oder ein Negativtestfall[71] sein.

➢ Jeder Testfall hat einen Ersteller, der in der Personentabelle enthalten sein muss.

Diese Anforderungen sind damit klar formuliert. Trotzdem bleiben für ihre Umsetzung in eine Tabelle einige Fragen offen:

1. Sollten die zu testenden Objekte nicht auch als Datenbanktabelle angelegt werden?

2. Für die Festlegung von Ausgangszustand, Eingabedaten und Ablauf kann es bei komplexeren Testfällen nötig sein, eine Datei anzuhängen?

3. Wohin sollen Testergebnisse gespeichert werden?

Um diese Fragen gleich zu beantworten:

ad 1.   Ja, in der Tat. Allerdings würde das unser Beispielprojekt zusätzlich „aufblasen". Wir merken uns daher an dieser Stelle einfach, dass man in einem realen Projekt die Testobjekte auf jeden Fall in Form einer Datenbanktabelle aufbewahren sollte, und lassen es damit gut sein.

ad 2.   Wir werden das bei der Tabellendefinition berücksichtigen und zusätzlich zum Text jeweils eine Tabellenspalte mit einem optionalen Link definieren.

ad 3.   Wir definieren hier vorerst nur Testfälle, keine Tests. Natürlich wird man für die Tests weitere Datenbanktabellen benötigen.

14.1.2 Das Script für die Tabelle

Erweitern wir also nun unser Script „020_CreateTables.sql" zur Erzeugung der Datenbanktabellen aus dem Kapitel 2 um diese neue Tabelle „VCO_TESTFALL", die deutlich umfangreicher ist als die Personentabelle:

---

[71] Positivtestfälle sind Fälle, die dem „normalen Ablauf" entsprechen. Negativtestfälle decken Möglichkeiten ab, mit denen man Fehler machen kann. Hat man beispielsweise ein Eingabefeld, das nur Zahlen erlauben soll, wäre ein Negativtestfall: Gib in das Feld die Zeichenkette „x" ein.

```
-- Testfaelle
CREATE TABLE VCO_TESTFALL (
    TestfallID       NUMBER          NOT NULL,    -- Kunstschluessel
    Bezeichnung      VARCHAR2(50)    NOT NULL, -- Testfallbez.
    Testobjekt       VARCHAR2(50)    NOT NULL, -- zu test. Objekt
    ZustandVor       VARCHAR2(256)   NULL,    -- Ausgangszustand
    ZustandVorFile   VARCHAR2(100)   NULL,    -- Link einer Datei
    Eingdaten        VARCHAR2(256)   NULL,    -- was einzugeben ist
    EingdatenFile    VARCHAR2(100)   NULL,    -- Link Datendatei
    Sollergebn       VARCHAR2(256)   NULL,    -- Beschr. der Sollerg
    SollergebnFile   VARCHAR2(100)   NULL,    -- Link Ergebnisdatei
    AngelegtAm       DATE            NOT NULL, -- Wann Testfall angelegt
    IstPosFall       NUMBER(1)       NOT NULL, -- Positivtestfall?
    Ersteller        NUMBER          NOT NULL  -- Ersteller (FK)
)
        PCTFREE 10
        TABLESPACE DATA
        STORAGE ( INITIAL 10K )
;


CREATE PUBLIC SYNONYM VCO_TESTFALL for VCO.VCO_TESTFALL;

GRANT ALL on VCO_TESTFALL to VCO_USER;
```

Nachdem wir dieses Script in SQL*Plus ablaufen ließen, meldet uns das Werkzeug, dass die Tabelle und das Synonym erstellt worden sind:

```
...
Tabelle wurde angelegt.
...
Synonym wurde angelegt.
...
Benutzerzugriff (Grant) wurde erteilt.
SQL>
```

Bei Tabellen ohne Fremdschlüsselattribute wären wir jetzt fertig. Hier haben wir aber ein solches Fremdschlüsselattribut: „Ersteller".

14.1.3 Fremdschlüsselattribute und referentielle Integrität

Auch wenn dieses Buch kein Datenbank-Grundlagenbuch sein kann oder will, ist eine kurze Erklärung zu Fremdschlüsseln und der damit verbundenen Begriffe „referentielle Integrität", „Redundanz", „Parenttabelle", „Childtabelle" und „Primärschlüssel" hier angebracht. In jeder Tabelle in einer relationalen Datenbank gibt es, wie wir seit dem Kapitel 2 wissen, genau ein Attribut (oder genau eine Attributkombination), das als „Primärschlüssel" fungiert und deren Werte immer eindeutig sein müssen.

Anders formuliert: Kennt man den Wert des Primärschlüssels (PK) eines Datensatzes, weiß man eindeutig, um welchen Datensatz es sich handelt.

Relationale Datenbanken verfolgen nun den Ansatz, Daten nicht mehrfach in der Datenbank abzulegen (Redundanzen zu vermeiden), sondern diese nötigenfalls nur zu referenzieren. Wenn man also, wie in unserer Tabelle für die Testfälle, in der Tabelle eine Person (den Ersteller) verwenden möchte, dann schreibt man nicht erneut die Daten zu dieser Person in die Tabelle, sondern speichert dort nur den Primärschlüssel dieser Person in einer Spalte ab. Diese Spalte ist dann ein „Fremdschlüssel" (FK), weil der Inhalt in der Personentabelle, also in einer fremden

Tabelle, der Primärschlüssel ist. Die Datenbank stellt dabei sicher, dass nur solche Werte als Fremdschlüssel in der Childtabelle (hier: VCO_TESTFALL) eingetragen werden können, die in der Parenttabelle (hier: VCO_PERSON) als Primärschlüsselwert vorhanden sind. Das nennt man dann die „referentielle Integrität".

Anders formuliert: Man kann keine Ersteller eintragen, zu denen es keine passende Person gibt, und man kann keine Personen löschen, die anderswo referenziert werden. Mit diesem Wissen legen wir jetzt in der Datenbank den Primärschlüssel für VCO_TESTFALL und den Fremdschlüsseleintrag von VCO_TESTFALL zu VCO_PERSON an:

```
-- Index fuer TestfallID
CREATE INDEX XIPK_VCO_TESTFALL ON VCO_TESTFALL
( TestfallID )
      TABLESPACE INDX
      STORAGE ( INITIAL 20K )
;


-- TestfallID als PK definieren
ALTER TABLE VCO_TESTFALL
      ADD   ( PRIMARY KEY (TestfallID)
      USING INDEX
            TABLESPACE INDX
            STORAGE ( INITIAL 20K )
);


-- Fremdschluessel zu VCO_PERSON
ALTER TABLE VCO_TESTFALL
      ADD   ( FOREIGN KEY (Ersteller)
                    REFERENCES VCO_PERSON ) ;
```

Damit können wir, was gut ist, nunmehr in die Spalte „Ersteller" nur noch Werte eintragen, für die es in der Tabelle „VCO_PERSON" eine Entsprechung in der Spalte „PersonID" gibt.

14.1.4 Anlegen der Sequenz

Uns fehlt jetzt für die neue Tabelle noch die Sequenz, mit der wir den nächsten freien Kunstschlüsselwert ermitteln können:

```
-- Sequenz SEQ_VCO_TESTFALL
CREATE SEQUENCE SEQ_VCO_TESTFALL start with 100;
CREATE PUBLIC SYNONYM SEQ_VCO_TESTFALL for VCO.SEQ_VCO_TESTFALL;
GRANT SELECT on SEQ_VCO_TESTFALL to VCO_USER;
```

14.2 Beispieldaten anlegen

Versuchen wir nun, in dieser Tabelle einen Datensatz anzulegen. Dazu sehen wir vorher noch einmal nach, welche Personen es derzeit in unserer Datenbank gibt, indem wir in SQL*Plus eine Abfrage durchführen:

```
SQL> select PERSONID, NAME from VCO_PERSON;

  PERSONID NAME
---------- ------------------------------------
         1 Leitenbauer
         2 Mustermann
         3 Lustig
```

Wir werden als Ersteller für unseren Testfall gleich den ersten Eintrag (1, „Leitenbauer") verwenden:

```
SQL> insert into VCO_TESTFALL
   2  (TESTFALLID, BEZEICHNUNG, TESTOBJEKT,
   3   ZUSTANDVOR, ZUSTANDVORFILE,
   4   EINGDATEN, EINGDATENFILE,
   5   SOLLERGEBN, SOLLERGEBNFILE,
   6   ANGELEGTAM, ISTPOSFALL, ERSTELLER)
   7   VALUES (1, 'VCO Login', 'VCO Logindialog',
   8   'Logindialog geöffnet, alle Eingabefelder leer', NULL,
   9   'Eingabe: User=VCO, Passwort: korrektes Passwort, Datenbank=VCO', NULL,
  10   'Anmeldung soll erfolgen, Meldung dass User erfolgreich angemeldet wurde', NULL,
  11   '06.03.2019', 1, 1);


1 Zeile wurde erstellt.


SQL> commit;


Transaktion mit COMMIT abgeschlossen.


SQL>
```

Dies bedarf noch einiger Erläuterungen:

14.2.1 Datumswerte in Oracle

Die Spalte „ANGELEGTAM" ist eine Datumsspalte, sie hat in Oracle den Datentyp „DATE". Will man ein gültiges Datum eingeben, muss man sich entweder vorher informieren, welches Datumsformat in der aktuellen Datenbank als Standardwert festgelegt ist (hier „DD.MM.YYYY") oder bei der Eingabe das jeweilige Datum explizit umwandeln. Der Einfachheit halber, und weil wir in diesem Fall das Standarddatumsformat kannten, haben wir die erste Methode verwendet.

Aber auch die Umwandlung ist nicht schwierig. In diesem Falle wäre das Eingabestatement wie folgt abzuändern:

```
insert into VCO_TESTFALL
(TESTFALLID, BEZEICHNUNG, TESTOBJEKT,
 ZUSTANDVOR, ZUSTANDVORFILE,
 EINGDATEN, EINGDATENFILE,
 SOLLERGEBN, SOLLERGEBNFILE,
 ANGELEGTAM, ISTPOSFALL, ERSTELLER)
VALUES (2, 'VCO Login', 'VCO Logindialog',
 'Logindialog geöffnet, alle Eingabefelder leer', NULL,
 'Eingabe: User=VCO, Passwort: korrektes Passwort, Datenbank=VCO', NULL,
 'Anmeldung soll erfolgen, Meldung dass User erfolgreich angemeldet wurde', NULL,
 to_date('06.03.2019', 'DD.MM.YYYY'), 1, 1);
```

Wenn wir aus der Anwendung auf Datumsdatentypen zugreifen, sollten wir immer die Umwandlung explizit angeben, um von ev. Einstellungen der Datenbank unabhängig zu sein.

14.2.2 NULL-Werte

Bei einigen Spalten (den Links) haben wir als Wert „NULL" angegeben. Das veranlasst die Datenbank, in diesen Spalten keine Daten einzutragen. Dabei ist es wichtig zu verstehen, dass „keine Daten" wirklich NICHTS bedeutet, und nicht etwa nur eine leere Zeichenfolge. Man kann übrigens eine Spalte in einer Abfrage durchaus daraufhin abprüfen, ob sie nichts enthält oder eventuell nur eine leere Zeichenkette, indem man das Konstrukt „IS NULL" oder auch „IS NOT NULL" verwendet.

Natürlich ist es später jederzeit möglich, diesen Spalten mit einem UPDATE doch noch einen Wert zuzuweisen. Oder auch Spalten, die einen Wert besitzen mit „UPDATE ... SET <Spalte>= NULL" auf NULL zu setzen.

> Spalten, die (beim Erstellen) als „NOT NULL" gekennzeichnet worden sind, können nie NULL enthalten. Sie muss man immer mit einem Wert versorgen (Pflichtfelder). Man kann sie natürlich auch nicht später auf NULL ändern.

14.3 Abfragen der Werte

Wenn wir die Daten jetzt mit einer Select-Abfrage aus der Datenbank holen wollen, müssen wir einen sogenannten „Join" (genauer: einen Inner Join) verwenden. Schließlich wollen wir ja nicht die ID des Erstellers, sondern möglichst seinen Namen und seinen Vornamen sehen. Nehmen wir an, wir möchten alle Testfälle abfragen, wobei uns nur die Testfallbezeichnung und der Ersteller interessiere. Dann sieht die Abfrage dazu wie folgt aus:

```
select t.BEZEICHNUNG, p.NAME || ', ' || p.VORNAME
from VCO_TESTFALL t, VCO_PERSON p
where p.PERSONID = t.ERSTELLER;
```

Dies ergibt dann in SQL*Plus:

```
SQL> select t.BEZEICHNUNG, p.NAME || ', ' || p.VORNAME
  2  from VCO_TESTFALL t, VCO_PERSON p
  3  where p.PERSONID = t.ERSTELLER;


BEZEICHNUNG                 P.NAME||','||P.VORNAME
--------------------        --------------------
VCO Login                   Leitenbauer, Günter
SQL>
```

Aber warum?

14.3.1 Datenbankjoins

Wir haben hier die Datenbank angewiesen, uns Daten aus zwei Tabellen zurückzugeben, nämlich aus der Tabelle „VCO_TESTFALL" und „VCO_PERSON". Damit wir die Tabellennamen nicht immer ausschreiben müssen, haben wir in der From-Klausel jeweils eine **Abkürzung** (im Datenbankjargon „Alias") hinzugefügt:

```
from VCO_TESTFALL t, VCO_PERSON p
```

Nun würde die Datenbank überfordert sein, festzustellen, von welcher Person sie die Daten verwenden soll. Daher informieren wir sie in der Where-Klausel darüber, dass sie die Daten der Person zu verwenden hat, deren PERSONID der in der Spalte ERSTELLER eingetragenen ID entspricht:

```
where p.PERSONID = t.ERSTELLER;
```

Das nennt man einen (Inner) Join (eine Äquivalenzverknüpfung) zwischen zwei Tabellen. Sie bildet im Wesentlichen die Fremdschlüsselbeziehung zwischen diesen Tabellen in der Abfrage ab.

Wir werden das beim Erstellen des Dialogs im nächsten Kapitel verwenden.

14.3.2 Zusammenfügen in der Abfrage

Das Konstrukt

```
p.NAME || ', ' || p.VORNAME
```

nennt man eine „Concatination". Es ist nichts anderes als das Zusammenfügen mehrerer Zeichenketten zu einer einzigen Ergebniszeichenkette, und der zugehörige SQL Operator dafür ist „‖".

Dies ist ein sehr nützlicher Mechanismus, den wir uns ebenfalls für das Erstellen des Dialogs merken.

14.4 Zusammenfassung

Wir haben in diesem Kapitel gelernt,

➢ wie Fremdschlüssel definiert und eine Beziehung zwischen Relationen herstellt

➢ was ein Datumsdatentyp ist und wie man ihn eingeben bzw. umwandeln kann

➢ wie man in einer Datenbank Dateien verknüpfen kann

➢ was NULL-Werte sind und wie man mit ihnen arbeitet

➢ wie man eine Abfrage über zwei Tabellen erstellt (Join)

Im nächsten Kapitel werden wir einen Pflegedialog für die neue Tabelle VCO_TESTFALL erstellen.

15 Der Testfall-Dialog

Das Erstellen und Programmieren dieses Dialoges ist in vielen Punkten analog zum Dialog zur Personenpflege zu sehen. Allerdings mit einigen Erweiterungen, auf die wir dann, im Gegensatz zum Rest, detailliert eingehen werden. Beginnen wir mit der Erstellung des Dialogs im Ressourceneditor.

15.1 Die Dialogressource für Testfälle

Die mit dem Ressourceneditor erstellte Dialogressource nennen wir „IDD_DLG_TESTFALL". Die Control-Ressourcen beginnen dabei alle mit „IDC_TESTFALL_". Sie sollte fertig in etwa wie folgt aussehen:

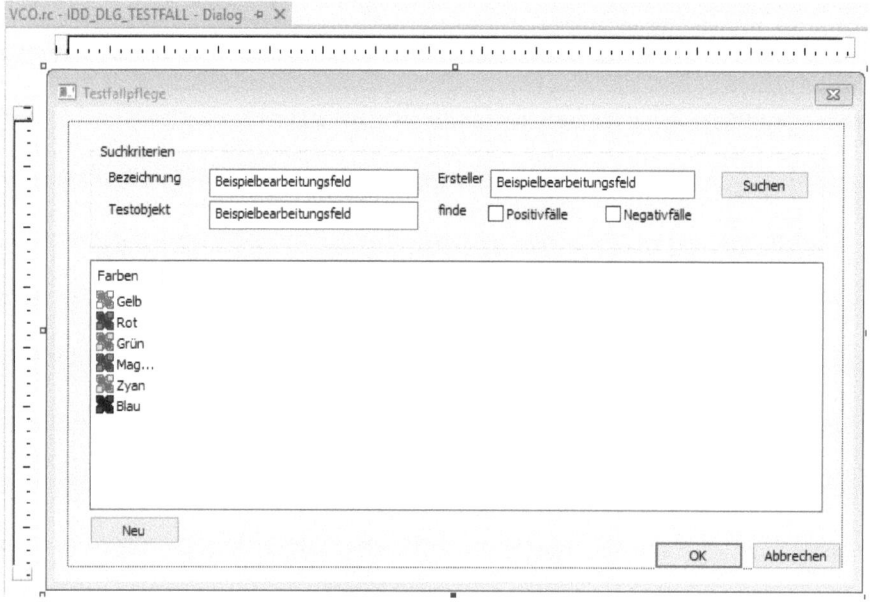

Abb. 121: Dialogressource „Testfallpflege"

Dabei haben wir als Suchkriterien folgende Daten aufgenommen, wobei auch die jeweils dazu gehörende Datenbankspalte angeführt ist:

Bezeichnung	IDC_TESTFALL_S_BEZ	VCO_TESTFALL.BEZEICHNUNG
Testobjekt	IDC_TESTFALL_S_TESTOBJ	VCO_TESTFALL.TESTOBJEKT
Ersteller	IDC_TESTFALL_S_ERSTELLER	VCO_PERSON.NAME
finde	IDC_TESTFALL_S_POS	VCO_TESTFALL.ISTPOSFALL
	IDC_TESTFALL_S_NEG	

Einer Erläuterung bedürfen dabei lediglich die beiden Checkboxen. Sie sind so zu verstehen, dass sie mit einem logischen „Oder" verknüpft sind. Kreuzt man beide an, werden alle Testfälle gefunden. Kreuzt man nur „Positivfälle" an, dann werden eben nur Testfälle gefunden, die als Positivfälle markiert wurden. Sind beide Checkboxen nicht angewählt, wird kein Datensatz gefunden. Beim „Ersteller" kann man zum Suchen den Nachnamen (oder Teile davon) des Erstellers des Testfalls angeben. Gesucht wird dann natürlich nach dem Attribut „Name" in der Personentabelle „VCO_PERSON".

15.2 Neue Registry-Konstanten

Bevor wir uns an die Realisierung der Dialogklasse machen, sollten wir noch die für diesen Dialog nötigen Registry-Konstanten in der schon bekannten Datei „VCORegTexte.h" erstellen:

```
// Registry-Schluessel
#define cs_VCO_REG_TESTFALLDLG        "Testfallpflege"


// Registry-Entries
#define cs_VCO_REG_BEZ                "Bezeichnung"
#define cs_VCO_REG_TESTOBJ            "Testobjekt"
#define cs_VCO_REG_TFPOS              "positive Testfälle"
#define cs_VCO_REG_TFNEG              "negative Testfälle"
...
```

15.3 Die Dialogklasse für Testfälle

Die Dialogklasse „CDlgTestfall" erstellen wir wie gewohnt mit dem Klassenassistenten, und fügen dann für die Controls die entsprechenden Attribute hinzu, wobei wir genauso vorgehen wie beim Personenpflegedialog. Auch für das Implementieren der Suche ändert sich nichts.

15.3.1 Das Headerfile

Die resultierenden Dateien sehen somit wie folgt aus, zuerst das Headerfile „CDlgTestfall.h":

```
class CDlgTestfall : public CDialogEx
{
    DECLARE_DYNAMIC(CDlgTestfall)

public:
    CDlgTestfall(CWnd* pParent = nullptr); // Standardkonstruktor
    virtual ~CDlgTestfall();

    virtual BOOL OnInitDialog();
    virtual void OnOK();

    afx_msg void OnSearch();
    afx_msg LRESULT OnChangeEntry(WPARAM wParam, LPARAM lParam);
    afx_msg LRESULT OnDeleteEntry(WPARAM wParam, LPARAM lParam);
    afx_msg LRESULT OnInsertEntry(WPARAM wParam, LPARAM lParam);
    afx_msg void OnNew();

// Dialogfelddaten
#ifdef AFX_DESIGN_TIME
    enum { IDD = IDD_DLG_TESTFALL };
#endif

protected:
    virtual void DoDataExchange(CDataExchange* pDX);      // DDX/DDV

    DECLARE_MESSAGE_MAP()

private:
    bool DoSearch();          // Suche in der DB durchfuehren
    bool DoDelete(int iID);   // Loeschen eines Datensatzes
```

```
  CString m_sSBez;          // Suchfeld Bezeichnung
  CString m_sSTestobj;      // Suchfeld Testobjekt
  CString m_sSErsteller;    // Suchfeld Erstellername
  CButton m_CtrlSPos;       // Control fuer Checkbox "Positiv"
  CButton m_CtrlSNeg;       // Control fuer Checkbox "Negativ"

  CVCOListCtrl m_CtrlListe; // Ergebnistabelle
};
```

Dabei ist zu beachten, dass die Control-Attribute für die beiden Checkboxen den Typ „CButton" haben, was wir aber schon seit der Implementierung des Optionendialogs wissen. Nun betrachten wir das Implementierungsfile „CDlgTestfall.cpp". Diese Datei nehmen wir uns aufgrund der Größe in Etappen vor.

15.3.2 Der Datenaustausch

Beginnen wir mit Konstruktor, Destruktor und Datenaustausch:

```
#include "stdafx.h"
#include "VCO.h"
#include "CDlgTestfall.h"
#include "afxdialogex.h"
…
IMPLEMENT_DYNAMIC(CDlgTestfall, CDialogEx)


CDlgTestfall::CDlgTestfall(CWnd* pParent /*=nullptr*/)
  : CDialogEx(IDD_DLG_TESTFALL, pParent)
{
}


CDlgTestfall::~CDlgTestfall()
{
}


void CDlgTestfall::DoDataExchange(CDataExchange* pDX)
{
  CDialogEx::DoDataExchange(pDX);

  // Daten mit Dialogelementen abstimmen
  DDX_Text(pDX, IDC_TESTFALL_S_BEZ, m_sSBez);
  DDX_Text(pDX, IDC_TESTFALL_S_TESTOBJ, m_sSTestobj);
  DDX_Text(pDX, IDC_TESTFALL_S_ERSTELLER, m_sSErsteller);

  // Controls zuweisen
  DDX_Control(pDX, IDC_TESTFALL_S_POS, m_CtrlSPos);
  DDX_Control(pDX, IDC_TESTFALL_S_NEG, m_CtrlSNeg);
  DDX_Control(pDX, IDC_TESTFALL_LIST, m_CtrlListe);
}
```

Hier sind keine großen Mysterien verborgen. Im Prinzip haben wir hier nur die jeweiligen Control-IDs und Daten-attribute an die im Headerfile bzw. in der Ressource definierten Werte angepasst. Selbstverständlich müssen wir für die beiden Suchcheckboxen die Control-Attribute mit den eigentlichen Controls verbinden. Und natürlich haben wir auch unsere Tabelle nicht vergessen, sie wird mit dem Control „m_CtrlListe" verknüpft.

15.3.3 Dialoginitialisierung

Als nächsten Punkt sehen wir uns die Methode „OnInitDialog()" an, die sich auch nur in wenigen Punkten von der beim Personenpflegedialog unterscheidet:

```cpp
#include "CRegEntry.h"
…
BOOL CDlgTestfall::OnInitDialog()
{
   CDialogEx::OnInitDialog();

   // Suchfelder vorbelegen
   int iCbPos, iCbNeg;
   CRegEntry reg(cs_VCO_REG_TESTFALLDLG);
   reg.Read(m_sSBez, cs_VCO_REG_BEZ);
   reg.Read(m_sSTestobj, cs_VCO_REG_TESTOBJ);
   reg.Read(m_sSErsteller, cs_VCO_REG_NACHNAME);
   reg.Read(iCbPos, cs_VCO_REG_TFPOS);
   reg.Read(iCbNeg, cs_VCO_REG_TFNEG);

   UpdateData(FALSE);               // Daten in die Felder uebernehmen
   m_CtrlSPos.SetCheck(iCbPos);     // Checkbox setzen
   m_CtrlSNeg.SetCheck(iCbNeg);     // Checkbox setzen

   // Der Liste Spaltenlinien und Zeilenlinien geben
   m_CtrlListe.SetExtendedStyle(LVS_EX_GRIDLINES | m_CtrlListe.GetExtendedStyle());

   // Zeilen selektierbar machen
   m_CtrlListe.SetExtendedStyle(LVS_EX_FULLROWSELECT | m_CtrlListe.GetExtendedStyle());

   // die 12 Spalten in der Liste erstellen
   CRect rect;
   m_CtrlListe.GetClientRect(&rect);       // Groesse ermitteln
   int nColW = rect.Width() / 100;         // 1% der Groesse

   // Summe der Werte sollte 100% ergeben:
   m_CtrlListe.InsertColumn(0, _T("ID"), LVCFMT_LEFT, nColW*7);
   m_CtrlListe.InsertColumn(1, _T("Bez."), LVCFMT_LEFT, nColW*10);
   m_CtrlListe.InsertColumn(2, _T("Testobj."), LVCFMT_LEFT, nColW*9);
   m_CtrlListe.InsertColumn(3, _T("A-Zust."), LVCFMT_LEFT, nColW*12);
   m_CtrlListe.InsertColumn(4, _T("AZ Datei"), LVCFMT_LEFT, nColW*7);
   m_CtrlListe.InsertColumn(5, _T("Daten"), LVCFMT_LEFT, nColW*10);
   m_CtrlListe.InsertColumn(6, _T("D-Datei"), LVCFMT_LEFT, nColW*7);
   m_CtrlListe.InsertColumn(7, _T("Sollerg."), LVCFMT_LEFT, nColW*10);
   m_CtrlListe.InsertColumn(8, _T("SE Datei"), LVCFMT_LEFT, nColW*7);
   m_CtrlListe.InsertColumn(9, _T("Datum"), LVCFMT_LEFT, nColW*7);
   m_CtrlListe.InsertColumn(10,_T("+/-"), LVCFMT_LEFT, nColW*7);
   m_CtrlListe.InsertColumn(11,_T("Erst."), LVCFMT_LEFT, nColW*7);
   return TRUE;
}
```

Auch hier hat sich qualitativ nichts geändert, lediglich die Anzahl der Spalten und die Bezeichner sind andere. Wie schon beim Optionendialog muss der Status der Checkboxen über das Control gesetzt werden. Daher wurden für das Einlesen aus der Registry die beiden Variablen „iCbPos" und „iCbNeg" verwendet. Das eigentliche Setzen der Checkboxen erfolgt dann hier:

```
m_CtrlSPos.SetCheck(iCbPos);      // Checkbox setzen
m_CtrlSNeg.SetCheck(iCbNeg);      // Checkbox setzen
```

15.3.4 Der Eventhandler für den Button „OK"

Nun wenden wir uns der Behandlung des Klicks auf den Button „OK" zu. Diese erfolgt wie auch bei der Personenpflege in der Methode „OnOK()":

```
void CDlgTestfall::OnOK()
{
  UpdateData(TRUE);  // Daten in Attribute uebernehmen

  int iCbPos = m_CtrlSPos.GetCheck();     // Checkbox abfragen
  int iCbNeg = m_CtrlSNeg.GetCheck();     // Checkbox abfragen

  // Suchfeldinhalte in Registry abspeichern
  CRegEntry reg(cs_VCO_REG_TESTFALLDLG);
  reg.Write(m_sSBez, cs_VCO_REG_BEZ);
  reg.Write(m_sSTestobj, cs_VCO_REG_TESTOBJ);
  reg.Write(m_sSErsteller, cs_VCO_REG_NACHNAME);
  reg.Write(iCbPos, cs_VCO_REG_TFPOS);
  reg.Write(iCbNeg, cs_VCO_REG_TFNEG);

  CDialogEx::OnOK();
}
```

Der einzige Unterschied zur Personenpflegeklasse ist hier das Feststellen, ob die Such-Checkboxen angewählt sind. Dieser Zustand wird dann in einer ganzzahligen Variable zwischengespeichert und schlussendlich in der Registry abgelegt:

```
...
  int iCbPos = m_CtrlSPos.GetCheck();     // Checkbox abfragen
  int iCbNeg = m_CtrlSNeg.GetCheck();     // Checkbox abfragen
...
  reg.Write(iCbPos, cs_VCO_REG_TFPOS);
  reg.Write(iCbNeg, cs_VCO_REG_TFNEG);
...
```

15.3.5 Die Methoden „OnSearch()" und „DoSearch()"

Sehen wir uns zuerst die Messagemap an:

```
BEGIN_MESSAGE_MAP(CDlgTestfall, CDialogEx)
  ON_BN_CLICKED(IDC_TESTFALL_SUCHEN, &CDlgTestfall::OnSearch)
  ON_MESSAGE(WM_CHANGE_LISTENTRY, OnChangeEntry)
  ON_MESSAGE(WM_DELETE_LISTENTRY, OnDeleteEntry)
  ON_MESSAGE(WM_INSERT_LISTENTRY, OnInsertEntry)
  ON_BN_CLICKED(IDC_TESTFALL_NEU, &CDlgTestfall::OnNew)
END_MESSAGE_MAP()
```

Diese unterscheidet sich nur in den Bezeichnungen von der beim Personenpflegedialog. Der Eventhandler für den Klick auf den Button „Suchen" ist gleich zu implementieren wie beim Personenpflegedialog:

```
void CDlgTestfall::OnSearch()
{
  // Suchmethode aufrufen
  DoSearch();
}
```

Die eigentliche Arbeit übernimmt auch hier wieder die Methode „DoSearch()", die wir aber ebenfalls in Anlehnung an die gleichnamige Methode in der Personenpflege implementieren:

```
bool CDlgTestfall::DoSearch()
{
  bool bRet = true;

  // Suche durchfuehren
  CWaitCursor wait;        // "Sanduhr" setzen
  CString sStmt;           // SQL Abfrage
  CString sWhere;          // Where-Klausel

  // alle ev. bestehenden Items loeschen
  m_CtrlListe.DeleteAllItems();
  // zuerst Where-Klausel erstellen:
  UpdateData(TRUE);
  sWhere = _T(" where p.PERSONID = VCO_TESTFALL.ERSTELLER ");
  sWhere = ExpandWhereClause(sWhere,_T("BEZEICHNUNG"), m_sSBez);
  sWhere = ExpandWhereClause(sWhere,_T("TESTOBJEKT"), m_sSTestobj);

  // SQL Statement zusammenfuegen
  sStmt = _T("select TESTFALLID, BEZEICHNUNG, TESTOBJEKT, ZUSTANDVOR, ZUSTANDVORFILE, \
EINGDATEN, EINGDATENFILE, SOLLERGEBN, SOLLERGEBNFILE, ANGELEGTAM, ISTPOSFALL, \
p.NAME || ', ' || p.VORNAME, ERSTELLER from VCO_TESTFALL, VCO_PERSON p");
  sStmt.Append(sWhere);
  sStmt.Append(_T(" order by TESTOBJEKT, BEZEICHNUNG"));

  // SQL Statement ausfuehren
  CVCODB* pDB = new CVCODB;
  if (pDB)
  {
      Statement* pSt = pDB->DoSelect(sStmt);
      if (pSt)      // Abfrage erfolgreich?
      {
        Resultset rs = pSt->GetResultset();
        int iCount = 0;

        CString sVal;      // CVCOListCtrl kann nur Strings
        int iVal;          // fuer Zahlenwerte bei den Treffern
        while (rs++)
        {
              // Abfrageergebnisse in Tabelle fuellen
```

```
            iVal = rs.Get<int>(1);                  // erste Spalte der Treffer=ID
            sVal.Format(_T("%d"), iVal);            // ID in String umwandeln
            m_CtrlListe.InsertItem(iCount, sVal);      // neue Zeile
            sVal = rs.Get<ostring>(2).c_str();         // 2. Spalte holen
            m_CtrlListe.SetItemText(iCount,1,sVal);    // BEZEICHNUNG
            sVal = rs.Get<ostring>(3).c_str();         // 3. Spalte holen
            m_CtrlListe.SetItemText(iCount, 2, sVal);  // TESTOBJEKT
            sVal = rs.Get<ostring>(4).c_str();         // 4. Spalte holen
            m_CtrlListe.SetItemText(iCount, 3, sVal);  // ZUSTANDVOR
            sVal = rs.Get<ostring>(5).c_str();         // 5. Spalte holen
            m_CtrlListe.SetItemText(iCount, 4, sVal);  // ZUSTANDVORFILE
            sVal = rs.Get<ostring>(6).c_str();         // 6. Spalte holen
            m_CtrlListe.SetItemText(iCount, 5, sVal);  // EINGDATEN
            sVal = rs.Get<ostring>(7).c_str();         // 7. Spalte holen
            m_CtrlListe.SetItemText(iCount, 6, sVal);  // EINGDATENFILE
            sVal = rs.Get<ostring>(8).c_str();         // 8. Spalte holen
            m_CtrlListe.SetItemText(iCount, 7, sVal);  // SOLLERGEBN
            sVal = rs.Get<ostring>(9).c_str();         // 9. Spalte holen
            m_CtrlListe.SetItemText(iCount, 8, sVal);  // SOLLERGEBNFILE
            sVal = rs.Get<ostring>(10).c_str();        // 10.Spalte holen
            m_CtrlListe.SetItemText(iCount, 9, sVal);  // ANGELEGTAM
            iVal = rs.Get<int>(11);                 // 11. Spalte holen
            if (iVal)
                    sVal = _T("+");       // positiver Testfall
            else
                    sVal = _T("-");       // negativer Testfall
            m_CtrlListe.SetItemText(iCount,10,sVal);   // ISTPOSFALL
            sVal = rs.Get<ostring>(12).c_str();        // 12.Spalte holen
            m_CtrlListe.SetItemText(iCount, 11, sVal); // ERSTELLER
            m_CtrlListe.SetItemData(iCount,rs.Get<int>(13)); //ID

            iCount++;
        }
        delete pSt; // Freigabe nicht vergessen
    }
    delete pDB; // Datenbankobjekt freigeben
}
else
{
    // kein Datenbankverbindungsobjekt moeglich?
    bRet = false;
}
return bRet;
}
```

Ein Detail ist dabei zu erklären:

Es wurde ja nicht nur der Ersteller als Text (zwölfte Spalte im Select) sondern auch als ID (13. Spalte) abgefragt. Diese ID (VCO_TESTFALL.ERSTELLER) merken wir uns zusätzlich, und zwar in Form der jeder Zeile der Tabelle zuordenbaren „ItemData". Folgende Codezeile erledigt das:

```
m_CtrlListe.SetItemData(iCount,rs.Get<int>(13)); // ID
```

Man kann damit jeder Zeile einer CListCtrl Daten hinzufügen, und zwar vom Typ „DWORD", was im Wesentlichen nichts anderes als ein „long int" ist. Das ist eigentlich dafür gedacht, hier den Zeiger auf eine Objektstruktur (wie z. B. ein Objekt der Klasse „CDataTestfall" abzulegen. Da wir nur einen Integer, nämlich die ID des Erstellers, ablegen müssen, können wir diese aber hier direkt als ItemData mitspeichern. Wir werden diese Daten dann später, beim Aufruf des Änderungsdialogs, wieder benötigen. Weiters fehlen jetzt noch die Suchkriterien für die Checkboxen und für den Ersteller. Zudem ist die Abfrage als Abfrage über zwei Tabellen (Join) implementiert. Dies wurde am Ende des letzten Kapitels erklärt. Das Erstellen der Where-Klausel allerdings bedarf zweier Erweiterungen, weil wir den Fall mit der Checkbox beim Personenpflegedialog noch nicht hatten.

Erweitern der Methode „ExpandWhereClause()"

Um auch die Checkboxen in die Suchkriterien aufnehmen zu können, müssen wir die globale Funktion „ExpandWhereClause()" überladen, da diese Methode derzeit nur Zeichenketten verarbeiten kann. Was genau erwarten wir von dieser Funktion?

➢   Wenn beide Checkboxen angewählt sind, soll sie nichts zurückliefern, denn dann ist ja die Suche nicht einzuschränken

➢   Wenn keine der beiden Checkboxen angewählt ist, dürfen keine Treffer gefunden werden. Dann soll die Funktion eine Where-Klausel zurückliefern, die mit Sicherheit keinen Treffer zulässt, also zum Beispiel „ISPOSFALL=1 and ISPOSFALL=0"

➢   Wenn nur eine der beiden Checkboxen angewählt ist, soll sie die dazu passende Bedingung liefern, also zum Beispiel „ISPOSFALL=1"

Übergeben müssen wir dabei wie gewohnt den Bezeichner der Datenbankspalte (hier: „ISPOSFALL") sowie die Werte der Checkboxzustände für „Bejahung" und „Verneinung". Dies führt zu folgender Funktionsdeklaration:

```
// fuer Ja/Nein Checkboxen
CString ExpandWhereClause(
    CString     sWhere,      // alte Where-Klausel
    CString     sDBCol,      // DB Spaltenname
    int         iJa,         // Checkbox Ja gesetzt?
    int         iNein        // Checkbox Nein gesetzt?
);
```

Die Implementierung der Funktion in der Datei „CVCODB.cpp" sieht dann wie folgt aus:

```
CString ExpandWhereClause(
    CString     sWhere, // alte Where-Klausel
    CString     sDBCol, // DB Spaltenname
    int         iJa,        // Checkbox Ja gesetzt?
    int         iNein       // Checkbox Nein gesetzt?
)
{
    CString sWhereExp = sWhere;
    CString sBed;

    if (iJa == 1 && iNein == 1)
    {
        // Where-Klausel nicht erweitern
    }
    else if (iJa == 1 && iNein == 0)
    {
```

```
        // Positiv-Checkbox ist angewaehlt
        sBed.Format(_T(" %s=1 "), sDBCol);
    }
    else if (iJa == 0 && iNein == 1)
    {
        // Negativ-Checkbox ist angewaehlt
        sBed.Format(_T(" %s=0 "), sDBCol);
    }
    else
    {
        // keine Checkbox ist angewaehlt
        sBed.Format(_T(" (%s=0 and %s=1) "), sDBCol, sDBCol);
    }

    if (!sBed.IsEmpty())
    {
        // gibt es schon eine nichtleere Where-Klausel?
        if (sWhereExp.IsEmpty())
        {
            // Schluesselwort "where" hinzufuegen
            sWhereExp = _T("where") + sBed;
        }
        else
        {
            // Suchkriterien mit "and" verknuepfen
            sWhereExp.Append(_T(" and"));
            sWhereExp.Append(sBed);
        }
    }
    return sWhereExp;  // Where-Klausel zurueckgeben
}
```

Das könnte man zwar auch etwas kürzer programmieren, aber im Sinne der Verständlichkeit ist es oft besser, strukturiert zu codieren. Und wir müssen diese Arbeit ja nur einmal machen. In Zukunft können wir alle „Ja/Nein"-Typ Checkboxen dann ganz einfach in die Where-Klausel aufnehmen. Und zwar funktioniert die Verwendung in der Methode „DoSearch()"wie folgt:

```
sWhere = ExpandWhereClause(  sWhere, _T("ISTPOSFALL"),
                             m_CtrlSPos.GetCheck(), m_CtrlSNeg.GetCheck());
```

Fremdschlüsselsuche „ExpandWhereClauseFK()"

Noch eine Where-Bedingung fehlt uns:

Wir haben noch keine Möglichkeit, den vom Anwender im Suchfeld definierten Suchbegriff für den Erstellernamen auszuwerten, da der Ersteller in der Tabelle „VCO_TESTFALL" ja nicht namentlich, sondern nur über seinen Schlüsselwert enthalten ist. Wir benötigen hier also noch eine weitere Überladung der globalen Funktion „ExpandWhereClause()" für die Behandlung solcher Fremdschlüsselsuchbedingungen. Auch hier überlegen wir uns vorher die Anforderungen[72]:

---

[72] Es ist nicht nur beim Programmieren generell eine gute Idee, sich vorher klarzumachen, WAS man machen möchte, bevor man überlegt, WIE man es macht.

➢ Wenn das Suchfeld leer ist, soll die Where-Klausel nicht verändert werden.

➢ Man muss der Funktion neben der betroffenen Fremdschlüsselspalte auch die Parenttabelle (oder den Alias dafür) und die Spalte, die dem Suchtext zugeordnet ist, übergeben. Und natürlich auch die ID-Spalte der Parenttabelle wird benötigt.

Dies führt zu folgender Funktionsdeklaration:

```
// fuer Fremdschluesselsuchbedingungen
CString ExpandWhereClause(
   CString      sWhere,       // alte Where-Klausel
   CString      sDBCol,       // DB Spaltenname
   CString      sSearchVal,   // Suchfeldinhalt
   CString      sParentTab,   // Parenttabelle
   CString      sSearchCol,   // zu durchsuchende Spalte
   CString      sParKeyCol    // ID-Spalte der Parenttabelle
);
```

Die Implementation dieser Funktion ähnelt der für „normale" Suchfelder:

```
CString ExpandWhereClause(
   CString sWhere,       // alte Where-Klausel
   CString sDBCol,       // DB Spaltenname
   CString sSearchVal,   // Suchfeldinhalt
   CString sParentTab,   // Parenttabelle
   CString sSearchCol,   // zu durchsuchende Spalte
   CString sParKeyCol    // ID-Spalte der Parenttabelle
)
{
   CString sWhereExp = sWhere;

   // Jokerzeichen ersetzen
   sWhereExp.Replace(_T("*"), _T("%"));
   if (!sSearchVal.IsEmpty())
   {
      // Suchkriterium ist nicht leer
      sSearchVal.Append(_T("%"));
      if (sWhereExp.IsEmpty())
      {
         // Schluesselwort "where" hinzufuegen
         sWhereExp = _T("where ");
      }
      else
      {
         // Suchkriterien mit "and" verknuepfen
         sWhereExp.Append(_T(" and "));
      }
      CString sCrit; // eine temporaere Variable
      sCrit.Format( _T("(%s.%s like '%s' and %s.%s=%s)"), sParentTab, sSearchCol,
                sSearchVal, sParentTab, sParKeyCol, sDBCol);
      sWhereExp.Append(sCrit);
```

```
      // Jokerzeichen ersetzen
      sWhereExp.Replace(_T("*"), _T("%"));
   }
   return sWhereExp;  // Where-Klausel zurueckgeben
}
```

Auch diese Arbeit ist glücklicherweise nur einmal zu tun. Damit haben wir nun eine Funktion, mit der wir flexibel zukünftige Fremdschlüsselsuchbedingungen erstellen können. Die Verwendung in unserer Dialogklasse sieht dann wie folgt aus:

```
sWhere = ExpandWhereClause( sWhere, _T("ERSTELLER"), m_sSErsteller,
                            _T("p"), _T("NAME"), _T("PERSONID"));
```

Nun fehlen uns nur noch die drei Eventhandlermethoden zum Ändern, Einfügen und Löschen von Datensätzen, dann ist unsere Dialogklasse fertig.

15.3.6 Der Eventhandler für das Ändern von Daten

Diese Methode können wir erst implementieren, wenn wir den Änderungsdialog und die dazugehörige Dialogklasse implementiert haben. Dies wird etwas später (siehe Punkt 15.6) erledigt. In der Zwischenzeit können wir die Testfalldaten also noch nicht editieren.

15.3.7 Der Eventhandler für das Neuanlegen von Daten

Hier gilt das Gleiche wie für das Ändern: Zuerst müssen wir die entsprechende Änderungsdialogklasse erstellen.

15.3.8 Der Eventhandler für das Löschen von Daten

Das Löschen von Testfalldaten können wir bereits jetzt implementieren, da wir dafür ja keinen Dialog benötigen. Dazu benötigen wir zuerst einmal eine Methode „DoDelete()", die wir analog zu der entsprechenden Methode in der Personenpflegeklasse deklarieren bzw. schon deklariert haben:

```
private:
   bool DoDelete(int iID);   // Loeschen eines Datensatzes
```

Nun müssen wir diese Methode natürlich auch implementieren. Auch dies erfolgt analog zur Personenpflegeklasse. Die Änderungen sind geringfügig und betreffen nur die eine Zeile, in der das SQL Statement für das Löschen aufgebaut wird:

```
bool CDlgTestfall::DoDelete(int iID)
{
…
   // 1. Statement aufbauen
   CString sStmt;
   sStmt.Format(_T("delete from VCO_TESTFALL where TESTFALLID=%d"), iID);
…
}
```

Der Eventhandler selbst ist ebenfalls wie in der Personenpflegeklasse zu implementieren, und zwar ohne jede Änderung.

> Wenn man zwischen zwei Klassen derart viele Analogien feststellt, ist das ein starker Hinweis darauf, dass eine gemeinsame Basisklasse sinnvoll wäre, in der man die Funktionalität sammeln sollte, die stets gleichbleibt. Es würde sich daher eine Dialogbasisklasse „CVCODlg" anbieten, von der man dann die Klassen „CDlgPerson" und „CDlgTestfall" und in der Folge auch weitere Dialogklassen ableitet.
>
> Wir werden das hier noch nicht tun, um die Komplexität nicht zusätzlich zu erhöhen. Diese Basisklasse erstellen wir dann im Kapitel 20.

Nun müssen wir noch eines erledigen: den Dialog aufrufen. Dazu benötigen wir einen Menüpunkt.

15.4 Der Menüeintrag „Testfälle"

Mit dem Ressourceneditor erweitern wir natürlich jetzt auch unser Menü „Datenpflege" um einen Eintrag zum Aufrufen der Testfallpflege.

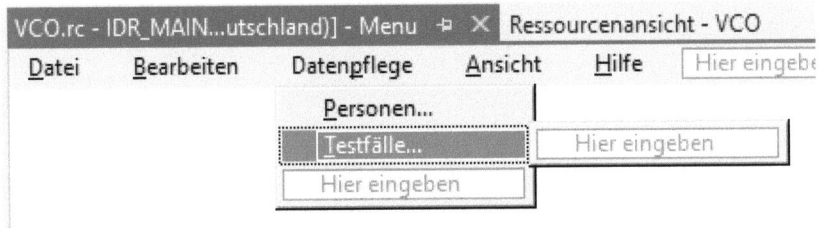

Abb. 122: Das erweiterte Menü

Selbstverständlich ergänzen wir auch die Hauptrahmenklasse „CMainFrame" um die nötigen Einträge zum Aufruf des Dialogs beim Klicken auf diesen neuen Menüeintrag. Das sieht dann im Headerfile „CMainFrm.h" wie folgt aus:

```
afx_msg void OnDatenpflegeTestfaelle();
```

Im Quellcodefile „CMainFrm.cpp" sind folgende Erweiterungen nötig:

```
#include "CDlgTestfall.h"
…
BEGIN_MESSAGE_MAP(CMainFrame, CFrameWndEx)
…
   ON_COMMAND(ID_DATENPFLEGE_TESTFAELLE, &CMainFrame::OnDatenpflegeTestfaelle)
END_MESSAGE_MAP()
…
void CMainFrame::OnDatenpflegeTestfaelle()
{
   // Testfallpflegedialog aufrufen
   CDlgTestfall dlgtestfall;
   dlgtestfall.DoModal();
}
```

Die Vorgehensweise ist analog zu der beim Personenpflegedialog.

15.5 Erweiterung der Tabelle

Da unsere Tabelle für die meisten Daten zu schmal ist, sind diese nicht zur Gänze sichtbar. Diese Situation kann man wie folgt verbessern: Man fügt in der Methode „OnInitDialog()" bei den Initialisierungen für die Liste (Tabelle) eine einzelne Zeile hinzu:

```
// Tip-Textanzeige bei zu kurzen Spaltenbreiten
m_CtrlListe.SetExtendedStyle(LVS_EX_LABELTIP | m_CtrlListe.GetExtendedStyle());
```

Wenn man dann im Dialog mit der Maus über einem nicht vollständig sichtbaren Eintrag verweilt, eben weil die Spaltenbreite zu gering ist, blendet die Anwendung den vollständigen Text ein:

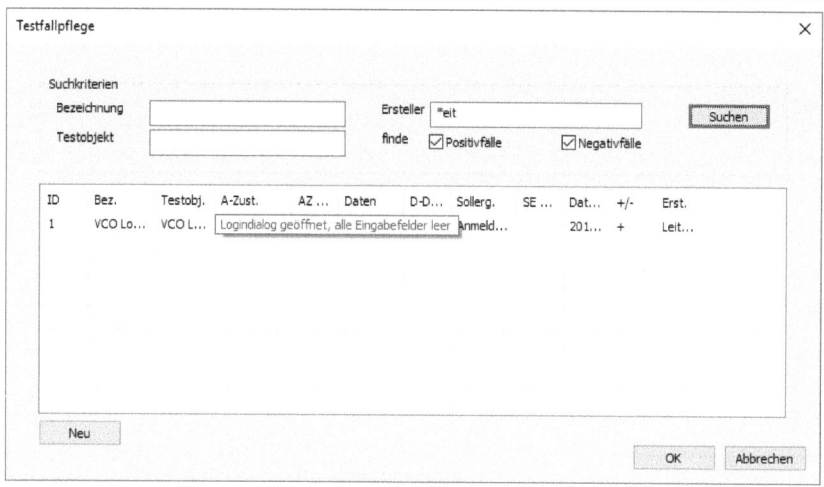

Abb. 123: Texteinblendung bei zu kurzen Spalten

Eine sehr praktische Sache, nicht wahr? Man nennt das „Tooltip". Diese Einblendung erfolgt übrigens nur, wenn die Spaltenbreite für den Text nicht ausreicht. Bei Spalten, in denen der Text ohnehin vollständig dargestellt wird, bleibt diese Einblendung aus. Die Funktionalität ist Teil der MFC. Sie ist ein gutes Beispiel dafür, dass man, bevor man darüber nachdenkt, eine Funktionalität mühsam selbst zu implementieren, immer zuerst einen Blick in die MFC Dokumentation werfen sollte.

15.6 Daten ändern und Neuanlegen

Unser Dialog ist nun schon sehr weit fortgeschritten. Was noch fehlt, das sind die bereits erwähnten Änderungs- und Neuanlagefunktionalitäten. Die wir vorhin ja aufgeschoben hatten. Dazu benötigen wir wieder eine Datenobjektklasse, wie wir sie auch bereits in der Personenpflege erstellt haben.

15.6.1 Die Datenklasse „CDataTestfall"

Die Deklaration dieser Klasse „CDataTestfall" sieht dann wie folgt aus, wobei hier der Kommentarkopf weggelassen wurde:

```cpp
class CDataTestfall
{
public:
    CDataTestfall();
    virtual ~CDataTestfall();
    // Datenklasse fuer Tabelle VCO_TESTFALL
    int        m_iID;                // TESTFALLID
    CString    m_sBez;               // BEZEICHNUNG
    CString    m_sTestObj;           // TESTOBJEKT
    CString    m_sZustandVor;        // ZUSTANDVOR
    CString    m_sZustandVorFile;    // ZUSTANDVORFILE
    CString    m_sEingDaten;         // EINGDATEN
    CString    m_sEingDatenFile;     // EINGDATENFILE
    CString    m_sSollErg;           // SOLLERGEBN
    CString    m_sSollErgFile;       // SOLLERGEBNFILE
    CString    m_sAngelegtAm;        // ANGELEGTAM
    int        m_iIstPosFall;        // ISTPOSFALL
    int        m_iErsteller;         // ERSTELLER
};
```

Wir haben dabei das Datum (in Oracle vom Typ „DATE") ebenfalls als Zeichenkette abgebildet. Natürlich könnte man dafür auch einen entsprechenden Datumsdatentyp von MFC verwenden, beispielsweise „COleDateTime". Da wir aber das Datum nur bei der Neuanlage eines Testfalles schreiben, und sonst nicht einmal anzeigen werden, ist die Verwendung des Zeichenkettentyps hier deutlich einfacher. Die Datenbankspalte[73] „ISTPOSFALL", die in Oracle den Typ „NUMBER(1)" hat, bilden wir natürlich als „int" ab. Ebenfalls als Integer bilden wir die Spalte „ERSTELLER" ab, weil darin ja ein Fremdschlüsselwert steht, der in Oracle ebenfalls vom Typ „NUMBER" ist, wie auch der Primärschlüssel „TESTFALLID".

15.6.2 Die Änderungsdialog-Ressource

Nun erstellen wir die Ressource für den Änderungsdialog, wobei wir uns auch hier an den Änderungsdialog für Personendaten anlehnen. Ob der Testfall ein Positivfall oder ein Negativfall ist, ist dabei eine Entweder/Oder-Entscheidung[74]. Dafür stellt uns Windows die sogenannten „Radiobuttons" zur Verfügung. Aus einer solchen Gruppe von Radiobuttons kann immer nur genau einer angewählt sein. Den „Ersteller" bilden wir mit einer Combobox ab, aus deren Liste sich der Anwender später eine existierende Person auswählen darf. Das Ergebnis (IDD_DLG_TF_AEND) sollte in etwa wie folgt aussehen:

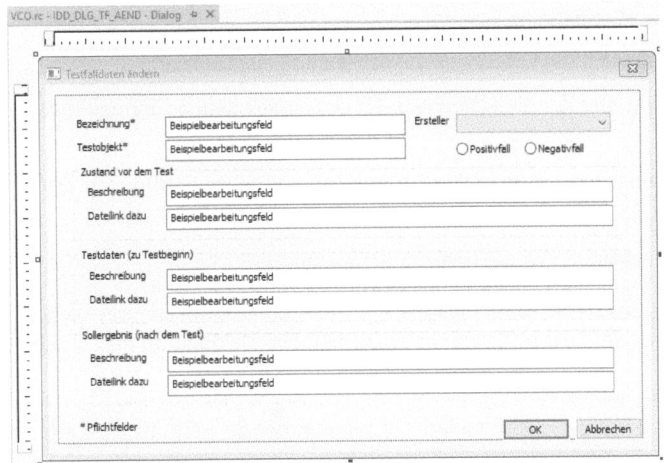

Abb. 124: Die Dialogressource zum Editieren von Testfalldaten

Bei den Radiobuttons ist zu beachten, dass die Gruppierung in den Eigenschaften entsprechend vorgenommen wird. Dabei setzt man die Eigenschaft „Group" für den ersten[75] Radiobutton auf „True" und belässt sie für den zweiten auf „False".

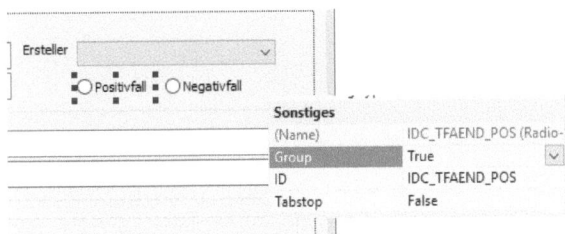

Abb. 125: Radiobuttons zu Gruppen zusammenfügen

Bevor wir nun die Dialogklasse erzeugen, benötigen wir noch eine weitere Klasse.

---

[73] Genaugenommen reicht dafür ein boolescher Wert, den uns Oracle aber nur in Form eines ganzzahligen Werts bietet.

[74] Es ist ein typisches Merkmal solcher Ja/Nein-Felder, dass aus zwei Checkboxen für die Suchparameter dann zwei Radiobuttons für die Datenpflege werden.

[75] Jede neue Gruppierung beginnt immer mit einem Radiobutton, dessen Eigenschaft „Group" auf „True" gesetzt wurde.

15.6.3 Eine Combobox mit Datenbankanbindung

Um den Ersteller aus einer Liste möglicher Personen auswählen zu können, muss man die Combobox dazu erst einmal mit den möglichen Werten, also den Personen, die in der Datenbanktabelle „VCO_PERSON" vorhanden sind, füllen. Nun könnte man das natürlich in jedem Dialog mit einer, noch dazu eher einfachen, Datenbankabfrage tun. Und wenn ein Anwender eine Person ausgewählt hat, und diese dann zum Testfall mit ihrer ID im Fremdschlüssel abgespeichert werden soll, macht man eine erneute Datenbankabfrage zur ID dieser Person.

Das ist aber eher umständlich. Und wenn man viele Dialoge zu erstellen hat, auch redundant und arbeitsaufwändig. Viel besser wäre eine Lösung, bei der man einer Combobox diese Aufgaben sozusagen überträgt. Und das ist der typische Ausgangspunkt für eine eigene Comboboxklasse, die wir von der MFC Klasse „CComboBox" ableiten werden, und die wir mit der benötigten Datenbankfunktionalität ausstatten wollen.

Wieder überlegen wir uns im Vorfeld, was diese Klasse zusätzlich zu den von der Basisklasse geerbten Eigenschaften leisten soll:

➤ Beim **ersten** Dropdown oder auf expliziten Aufruf soll sich die Liste mit den vorhandenen Werten füllen.

➤ Dabei wird der Klasse in einer Initialisierungsmethode angegeben, welche Tabelle betroffen ist, welche Spalten angezeigt werden sollen und was die ID-Spalte ist.

➤ Die Klasse merkt sich zu jedem Listeneintrag auch die Datenbank-ID des jeweiligen Datensatzes.

➤ Die Klasse stellt eine Methode zur Verfügung, mit der die Datenbank-ID des ausgewählten Eintrags zurückgegeben wird.

➤ Die Klasse stellt eine Methode zur Verfügung, mit der man den Listeneintrag zu einer bestimmten Datenbank-ID programmatisch auswählen kann.

➤ Es soll eine Möglichkeit geben, Filter zur Einschränkung der Liste zu definieren.

Natürlich könnte man diese Funktionalität noch erweitern, zum Beispiel um Sortierungsoptionen oder weitere, optional anzuzeigende Datenbankspalten. Aber wir sind damit fürs Erste zufrieden. Die Deklaration dieser neuen Klasse „CVCOCmb" sieht dabei wie folgt aus.

```
class CVCOCmb : public CComboBox
{
   DECLARE_DYNAMIC(CVCOCmb)

public:
   CVCOCmb();
   virtual ~CVCOCmb();
   virtual void Init(
        CStringA    sQuellTab,     // Tabelle fuer Listenfuellen
        CStringA    sIDCol,        // Spalte mit dem PK (ID)
        CStringA    sTextCol,      // Spalte(n) fuer Listentexte
        CStringA    sWhere=""      // optional: Where-Klausel
   );


   // Implementierung
   int GetSelID();             // gibt ID des selektierten Eintrags zurueck
   void SelID(int iID);        // selektiert Eintrag mit der ID
   virtual bool FillList();    // fuellt Combobox


   // Messagehandler
   afx_msg void OnCbnDropdown();


protected:
```

```
    DECLARE_MESSAGE_MAP()

private:
    // Attribute
    Bool       m_bIsFilled = false;   // Liste bereits gefuellt?
    CString    m_sQuellTab;           // Tabelle fuer Listenfuellen
    CString    m_sIDCol;              // Spalte mit dem PK (ID)
    CString    m_sTextCol;            // Spalte(n) fuer Listentexte
    CString    m_sWhere;              // Where-Klausel fuer Abfrage
};
```

Die Implementierung ist dabei schon ein Stück umfangreicher. Die Quellcodedatei „CVCOCmb.cpp" sieht folgendermaßen aus, wobei wir uns diese Stück für Stück vornehmen. Beginnen wir mit dem Initialisierungsteil (Konstruktor, Destruktor, die keinerlei Geheimnisse beinhalten, und der Initialisierung):

```
#include "stdafx.h"
#include "VCO.h"
#include "CVCOCmb.h"
#include "CVCODB.h"


IMPLEMENT_DYNAMIC(CVCOCmb, CComboBox)


CVCOCmb::CVCOCmb()
{
}


CVCOCmb::~CVCOCmb()
{
}


// Initialisierung
void CVCOCmb::Init(
    CStringA    sQuellTab,     // Tabelle fuer Listenfuellen
    CStringA    sIDCol,        // Spalte mit dem PK (ID)
    CStringA    sTextCol,      // Spalte(n) fuer Listentexte
    CStringA    sWhere         // optional: Where-Klausel
)
{
    m_sQuellTab = sQuellTab;
    m_sIDCol = sIDCol;
    m_sTextCol = sTextCol;
    m_sWhere = sWhere;
}
```

Hier werden nur die entsprechenden Attribute gesetzt, wobei die Where-Klausel auch leer bleiben darf. Dann werden bei der Suche alle Einträge der Zieltabelle gefunden. Sehen wir uns nun die Methode zum Füllen an, und wie sie aufgerufen werden kann.

```
BEGIN_MESSAGE_MAP(CVCOCmb, CComboBox)
    ON_CONTROL_REFLECT(CBN_DROPDOWN, &CVCOCmb::OnCbnDropdown)
END_MESSAGE_MAP()
```

```
void CVCOCmb::OnCbnDropdown()
{
    // Pruefen ob Liste bereits gefuellt
    if (!m_bIsFilled)
    {
        if (FillList())            // Wenn das Fuellen klappte
                m_bIsFilled = true;   // ist die Liste nun gefuellt
    }
}


bool CVCOCmb::FillList()
{
    bool bRet = false;
    CWaitCursor wait;   // Sanduhr

    // Liste zuerst leeren (falls gefuellt)
    ResetContent();

    CVCODB* pDB = new CVCODB;
    if (pDB)
    {
        CString sStmt;        // Abfragestatement
        sStmt.Format( _T("select %s, %s from %s %s order by %s"), m_sIDCol, m_sTextCol,
                    m_sQuellTab, m_sWhere, m_sTextCol);
        Statement* pSt = pDB->DoSelect(sStmt);       // SQL ausfuehren
        if (pSt)
        {
                Resultset rs = pSt->GetResultset();
                CString sVal;        // fuer Listentext
                int iVal;            // fuer ID
                int iIndex;          // Listenindex
                while (rs++)
                {
                  // Abfrageergebnisse in Liste fuellen
                  iVal = rs.Get<int>(1);      // erste Spalte = ID
                  sVal = rs.Get<ostring>(2).c_str();

                  // in die Combobox fuellen
                  iIndex = AddString(sVal);  // Text zu Liste hinzu
                  SetItemData(iIndex, iVal); // ID dazu merken
                }

                bRet = true;   // Fuellen war erfolgreich
                delete pSt;   // Statement freigeben
        }
        delete pDB;    // DB Objekt freigeben
    }
    return bRet;
}
```

Im Prinzip sollte uns das alles bekannt sein. Einzig die folgenden Zeilen bedürfen einer Erläuterung:

```cpp
// Abfrageergebnisse in Liste fuellen
iVal = rs.Get<int>(1);        // erste Spalte = ID
sVal = rs.Get<ostring>(2).c_str();

// in die Combobox fuellen
iIndex = AddString(sVal);     // Text zu Liste hinzu
SetItemData(iIndex, iVal);    // ID dazu merken
```

Hier werden zuerst die ID und die Textdaten aus der Abfrage ermittelt, und dann als Listeneintrag zur Combobox hinzugefügt. Bisher haben wir die Listeneinträge ja direkt in den Eigenschaften im Ressourceneditor eingetragen, aber natürlich kann man das auch programmatisch, also zur Laufzeit. Die Methode „AddString()" gibt dabei den Index des neuen Eintrags zurück. Diesen Index nutzen wir dazu, zum Listeneintrag auch die Datenbank-ID abzuspeichern, wieder – wie bei der Tabelle – als „ItemData".

Jetzt fehlen uns nur noch die Zugriffsmethoden für das Ermitteln des vom Anwender selektierten Eintrags, und für das Selektieren eines Eintrags anhand seiner Datenbank-ID:

```cpp
// gibt ID des selektierten Eintrags zurueck
int CVCOCmb::GetSelID()
{
    int iIndex = GetCurSel();
    return GetItemData(iIndex);
}

// selektiert Eintrag mit der ID
void CVCOCmb::SelID(int iID)
{
    int iCount = GetCount();
    // Alle Eintrage nach der ID durchsuchen
    for (int i = 0; i < iCount; i++)
    {
        if (GetItemData(i) == iID)
        {
            SetCurSel(i);
            break;
        }
    }
}
```

Auch hier haben wir wieder die ItemData des betreffenden Eintrags abgefragt. In der ersten Methode geben wir diese einfach zurück. Die zweite Methode durchsucht so lange alle ItemData, bis eines dem Parameter „iID" entspricht. Den betreffenden Eintrag selektiert die Methode dann und beendet die Schleife mit „break".

Wie man diese äußerst praktische Klasse nun verwendet, das werden wir gleich am Änderungsdialog sehen.

15.6.4 Die Änderungsdialog-Klasse

Mit dem Klassenassistenten erstellen wir wie gewohnt dafür die Dialogklasse „CDlgTestfallEdit". Das Headerfile „CDlgTestfallEdit.h" sieht wie folgt aus, wobei wir hier nur jene Teile anführen, die sich von der schon bekannten, analog aufgebauten Deklaration der Klasse „CDlgPersEdit" unterscheiden:

```cpp
#include "CVCOCmb.h"
…
```

```cpp
class CDlgTestfallEdit : public CDialogEx
{
    DECLARE_DYNAMIC(CDlgTestfallEdit)

public:
    CDlgTestfallEdit(
        const CDataTestfall& daten,        // zu editierende Daten
        CWnd* pParent = nullptr            // Parentwindow
    );
    virtual ~CDlgTestfallEdit();

// Dialogfelddaten
#ifdef AFX_DESIGN_TIME
    enum { IDD = IDD_DLG_TF_AEND };
#endif
…
private:
…
    // Attribute
    int        m_iID;                 // TESTFALLID
    CString    m_sBez;                // IDC_TFAEND_BEZ
    CString    m_sErsteller;          // IDC_TFAEND_ERST
    CString    m_sTestObj;            // IDC_TFAEND_TESTOBJ
    CString    m_sZustandVor;         // IDC_TFAEND_ZUSTVOR
    CString    m_sZustandVorFile;     // IDC_TFAEND_ZUSTVORFILE
    CString    m_sEingDaten;          // IDC_TFAEND_EINGDAT
    CString    m_sEingDatenFile;      // IDC_TFAEND_EINGDATFILE
    CString    m_sSollErg;            // IDC_TFAEND_SOLLERG
    CString    m_sSollErgFile;        // IDC_TFAEND_SOLLERGFILE
    int        m_iIstPosFall;         // IDC_TFAEND_POS/IDC_TFAEND_NEG
    int        m_iErsteller;          // IDC_TFAEND_ERST

    // Controlhandles
    CEdit      m_CtrlBez;             // IDC_TFAEND_BEZ
    CVCOCmb    m_CtrlErsteller;       // Combobox fuer IDC_TFAEND_ERST
    CEdit      m_CtrlTestObj;         // IDC_TFAEND_TESTOBJ
    CEdit      m_CtrlZustandVor;      // IDC_TFAEND_ZUSTVOR
    CEdit      m_CtrlZustandVorFile;  // IDC_TFAEND_ZUSTVORFILE
    CEdit      m_CtrlEingDaten;       // IDC_TFAEND_EINGDAT
    CEdit      m_CtrlEingDatenFile;   // IDC_TFAEND_EINGDATFILE
    CEdit      m_CtrlSollErg;         // IDC_TFAEND_SOLLERG
    CEdit      m_CtrlSollErgFile;     // IDC_TFAEND_SOLLERGFILE
    CButton    m_CtrlIstPosFall;      // IDC_TFAEND_POS
    CButton    m_CtrlIstNegFall;      // IDC_TFAEND_NEG

    bool m_bInsert;    // Aendern (false) oder Neuanlage (true)
};
```

Hauptsächlich liegen die Unterschiede also in den naturgemäß anderen Attributen – ein Testfall unterscheidet sich in seinen Attributen eben von einer Person. Man beachte, dass für jeden Radiobutton ein eigenes Controlattribut angelegt wurde, aber für jede Gruppe nur ein Datenattribut. Für den Ersteller wurde zusätzlich auch ein Datenattribut für die ID angelegt.

Für Implementierungsdatei machen wir uns auch wieder unser Wissen aus der Erstellung der Implementierungsdatei für Personendaten zunutze. Das Quellcodefile „CDlgTestfallEdit.cpp" hat daher folgenden Inhalt, wieder gehen wir Stück für Stück vor, zuerst den Initialisierungsteil:

```cpp
#include "stdafx.h"
#include "VCO.h"
#include "CDlgTestfallEdit.h"
#include "afxdialogex.h"
#include "CVCODB.h"

IMPLEMENT_DYNAMIC(CDlgTestfallEdit, CDialogEx)

CDlgTestfallEdit::CDlgTestfallEdit(
    const CDataTestfall& daten,        // zu editierende Daten
    CWnd* pParent
)
    : CDialogEx(IDD_DLG_TF_AEND, pParent)
{
    m_iID = daten.m_iID;
    if (m_iID == -1)
    {
        // Neuanlage eines Datensatzes
        m_bInsert = true;
    }
    else
    {
        // Aendern eines Datensatzes
        m_bInsert = false;
        m_sBez = daten.m_sBez;
        m_sTestObj = daten.m_sTestObj;
        m_sZustandVor = daten.m_sZustandVor;
        m_sZustandVorFile = daten.m_sZustandVorFile;
        m_sEingDaten = daten.m_sEingDaten;
        m_sEingDatenFile = daten.m_sEingDatenFile;
        m_sSollErg = daten.m_sSollErg;
        m_sSollErgFile = daten.m_sSollErgFile;
        m_iIstPosFall = daten.m_iIstPosFall;
        m_iErsteller = daten.m_iErsteller;
    }
}

CDlgTestfallEdit::~CDlgTestfallEdit()
{
}

BEGIN_MESSAGE_MAP(CDlgTestfallEdit, CDialogEx)
    ON_BN_CLICKED(IDOK, &CDlgTestfallEdit::OnOK)
END_MESSAGE_MAP()
```

Das entspricht wieder – abgesehen von den etwas anderen Daten – genau dem Code der Klasse „CPersEdit". Sehen wir uns nun den Datenaustauschcode an:

```
void CDlgTestfallEdit::DoDataExchange(CDataExchange* pDX)
{
  CDialogEx::DoDataExchange(pDX);

  DDX_Text(pDX, IDC_TFAEND_BEZ, m_sBez);
  DDX_Text(pDX, IDC_TFAEND_TESTOBJ, m_sTestObj);
  DDX_Text(pDX, IDC_TFAEND_ZUSTVOR, m_sZustandVor);
  DDX_Text(pDX, IDC_TFAEND_ZUSTVORFILE, m_sZustandVorFile);
  DDX_Text(pDX, IDC_TFAEND_EINGDAT, m_sEingDaten);
  DDX_Text(pDX, IDC_TFAEND_EINGDATFILE, m_sEingDatenFile);
  DDX_Text(pDX, IDC_TFAEND_SOLLERG, m_sSollErg);
  DDX_Text(pDX, IDC_TFAEND_SOLLERGFILE, m_sSollErgFile);
  DDX_Text(pDX, IDC_TFAEND_ERST, m_sErsteller);

  DDX_Control(pDX, IDC_TFAEND_BEZ, m_CtrlBez);
  DDX_Control(pDX, IDC_TFAEND_TESTOBJ, m_CtrlTestObj);
  DDX_Control(pDX, IDC_TFAEND_ZUSTVOR, m_CtrlZustandVor);
  DDX_Control(pDX, IDC_TFAEND_ZUSTVORFILE, m_CtrlZustandVorFile);
  DDX_Control(pDX, IDC_TFAEND_EINGDAT, m_CtrlEingDaten);
  DDX_Control(pDX, IDC_TFAEND_EINGDATFILE, m_CtrlEingDatenFile);
  DDX_Control(pDX, IDC_TFAEND_SOLLERG, m_CtrlSollErg);
  DDX_Control(pDX, IDC_TFAEND_SOLLERGFILE, m_CtrlSollErgFile);
  DDX_Control(pDX, IDC_TFAEND_POS, m_CtrlIstPosFall);
  DDX_Control(pDX, IDC_TFAEND_NEG, m_CtrlIstNegFall);
  DDX_Control(pDX, IDC_TFAEND_ERST, m_CtrlErsteller);

  // Radiobutton und Comboboxauswahl synchronisieren
  if (pDX->m_bSaveAndValidate)        // Dialog -> Attribute
  {
      int iIndex = m_CtrlErsteller.GetCurSel();
      m_iErsteller = m_CtrlErsteller.GetItemData(iIndex);
      m_iIstPosFall = m_CtrlIstPosFall.GetCheck();
  }
  else                               // Attribute -> Dialog
  {
      m_CtrlErsteller.SelID(m_iErsteller);
      // Radiobutton auswaehlen
      if (m_iIstPosFall)
            m_CtrlIstPosFall.SetCheck(1);
      else
            m_CtrlIstNegFall.SetCheck(1);
  }
}
```

Da „DDX_Text()" nur den ausgewählten Text einer Combobox in eine Variable übergibt, aber nicht die zugehörigen ItemData, muss man selbst dafür Sorge tragen, dass „m_iErsteller" die entsprechende ID (die ist in den ItemData abgelegt) erhält. Ähnliches gilt für den Zustand der Radiobuttons und „m_iIstPosFall".

Beides darf man natürlich erst NACH dem jeweiligen „DDX_Control()" machen, sonst gibt es einen Absturz.

```
BOOL CDlgTestfallEdit::OnInitDialog()
{
    CDialogEx::OnInitDialog();

    // Ersteller-Combobox vorbereiten
    m_CtrlErsteller.Init("VCO_PERSON", "PERSONID", "NAME || ', ' || VORNAME");
    m_CtrlErsteller.FillList();          // und fuellen

    // Datenlaengen begrenzen
    m_CtrlBez.SetLimitText(50);
    m_CtrlTestObj.SetLimitText(50);
    m_CtrlZustandVor.SetLimitText(256);
    m_CtrlZustandVorFile.SetLimitText(100);
    m_CtrlEingDaten.SetLimitText(256);
    m_CtrlEingDatenFile.SetLimitText(100);
    m_CtrlSollErg.SetLimitText(256);
    m_CtrlSollErgFile.SetLimitText(100);

    if (m_bInsert)
    {
        // Dialogtiteltext ändern:
        SetWindowTextW(_T("Neuen Testfall anlegen"));
    }

    UpdateData(FALSE); // alle Daten anpassen
    return TRUE;   // return TRUE
}
```

Man beachte, dass die Combobox nach der Initialisierung gleich gefüllt wird. Sonst könnte man den Datensatz, der aktuell zum Testfall gehört, (beim Ändern) nicht auswählen! Das „UpdateData()" am Ende ist nötig, damit in der nun gefüllten Combobox beim Öffnen des Dialogs der richtige Eintrag ausgewählt wird.

Alle weiteren Punkte sind analog zum Personenänderungsdialog. Nun fehlen uns noch die Aktionen, die bei Klick auf den Button „OK" auszuführen sind. Sehen wir uns zuerst den Eventhandler dafür an:

```
void CDlgTestfallEdit::OnOK()
{
    // Eingabewerte uebernehmen
    UpdateData(TRUE);
    bool bRet = true;   // Ergebnis der DB Operation

    if (m_bInsert)
    {
        bRet = DoInsert();    // Einfuegen eines neuen Datensatzes
    }
    else
    {
        bRet = DoUpdate();    // geaenderte Daten abspeichern
    }
```

```
// Fehlerbehandlung
if (bRet)
{
    // Abspeichern gutgegangen
    CDialogEx::OnOK();
}
else
{
    // Abspeichern fehlgeschlagen
    CStringA sMeldung, sTitel;
    sTitel.LoadStringW(IDS_TIT_DB);
    sMeldung.LoadStringW(IDS_MSG_UPDATEFAIL);
    MessageBoxA(GetForegroundWindow()->m_hWnd, sMeldung, sTitel, MB_ICONERROR);
    CDialogEx::OnCancel();
}
}
```

Dieser ist eine Kopie des Eventhandlers, den wir schon kennen, und wäre damit natürlich ein klarer Kandidat für die Übernahme in eine Basisklasse für Änderungsdialoge. Die eigentlichen Methoden zum Ändern und Einfügen, die darin aufgerufen werden, sind aber natürlich spezifisch für Testfälle, wobei man hier das Erzeugen des Statements (als einzig spezifischen Teil) natürlich ebenfalls auslagern, und die Methoden damit universell programmieren könnte. Betrachten wir zuerst die Methode „DoUpdate()":

```
bool CDlgTestfallEdit::DoUpdate()
{
    bool bRet = false; // Rueckgabewert
    CWaitCursor wait;  // Sanduhr

    // 1. Statement aufbauen
    CString sStmt;
    sStmt.Format(_T("update VCO_TESTFALL set BEZEICHNUNG='%s', TESTOBJEKT='%s', \
ZUSTANDVOR='%s', ZUSTANDVORFILE='%s', EINGDATEN='%s', EINGDATENFILE='%s', \
SOLLERGEBN='%s', SOLLERGEBNFILE='%s', ISTPOSFALL=%d, ERSTELLER=%d \
where TESTFALLID=%d"),
m_sBez, m_sTestObj, m_sZustandVor, m_sZustandVorFile, m_sEingDaten, m_sEingDatenFile,
m_sSollErg, m_sSollErgFile, m_iIstPosFall, m_iErsteller, m_iID);

    // 2. Datenbankobjekt erzeugen
    CVCODB* pDB = new CVCODB;
    if (pDB)
    {
        Statement* pSt = pDB->DoSelect(sStmt);     // sStmt ausfuehren
        if (pSt)       // Aendern erfolgreich?
        {
            int iNumRows = pSt->GetAffectedRows(); // Anz. der eingef. Rows
            if (iNumRows == 1)    // muss 1 sein!
            {
                // Aenderung bestaetigen
                pDB->GetConnection()->Commit();
                bRet = true;
            }
```

```
            else
            {
                    // alle ev. Aenderungen verwerfen
                    pDB->GetConnection()->Rollback();
                    bRet = false;
            }
            delete pSt;    // Freigabe nicht vergessen
    }
    delete pDB;            // DB Objekt freigeben
  }
  return bRet;
}
```

Dabei fällt uns vielleicht auf:

Das Erstelldatum (Spalte „ANGELEGTAM") wird nicht berücksichtigt. Der Grund dafür ist, dass es sich eben um ein Erstelldatum und nicht um ein Änderungsdatum handelt. In der Methode „DoInsert()" hingegen wird das Erstelldatum natürlich versorgt, und zwar mit dem Systemdatum (sysdate) der Oracle-Datenbank:

```
bool CDlgTestfallEdit::DoInsert()
{
  bool bRet = false; // Rueckgabewert
  CWaitCursor wait;   // Sanduhr

  CVCODB* pDB = new CVCODB;
  if (pDB)
  {
      // 1. eindeutige ID ermitteln
      m_iID = pDB->GetNextID(_T("VCO_TESTFALL"));
      if (m_iID > 0)
      {
              // ID konnte ermittelt werden
              // Statement aufbauen
              CString sStmt;
              sStmt.Format(_T("insert into VCO_TESTFALL (TESTFALLID, BEZEICHNUNG, \
TESTOBJEKT, ZUSTANDVOR, ZUSTANDVORFILE, EINGDATEN, EINGDATENFILE, SOLLERGEBN, \
SOLLERGEBNFILE, ANGELEGTAM, ISTPOSFALL, ERSTELLER) VALUES (%d, '%s', '%s', '%s', \
'%s', '%s', '%s', '%s', '%s', sysdate, %d, %d)"),
m_iID, m_sBez, m_sTestObj, m_sZustandVor, m_sZustandVorFile, m_sEingDaten,
m_sEingDatenFile, m_sSollErg, m_sSollErgFile, m_iIstPosFall, m_iErsteller);

              // Einfuegen durchfuehren
              Statement* pSt = pDB->DoSelect(sStmt); // ausfuehren
              if (pSt)        // Aendern erfolgreich?
              {
                      int iNumRows = pSt->GetAffectedRows(); // Anz. der eingef. Rows
                      if (iNumRows == 1)    // muss 1 sein!
                      {
                              // Einfuegen bestaetigen
                              pDB->GetConnection()->Commit();
                              bRet = true;
```

```
                }
                delete pSt;    // Freigabe nicht vergessen
            }
        }
        delete pDB;          // DB Objekt freigeben
    }
    return bRet;
}
```

Der Rest der Methode ist analog zur Personenpflege.

15.7 Fertigstellen der Testfallklasse

Wir müssen jetzt noch die Eventhandlermethoden fertigstellen.

15.7.1 Der Eventhandler für das Ändern von Daten

In Anlehnung an den Eventhandler in der Personenpflegeklasse sieht unsere Methode wie folgt aus, wobei die Änderungen lediglich die hier natürlich andere Datenklasse (CDataTestfall statt CDataPerson) und den aufzurufenden Dialog (CDlgTestfallEdit statt CDlgPersEdit) betreffen:

```
LRESULT CDlgTestfall::OnChangeEntry(WPARAM wParam, LPARAM lParam)
{
    int iRet = 0;              // Rueckgabewert
    int iIndex = (int)wParam;  // Index der zu aendernden Listenzeile

    CString sVal;

    CDataTestfall       daten; // Datenobjekt anlegen
    // Daten zuweisen:
    daten.m_iID = _ttoi(m_CtrlListe.GetItemText(iIndex, 0));
    daten.m_sBez = m_CtrlListe.GetItemText(iIndex, 1);
    daten.m_sTestObj = m_CtrlListe.GetItemText(iIndex, 2);
    daten.m_sZustandVor = m_CtrlListe.GetItemText(iIndex, 3);
    daten.m_sZustandVorFile = m_CtrlListe.GetItemText(iIndex, 4);
    daten.m_sEingDaten = m_CtrlListe.GetItemText(iIndex, 5);
    daten.m_sEingDatenFile = m_CtrlListe.GetItemText(iIndex, 6);
    daten.m_sSollErg = m_CtrlListe.GetItemText(iIndex, 7);
    daten.m_sSollErgFile = m_CtrlListe.GetItemText(iIndex, 8);
    daten.m_sAngelegtAm = m_CtrlListe.GetItemText(iIndex, 9);
    daten.m_iIstPosFall = _ttoi(m_CtrlListe.GetItemText(iIndex,10));
    daten.m_iErsteller = _ttoi(m_CtrlListe.GetItemText(iIndex, 11));
    sVal = m_CtrlListe.GetItemText(iIndex, 10);
    if (sVal == "+")
        daten.m_iIstPosFall = 1;
    else
        daten.m_iIstPosFall = 0;

    daten.m_iErsteller = m_CtrlListe.GetItemData(iIndex);

    // Aenderungsdialog aufrufen
```

```
CDlgTestfallEdit dlg(daten);
dlg.DoModal();


// Aenderungen sind nun in der DB abgespeichert (MB_OK).Diese Aenderungen in die
// Tabelle uebernehmen, am einfachsten, in dem man DoSearch() aufruft
DoSearch();
return iRet;
}
```

Soweit, so gut! Wie man sieht, haben wir für die Unterscheidung, ob es sich um einen Positivtestfall oder einen Negativtestfall handelt, hier den Text („+" oder „-") wieder in eine Zahl (1 bzw. 0) zurückübersetzt. Weiters haben wir uns in der Codezeile

```
daten.m_iErsteller = m_CtrlListe.GetItemData(iIndex);
```

die für die Zeile gespeicherten ItemData wieder zurückgeholt. Wir erinnern uns, dass wir darin die ID des Erstellers abgelegt hatten.

15.7.2 Der Eventhandler für das Neuanlegen von Daten

Der Eventhandler für die Neuanlage ist noch einfacher und bis auf die Datenklasse „CDataTestfall" und den Dialog „CDlgTestfallEdit" volkommen identisch mit der Methode in der Personenpflege:

```
LRESULT CDlgTestfall::OnInsertEntry(WPARAM wParam,
                                    LPARAM lParam)
{
  int iRet = 0;              // Rueckgabewert
  CDataTestfall     daten;   // Datenobjekt anlegen
  daten.m_iID = -1;          // -1 = Einfuegen

  CDlgTestfallEdit dlg(daten); // Aenderungsdialog zum Einfuegen aufrufen
  dlg.DoModal();

  // Neuer Datensatz ist in der DB. Tabelle aktualisieren:
  DoSearch();
  return iRet;
}
```

15.7.3 Der Eventhandler für den Klick auf den Button „Neu"

Für den Button „Neu" machen wir es uns ganz einfach und rufen einfach die Eventhandlermethode für das Neuanlegen über den Rechtsklick auf eine Tabellenzeile auf:

```
void CDlgTestfall::OnNew()
{
  OnInsertEntry(0, 0);
}
```

Diesen vereinfachten Aufruf sollten wir auch in der Personenpflegeklasse noch nachziehen.

15.8 Ausprobieren des Dialogs

Wir sind nun endlich in der Lage, unsere Testfallpflege auszuprobieren. Sehen wir uns die beiden Dialog im Einsatz an:

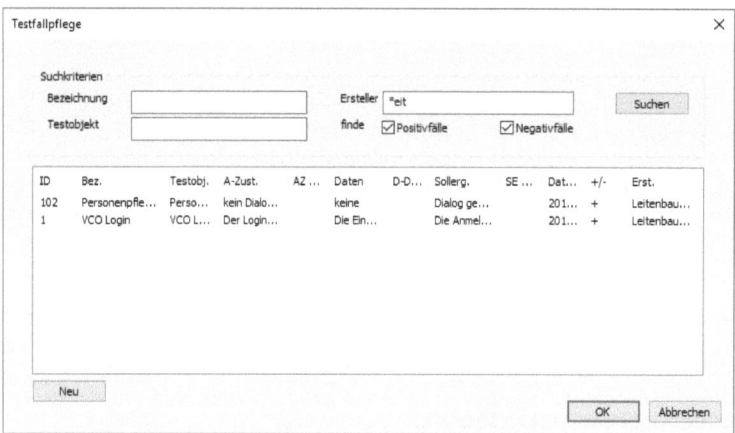

Abb. 126: Der Testfallpflegedialog mit zwei Datensätzen

Ein Doppelklick auf die zweite Zeile öffnet den Änderungsdialog, wobei die Daten alle korrekt vorbelegt werden:

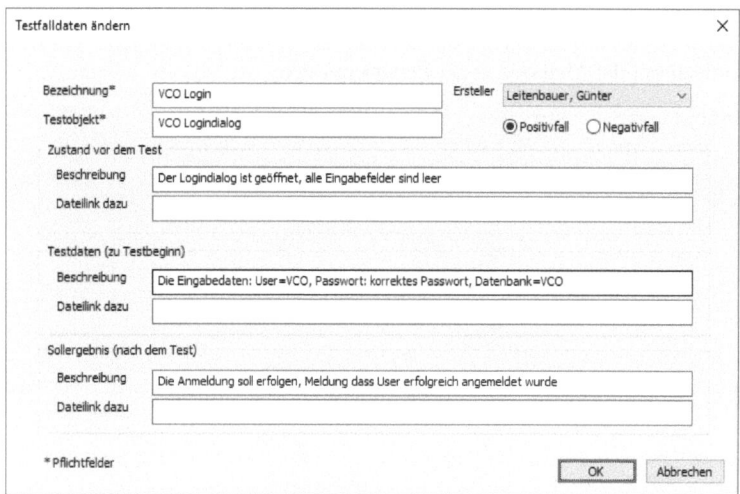

Abb. 127: Der Änderungsdialog zu Testfällen

Natürlich gäbe es hier noch einige Verbesserungs- und Erweiterungsmöglichkeiten. So muss man beispielsweise Dateipfade (Dateilinks) per Kopieren und Einfügen anlegen, anstatt einfach mit einem Dateiauswahldialog eine Datei zu selektieren. Dies könnte man einfach unterstützen, indem man aus dem Text links neben dem Feld („Dateilink dazu") einen Button macht, der den Dateiauswahldialog aufruft. Wir verzichten hier darauf.

15.9 Zusammenfassung

Wir haben in diesem Kapitel gelernt,

➢ wie man in einem Dialog Fremdschlüsselbeziehungen abbildet und in einer Where-Klausel berücksichtigt

➢ wie man Checkboxen in einer Where-Klausel berücksichtigt

➢ wie man eine universell verwendbare Comboboxklasse mit Datenbankanbindung realisiert

➢ wie man Radiobuttons im Dialog verwendet

➢ wie man eine Tabelle Tooltip-Texte für zu schmale Spalten anzeigen lässt

Im nächsten Kapitel werden wir unsere Tabellenklasse „CVCOListCtrl" dahingehend erweitern, dass sie sich die vom Anwender veränderten Spaltenbreiten in der Registry für den nächsten Aufruf merkt.

16 Erweiterung der Tabellenklasse

Das letzte Kapitel war sehr umfangreich. Zeit, sich ein wenig zu erholen! Beim Ausprobieren der Anwendung ist uns vielleicht aufgefallen, dass die Spaltenbreiten in der Tabelle frei einstellbar sind. Leider aber stellt die Anwendung beim nächsten Aufruf des Dialogs alle Spaltenbreiten wieder auf die codierten Standardwerte zurück. Kann man das ändern?

16.1 Abspeichern und Einlesen von Spaltenbreiten

Natürlich kann man das ändern. Und damit man diese Funktionalität nicht in jedem Dialog, der Tabellen vom Typ „CVCOListCtrl" verwendet, neu implementieren muss, erweitern wir sinnvollerweise gleich die Klasse selbst. Dazu benötigen wir zuerst eine Methode zum Ermitteln und Abspeichern der Spaltenbreiten in der Registry, und in der Folge eine Methode zum Einlesen aus der Registry und Setzen der Spaltenbreiten.

Allerdings kann man nur das Abspeichern der Spaltenbreiten auch direkt in der Klasse als Eventhandler aufrufen. Dort gehört es ja auch hin, weil es damit für alle zukünftigen Tabellen auf einen Schlag erledigt ist, sofern wir sicherstellen, dass jede Tabelle ihren eigenen Schlüssel in der Registry bekommt.

16.1.1 Abspeichern der Spaltenbreiten

Das Setzen der Spaltenbreiten kann ja erst vorgenommen werden, nachdem diese im Dialog erzeugt worden sind, dafür steht in der Klasse kein Event zur Verfügung. Sehen wir uns also zuerst die Erweiterung für das Abspeichern in der Headerdatei „CVCOListCtrl.h" an:

```
public:
  // Meldungshandler

  …

  afx_msg void OnDestroy();

  …

private:
  virtual void SaveColWidth();       // Spaltenbreiten in Registry ablegen

  …
```

Die Implementierung ist sehr einfach, das Quellcodefile „CVCOListCtrl.cpp" wird dazu wie folgt erweitert:

```
#include "CRegEntry.h"

…

BEGIN_MESSAGE_MAP(CVCOListCtrl, CListCtrl)

  …

  ON_WM_DESTROY()
END_MESSAGE_MAP()

…

void CVCOListCtrl::OnDestroy()
{
  SaveColWidth();     // Spaltenbreitenspeicherung aufrufen

  CListCtrl::OnDestroy();
}

…

// Spaltenbreiten in Registry ablegen
void CVCOListCtrl::SaveColWidth()
{
  CString sSubKey;
```

```
GetParent()->GetWindowTextW(sSubKey);     // Dialogname holen
CRegEntry   reg((CStringA)sSubKey);       // Dialogname = Subkey


CHeaderCtrl* pHeader = GetHeaderCtrl();    // Headercontrol
int iCount = pHeader->GetItemCount();      // Anzahl Spalten


int iWidth;                                // fuer die Spaltenbreiten
CStringA sEntry;                           // Registryeintrag
for (int i = 0; i < iCount; i++)
{
    iWidth = GetColumnWidth(i);            // Spaltenbreite ermitteln
    sEntry.Format("Spalte %d", i);
    reg.Write(iWidth, sEntry);             // Spaltenbreite abspeichern
}
}
```

Die Problematik mit dem Namen des Subkeys, unter dem wir die Spaltenbreiten in der Registry ablegen wollen, lösen wir ganz einfach, indem wir als Subkey den Namen des Dialogs verwenden, in dem sich die Tabelle befindet. Dazu verwenden wir die Methode „GetWindowTetxW()" des der Tabelle übergeordneten Fensters (in diesem Fall unseres Dialoges). Um auf die Spaltenbreiten zugreifen zu können, muss man vorher den Tabellenheader ermitteln und den Zeiger darauf aufbewahren. Dies geschieht mit der Methode „GetHeaderControl()". Über diesen Zeiger wird dann die Spaltenanzahl ermittelt, indem man die Methode „GetItemCount()" verwendet. Mit dieser Spaltenanzahl kann man dann in der for-Schleife mit der Methode „GetColumnWidth()" die einzelnen Breiten ermitteln und in der Registry ablegen. Nun benötigen wir noch eine Methode zum Einlesen der Spaltenbreiten aus der Registry.

16.1.2 Einlesen der Spaltenbreiten

Die Vorgangsweise ist dem beim Schreiben sehr ähnlich. Sehen wir uns zuerst die Änderungen in der Deklarationsdatei an:

```
public:
  virtual void SetCols();    // Spaltenbreiten einlesen und setzen
...
```

Wir deklarieren diese Methode als öffentlich, weil wir sie später aus den jeweiligen Dialogen aufrufen müssen. Die Implementierung sieht dann wie folgt aus:

```
// Spaltenbreiten einlesen und setzen
void CVCOListCtrl::SetCols()
{
  CString sSubKey;
  GetParent()->GetWindowTextW(sSubKey);     // Dialogname holen
  CRegEntry   reg((CStringA)sSubKey);       // Dialogname = Subkey


  CHeaderCtrl* pHeader = GetHeaderCtrl();    // Headercontrol holen
  int iCount = pHeader->GetItemCount();      // Anzahl Spalten


  int iWidth;        // fuer die Spaltenbreiten
  CStringA sEntry;   // Registryeintrag
  for (int i = 0; i < iCount; i++)
  {
      sEntry.Format("Spalte %d", i);
      reg.Read(iWidth, sEntry);             // Spaltenbreite lesen
```

```
        SetColumnWidth(i, iWidth);        // Spaltenbreite setzen
    }
}
```

Diese Methode unterscheidet sich von der Lesemethode nur durch die Verwendung der Methode „Read()" für das Einlesen aus der Registry, und natürlich in der Methode zum Setzen der Spaltenbreiten, „SetColumnWidth()". Wie verwendet man diese Methode nun?

16.1.3 Setzen der Spaltenbreiten

Um die Methode zum Einlesen und Setzen der Spaltenbreiten zu verwenden, muss man in den jeweiligen Dialogklassen in den Methoden „OnInitDialog()" einen Aufruf hinzufügen. Das sieht beispielsweise in der Klasse für die Testfallpflege wie folgt aus (Datei „CDlgTestfall.cpp"):

```
BOOL CDlgTestfall::OnInitDialog()
{
…
    // Summe der Werte sollte 100% ergeben
    m_CtrlListe.SetCols(); // Breiten aus Registry holen & setzen
    return TRUE;
}
```

Damit ist der Punkt auch bereits erledigt.

> Beim allerersten Aufruf eines Dialogs durch eine Anwenderin werden natürlich die im Programm festgelegten Standardbreiten verwendet.
>
> Die Anwenderin kann diese dann nach ihren Wünschen ändern. Die geänderten Breiten werden aber nur bei einem Beenden des Dialogs mit dem Button „OK" abgespeichert, nicht beim Beenden mit „Abbrechen"!

16.2 Andere denkbare Erweiterungen

Eine weitere Funktionalität, die man gut in diese Tabellenklasse einbauen könnte, wäre eine einfache Möglichkeit, die Tabellendaten auszudrucken. Auch könnte man zum Beispiel die Klasse um eine Exportfunktionalität nach Excel erweitern. Oder man möchte die Tabelle durch Doppelklick auf den Spaltenheader sortierbar machen, die Spalten oder Zeilen farbig darstellen, etc. All diese Dinge muss man glücklicherweise nicht neu erfinden. Es gibt sie bereits, und noch dazu gratis.

An dieser Stelle möchte ich folgende Websites empfehlen, auf denen man diese und viele andere nützliche Klassen bzw. Klassenerweiterungen finden, herunterladen und in eigenen Projekten nutzen kann.

www.codeproject.com und www.codeguru.com

Neben unzähligen Klassen und Funktionensammlungen findet man auf diesen Seiten auch Foren mit meist sehr befriedigend beantworteten Fragen zur Programmierung, sowie viele Tips und Anwendungsbeispiele.

16.3 Zusammenfassung

Wir haben in diesem Kapitel gelernt,

➢ wie man Spaltenbreiten in der Klasse CVCOListCtrl in die Registry ablegt und beim Öffnen des Dialogs wiederherstellt

Im nächsten Kapitel werden wir uns mit den Ausgabefenstern im unteren Teil des Hauptrahmenfensters befassen.

17 Das Ausgabefenster

Manchmal gibt es Ausgaben und Meldungen, die man nicht unbedingt als Messagebox oder Dialog ausgeben möchte. Für diese Zwecke bietet MFC einen eigenen Bereich an.

17.1 Das Output Window

Als wir am Anfang dieses Buchs unsere erste Anwendung vom MFC Anwendungsassistenten generieren ließen, hat uns dieser auch einen Ausgabebereich erstellt, den man im unteren Bereich der Anwendung findet:

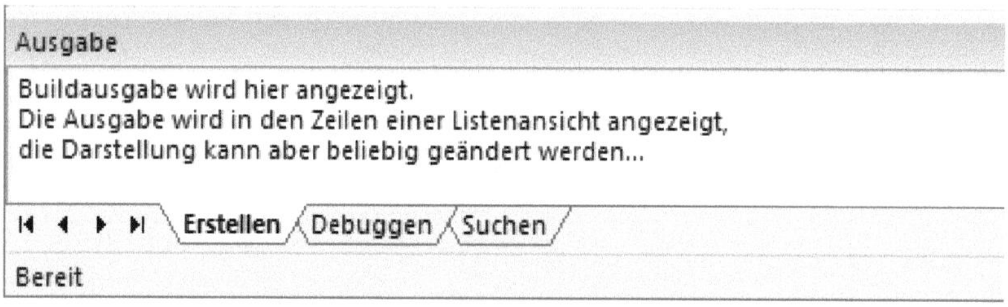

```
Ausgabe

Buildausgabe wird hier angezeigt.
Die Ausgabe wird in den Zeilen einer Listenansicht angezeigt,
die Darstellung kann aber beliebig geändert werden...



I◄  ◄  ►  ►I   \ Erstellen / Debuggen / Suchen /

Bereit
```

Abb. 128: Das Output Window einer Anwendung

Diese Texte sind Beispieltexte, die der Anwendungsassistent generiert hat. Natürlich passen sie für unsere Zwecke nicht. Wir werden in der Folge sehen, wie man sie ändert bzw. entfernt, und wie man dort eigene, sinnvolle Texte ausgeben kann. Als erstes sehen wir uns einmal den zugrundeliegenden Aufbau etwas genauer an.

17.1.1 Das Output Window in der MFC Anwendung

Das Ausgabefenster (Output Window) ist, wie auch die Statusleiste, die Menüleiste, der Tool-Bar, der Caption-Bar und das Hauptfenster als Objekt in der Hauptfensterklasse „CMainFrame" deklariert. Davon kann man sich schnell überzeugen, wenn man einen Blick in die Datei „CMainFrm.h" wirft:

```
protected:   // Eingebettete Member der Steuerleiste
    CMFCMenuBar          m_wndMenuBar;
    CMFCToolBar          m_wndToolBar;
    CMFCStatusBar        m_wndStatusBar;
    CMFCToolBarImages    m_UserImages;
    COutputWnd           m_wndOutput;
    CMFCCaptionBar       m_wndCaptionBar;
```

Daher erfolgen Zugriffe auf dieses Ausgabefenster auch nur über die Hauptrahmenklasse „CMainFrame" oder über davon abgeleitete Klassen – denn das Ausgabefenster ist hier ja als geschütztes Attribut[76] angelegt. Wo kommen nun die im Bild sichtbaren Texte „Erstellen", „Debuggen" und „Suchen" her? Wo werden diese Texte initialisiert? Dies erfolgt in der Methode „OnCreate()" der Klasse „COutputWnd", wo auch die Identifizierungs-nummern für jede Registerkarte festgelegt werden:

```
// Listenfenster an Registerkarte anfügen:
bNameValid = strTabName.LoadString(IDS_BUILD_TAB);
ASSERT(bNameValid);
m_wndTabs.AddTab(&m_wndOutputBuild, strTabName, (UINT)0);
bNameValid = strTabName.LoadString(IDS_DEBUG_TAB);
ASSERT(bNameValid);
m_wndTabs.AddTab(&m_wndOutputDebug, strTabName, (UINT)1);
```

---

[76] Auf geschützte (protected) Attribute kann nur von der Klasse, in der sie deklariert wurden, oder in davon abgeleiteten Klassen zugegriffen werden.

```
   bNameValid = strTabName.LoadString(IDS_FIND_TAB);
   ASSERT(bNameValid);
   m_wndTabs.AddTab(&m_wndOutputFind, strTabName, (UINT)2);
...
```

Wie man sieht, sind diese Titel Einträge im Stringtable. Wir müssen also nur diese Einträge dort editieren, um sinnvolle Texte zu erhalten.

17.1.2 Anpassen an unsere Bedürfnisse

Wir ändern diese Standardtexte des Anwendungsassistenten nun wie folgt:

IDS_BUILD_TAB	300	Allgemein
IDS_DEBUG_TAB	301	Datenbank
IDS_FIND_TAB	302	Details

Abb. 129: Unsere neuen Texte für den Ausgabebereich

Etwas weiter unten, in den Methoden „FillBuildWindow()", etc., werden die Beispieltexte eingefügt:

```
void COutputWnd::FillBuildWindow()
{
   m_wndOutputBuild.AddString(_T("Buildausgabe wird hier angezeigt."));
   m_wndOutputBuild.AddString(_T("Die Ausgabe wird in den Zeilen einer Listenansicht
angezeigt,"));
   m_wndOutputBuild.AddString(_T("Die Darstellung kann aber beliebig geändert
werden..."));
}
```

Da diese Texte für unsere Anwendung nicht passen, werden wir sie nun löschen, indem wir die Date „COutput-Wnd" entsprechen editieren:

```
void COutputWnd::FillBuildWindow()
{
   CString sMeld;
   COleDateTime time = COleDateTime::GetCurrentTime();
   CString sTime = time.Format();
   sMeld.Format(_T("Programm gestartet: %s"), sTime);
   m_wndOutputBuild.AddString(sMeld);
}
```

Die obigen Texte haben wir gelöscht, und dann haben wir die aktuelle Systemzeit des Rechners mit „GetOleDateTime()" ermittelt, und sie mit „Format()" mit der Standarddarstellung als Zeichenkette formatiert. Diese Zeichenkette mit der Systemzeit haben wir dann im Ausgabefenster ausgegeben:

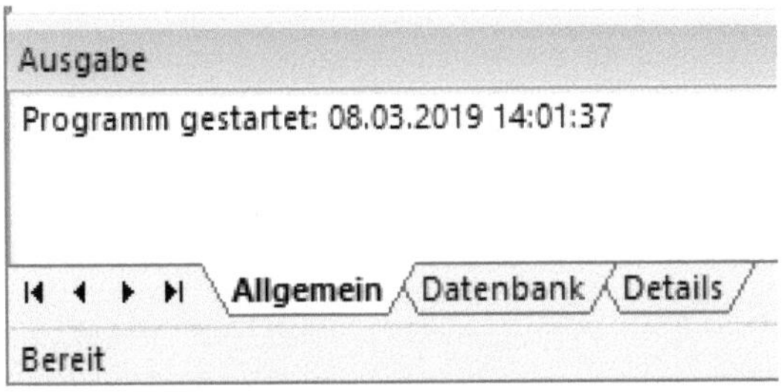

Abb. 130: Der neue Ausgabebereich

Die beiden anderen Fill-Methoden lassen wir leer, sprich: Wir geben hier keine Texte aus:

```
void COutputWnd::FillDebugWindow()
{
}

void COutputWnd::FillFindWindow()
{
}
```

Damit wären die Ausgabefenster erst einmal an unsere Bedürfnisse angepasst. Nun benötigen wir aber noch eine Methode, mit der wir die Ausgaben darin in Zukunft mit möglichst geringem Aufwand erstellen können.

17.1.3 Eine einfache Ausgabemethode

Wir möchten eine Ausgabemethode, bei der wir nur einen oder zwei Argumente mitgeben müssen, und die zudem die Uhrzeit der Meldung voranstellt. Die Methode soll in eine globale Funktion gekapselt werden, um den Aufruf weiter zu vereinfachen. Beginnen wir also zuerst mit der Methode, die wir in der Klasse „CMainFrame" deklarieren, doch zuerst legen wir die Targets in Konstanten fest, und zwar in der Datei „VCO.h":

```
// Targets
#define ciOUT_ALLG        0
#define ciOUT_DB          1
#define ciOUT_DETAIL      2
...
```

In der Datei „COutputWnd.h" deklarieren wir eine Ausgabemethode wie folgt:

```
#include "VCO.h"
...
class COutputList : public CListBox
{
...
public:
...
   void AddOutputText(CString str, int type = ciOUT_ALLG);
...
}
```

Die Implementierung im Quellcodefile „COutputWnd.cpp" sieht dann wie folgt aus:

```
void COutputWnd::AddOutputText(CString str, int type)
{
  // Zeitstempel vorne dazu:
  CTime t = CTime::GetCurrentTime();
  CString sMeld = t.Format("%H:%M:%S");

  sMeld.Append(_T(": "));
  sMeld.Append(str);

  switch (type)
  {
      case ciOUT_ALLG:
      {
            m_wndOutputBuild.InsertString(0, sMeld);
```

```
                break;
        }
        case ciOUT_DB:
        {
                m_wndOutputDebug.InsertString(0, sMeld);
                break;
        }
        case ciOUT_DETAIL:
        {
                m_wndOutputFind.InsertString(0, sMeld);
                break;
        }
    }
}
```

Ob man dabei „COleDateTime" oder „CTime" nimmt, ist in diesem Falle egal[77], weil wir nur den Datumsteil benötigen. Nun können wir unsere Ausgabemethode in der Datei „CMainFrm.h" deklarieren:

```
    void VCOOutput(CString sText, int iTarget = ciOUT_ALLG);
```

Die Implementierung ist in der Hauptrahmenklasse ja nur mehr eine Weiterleitung von „CMainFrame::VCOOutput()" auf „COutputWnd::VCOOutput()", und sieht dann wie folgt aus:

```
void CMainFrame::VCOOutput(CString sText, int iTarget)
{
    // An Ausgabefenster weiterleiten
    m_wndOutput.AddOutputText(sText, iTarget);
}
```

17.1.4 Eine globale Funktion zur Methode

Um obige Methode zu verwenden, müssten wir jedes Mal einen Zeiger auf das Hauptrahmenfenster ermitteln. Das ist uns zu umständlich. Wir deklarieren uns daher in der Datei „VCO.h" eine globale Funktion, die uns diese Arbeit abnimmt. Diese Funktion steht dann jedem zur Verfügung, der die Datei „VCO.h" inkludiert, was praktisch in jeder Datei im Projekt der Fall ist:

```
class CVCOApp : public CWinAppEx
{
...
};
...
// globale Funktionen
void VCOOutput(CString sText, int iTarget = ciOUT_ALLG);
```

Die Implementierung dieser globalen Funktion in der Datei „VCO.cpp" ist nun keine große Hexerei mehr:

```
///////////////////////////////////////////////////////////
// Globale Funktionen

void VCOOutput(CString sText, int iTarget)
{
    CMainFrame* pMain = (CMainFrame*)AfxGetMainWnd();
```

---

[77] Die Klasse „CTime" ist in ihren Datumswerten stark eingeschränkt. Daher verwenden wir überall, wo wir neben der Zeit auch ein Datum benötigen, lieber „COleDateTime". Dies ist aber hier nicht der Fall.

```
    pMain->VCOOutput(sText, iTarget);
}
```

Damit können wir nun aus jedem Dialog ganz einfach Meldungen in die Ausgabefenster schicken, wobei wir für das Standardfenster als einzigen Parameter den auszugebenden Text mitgeben müssen. Für die beiden anderen Ausgabefenster ist zusätzlich auch noch die Konstante für das Fenster erforderlich.

17.2 Ausgabemeldungen ausgeben

Probieren wir unsere Ausgabefunktion gleich einmal aus.

Es ist sicher sinnvoll, nach einer erfolgreichen Datenbankabfrage eine entsprechende Meldung ins Ausgabefenster „Datenbank" zu senden. Im Fehlerfall geben wir dabei den Fehler aus, im Erfolgsfall keine Meldung. Zusätzlich geben wir in beiden Fällen im Ausgabebereich „Detail" den SQL Abfragestring aus, aber nur, wenn wir in der Konfiguration „Debug" sind.

Da wir ja eine Datenbankbasisklasse „CVCODB" haben, werden wir das nun in der Methode „DoSelect()" hinzufügen:

```
Statement* CVCODB::DoSelect(CString s)
{
…

  try
  {
…
  }
  catch (std::exception &ex)
  {
      // Oracle-Fehlermeldung ausgeben
      OraMessageBox(ex);
      pSt = 0;
  }

  // SQL Statement ausgeben, wenn man in der DEBUG-Konf. Ist
#ifdef DEBUG
      VCOOutput(s, ciOUT_DETAIL);
#endif // DEBUG

  return pSt; // Zeiger auf Abfrage zurueckgeben
}
```

Das Konstrukt mit „#ifdef DEBUG" führt dazu, dass alles, was bis zum „#endif" steht, vom Präprozessor nur dann in der Datei belassen wird, wenn die Konfiguration „Debug" ist, denn nur dann ist das Makro „DEBUG" definiert. In einer anderen Konfiguration ist dieser Code einfach nicht existent, der Compiler sieht ihn gar nicht, weil schon der Präprozessor alles innerhalb zwischen „#ifdef DEBUG" und „#endif" ausblendet.

Hier sehen wir nur die Ausgabe des SQL Abfragestatements. Wo ist die Ausgabe der Oracle-Fehlermeldung?

Nun, das machen wir klugerweise gleich in der Methode „OraMessageBox()", in der gleichen Datei „CVCODB.cpp":

```
int CVCODB::OraMessageBox(std::exception & ex)
{
  // ueberpruefen, ob Oracle-Fehlermeldungen anzuzeigen sind
…
```

```
if (iNoOraErr)
{   // keine Fehlermeldungen anzeigen
    return IDOK;
}
else
{

    // Auch im DB-Ausgabefenster ausgeben
    CString sOut = CString(ex.what());
    VCOOutput(sOut, ciOUT_DB);
…
}
}
```

Damit haben wir alle möglichen Oracle-Fehlermeldungen mit einem einzigen Aufruf in der Datenbank-Basisklasse erledigt!

Natürlich können wir das Ausgabefenster auch für andere Texte nutzen als nur für Oracle-Datenbankmeldungen. Obiges Beispiel diente hier lediglich zur Erläuterung.

Beispiele dafür wären:

➢   Anwenderin hat sich erfolgreich an die Datenbank angemeldet

➢   Im Dialog XY wurde eine Suche durchgeführt

➢   etc.

Sehen wir uns das Ergebnis im Detailfenster an, wenn wir im Personenpflegedialog eine Suche durchführen:

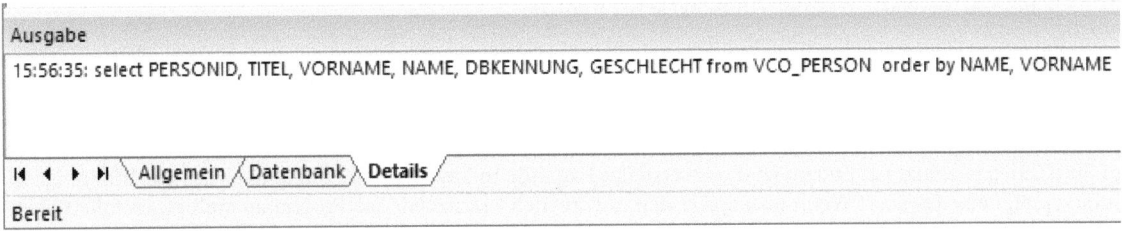

Abb. 131: Anzeige des SQL Statements

Diese Ausgabe kann beim Programmieren sehr nützlich sein, um eventuelle Oracle-Fehler zu finden.

17.3 Zusammenfassung

Wir haben in diesem Kapitel gelernt,

➢   wie man das Ausgabefenster im Statusbereich nutzt

➢   wie man dort sinnvolle Texte ausgeben kann

➢   wie man die aktuelle Uhrzeit zu diesen Texten hinzufügen kann

➢   wie man die Konfiguration (Debug oder Release) im Code berücksichtigen kann

Im nächsten Kapitel werden wir uns damit befassen, wie man Daten auf einfache Weise in eine MS Exceldatei übertragen kann.

18 Exceldateien erstellen

Keine Datenbankanwendung macht irgendeinen Sinn, wenn man stets nur Daten hineinpflegt, aber keine Möglichkeiten anbietet, diese Daten auch auszuwerten und darzustellen. Nun gibt es dazu auf dem Markt unzählige Softwarebibliotheken und Reporting Tools, wobei oftmals übersehen wird, dass eines der am besten geeigneten und flexibelsten Auswertungswerkzeuge überhaupt auf fast jedem Bürorechner bereits installiert ist:

Microsoft Excel.

Eigentlich als Tabellenkalkulation konzipiert, kann dieses Programm sehr viel mehr, insbesondere verfügt es über eine umfangreiche Funktionalität für alle Arten von Auswertungen, Charts, Diagrammen und Reports. Wenn man die Daten aus der Datenbank also nur auf einem möglichst einfachen Weg in eine Exceldatei bekommen könnte, dann stünden einem alle Möglichkeiten offen, Auswertungen in beliebiger Ausprägung und Form zu erstellen.

Nun sind leider Exceldateien intern sehr komplex aufgebaut, und direkt aus der Datenbank oder aus einer programmierten Anwendung heraus nur mit erheblichem Aufwand direkt erstellbar. Diese Problematik ist bekannt, und natürlich haben verschiedene Programmierer sich ihrer im Laufe der Zeit angenommen, und entsprechende Bibliotheken erstellt, die das massiv vereinfachen.

Unter diesen Bibliotheken gibt es einige wenige, die kostenlos sind, allerdings auch im Funktionsumfang (zumindest für einen professionellen Einsatz) zu stark eingeschränkt. Zumeist unterstützen solche Gratisbibliotheken keine Excel-Formeln und keine Formatanweisungen, und gerade diese benötigen wir für eine Auswertung. Nach Sichtung der angebotenen Bibliotheken fiel die Wahl daher auf die Bibliothek „LIBXL" eines europäischen Anbieters, die alle wesentlichen Excelfunktionen unterstützt, sehr einfach zu verwenden ist, und zudem mit etwa 200,- EUR einmaliger Lizenzgebühr auch recht preisgünstig.

18.1 Die Bibliothek LIBXL

LIBXL kann von folgender Website heruntergeladen werden:

http://www.libxl.com

Dabei fallen anfangs keine Lizenzgebühren an, weil diese Bibliothek es zulässt, kleinere Exceldateien kostenlos zu erstellen, wobei allerdings ein Banner in die Dateien eingeblendet wird, und die Anzahl der Schreiboperationen auf 300 Zellen begrenzt ist. Zudem ist das so erstellte Excelfile immer etwa 50 Seiten lang. Um die Bibliothek zu testen, genügt uns das aber. Wenn man später den erworbenen Lizenzcode ins Programm einfügt, entfallen obige Einschränkungen ohne weitere Programmierarbeiten. Man muss also nicht alles neu erstellen, wenn man die Lizenz erworben hat. Die Hauptvorteile dieser Bibliothek sind nach Meinung des Autors, dass die Bibliothek einerseits sehr intuitiv und einfach zu verwenden ist, und dass man damit Exceldateien direkt aus der C++ Anwendung erstellen kann, wobei auf dem betreffenden Rechner nicht einmal das Programm MS Excel installiert sein muss. Die folgende Vorgangsweise hat sich dabei bewährt:

Zunächst erstellt man eine Exceldatei ganz normal in Excel, die eine Auswertung (noch ohne Daten, also in erster Linie das Layout inkl. der Formatierung) enthält. Danach öffnet man in der C++ Anwendung diese Datei, und befüllt sie aus der Anwendung heraus mit den Daten. Am Ende speichert man die Auswertung unter einem neuen Namen. Bevor wir uns das für unser Projekt in einem Praxisbeispiel ansehen, müssen wir aber zuerst die Bibliothek LIBXL in unsere Entwicklungsumgebung einbinden.

18.1.1 Integration der Bibliothek ins Projekt

Die Vorgangsweise bei der Integration von LIBXL entspricht der schon von OCILIB bekannten. Es sind einige Dateien zu kopieren und einige Pfade zu setzen. Zuerst empfiehlt es sich, im Projekt ein Unterverzeichnis „libxl" anzulegen, in welches die relevanten Bibliotheksdateien kopiert werden. Es sind dies die Headerdateien (h-Files) und die Bibliotheksdatei „libxl.lib". Man kann dafür auch zwei Verzeichnisse anlegen (eines für die Headerdateien und eines für die Bibliothek), aber einfacher ist es, diese Dateien in einem Verzeichnis zu vereinen.

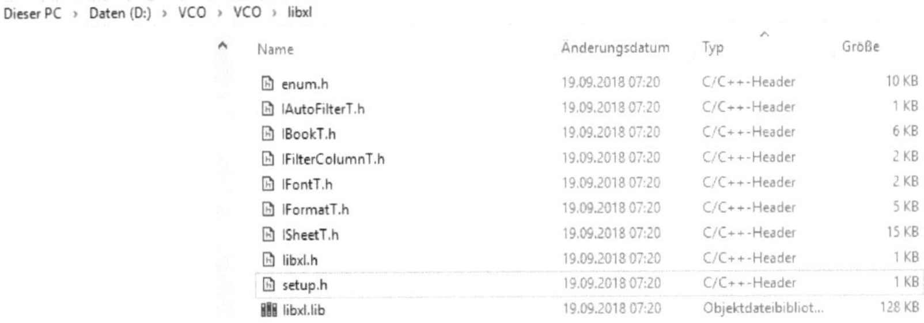

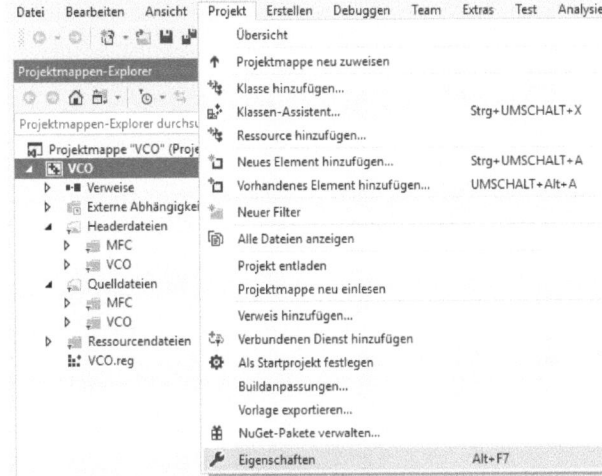

Abb. 132: Das LIBXL-Verzeichnis unterhalt des Projektverzeichnisses

Nun müssen wir im Projekt die üblichen Pfade setzen. Wir erinnern uns, dass wir das für OCILIB in den Projekteigenschaften durchgeführt haben, genauso machen wir das jetzt auch für LIBXL. Dabei ist es wichtig, im Projektmappenexplorer auf der betreffenden Zeile „VCO" zu stehen:

Abb. 133: Aufrufen der Projekteigenschaften

Nun können wir die relevanten Pfadeinträge vornehmen, zuerst die Pfadeinträge für VC++. Wir ergänzen hier an zwei Stellen („Includeverzeichnisse" und „Bibliotheksverzeichnisse") das Verzeichnis „$(SolutionDir)\libxl", und vergessen dabei auch nicht, diese Änderungen mit einem Klick auf den Button „Übernehmen" zu speichern.

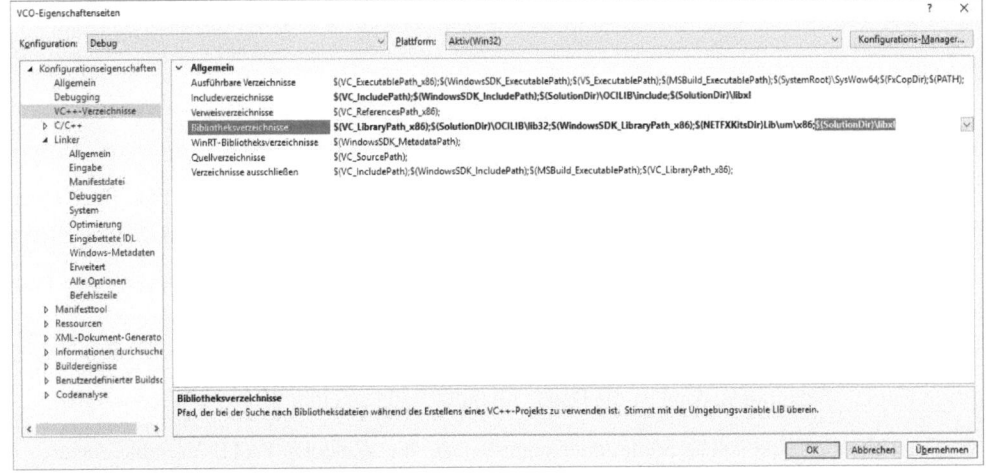

Abb. 134: Die VC++ Pfadeinträge

Dabei ist der neue Eintrag von den schon vorhandenen Einträgen jeweils mit einem Semikolon „;" abzugrenzen. Natürlich müssen wir auch die Pfadeinträge für den Linker setzen. Hier ist ein Eintrag bei „Allgemein/zusätzliche Bibliotheksverzeichnisse" nötig, natürlich ebenfalls „$(SolutionDir)\libxl":

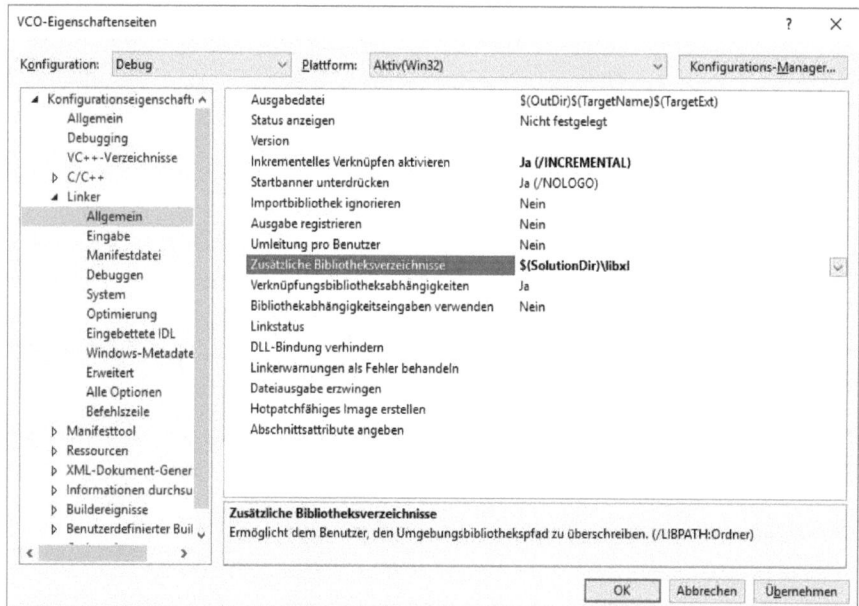

Abb. 135: Die Pfadeinträge für den Linker

Zu guter Letzt ergänzen wir dann noch, ebenfalls beim Linker, den Eintrag in „Eingabe/Zusätzliche Abhängigkeiten". Hier schreiben wir den Dateinamen der Bibliothek, also „libxl.lib" hinein:

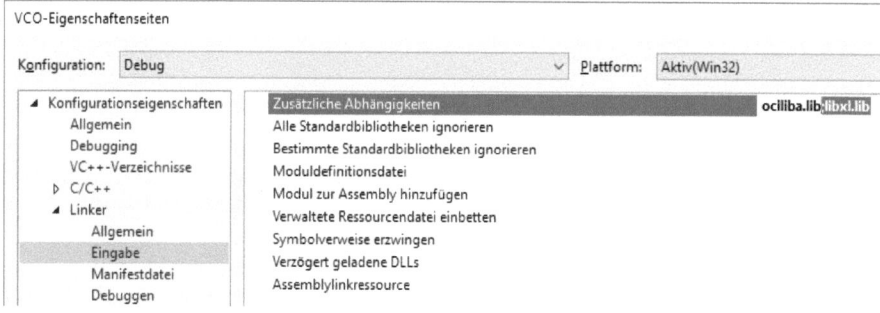

Abb. 136: Die Pfadeinträge für den Linker

18.1.2 Die LIBXL DLL

Nun müssen wir noch die DLL der LIBXL Bibliothek an eine Stelle kopieren, die im Windows Pfad liegt. Oder eben in das aktuelle Verzeichnis, also in „D:\VCO\VCO\Debug". Diese DLL wird nämlich beim Ausführen des Programms benötigt. Eine DLL ist eine dynamisch zu ladende Bibliothek, die eben zur Laufzeit (beim Start des Programms) in den Speicher geladen wird. Daher kommt eine entsprechende Fehlermeldung auch erst beim Programmstart, und nicht bereits beim Kompilieren oder beim Linken.

> Wenn Sie eine Fehlermeldung mit dem Text „Die Ausführung des Codes kann nicht fortgesetzt werden, da libxl nicht gefunden wurde." Bekommen, dann ist die Datei „libxl.dll" nicht an einer Stelle im Windowspfad.
>
> Kopieren Sie die Datei dann an eine solche Stelle, oder ergänzen Sie die Windows PATH Variable entsprechend.

Das war es dann aber auch schon. LIBXL ist nun in unser Projekt integriert, und kann verwendet werden. Jetzt werden wir zuerst eine Exceldatei erstellen, in die wir später dann unsere Daten ergänzen wollen.

18.2 Erstellen der Reportdatei

Diese Exceldatei erstellen wir ganz normal mit MS Excel und speichern sie unter dem Namen „VCOReport.xls" im Projektverzeichnis „D:\VCO\VCO\" ab[78].

Wir verwenden bewusst den Dateityp „XLS" und nicht den neuen Dateityp „XLSX"! LIBXL verarbeitet nur XLS-Dateien.

Die Vorlage kann man gestalten, wie man will, sie könnte zum Beispiel wie folgt aussehen:

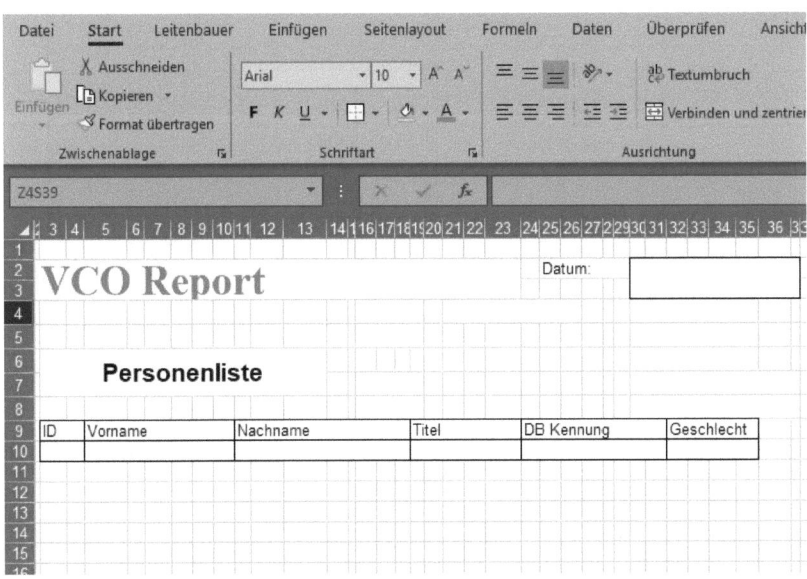

Abb. 137: Excel Vorlage für eine Auswertung

Wie man sieht, wurden hier auch Zellen verbunden, um in der Folge zu zeigen, dass auch solche komplexeren Exceldateien kein Problem darstellen. Wir sollten die fertige Excelvorlage nun mit einem Schreibschutz versehen. Wir werden sie nämlich öffnen, und die Daten eintragen, sie dann aber natürlich unter einem anderen Namen abspeichern. Bevor wir tatsächlich an das Befüllen der Exceldatei mit Daten gehen, müssen wir uns überlegen, wie wir diesen Report aufrufen wollen.

18.3 Ein neues Menü „Auswertungen"

In Anlehnung zum Menü „Datenpflege" erstellen wir mit dem Ressourceneditor nun ein neues Menü „Auswertungen". Vorerst soll es genau einen Eintrag haben, nämlich „Personenliste":

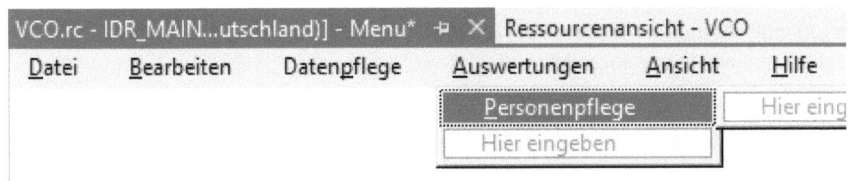

Abb. 138: Das neue Menü „Auswertungen"

---

[78] Es kann auch ein anderes Verzeichnis gewählt werden, aber es sollte jedenfalls im Windows PATH enthalten sein!

Bei einem Klick auf diesen Menüpunkt soll dann die Auswertung erstellt werden. Aber wie? Wir haben hier ja keinen Dialog, den wir aufrufen könnten. Zudem steht zu erwarten, dass dies nicht die einzige Auswertung bleiben wird, wobei wir schon jetzt erahnen, dass die Funktionalitäten dieser Auswertungen viele Parallelen haben werden. Daher erstellen wir gleich jetzt eine Reportingklasse „CVCOReport". Diese hat derzeit noch sehr wenig Inhalt, das wird sich aber in der Folge noch ändern. Die Headerdatei dieser Klasse sieht wie folgt aus:

```
// Reportingklasse fuer VCO
// CVCOReport.h            Deklaration
// Beschreibung:           Klasse fuer Auswertungen in VCO
// Autor:                  DI Guenter Leitenbauer
// Begin Erstellung:       2019-03-11
// Historie:
//
/////////////////////////////////////////////////////////////////
// Globale Daten/Objekte:
//
// Globale Funktionen:
//
// Klassen:                CVCOReport
//
/////////////////////////////////////////////////////////////////
#pragma once

class CVCOReport
{
public:
    CVCOReport();
    virtual ~CVCOReport();
private:
};
```

Die Quellcodedatei (ohne Kommentarkopf) ist ähnlich einfach:

```
#include "stdafx.h"
#include "CVCOReport.h"

CVCOReport::CVCOReport()
{
}

CVCOReport::~CVCOReport()
{
}
```

Wir ergänzen diese Klasse nun um eine öffentliche Methode für jeden Report, den wir ausgeben möchten. Da dies derzeit nur ein Report ist, sieht die Deklaration wie folgt aus:

```
class CVCOReport
{
public:
...
    // Reports
    virtual bool RepPersonen();      // Personenliste
```

```
...
}
```

Nun können wir uns daran machen, diese Methode, die allerdings noch keinen Inhalt hat (noch nicht ausprogrammiert wurde), aus dem Menü aufzurufen. Wir programmieren also wieder einmal die Ablauflogik, bevor wir uns um die Details kümmern.

18.4 Aufruf aus dem Menü

Wie schon bei der Personenpflege fügen wir in der Ressourcenansicht des Menüs nun einen Ereignishandler hinzu:

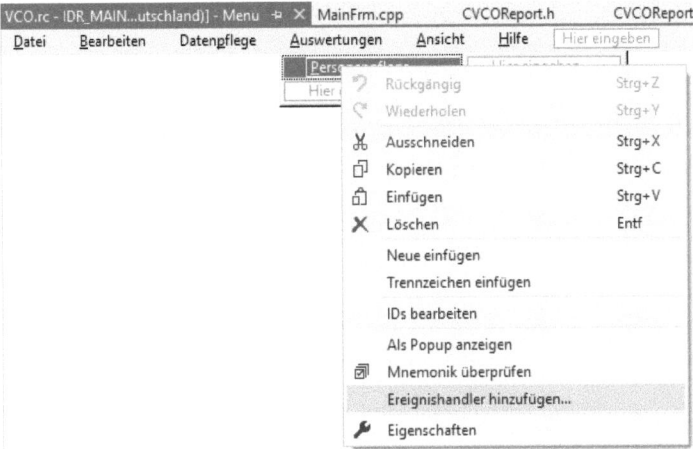

Abb. 139: Ereignishandler hinzufügen

Im Dialog achten wir natürlich darauf, diesen Handler zur dafür zuständigen Klasse „CMainFrame" hinzuzufügen (Ausschnitt des Dialogs):

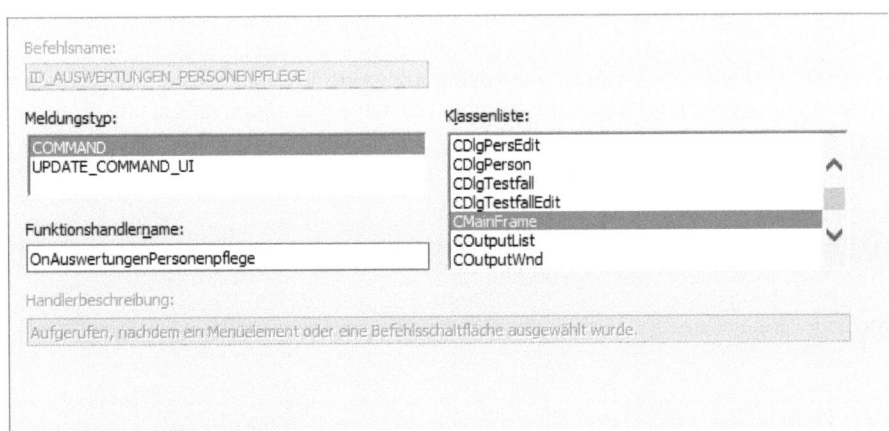

Abb. 140: Ereignishandlerdaten

Nach dem Hinzufügen wurde die Datei „CMainFrm.h" um die Deklaration erweitert:

```
afx_msg void OnAuswertungenPersonenpflege();
```

Jetzt müssen wir die Implementierungsdatei „CMainFrm.cpp" entsprechend ergänzen. Dabei vergessen wir auch nicht darauf, die Reportingklasse zu inkludieren, wobei uns den Eintrag in die Messagemap und den Methodenrumpf ja bereits der Assistent erstellt hat:

```
#include "CVCOReport.h"
…

BEGIN_MESSAGE_MAP(CMainFrame, CFrameWndEx)
…

   ON_COMMAND(ID_AUSWERTUNGEN_PERSONENPFLEGE,
               &CMainFrame::OnAuswertungenPersonenpflege)
END_MESSAGE_MAP()
…

void CMainFrame::OnAuswertungenPersonenpflege()
{
   // Auswertung aufrufen
   CVCOReport report;
   report.RepPersonen();
}
```

Das war es an dieser Stelle auch schon. Der Rest wird dann natürlich in der Klasse „CVCOReport" zu erledigen sein. Man kann nicht oft genug betonen, dass eine derartige, strukturierte Top-Down-Vorgangsweise die Programmierung sehr vereinfacht.

18.5 Die Reporting-Klasse

In der Klasse passiert die eigentliche Arbeit, wobei wir hier darauf achtgeben, die einzelnen Teile des Ablaufs möglichst allgemeingültig und modular zu implementieren. Beginnen wir daher mit dem Öffnen einer Exceldatei (unserer Vorlagendatei „VCOReport.xlsx").

18.5.1 Öffnen einer Exceldatei

Jetzt erst wenden wir uns der eigentlichen Funktionalität zur Erstellung einer Exceldatei direkt aus der C++ Anwendung zu. Dazu müssen wir zuerst die LIBXL-Includedatei einbinden. Dazu ist nur ein Include in der Headerdatei „CVCOReport.h" und eine Bekanntmachung des verwendeten Namensraumes nötig:

```
#include "libxl.h"
using namespace libxl;
```

Wenn wir nicht die Demoversion von LIBXL verwenden, sondern die lizensierte Version, müssen wir auch noch zwei Konstanten mit den Lizensierungsdaten hinzufügen, die wir vom Hersteller bekommen haben, und die natürlich für jeden Lizenznehmer anders aussehen. Hier ein Beispiel (der Lizenzcode wurde dabei unkenntlich gemacht):

```
#define xLIBXL_LicensedFor    L"Gunter Leitenbauer"
#define xLIBXL_LicenseKey     L"hierstehtkeinechterlizenzcode"
…
```

Nun können wir uns die Methode „RepPersonen()" vornehmen. Wie erwähnt, müssen wir als erstes unsere Vorlagendatei öffnen.

```
// Personenliste
bool CVCOReport::RepPersonen()
{
   bool bRet = false;

   Book* xls = xlCreateBook();       // Excelobjekt erstellen
   xls->setKey(xLIBXL_LicensedFor, xLIBXL_LicenseKey);

   // Vorlagendatei oeffnen
```

```
if (xls->load(L"VCOReport.xlsx"))
{

    xls->release();        // Dateiobjekt freigeben

}

return bRet;
}
```

Damit ist der Rahmen vorgegeben, wir können nun die eigentlichen Daten in die Exceldatei füllen.

18.5.2 Befüllen der Daten

Den Namen der Vorlagendatei tragen wir als Konstante im Headerfile ein[79]:

```
// Konstanten fuer Personenliste
#define cs_XLS_PERS_Vorlage        "D:\\VCO\\VCO\\VCOReport.xls"
...
```

Zum Schreiben in eine Exceldatei stellt LIBXL unter anderem zwei Methoden in der Klasse „Sheet" zur Verfügung, „Sheet::writeNum()" und „Sheet::writeStr()". Die Klasse „Sheet" ist dabei eine Klasse, die Excel-Arbeitsblätter verwaltet. Wir müssen also zuerst ein Arbeitsblatt der Exceldatei festlegen, wobei diese, mit 0 beginnend, einfach durchnummeriert werden:

```
bool CVCOReport::RepPersonen()
{
  bool bRet = false;

  Book* xls = xlCreateBook();        // Excelobjekt erstellen
  xls->setKey(xLIBXL_LicensedFor, xLIBXL_LicenseKey);

  // Vorlagendatei oeffnen
  if (xls->load(_T(cs_XLS_PERS_Vorlage)))
  {
      Sheet* pSheet = xls->getSheet(0);   // 1.Arbeitsblatt holen
      xls->release();                     // Dateiobjekt freigeben
  }
  return bRet;
}
```

Mit diesem Zeiger auf das Arbeitsblatt können wir nun die Daten eintragen. Dabei hat die Methode „writeStr()" beispielsweise folgenden Parameter:

```
pSheet->writeStr(col, row, sText)
```

Die ersten beiden Parameter geben hier die jeweilige Zeile und Spalte[80] an, in die wir etwas schreiben wollen. Wenn wir zum Beispiel das aktuelle Datum in das Feld mit der Excelzeile 2 und der Excelspalte 30 eintragen

---

[79] Bei einer professionellen Lösung wäre es besser, den Pfad der Vorlagendateien in der Registry abzulegen und beim Erzeugen des Reports einzulesen. Dieser Pfad liegt dann üblicherweise auf einem Netzwerklaufwerk, und ist in den Optionen änderbar.

[80] Dafür ist es sinnvoll (aber nicht zwingend nötig), in der Excelvorlage die Bezugsart auf „Z1S1" umzustellen, was in den Excel-Optionen (Bezugsart) geschieht.

möchten, dann sind die Werte 1 (für die 0-basierte Zeilennummer) und 29 (für die 0-basierte Spaltennummer zu verwenden. Der dritte Parameter ist dann der einzutragende Text[81].

Es ist nun keine gute Idee, die Zeilen und Spalten hart zu codieren, also direkt als Zahlen in den Code zu schreiben. Besser ist es, dafür Konstanten zu deklarieren. Falls sich die Excelvorlage ändern sollte, sind lediglich an einer Stelle die Konstanten anzupassen. Diese Konstanten deklarieren wir beispielsweise im Headerfile der Reportklasse:

```
// Konstanten fuer Personenliste
#define cs_XLS_PERS_Vorlage          "D:\\VCO\\VCO\\VCOReport.xls"
#define ci_XLS_PERS_Datum_row1
#define ci_XLS_PERS_Datum_col29
```

Den Text für das aktuelle Datum holen wir uns über die schon bekannte Datumsfunktion, und können dann die erste Excelzelle endlich füllen:

```
…

  if (xls->load(_T(cs_XLS_PERS_Vorlage)))
  {
      Sheet* pSheet = xls->getSheet(0);    // 1.Arbeitsblatt holen


      // Datum ermitteln:
      CString sDatum;
      COleDateTime date = COleDateTime::GetCurrentTime();
      sDatum = date.Format(L"%d.%m.%Y");
      pSheet->writeStr(ci_XLS_PERS_Datum_row, ci_XLS_PERS_Datum_col, sDatum);


      xls->release();       // Dateiobjekt freigeben
  }

…
```

Bevor wir nun weitermachen, werden wir den Teil zum Speichern der Exceldatei vorziehen, damit wir unsere Anwendung erproben und den Effekt beurteilen können.

18.5.3 Speichern der Report-Datei

Für das Abspeichern der Datei benötigen wir nur einen Aufruf des Windows File Dialoges. Das Codefragment dazu sieht in etwa wie folgt aus:

```
…

  // Speicherort und -name festlegen
  CString sDatei;    // Dateiname inkl. Pfad
  TCHAR szFilters[] = _T("Excel Dateien (*.xls)|*.xls|All Files (*.*)|*.*||");
  CFileDialog fileDlg(FALSE, _T("xls"), sDatei, OFN_HIDEREADONLY, szFilters);
  if (fileDlg.DoModal() == IDOK)
  {
      sDatei = fileDlg.GetPathName();
      xls->save(sDatei);
  }

…
```

---

[81] Diese Methode hat noch weitere (Default-)Parameter für das Format und den Zelltyp, die wir hier aber weglassen können.

Da diese Funktionalität immer wieder benötigt werden wird (bei jedem Report), werden wir sie in eine eigene Methode „SaveReport()" auslagern, der wir lediglich den Zeiger „Book*" mitgeben werden. Wenn das Speichern gutging, soll die Methode den Wert „true" zurückgeben, sonst „false". Die Excel-Filter definieren wir ebenfalls als Konstante im Headerfile:

```cpp
// Excel-Filter
#define cs_XLS "Excel Dateien (*.xls)|*.xls|All Files (*.*)|*.*||"
...
class CVCOReport
{
...
private:
   bool SaveRep(Book* book);
};
```

Die Implementierung der Methode sieht dann wie folgt aus:

```cpp
bool CVCOReport::SaveRep(Book * book)
{
   bool bRet = false;

   // Speicherort und -name festlegen
   CString sDatei;     // Dateiname inkl. Pfad
   TCHAR szFilters[] = _T(cs_XLS);
   CFileDialog fileDlg(FALSE, _T("xls"), sDatei, OFN_HIDEREADONLY, szFilters);
   if (fileDlg.DoModal() == IDOK)
   {
      sDatei = fileDlg.GetPathName();
      bRet = book->save(sDatei);
   }

   return bRet;
}
```

Diese Methode können wir jetzt für jeden Report zum Speichern verwenden. Die Parameter des Dialogs haben dabei folgende Bedeutung:

Der erste Parameter zeigt an, ob es sich um einen „Datei öffnen" (TRUE) oder einen „Datei speichern" (FALSE) Dialog handelt. Natürlich brauchen wir hier einen Speicherdialog.

Der zweite Parameter ist die Dateierweiterung, mit der eine Datei zu speichern ist, wenn der Anwender keine Erweiterung angibt.

Der dritte Parameter gibt den Speicherort (Pfad + Dateiname) an, unter dem die Datei gespeichert werden soll. Der Dialog versorgt diesen Parameter dann mit dem vom Anwender ausgewählten Speicherort, und gibt ihn zurück.

Der vierte Parameter (OFN_HIDEREADONLY) versteckt die Checkbox „Schreibschutz".

Der letzte Parameter schließlich legt fest, welche Art von Dateien betroffen ist. Hier sind es Exceldateien. Wie solche Filter zu definieren sind, kann man in der MFC Dokumentation nachschlagen.

Natürlich wäre es sinnvoll, den Code für den Fall eines fehlgeschlagenen Speichervorgangs um eine Fehlermeldung zu ergänzen, was wir uns hier aber sparen, weil uns das jetzt keine neuen Erkenntnisse bringt – eine solche Fehlermeldung zu implementieren, sollte mittlerweile für uns kein Problem mehr darstellen. Für unseren bestehenden Report vereinfacht sich die Implementierung damit ebenfalls wesentlich zu:

```
bool CVCOReport::RepPersonen()
{
    bool bRet = false;

    Book* xls = xlCreateBook();              // Excelobjekt erstellen
    xls->setKey(xLIBXL_LicensedFor, xLIBXL_LicenseKey);

    // Vorlagendatei oeffnen
    if (xls->load(_T(cs_XLS_PERS_Vorlage)))
    {
        Sheet* pSheet = xls->getSheet(0);    // 1. Arbeitsblatt holen

        // Datum ermitteln:
        CString sDatum;
        COleDateTime date = COleDateTime::GetCurrentTime();
        sDatum = date.Format(L"%d.%m.%Y");
        pSheet->writeStr(ci_XLS_PERS_Datum_row, ci_XLS_PERS_Datum_col, sDatum);

        bRet = SaveRep(xls);  // Datei speichern
        xls->release();       // Dateiobjekt freigeben
    }
    return bRet;
}
```

Nun wäre ein guter Zeitpunkt, unsere Anwendung einmal zu erstellen und auszuprobieren. Nachdem wir den Menüpunkt „Auswertungen/Personenliste" angeklickt haben, möchte die Anwendung von uns den Speicherort der erstellten Exceldatei erfahren:

Abb. 141: Dateispeicherort festlegen

Wenn wir in diesem Dialog auf den Button „Speichern" klicken, wird der Dialog geschlossen und unsere Exceldatei gespeichert. Wir können sie nun in Excel öffnen und überprüfen, ob das Datum korrekt eingetragen worden ist:

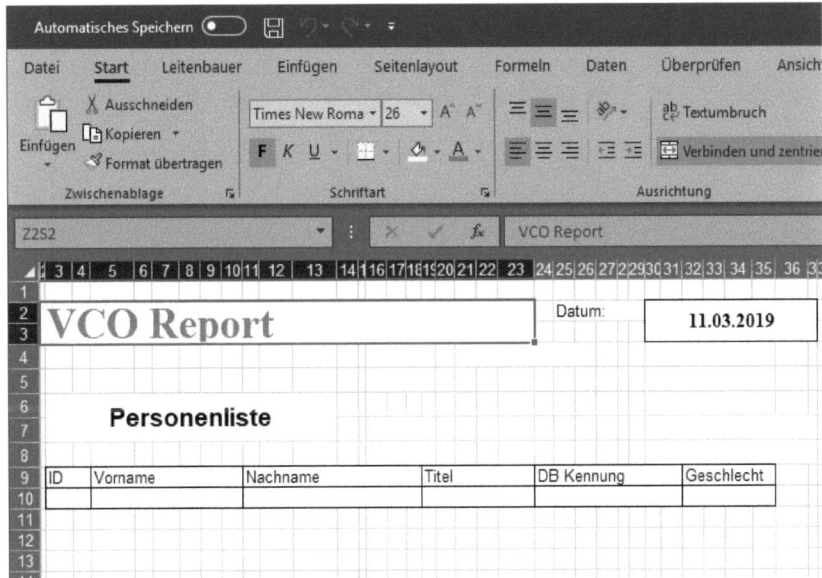

Abb. 142: Das Datum wurde eingetragen

Es hat funktioniert! Nun können wir uns daran machen, die eigentlichen Personendaten in die Datei zu füllen.

18.5.4 Befüllen der Personendaten

Wir stehen hier vor einem Problem:

Zum Programmierzeitpunkt können wir unmöglich wissen, wie viele Zeilen mit Personendaten wir zum Ausführungszeitpunkt haben werden. Es kann eine Zeile sein, oder es können auch 345 Zeilen sein, wir können es einfach nicht wissen. Daher muss unser Befüllen so flexibel sein, dass die Anzahl irrelevant ist. Anders formuliert:

Wir werden das Befüllen in einer Schleife durchführen, wobei wir zuerst eine Abfrage der Personendaten durchführen müssen, um dann beim Fetch für jeden Treffer in Excel eine neue Zeile anzulegen. Wie die Abfrage dafür aussehen muss, wissen wir bereits von der Personenpflege. Auch das Abarbeiten der Treffer ist bekannt. Bauen wir dieses Gerüst also einmal in unsere Methode ein, und kümmern wir uns um das Erzeugen und Füllen der Zeile in Excel später.

Zuerst werden wir aber die Zeilen und Spalten noch als Konstante definieren. Dies geschieht natürlich in der Headerdatei „CVCOReport.h":

```
// Konstanten fuer Personenliste
#define cs_XLS_PERS_Vorlage          "D:\\VCO\\VCO\\VCOReport.xls"
#define ci_XLS_PERS_Datum_row        1
#define ci_XLS_PERS_Datum_col        29
#define ci_XLS_PERS_ID_col           2
#define ci_XLS_PERS_ID_VName         4
#define ci_XLS_PERS_ID_NName         10
#define ci_XLS_PERS_ID_Titel         18
#define ci_XLS_PERS_ID_Kennung       23
#define ci_XLS_PERS_ID_Geschl        31
#define ci_XLS_PERS_FirstRow         9
```

Unsere Reporting-Methode wird dann wie folgt aussehen (wobei jetzt nur die neuen Teile angeführt werden):

```
...
  // Personen abfragen
  CString sStmt = _T("select PERSONID, TITEL, VORNAME, NAME, DBKENNUNG, GESCHLECHT \
from VCO_PERSON order by NAME, VORNAME");
  // SQL Statement ausfuehren
  CVCODB* pDB = new CVCODB;
  if (pDB)
  {
      Statement* pSt = pDB->DoSelect(sStmt);
      if (pSt)        // Abfrage erfolgreich?
      {
        Resultset rs = pSt->GetResultset();
        CString sVal;
        int iVal;     // fuer Zahlenwerte bei den Treffern
              while (rs++)
              {

              // Abfrageergebnisse holen und in Excel fuellen
              iVal = rs.Get<int>(1);                  // 1.Spalte Treffer = ID
              sVal = rs.Get<ostring>(2).c_str();   // 2. Spalte
              sVal = rs.Get<ostring>(3).c_str();   // 3. Spalte
              sVal = rs.Get<ostring>(4).c_str();   // 4. Spalte
              sVal = rs.Get<ostring>(5).c_str();   // 5. Spalte
              sVal = rs.Get<ostring>(6).c_str();   // 6. Spalte
          }
          delete pSt;  // Freigabe nicht vergessen
      }
      delete pDB; // Datenbankobjekt freigeben
  }

  bRet = SaveRep(xls);
...
```

Jetzt müssen wir noch dafür sorgen, dass diese Werte in die richtige Zeile geschrieben werden. Wir haben ja bereits die Konstante für die Startzeile oben definiert:

```
#define ci_XLS_PERS_FirstRow 9
```

Für jede weitere Zeile müssen wir 1 dazu addieren, um den Wert für die Zeile zu bekommen.

Demnach sieht unsere Methode (nur der Schleifenteil) dann wie folgt aus:

```
...
      int row = ci_XLS_PERS_FirstRow;       // Startzeile festlegen
      while (rs++)
      {
              // Abfrageergebnisse holen und in Excel fuellen
              iVal = rs.Get<int>(1);                  // 1. Spalte Treffer = ID
              pSheet->writeNum(row, ci_XLS_PERS_ID_col, iVal);
              sVal = rs.Get<ostring>(2).c_str();   // 2. Spalte
              pSheet->writeStr(row, ci_XLS_PERS_ID_Titel, sVal);
```

```
            sVal = rs.Get<ostring>(3).c_str();   // 3. Spalte
            pSheet->writeStr(row, ci_XLS_PERS_ID_VName, sVal);
            sVal = rs.Get<ostring>(4).c_str();   // 4. Spalte
            pSheet->writeStr(row, ci_XLS_PERS_ID_NName, sVal);
            sVal = rs.Get<ostring>(5).c_str();   // 5. Spalte
            pSheet->writeStr(row,ci_XLS_PERS_ID_Kennung,sVal);
            sVal = rs.Get<ostring>(6).c_str();   // 6. Spalte
            pSheet->writeStr(row,ci_XLS_PERS_ID_Geschl, sVal);

            row++; // naechste Zeile
    }
...
```

Wenn wir jetzt unsere Anwendung erstellen und ausprobieren, sieht das resultierende Excelfile in etwa wie folgt aus:

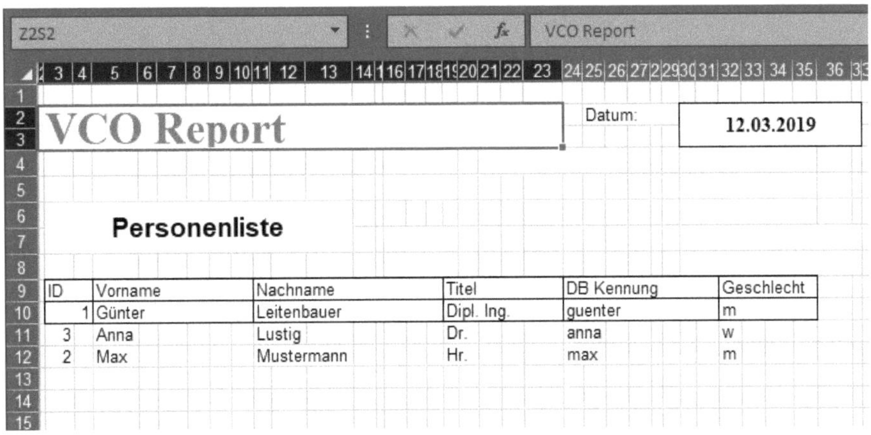

Abb. 143: Ein erstes Ergebnis

Die Daten sind korrekt befüllt, aber es fällt auf, dass natürlich das Format der Zellen nur für die erste Zeile stimmt. Was auch zu erwarten war, weil wir es nur für die erste Zelle definiert hatten. Es gibt nun drei Lösungsmöglichkeiten für dieses Problem:

1. Wir bearbeiten die Exceldatei manuell nach, indem wir das Zeilenformat mit „Format kopieren" von der ersten Zeile in die weiteren übernehmen.

2. Wir erstellen bereits die Vorlage mit genügend formatierten Zeilen.

3. Wir erstellen uns in der Klasse „CVCOReport" eine zusätzliche Methode „CopyLine()", mit der wir eine Zeile inklusive Formatierung kopieren und einfügen können, bevor wir sie befüllen.

Die erste Möglichkeit ist nicht besonders elegant, und wird auf den Anwender unprofessionell wirken.

Die zweite Möglichkeit hat zwei Haken: Erstens kann man nie wissen, wie viele formatierte Zeilen „genügen" werden, weil man die Anzahl der Datensätze in der Datenbank zur Programmierzeit ja nicht kennt. Und zweitens hat man nach Fertigstellung der Liste eine Unmenge leerer Zeilen (Die könnte man allerdings mit einer bereits in der LIBXL existierenden Methode zum Löschen von Zeilen entfernen.)

18.5.5 Eine Zeilenkopiermethode erstellen

Wir entscheiden uns daher für die Methode drei. Ihre Deklaration wird wie folgt aussehen müssen:

```cpp
class CVCOReport
{
public:
…

    // Methode zum Einfuegen von Zeilen inkl. Format
    void InsertRowFormat (Sheet* pSheet, int row);
…
};
```

Nun müssen wir diese Methode implementieren. Das erfordert etwas Nachlesen in der LIBXL Dokumentation, wie man Formate behandelt. Die resultierende Methode, die wir in Zukunft immer und überall verwenden können, um eine leere Zeile zu erzeugen und samt Format direkt unterhalb als Kopie einzufügen, sieht dann wie folgt aus:

```cpp
// Methode zum Einfuegen von Zeilen inkl. Format
void CVCOReport::InsertRowFormat(Sheet* pSheet, int row)
{
    pSheet->insertRow(row+1, row+1);        // fuegt unterhalb row Zeile ein
    Format *pFormat;                        // Formatvariable

    int iLastCol = pSheet->lastCol();       // Anzahl Spalten feststellen
    int rowmf, rowml, colmf, colml;         // fuer verbundene Zellen
    for (int col = 0; col <= iLastCol; col++)
    {
        // verbundene Zellen sonderbehandeln:
        if (pSheet->getMerge(row, col, &rowmf, &rowml, &colmf, &colml))
        {
                pSheet->setMerge(rowmf+1, rowml+1, colmf, colml);
        }

        // Format kopieren
        pFormat = pSheet->cellFormat(row, col);
        pSheet->setCellFormat(row + 1, col, pFormat);
    }
}
```

Die Methodik ist dabei gar nicht so kompliziert, wie es auf den ersten Blick aussieht:

```cpp
    int iLastCol = pSheet->lastCol();       // Anzahl Spalten feststellen
```

Mit diesem Aufruf ermittelt man die letzte verwendete Spalte im Arbeitsblatt. Damit kann die Schleife, die ja von der ersten Spalte (col=0) bis zur letzten Spalte läuft, auf das notwendige Maß eingeschränkt werden.

```cpp
    Format *pFormat;                        // Formatvariable
    pFormat = pSheet->cellFormat(row, col);
```

Diese Zeigervariable kann ein Objekt aufnehmen, in dem das vollständige Format (Schriftart, Schriftgröße, Rahmen, Farbe, etc.) einer Excelzelle gespeichert wird. Der Methodenaufruf ermittelt das Format und weist es dem Zeiger zu.

```cpp
    pSheet->setCellFormat(row + 1, col, pFormat);
```

Diese Anweisung setzt das betreffende Format dann für die Zeile darunter (row+1) und die gleiche Spalte. Da wir auch verbundene Zellen verwenden, müssen wir diese ebenfalls noch ermitteln und in der Zeile darunter wieder verbinden. Das erfolgt durch den Aufruf:

```cpp
    if (pSheet->getMerge(row, col, &rowmf, &rowml, &colmf, &colml))
    {
```

```
        pSheet->setMerge(rowmf+1, rowml+1, colmf, colml);
}
```

Die Methode gibt „true" zurück, wenn die untersuchte Zelle Teil einer verbundenen Zelle ist. In diesem Falle werden die vier letzten Parameter mit dem Beginn und Ende der Zeilen und Spalten des Zellenverbunds belegt. Die Methode im Block verbindet dann die gleichen Zellen in der Zeile darunter ebenfalls wieder.

Nun fehlt uns nur noch der Aufruf dieser Methode in unserem Report:

```
...

        while (rs++)
        {
...

                InsertRowFormat(pSheet, row);
                row++; // naechste Zeile

        }
...
```

Es ist darauf zu achten, dass dieser Aufruf **vor** dem Erhöhen des Zeilenindex (row++) erfolgt!

18.6 Der fertige Report

Wenn wir unsere Anwendung jetzt erstellen und den Report aufrufen, bekommen wir das gewünschte Ergebnis:

Abb.. 144: Ein perfektes Ergebnis

Mit dieser noch sehr einfachen Reportklasse können wir jetzt doch schon ziemlich viel machen. Natürlich kann man sie noch ergänzen, aber die Grundfunktionalität kann sich bereits jetzt sehen lassen. Allerdings wäre es nett, die Exceldatei auch noch gleich aus der Anwendung öffnen zu lassen.

18.7 Dateien mit einer Anwendung öffnen

Dazu bedienen wir uns der Windowsfunktionalität, die Dateiendungen mit Anwendungen verknüpft. So sind zum Beispiel auf Rechnern, auf denen MS Excel installiert ist, Dateien mit der Endung „XLS" meistens mit der Anwendung MS Excel verknüpft[82]. Klickt man so eine Datei doppelt an, dann öffnet Windows sie automatisch mit Excel. Jeder kennt das. Diesen Doppelklick kann man in der Anwendung simulieren bzw. programmtechnisch auslösen.

---

[82] Diese Verknüpfung ist übrigens in der Registry gespeichert, und zwar unter dem Hauptschlüssel HKEY_CLASSES_ROOT.

Dazu ist nur ein Funktionsaufruf erforderlich:

```
ShellExecute( NULL, _T("open"), sDatei, NULL, NULL, SW_SHOWNORMAL);
```

Dabei bedeuten die Parameter Folgendes:

Der erste Parameter gibt das Fenster an, dem die zu startende Anwendung untergeordnet sein soll. Hier geben wir natürlich NULL an, weil Excel ganz normal als Windowsprogramm (und nicht als untergeordnete Anwendung von VCO) starten soll.

Der zweite Parameter gibt an, wie die Anwendung zu öffnen ist. „open" ist der Normalfall, es gäbe aber z. B. auch „print" und einige weitere.

Der dritte Parameter ist der Dateiname der zu öffnenden Datei.

Der vierte Parameter dient dazu, der Anwendung eventuell noch Parameter mitzugeben. Das benötigen wir hier natürlich nicht.

Im fünften Parameter kann man ein Arbeitsverzeichnis angeben. Auch diesen Parameter lassen wir leer, dann wird das aktuelle Verzeichnis als Arbeitsverzeichnis angenommen.

Im letzten Parameter kann man noch angeben, wie das Anwendungsfenster aussehen soll. Normal, maximiert, minimiert, etc.

Allerdings haben wir jetzt ein Problem. Dadurch, dass wir die Exceldatei in der Methode „SaveReport()" abgespeichert haben, fehlt uns der Dateiname. Wir müssen also diese Methode um einen Rückgabeparameter für den Dateinamen ergänzen:

```
class CVCOReport
{
…
private:
    bool SaveRep(Book* book, CString& sFile);
};
```

Man beachte, dass wir diesen Parameter als Referenz „&" deklariert haben, wodurch er erst zum Rückgabeparameter wird!

Die Implementierung der Methode ändert sich natürlich auch etwas:

```
bool CVCOReport::SaveRep(Book * book, CString& sFile)
{
…
    if (fileDlg.DoModal() == IDOK)
    {
        sDatei = fileDlg.GetPathName();
        bRet = book->save(sDatei);
        sFile = sDatei;        // Dateinamen zurueckgeben
    }

    return bRet;
}
```

Nun sind wir dafür gerüstet, die eben erzeugte Exceldatei aus der Anwendung gleich in Excel zu öffnen, indem wir den Aufruf zur Methode „RepPersonen()" hinzufügen:

```
bool CVCOReport::RepPersonen()
{
…
```

```
    if (xls->load(_T(cs_XLS_PERS_Vorlage)))
    {
…
        CString sDatei;
        bRet = SaveRep(xls, sDatei);
        xls->release();        // Dateiobjekt freigeben

        // Datei oeffnen
        ShellExecute( NULL, _T("open"), sDatei, NULL, NULL, SW_SHOWNORMAL);
    }

    return bRet;
}
```

Damit ist dieser Teil fertig, die Anwendung kann erprobt werden, und wird nach dem Erzeugen der Exceldatei diese automatisch gleich öffnen!

18.8 Zusammenfassung

Wir haben in diesem Kapitel gelernt,

➢ wie man LIBXL ins Projekt einbindet

➢ wie man aus Visual C++ mit LIBXL Exceldateien erstellen und befüllen kann, ohne dass dabei Excel installiert sein müsste

➢ wie man Formate in Excel verwenden und kopieren kann

➢ wie eine Reportingklasse dazu aussehen könnte

➢ wie man einen MFC „Datei speichern" Dialog aufruft und verwendet

➢ wie man aus der C++ Anwendung eine beliebige Datei mit dem mit ihr verknüpften Programm öffnet

Im nächsten Kapitel werden wir uns mit Oracle Bindevariablen befassen.

19 Oracle Bindevariablen

Wir haben bisher unsere SQL Anweisungen immer dynamisch zusammengestellt. Das ist ein einfacher Weg, aber leider nicht der performanteste.

Die meisten Datenbankmanagementsysteme (DBMS) verfügen heutzutage über einen Ausführungsplan-Cache (bei Oracle heißt dieser auch „Cursor-Cache"), in dem bereits analysierte SQL-Anweisungen gespeichert werden. Diese Ausführungspläne dienen der Wiederverwendung. Wenn das DBMS erkennt, dass eine Anweisung bereits analysiert und in Form eines Ausführungsplans zwischengespeichert wurde, dann kann es ihn ohne Analyse (Parsen) erneut ausführen.

Dies ist der Hauptgrund, warum Bindevariablen so wichtig sind[83] – man spart bei gleichartigen Abfragen das neuerliche Analysieren, was einen Zeitvorteil bringt. Man wird daher speziell bei komplexeren SQL Anweisungen danach trachten, sie nicht zur Laufzeit bei jeder Verwendung neu zusammenzustellen, so wie wir das bisher gemacht haben. Allerdings ist auch zu erwähnen, dass die Performancevorteile bei vielen üblichen („kleinen") Abfragen für den Anwender kaum oder gar nicht spürbar sind.

Ganz anders sieht die Sache bei komplexen Abfragen aus, und vor allem natürlich bei Abfragen, die innerhalb von Schleifen erstellt werden. Hier addieren sich die Geschwindigkeitsnachteile sehr schnell zu einem deutlich spürbaren Maß. Daher können und wollen wir auf diese Methode hier nicht verzichten, auch weil sie zu den grundlegenden Fertigkeiten eines Datenbankanwendungsprogrammierers zählt.

Was sind nun diese ominösen „Bindevariablen"?

19.1 Bindevariablen

Vergleichen wir dazu eine einfache Abfrage, die wir in ähnlicher Form schon hatten.

Wir möchten beispielsweise von der Datenbank die Anzahl jener Personen, deren Name mit der Zeichenkette beginnt, die in der Variable „sSuch" enthalten ist.

Bislang gingen wir so vor, dass wir mit der CString-Methode „Format()" den Abfragestring entsprechend aufbauten (Codefragment):

```
CString sStmt; // SQL Abfrage
sStmt.Format(_T("select count(PERSONID) from VCO_PERSON where NAME like '%s'"), sSuch);
```

Hier bleibt dem DBMS keine andere Wahl, als bei jeder neuen Suche das gesamte Statement vor der Ausführung zu analysieren (parsen) und einen Executionplan zu erstellen. Wenn diese Abfrage immer und immer wieder in der gleichen Form vorkommt, ist es sinnvoll, sie nur ein einziges Mal aufzubauen, und den Wert der Suchvariablen erst zum Ausführungszeitpunkt an das DBMS zu übergeben. Das nennt man dann eine Bindevariable, und die Syntax der SQL Anweisung sieht für unseren Anwendungsfall wie folgt aus:

```
select count(PERSONID) from VCO_PERSON
where NAME like :SUCHNAME
```

Der Doppelpunkt „:" ist dabei das Kennzeichen, dass eine Bindevariable folgt, wobei der Bindevariablenname frei gewählt werden kann. Er kann auch einfach eine Zahl sein, zum Beispiel „:1".

Die Anwendung muss nun programmtechnisch sicherstellen, dass die entsprechende Bindevariable vor der Ausführung der Anweisung mit einem Wert versorgt wird. Die SQL Anweisung selbst muss auf diese Weise nicht erneut analysiert werden, was den erwähnten Performancevorteil ergibt.

---

[83] Ein weiterer Grund ist die Sicherheit gegen Hacker, denen man auf diese Weise den Weg über die sogenannten „SQL Injections" verbaut.

19.1.1 Bindevariablen in OCILIB

Versuchen wir also, eine entsprechende Abfrage in unsere Anwendung einzubauen. Dazu erweitern wir den Dialog für die Personenpflege um einen Button „Trefferanzahl", was zwar wenig Sinn macht, aber hilfreich ist, um uns den Mechanismus von Abfragen mit Bindevariablen zu erarbeiten.

Den Button benennen wir mit „IDC_PERSON_COUNT":

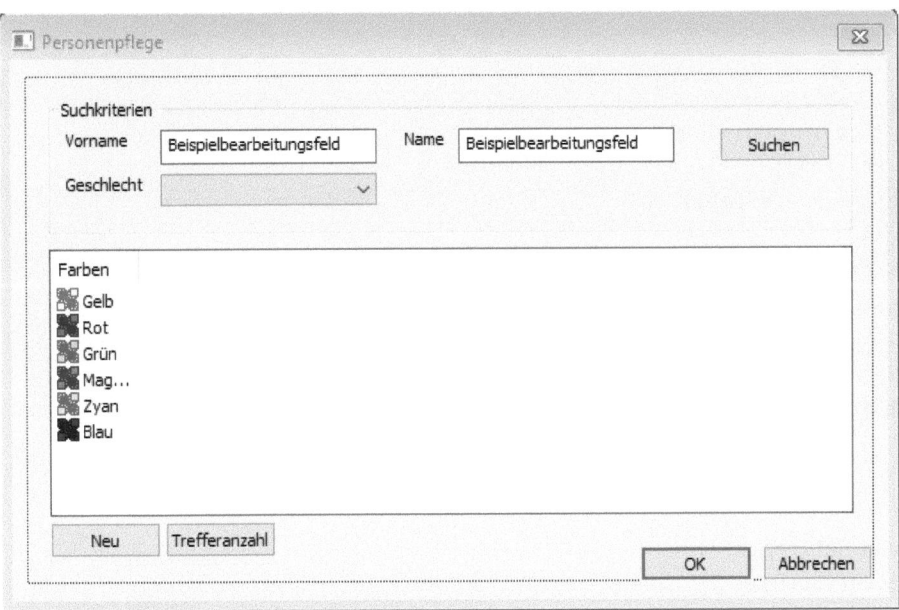

Abb. 145: Dialogressource Personenpflege erweitern

Dann fügen wir mit dem Assistenten für diesen Button einen Eventhandler „OnCount()" hinzu:

```
public:
  afx_msg void OnCount();
…
```

Im Quellcodefile "CDlgPerson.cpp" hat der Assistent folgende Codeteile hinzugefügt:

```
BEGIN_MESSAGE_MAP(CDlgPerson, CDialogEx)
…
  ON_BN_CLICKED(IDC_PERSON_COUNT, &CDlgPerson::OnCount)
END_MESSAGE_MAP()
…
void CDlgPerson::OnCount()
{
  // TODO:
}
```

In diesem Eventhandler erstellen wir nun unsere Abfrage, wobei wir Bindevariablen verwenden werden. Das Ergebnis (die Anzahl der Treffer), soll dann in einer Messagebox angezeigt werden, wobei der Einfachheit und Übersichtlichkeit halber hier nur das Suchkriterium für den Nachnamen in der Where-Klausel berücksichtigt wird. Für unser Beispiel würde der Code dann in etwa folgende Form annehmen:

```
void CDlgPerson::OnCount()
{
  UpdateData(TRUE);   // DDX
```

```
CWaitCursor wait;   // Sanduhr


CStringA sStmt;     // SQL Abfrage
sStmt = _T("select count(PERSONID) from VCO_PERSON where NAME like :SNAME ");


CVCODB* pDB = new CVCODB;
if (pDB)
{
    try
    {
        Connection* con = pDB->GetConnection();   // Connection oeffnen
        Statement st(*con);                        // Statement oeffnen
        st.Prepare(ostring(sStmt));                // SQL analysieren


        // Bindevariablen versorgen
        CStringA sSuch;
        int iLen;
        if (!m_sSNachname.IsEmpty())
            sSuch.Format("%s%%", (CStringA)m_sSNachname);
        else
            sSuch = "%%";


        iLen = sSuch.GetLength();
        ostring oSuch(sSuch);                      // benoetigt eigene Variable
        st.Bind(":SNAME", oSuch, iLen, BindInfo::In);   // binden


        // Abfrage ausfuehren
        st.ExecutePrepared();       // SQL ausfuehren


        // Ergebnis holen
        Resultset rs = st.GetResultset();
        UINT iVal;              // fuer den Abfragewert
        while (rs++)
            iVal = rs.Get<UINT>(1);


        CStringA sMeld;
        sMeld.Format("Anzahl der Treffer zu Suchbedingungen: %d", iVal);
        MessageBoxA(GetForegroundWindow()->m_hWnd, sMeld, "Abfrageergebnis", MB_OK);
    }
    catch (std::exception &ex)
    {
            // Fehlermeldung ausgeben
            pDB->OraMessageBox(ex);
    }


    delete pDB; // Datenbankobjekt freigeben
}
}
```

Sehen wir uns die Teile des Codes einzeln an. Zuerst definieren wir das SQL Abfragestatement mit der Bindevariable:

```
CStringA sStmt;      // SQL Abfrage
sStmt = _T("select count(PERSONID) from VCO_PERSON where NAME like :SNAME ");
```

Man beachte, dass dabei die einfachen Hochkommata für Zeichenketten entfallen müssen!

Dann holen wir uns wie gewohnt ein Datenbankverbindungsobjekt:

```
CVCODB* pDB = new CVCODB;
if (pDB)
{
```

Nun müssen wir ein wenig anders vorgehen als bisher. Zuerst benötigen wir ein Connection Objekt, welches wir uns mit der schon früher implementierten Methode „CVCODB::GetConnection()" holen:

```
Connection* con = pDB->GetConnection();   // Connection oeffnen
```

Dazu definieren wir wie gewohnt unser Statementobjekt mit dem oben festgelegten SQL Statement:

```
Statement st(*con);                        // Statement oeffnen
```

Nun führen wir dieses jedoch nicht aus, da die Bindevariable ja noch gar nicht mit einem Wert versorgt worden ist. Das Ausführen würde daher zu einem Fehler führen. Stattdessen analysieren wir es nur, worauf sich das DBMS das analysierte Statement in seinem Cache für SQL Statements merken wird:

```
st.Prepare(ostring(sStmt));                // SQL analysieren
```

Jetzt erst versorgen wir die Bindevariable mit einem Wert. Dazu überprüfen wir zuerst, ob das Suchfeld einen Inhalt hat oder nicht, und hängen hinten ein Jokerzeichen „%" an. Das Ersetzen des Jokerzeichens „*" durch „%" haben wir hier der Übersichtlichkeit halber weggelassen:

```
CStringA sSuch;
int iLen;
if (!m_sSNachname.IsEmpty())
        sSuch.Format("%s%%", (CStringA)m_sSNachname);
else
        sSuch = "%%";
```

Um diese Suchvariable der Bindevariable „:SNAME" zuzuweisen, benötigen wir erstens ihre Länge und zweitens eine Variable vom Typ „ostring". OCILIB kann ja mit CString oder CStringA nichts anfangen:

```
iLen = sSuch.GetLength();
ostring oSuch(sSuch);            // benoetigt eigene Variable
```

Jetzt binden wir den Inhalt dieser Variable:

```
st.Bind(":SNAME", oSuch, iLen, BindInfo::In);   // binden
```

Dabei ist der erste Parameter der Bindevariablenname, der zweite Parameter ist die eigentliche Suchvariable, der dritte Parameter die tatsächliche Länge[84] dieser Suchvariable, und der letzte Parameter gibt an, ob die Bindevariable eine Inputvariable, eine Outputvariable oder beides ist.

> Zum Zeitpunkt des Ausführens der SQL Abfrage muss die verwendete Suchvariable (ostring oSuch) noch existieren. Sie ist also im gleichen Block zu definieren oder mittels „new" explizit anzulegen!

Jetzt führen wir das so vorbereitete Statement aus:

```
// Abfrage ausfuehren
```

---

[84] Die Angabe der Länge ist nur bei Zeichenketten und Feldern, nicht aber bei Bindevariablen mit Zahlentyp nötig! Das ist insbesondere dann zu beachten, wenn das „Prepare()" und das „Execute()" nicht in der gleichen Funktion oder Methode durchgeführt werden!

```
        st.ExecutePrepared();        // SQL ausfuehren
```

Der Rest ist dann wieder wie gewohnt. Wir holen uns das Resultset und fetchen das Ergebnis in eine Variable, die wir hier in einer Messagebox ausgeben.

19.2 Das Ergebnis

Erstellen wir nun unsere Anwendung und öffnen wir den Personenpflegedialog. Dort versuchen wir mit verschiedenen Suchkriterien einen Klick auf den Button „Trefferanzahl":

Abb. 146: Trefferanzahl

Das war jetzt ein zwar nicht allzu sinnvolles, aber dafür ein anschauliches Beispiel, wie man solche Bindevariablen benutzen kann. Wichtig sind Bindevariablen vor allem dann, wenn man Abfragen verallgemeinern möchte, zum Beispiel in Basisklassen. Man wird dann den Teil bis inklusive der Analyse des Statements nur ein einziges Mal ausführen, und die eigentliche Abfrage auf den Teil mit dem Binden der Variablen und Ausführen des Statements reduzieren. Dies lässt sich in einer Basisklasse hervorragend umsetzen.

19.3 Zusammenfassung

Wir haben in diesem Kapitel gelernt,

➢   wo die Vorteile der Verwendung von Bindevariablen liegen

➢   wie man aus Visual C++ SQL Abfragen mit Bindevariablen erstellt und benutzt

Im nächsten Kapitel werden wir eine Basisklasse für Dialog erstellen, die die wichtigsten bisherigen Erkenntnisse beinhaltet.

20 Eine Dialog-Basisklasse

In den letzten 19 Kapiteln wurden viele wesentliche Inhalte von Datenbankanwendungen angesprochen. Obwohl es natürlich noch viele Punkte gibt, die nicht berührt wurden, hat man damit auf jeden Fall ein Fundament, auf dem man aufbauen, und weitere Datenpflegedialoge implementieren kann. Dabei wird einem dann vielleicht auffallen, dass manche, ja viele Funktionalitäten sich in jedem Dialog in ähnlicher Form wiederholen. Derartige Wiederholungen sind immer ein Hinweis darauf, dass man an eine Klassenstruktur denken sollte, in der man solche wiederkehrenden Codeteile in eine Basisklasse packt. Wo liegen die Vorteile solcher Basisklassen, von denen man dann für spezielle Dialoge jeweils eine Unterklasse ableitet?

Nun, wir reden hier über die Vorteile von „Wiederverwendung" versus „Kopieren und Abändern". Der Hauptvorteil ist sicherlich das Vermeiden von redundanten Codierungen. Dies resultiert nicht nur in schlankeren, sondern vor allem auch in wesentlich fehlerärmeren Anwendungen.

Warum ist eine solche Vorgangsweise weniger fehleranfällig?

Der Grund dafür liegt darin, dass so eine Basisklasse eben die benötigten Funktionalitäten nur **einmal** beinhaltet. Diese müssen auch nur **einmal** getestet werden, und nicht etwa erneut nach jedem „Copy & Change". Zudem sind Fehler schneller behoben, weil man beim Testen eines Dialoges, wenn man einen Fehler entdeckt, und diesen in der Basisklasse korrigiert, ihn automatisch auch für alle anderen davon abgeleiteten Dialoge korrigiert hat. Auch für solche, wo man ihn vielleicht gar nicht bemerkt hätte, weil er in ihnen seltener auftritt. Ja sogar für noch gar nicht programmierte, zukünftige Dialoge.

Wenn man berücksichtigt, dass in einem Softwareprojekt heutzutage etwa 30% bis 40% des Gesamtaufwands für das Erstellen von Testplänen und das Testen und Beheben gefundener Fehler veranschlagt werden, ist das auch ein nicht zu unterschätzender Wettbewerbsaspekt. Daher ist dem Autor das vorliegende Kapitel sehr wichtig. Wir werden hier eine sehr einfache Basisklasse für unsere Dialoge erstellen, und in der Folge den Personenpflegedialog, den wir ja bereits kennen, alternativ als abgeleitete Dialogklasse implementieren.

20.1 Die Klasse „CVCODlg"

Wir erstellen als erstes eine „Dummy-Dialogressource", die wie folgt aussehen soll:

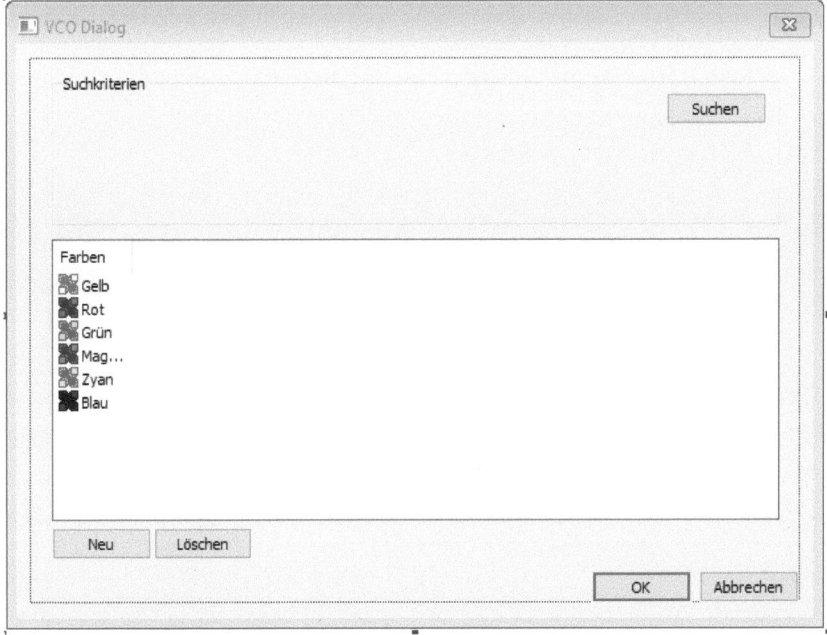

Abb. 147: Die Ressource zur Basisklasse

In diesem Basisdialog sind schon die wichtigsten Elemente der Bearbeitung enthalten:

➢ Suchbereich inklusive Suchbutton

➢ Ergebnistabelle

➢ Buttons zum Neuanlegen, Löschen und Beenden des Dialogs

Die Elemente haben folgende IDs:

Dialog	IDD_VCO_DLG
Button „Suchen"	IDC_VCO_SEARCH
Tabelle	IDC_VCO_LIST
Button „Neu"	IDC_VCO_NEW
Button „Löschen"	IDC_VCO_DEL

Diese ID-Bezeichnungen sind wichtig, weil sie in der Klasse verwendet werden! Wenn man sie anders benennt, sind die entsprechenden Codefragmente ebenfalls anzupassen. Die Eigenschaften der Tabelle sind so festzulegen, wie dies beim Erstellen des Personenpflegedialogs beschrieben wurde. Insbesondere ist darauf zu achten, dass die Reportansicht (Eigenschaft „View: Bericht") eingestellt wird. Wenn wir später ausgehend von diesem Basisdialog und der dazugehörigen, noch zu entwerfenden, Basisklasse einen Pflegedialog erstellen, dann gehen wir immer so vor, dass wir in der Ressourcenübersicht diesen Dialog kopieren, öffnen und anpassen.

Doch dazu etwas später mehr. Als nächstes machen wir uns daran, unsere Dialogklasse zu implementieren.

20.2 Eine Dialogklasse erstellen

Es sei schon hier erwähnt, dass diese Klasse umfangreicher sein wird als alle bisher erstellten Klassen. Dafür besitzt sie dann aber auch fast die gesamte nötige Funktionalität, um darauf aufbauend beliebige Pflegedialoge mit minimalem Aufwand zu implementieren. Wir werden uns daher wie gewohnt die Klasse in einzelnen Bausteinen erarbeiten. Dabei steht am Anfang eine kleine Hilfsklasse, die wir dann gleich benötigen werden.

Zuerst legen wir uns mit dem Assistenten oder auch manuell eine neue Klasse „CVCODlg" inkl. Headerfile und Quellcodefile an, und füllen den Kommentarkopf aus. Dabei sieht das Headerfile „CVCODlg.h" vorerst wie folgt aus

```
// VCO Dialogbasisklasse
// CVCODlg.h            Deklaration
// Beschreibung:        VCO Dialogbasisklasse fuer Dialogklassen
// Autor:               DI Guenter Leitenbauer
// Begin Erstellung:    2019-03-14
// Historie:
//
/////////////////////////////////////////////////////////////////
// Globale Daten/Objekte:
//
// Globale Funktionen:
//
// Klassen:             CVCODlg : public CDialogEx
//
/////////////////////////////////////////////////////////////////
…
class CVCODlg : public CDialogEx
{
   DECLARE_DYNAMIC(CVCODlg)
```

```
public:
    CVCODlg(UINT nIDTemplate, CWnd* pParent = nullptr);
    virtual ~CVCODlg();
...
// Dialogfelddaten
#ifdef AFX_DESIGN_TIME
    enum { IDD = IDD_VCO_DLG };
#endif
...
    DECLARE_MESSAGE_MAP()
};
```

Wir haben dabei den Konstruktor um einen Parameter „nIDTemplate" ergänzt:

```
    CVCODlg(UINT nIDTemplate, CWnd* pParent = nullptr);
```

Dieser Parameter wird uns dazu dienen, die Klasse mit der jeweils benötigten Dialogressource zu verknüpfen, wenn wir mit ihr dann tatsächliche Pflegedialoge erstellen. Vorher benötigen wir aber zuerst noch eine Datenklasse, die wir oberhalb unserer Klasse einfach in die gleiche Date „CVCODlg.h" schreiben.

20.2.1 Eine Datenklasse für Datenbankspalten und Felder

Bei der Erstellung einer universellen Dialogklasse für beliebige Pflegedialoge stellt sich natürlich das Problem, dass man in dieser Klasse unmöglich wissen kann, welche Spalten mit welchen Datentypen die zugrundeliegende Datenbanktabelle haben wird. Ja, man weiß noch nicht einmal, wie viele Spalten sie haben wird. Um diese Daten dennoch abbilden zu können, benötigen wir also ein Array (Feld) für diese Daten. Anstatt hier für Spaltennamen, Datentypen, etc. jeweils ein eigenes Array anzulegen, erstellen wir uns einen komplexen Datentyp (struct oder class), und legen das Array für Objekte dieses Datentyps an.

Der Datentyp soll wie folgt aussehen, und wird gleich nach dem Kommentarkopf, aber auf jeden Fall **vor** der Klasse „CVCODlg" deklariert:

```
// VCO Dialogbasisklasse
// CVCODlg.h                Deklaration
...
// Klassen:                 CVCODlg : public CDialogEx
//                          CVCOCol
//
/////////////////////////////////////////////////////////////////
...
#pragma once
#include "ocilib.hpp"
using namespace ocilib;
...
#define ci_VCO_DB_NUM     0      // Datentyp NUMBER
#define ci_VCO_DB_STR     1      // Datentyp VARCHAR2
#define ci_VCO_DB_DATE    2      // Datentyp DATE

#define cb_VCO_DB_ID      1      // ist eine ID Spalte
#define cb_VCO_DB_NOID    0      // ist keine ID Spalte

#define cb_VCO_NOIDC      0      // Dummy IDC
#define cb_VCO_SEARCH     1      // ist ein Suchbegriff
#define cb_VCO_NOSEARCH   0      // ist kein Suchbegriff
```

```
// Feldklasse
// In ihr werden relevante Daten zu DB Feldern hinterlegt
class CVCOCol
{
public:
   CString     m_sDBCol;        // Feldname in der Datenbank
   CString     m_sColName;      // Bezeichnung in VCO
   int         m_iLen;          // Datenlaenge in der DB
   int         m_iTyp;          // Datentyp (ci_VCO_DB_***)
   bool        m_bID;           // ist eine DB ID Spalte

   // fuer Suchfelder:
   bool        m_bIsSearch;     // ist auch ein Suchfeld
   CStringA    m_sRegID;        // Registry-Entry (falls Suchfeld)
   CString     m_sVal;          // Suchfeldinhaltsvariable
   ostring     m_oVal;          // Suchfeldinhalt f. OCILIB
   int         m_iVal;          // Suchfeldinhaltsvariable
   int         m_iIDC;          // ID des Suchfeldes
};
//////////////////////////////////////////////////////////////

class CVCODlg : public CDialogEx
{
…
};
```

Dabei ist es gleichgültig, ob man „class" oder „struct" verwendet. Diese Struktur hat ja ohnehin nur öffentliche Datenattribute. Sehen wir uns diese Attribute einmal etwas genauer an:

```
   CString     m_sDBCol;        // Feldname in der Datenbank
```

Dieses Attribut enthält den Datenbankfeldnamen der betreffenden Tabelle. Also zum Beispiel „VORNAME" für den Vornamen einer Person in der Tabelle „VCO_PERSON".

```
   CString     m_sColName;      // Bezeichnung in VCO
```

Hier steht der beschreibende Text, wie er später in der Tabelle als Spaltenüberschrift zu sehen sein soll, also zum Beispiel „Vorname".

```
   int         m_iLen;          // Datenlaenge in der DB
   int         m_iTyp;          // Datentyp (ci_VCO_DB_***)
```

Das erste Attribut enthält die Länge, wie sie in der Datenbank für Spalten vom Typ „VARCHAR2" festgelegt ist, also zum Beispiel „40" für das Feld „VORNAME". Für andere Datentypen wird der Wert nicht verwendet und kann auf 0 gesetzt werden. Der Typ legt den Datentyp fest. Wir beschränken uns der Übersichtlichkeit halber auf die Datentypen „NUMBER", „VARCHAR2" und „DATE", die wir durch folgende Konstanten abbilden:

```
#define ci_VCO_DB_NUM        0      // Datentyp NUMBER
#define ci_VCO_DB_STR        1      // Datentyp VARCHAR2
#define ci_VCO_DB_DATE       2      // Datentyp DATE
```

Das folgende Attribut legt dann fest, ob die Spalte eine ID-Spalte (Primärschlüssel) ist:

```
   bool        m_bID;           // ist eine DB ID Spalte
```

Dafür haben wir die Konstanten wie folgt definiert:

```
#define cb_VCO_DB_ID        1       // ist eine ID Spalte
#define cb_VCO_DB_NOID      0       // ist keine ID Spalte
```

Damit sind die Spalten definiert. Was wir noch benötigen, ist die Zuordnung der Spalten zu unseren Suchfeldern im Dialog:

```
bool        m_bIsSearch;  // ist auch ein Suchfeld
```

Mit diesem Attribut wird festgelegt, ob die betreffende Spalte ein Suchfeld ist, ob man also im Dialog danach suchen kann. Die Konstanten[85] dafür sind:

```
#define cb_VCO_SEARCH       1       // ist ein Suchbegriff
#define cb_VCO_NOSEARCH     0       // ist kein Suchbegriff
```

Unsere Suchfeldinhalte sollen natürlich auch in der Registry abgelegt, und beim nächsten Öffnen des Dialogs wieder vorbelegt werden. Dazu dient das folgende Attribut:

```
CStringA    m_sRegID;     // Registry-Entry (falls Suchfeld)
```

Es legt den Registryeintrag fest, in dem der Suchfeldinhalt abgelegt wird.

```
CString     m_sVal;       // Suchfeldinhaltsvariable
ostring     m_oVal;       // Suchfeldinhalt f. OCILIB
int         m_iVal;       // Suchfeldinhaltsvariable
```

Da wir Zahlen und Zeichenketten verarbeiten können, speichern wir den Inhalt der jeweiligen Suchfelder in den Attributen „m_sVal" und „m_iVal". OCILIB kann jedoch keine CStrings verarbeiten, daher ergänzen wir die Struktur noch mit einem Attribut „m_oVal", das für das Binden der Suchfeldinhalte zu Bindevariablen[86] in der Where-Klausel dient, und den gleichen Inhalt wie „m_sVal" haben wird.

```
int         m_iIDC;       // ID des Suchfeldes
```

Dieses Attribut schließlich bekommt die ID des Suchfelds im Dialog.

Damit können wir nun die Dialogklasse erstellen, ohne jetzt schon wissen zu müssen, welche Datenbanktabellen und -spalten, welche Suchfelder und welche Datentypen wir in später zu erstellenden Dialogen vorfinden werden.

20.3 Die eigentliche Dialogklasse „CVCODlg"

Nun geht es ans Eingemachte. Wir ergänzen unsere Dialogklasse, wobei wir zuerst die Attribute deklarieren.

20.3.1 Attribute der Dialogklasse

```
#include "CVCOListCtrl.h"
…
class CVCODlg : public CDialogEx
{
public:
…
protected:
…
    CVCOListCtrl    m_CtrlListe;            // Ergebnistabelle
    CArray<CVCOCol, CVCOCol&> m_aCol;       // DB Spalten
```

---

[85] Natürlich könnte man auch einfach „true" und „false" dafür verwenden. Es ist allerdings der Code deutlich leichter lesbar, wenn „sprechende Konstanten" verwendet werden.

[86] Beim Binden benötigen wir Variablen, die über die ganze Lebenszeit der SQL-Abfrage Bestand haben. Lokale Variablen sind nicht zulässig. Das Problem lösen wir durch dieses Attribut. Es wird später noch klar werden, falls man es jetzt noch nicht ganz versteht.

```
CStringA                    m_sTable;        // DB Tabelle


private:
};
```

Als Erstes fällt vielleicht auf, dass wir die Attribute nicht privat sondern geschützt (protected) deklarieren. Der Grund dafür ist, dass wir zukünftigen Klassen, die von unserer Basisklasse „CVCODlg" abgeleitet werden, den Zugriff auf diese Attribute erlauben wollen. Nun zur Bedeutung der drei Attribute:

```
CVCOListCtrl      m_CtrlListe;              // Ergebnistabelle
```

Dies ist natürlich die Ergebnistabelle. Da wir die Spalten sowieso zur Laufzeit dynamisch erzeugen, können wir sie praktischerweise gleich in der Basisklasse deklarieren.

```
CStringA          m_sTable;                 // DB Tabelle
```

In diesem Attribut legen wir fest, welche Datenbanktabelle betroffen ist.

Nun bleibt noch das Array (Feld). Die Klasse „CArray" ist ein Meilenstein in der Verwendung von Feldern, wenn man es mit den Feldern vergleicht, die man sonst in C oder C++ über Zeiger realisieren kann. CArray bietet sicheres Einfügen und Löschen, man braucht sich keine Gedanken um das Allozieren und Freigeben von Speicher zu machen – und man kann wie gewohnt über „Feld[index]" zugreifen[87]. Zudem kann es Felder aller beliebigen Datentypen und Objekte erstellen, weil es eine Template-Klasse ist.

```
CArray<CVCOCol, CVCOCol&> m_aCol; // DB Spalten
```

Dieses Attribut ist daher ein Feld von Objekten unserer vorher deklarierten Klasse „CVCOCol", wobei die Anzahl der Feldelemente erst zur Laufzeit bekannt ist. Genau das, was wir benötigen!

Sehen wir uns nun die Methoden der Dialogklasse an, und was sie leisten.

20.3.2 Methoden der Dialogklasse

Fangen wir mit dem Konstruktor und dem Destruktor an. Diese sind sehr einfach aufgebaut.

Konstruktion und Destruktion

```
class CVCODlg : public CDialogEx
{
…
public:
   CVCODlg(UINT nIDTemplate, CWnd* pParent = nullptr);
   virtual ~CVCODlg();
…
};
```

Der Konstruktor hat, wie bereits erwähnt, einen zusätzlichen Parameter bekommen, den wir manuell hinzugefügt haben – der Assistent hilft uns hier nicht. Dieser Parameter bekommt die ID der Dialogressource mit, wenn man später eine Klasse von „CVCODlg" ableitet und mit einem tatsächlichen Pflegedialog verknüpft.

Die Implementation leitet dann diese ID an die Basisklasse „CDialogEx" weiter:

```
CVCODlg::CVCODlg(UINT nIDTemplate, CWnd* pParent /*=nullptr*/)    :
CDialogEx(nIDTemplate, pParent)
{
   m_aCol.RemoveAll();
}
```

---

[87] Arrayindizes laufen wie gewohnt von 0 weg.

...

Zusätzlich wird noch das Array geleert, falls es aus irgendeinem Grund einen Inhalt hätte.

Der Destruktor hat überhaupt nur einen leeren Rumpf:

```
CVCODlg::~CVCODlg()
{
}
```

Als nächstes benötigen wir eine öffentliche Methode, mit der wir der Klasse die Spaltendaten bekanntgeben können.

Zuordnung der Spaltendaten

Die Zuordnungsmethode sieht wie folgt aus:

```
class CVCODlg : public CDialogEx
{
...
public:
    virtual void SetCol(          // legt eine DB Spalte fest
        CString sDBCol,           // DB Spaltenname
        CString     sColName,     // Ueberschrift in VCO
        int         iLen,         // Datenlaenge in der DB
        int         iTyp,         // Datentyp (ci_VCO_DB_***)
        bool        bID,          // ist das eine ID?
        bool        bIsSearch,    // ist auch ein Suchfeld
        int         iIDC          // ID des Suchfeldes
    );
...
};
```

Die Implementierung dieser Methode weist dann die Parameter den Attributen unserer Datenstrukturklasse zu, und fügt einen zusätzlichen Feldeintrag hinzu:

```
#include "CVCODlg.h"
...
void CVCODlg::SetCol(          // legt eine DB Spalte fest
    CString     sDBCol,       // DB Spaltenname
    CString     sColName,     // Ueberschrift in VCO
    int         iLen,         // Datenlaenge in der DB
    int         iTyp,         // Datentyp (ci_VCO_DB_***)
    bool        bID,          // ist das eine ID?
    bool        bIsSearch,    // ist auch ein Suchfeld
    int         iIDC          // ID des Suchfeldes
)
{
    CVCOCol     data;
    data.m_sDBCol = sDBCol;
    data.m_sColName = sColName;
    data.m_iLen = iLen;
    data.m_iTyp = iTyp;
    data.m_bID = bID;
```

```
    data.m_iIDC = iIDC;

    if (bIsSearch)
    {
        // dies ist eine Suchfeldspalte
        data.m_sRegID = sDBCol;      // DB Col = Registry-Entry
        data.m_sVal. Empty();        // noch kein Wert
        data.m_iVal = 0;
        data.m_bIsSearch = true;
    }
    else
    {
        // dies ist KEINE Suchfeldspalte
        data.m_bIsSearch = false;
    }

    m_aCol.Add(data);              // zum Array hinzufuegen
}
```

Nun müssen wir der Dialogklasse auch noch mitteilen können, um welche Datenbanktabelle es eigentlich geht. Dazu gibt es ebenfalls eine öffentliche Methode:

```
public:
…
    virtual void SetTable(CStringA sTable);
```

Die Implementierung dieser Methode ist lediglich eine Zuweisung des Parameters zum Klassenattribut:

```
void CVCODlg::SetTable(CStringA sTable)
{
    m_sTable = sTable;
}
```

So weit, so gut! Jetzt beschäftigt uns natürlich die Frage, wie wir die Feldinhalte mit den Dialogelementen verknüpfen können.

Datenaustausch

Dazu müssen wir uns die Methode ansehen, die bei Aufruf von „UpdateData()" ausgeführt wird, also die Methode „DoDataExchange()". Die Deklaration bleibt so, wie wir sie schon kennen:

```
protected:
    virtual void DoDataExchange(CDataExchange* pDX); // DDX/DDV
```

Die Implementierung muss aber anders aussehen als sonst, weil wir ja in der Basisklasse keine Suchdatenfelder haben. Die Information über unsere Suchdatenfelder steht aber in unserem Array:

```
#include "VCO.h"
…
void CVCODlg::DoDataExchange(CDataExchange* pDX)
{
    CDialogEx::DoDataExchange(pDX);

    // Textaustausch
    int iCount = m_aCol.GetSize();     // Anzahl der Arrayobjekte
```

```
for (int i=0; i< iCount; i++)      // Schleife ueber Arrayobjekte
{
    if (m_aCol[i].m_bIsSearch)    // ist dies ein Suchfeld?
    {
      if (m_aCol[i].m_iTyp == ci_VCO_DB_NUM)
      {
            // Suchfeld hat Typ NUM
            // Austausch direkt mit dem Objekt des Feldes:
            DDX_Text(pDX, m_aCol[i].m_iIDC, m_aCol[i].m_iVal);
      }
      else
      {
            // Suchfeld hat Typ STR oder DATE
            // Austausch direkt mit dem Objekt des Feldes:
            DDX_Text(pDX, m_aCol[i].m_iIDC, m_aCol[i].m_sVal);
      }
    } // Ende Suchfeld
  } // Ende Schleife

  // Controls zuordnen
  DDX_Control(pDX, IDC_VCO_LIST, m_CtrlListe);    // Tabelle
}
```

Das sieht komplizierter aus, als es ist. Der eigentliche Austausch erfolgt wie gewohnt durch den Aufruf der Methode „DDX_Text()". Nur hat sie jetzt nicht die Form:

```
DDX_Text(pDX, IDC_PERSAEND_TITEL, m_sTitel);
```

Stattdessen ermitteln wie die ID des Controls, das betroffen ist, aus dem Array, indem wir durch das ganze Array iterieren (und dabei nur Suchfelder beachten), und dann das ID-Attribut des Objektes verwenden:

```
m_aCol[i].m_iIDC
```

Genauso verfahren wir für den Wert (Suchfeldinhalt). Dieser ist mit folgendem Attribut zu synchronisieren:

```
m_aCol[i].m_iVal
```

Den Rest, also den eigentlichen Austausch, erledigt wie gewohnt das Framework für uns. Es stellt sicher, dass – je nachdem, ob wir „UpdateData(TRUE)" oder „UpdateData(FALSE)" aufgerufen haben – entweder die Bearbeitungselementinhalte ins Array kopiert werden oder umgekehrt die Arrayinhalte in die Controls. Jetzt werden wir die Klasse initialisieren, was vor allem die Tabelle für die Ergebnisse betrifft.

Initialisierung

Wir müssen nun einerseits die Tabelle vorbereiten, sodass sie über die richtige Anzahl von Spalten verfügt (mit den jeweils korrekten Spaltentiteln), und andererseits lesen wir auch die in der Registry abgelegten Werte für die Suchfeldinhalte und die Spaltenbreiten in der Tabelle ein, und belegen sie vor. Diese Aufgaben erledigen wir wie gewohnt in der Methode „OnInitDialog()". Allerdings weicht der Code dazu etwas von dem ab, was wir bereits kennen:

```
#include "CRegEntry.h"
#include "VCOMessages.h"

…

BOOL CVCODlg::OnInitDialog()
{
    CDialogEx::OnInitDialog();
```

```
int iCount = m_aCol.GetSize();      // Anzahl der Spalten
if (iCount)
{
    // Suchfelder vorbelegen
    CString sVal;
    int iVal;
    CRegEntry reg(m_sTable);               // Registryobjekt fuer Tabelle
    for (int i = 0; i < iCount; i++)       // Registryinhalte einl.
    {
        if (m_aCol[i].m_bIsSearch)     // ist ein Suchfeld
        {
            if (m_aCol[i].m_iTyp == ci_VCO_DB_NUM)
            {
                // Ganzzahlen
                reg.Read(iVal, m_aCol[i].m_sRegID);
                // eingelesenen Wert zuordnen:
                m_aCol[i].m_iVal = iVal;
            }
            else
            {
                // Strings und Dates
                reg.Read(sVal, m_aCol[i].m_sRegID);
                // eingelesenen Wert zuordnen:
                m_aCol[i].m_sVal = sVal;
            }
        }
    } // Ende Schleife Arrayelemente

    UpdateData(FALSE); // Daten in die Felder uebernehmen

    // Der Liste Spaltenlinien und Zeilenlinien geben
    m_CtrlListe.SetExtendedStyle(LVS_EX_GRIDLINES | m_CtrlListe.GetExtendedStyle());
    // Zeilen selektierbar machen
    m_CtrlListe.SetExtendedStyle(LVS_EX_FULLROWSELECT |
                                 m_CtrlListe.GetExtendedStyle());

    // die Spalten in der Liste erstellen
    CRect rect;
    m_CtrlListe.GetClientRect(&rect);    // Groesse ermitteln
    int nColW = rect.Width() / iCount;// Defaultspaltenbreite
    for (int i = 0; i < iCount; i++) // Schleife Spalten
    {
        // Spalte in Tabelle anlegen
        m_CtrlListe.InsertColumn(i, m_aCol[i].m_sColName, LVCFMT_LEFT, nColW);
    }

    // Spaltenbreiten aus Registry holen und setzen
    m_CtrlListe.SetCols();
```

```
    }
    else
    {
        MessageBoxA(  GetForegroundWindow()->m_hWnd, "Dialog nicht initialisiert!",
                      "Basisklasse", MB_ICONERROR);
        EndDialog(0); // Dialog beenden
    }

    return TRUE;
}
```

Das meiste davon ist bekannt. Sehen wir uns die Codefragmente dennoch einzeln an:

```
int iCount = m_aCol.GetSize();       // Anzahl der Spalten
if (iCount)
{
...
}
else
{
    MessageBoxA(  GetForegroundWindow()->m_hWnd, "Dialog nicht initialisiert!",
                  "Basisklasse", MB_ICONERROR);
    EndDialog(0); // Dialog beenden
}
```

Hier wird festgestellt, wie viele Spalten im Array definiert wurden. Wenn der Wert 0 ist, dann wurde vermutlich auf die Festlegung mit „SetCol()" vergessen, und der Dialog wird nach einer Fehlermeldung sofort beendet. Andernfalls werden zuerst die Vorbelegungen aus der Registry eingelesen. Dies erfolgt in einer Schleife über alle Arrayobjekte:

```
    CString sVal;
    int iVal;
    CRegEntry reg(m_sTable);             // Registryobjekt fuer Tabelle
    for (int i = 0; i < iCount; i++)     // Registryinhalte einl.
    {
...
    } // Ende Schleife Arrayelemente

    UpdateData(FALSE); // Daten in die Felder uebernehmen
```

Am Ende werden die Dialogfelder durch den Aufruf von „UpdateData(FALSE)" mit den Werten im Array aktualisiert. Das eigentliche Einlesen aus der Registry ist natürlich nur für solche Felder sinnvoll, die als Suchfelder gekennzeichnet worden sind:

```
        if (m_aCol[i].m_bIsSearch)    // ist ein Suchfeld
        {
            if (m_aCol[i].m_iTyp == ci_VCO_DB_NUM)
            {
                // Ganzzahlen
                reg.Read(iVal, m_aCol[i].m_sRegID);
                // eingelesenen Wert zuordnen:
                m_aCol[i].m_iVal = iVal;
            }
            else
```

```
                    {
                            // Strings und Dates
                            reg.Read(sVal, m_aCol[i].m_sRegID);
                            // eingelesenen Wert zuordnen:
                            m_aCol[i].m_sVal = sVal;
                    }
            }
```

Hier muss dann noch unterschieden werden, ob es sich um Zeichenketten oder Zahlen handelt. Das Ergebnis der Registry-Einlesemethode „Read()" wird je nach Datentyp dann in das Attribut „m_iVal" der Datenstruktur oder in das Attribut „m_sVal" geschrieben. Um beim Einlesen überhaupt das richtige Feld zu erwischen, holt man sich vorher die Bezeichnung des Registryeintrags:

```
m_aCol[i].m_sRegID
```

Nun sind also die Suchfelder vorbelegt. Jetzt müssen wir uns noch um die Tabelle kümmern. Das Setzen der Tabellenstile ist dabei genau gleich wie bei der Personenpflege oder der Testfallpflege.

Das Erzeugen der Spalten und die Aktualisierung der Spaltenbreiten mit den in der Registry abgelegten Breiten wird in folgendem Codeteil vorgenommen:

```
    // die Spalten in der Liste erstellen
    CRect rect;
    m_CtrlListe.GetClientRect(&rect);   // Groesse ermitteln
    int nColW = rect.Width() / iCount;// Defaultspaltenbreite
    for (int i = 0; i < iCount; i++)     // Schleife Spalten
    {
            // Spalte in Tabelle anlegen
            m_CtrlListe.InsertColumn(i, m_aCol[i].m_sColName, LVCFMT_LEFT, nColW);
    }

    // Spaltenbreiten aus Registry holen und setzen
    m_CtrlListe.SetCols();
```

Auch hier iteriert man wieder über alle Arrayobjekte und verwendet das Attribut „m_sColName" für die Spaltenüberschriften. Die Spaltenbreiten setzt man wie gewohnt mit der Methode „SetCols()" der Tabellenklasse „CVCOListCtrl".

Jetzt haben wir die Registryeinträge zwar eingelesen, aber wo werden diese eigentlich geschrieben?

Die Methode „OnOK()"

Natürlich in der Methode, die den Dialog beendet. Auch das ist wie gehabt. Die Deklaration dieser Methode ist:

```
class CVCODlg : public CDialogEx
{
…
   virtual void OnOK();
…
}
```

Allerdings unterscheidet sich diese Methode jetzt auch ein wenig von den bisher implementierten:

```
void CVCODlg::OnOK()
{
   UpdateData(TRUE);  // Daten in Attribute uebernehmen
```

```
  int iCount = m_aCol.GetSize();      // Anzahl der Spalten
  CRegEntry reg(m_sTable);
  for (int i = 0; i < iCount; i++)  // Registryinhalte einlesen
  {
      if (m_aCol[i].m_bIsSearch)    // ist ein Suchfeld
      {
        if (m_aCol[i].m_iTyp == ci_VCO_DB_NUM)
        {
            // Ganzzahlen
            reg.Write(m_aCol[i].m_iVal, m_aCol[i].m_sRegID);
        }
        else
        {
            // Strings und Dates
            reg.Write(m_aCol[i].m_sVal, m_aCol[i].m_sRegID);
        }
      }
  }

  CDialogEx::OnOK();
}
```

Die Vorgangsweise ist die Gleiche wie beim Einlesen, nur wird hier eben die Methode „Write()" verwendet. Nun fehlt uns noch die eigentliche Datenbankfunktionalität. Beginnen wir mit dem Ablauf beim Klicken auf den Button „Suchen".

Die Suche in der Datenbank

Wir haben einige Buttons in unserer Klasse. Einer davon ist der Button „Suchen". Wenn die Anwenderin diesen anklickt, müssen wir sicherstellen, dass die Suchmethode über den Eventhandler aufgerufen wird. Dazu benötigen wir im Headerfile folgende Einträge:

```
class CVCODlg : public CDialogEx
{
  DECLARE_DYNAMIC(CVCODlg)
public:
…
  afx_msg void OnSearch();
…
protected:
…
  DECLARE_MESSAGE_MAP()
…
  bool DoSearch();            // Suche in der DB durchfuehren
…
};
```

Die Implementierung des Eventhandlers „OnSearch()" ist sehr einfach, es wird lediglich die Methode „DoSearch()" aufgerufen, in der, genau wie bei den bisherigen Dialogimplementierungen der Personenpflege und Testfallpflege, die Hauptarbeit geschieht:

```
void CVCODlg::OnSearch()
{
```

```
  // Suchmethode aufrufen
  DoSearch();
}
```

Diese Methode „DoSearch()" hat hingegen einiges zu erledigen. Sie muss das SQL Abfragestatement aufbauen (inklusive der Where-Klausel), die eigentliche Abfrage durchführen, und dann die Tabelle mit den Treffern füllen. Damit die Methode übersichtlich bleibt, teilen wir diese Aufgaben in einige private Methoden auf, die wir wie folgt deklarieren:

```
class CVCODlg : public CDialogEx
{
…
private:
  // Methoden
  virtual CString    BuildSQL();              // SQL Statement erstellen
  virtual CString    BuildWhere();            // Where Klausel erstellen
  virtual bool       Fetch(Statement* pSt);   // Tabelle fuellen


  // Bindevariablen versorgen:
  virtual bool       BindVariables(Statement* pSt);
…
};
```

Wir werden uns diese Methoden gleich vornehmen. Doch vorerst zurück zur Suchmethode, die sich durch diese Aufteilung stark vereinfacht:

```
bool CVCODlg::DoSearch()
{
  bool bRet = false;
  CWaitCursor wait;          // "Sanduhr" setzen
  CString sStmt;             // SQL Abfrage

  // alle ev. existierenden Items loeschen
  m_CtrlListe.DeleteAllItems();

  // SQL Statement zusammenbauen (aus Arrayinhalten)
  sStmt = BuildSQL();
  ostring oStmt((CStringA)sStmt);

  // SQL Statement ausfuehren
  CVCODB* pDB = new CVCODB;
  try
  {
      Statement* pSt = new Statement(*(pDB->GetConnection()));
      if (pSt)       // Statement gueltig
      {
              pSt->Prepare(oStmt);


              // Bindevariablen binden
              if (BindVariables(pSt))
              {
                      // Statement ausfuehren
```

```
                pSt->ExecutePrepared();

                // Ergebnisse in Tabelle fuellen
                bRet = Fetch(pSt);
            }
            delete pSt;    // Freigabe nicht vergessen
        }
    }
    catch (std::exception &ex)
    {
        // Oracle-Fehlermeldung ausgeben
        pDB->OraMessageBox(ex);
    }
    delete pDB; // Datenbankobjekt freigeben
    return bRet;
}
```

Da wir hier nicht einfach die Methode „DoSelect()" der Datenbankklasse verwenden können[88], müssen wir den try-catch-Block selbst anschreiben. Der Rest entspricht dann dem, was wir bereits aus dem letzten Kapitel über die Bindevariablen kennen. Sehen wir uns jetzt die vier privaten Methoden genauer an.

Aufbauen des SQL Statements

Das Aufbauen der SQL Anweisung erfolgt in der Methode „BuildSQL()", die in ihrer Realisierung recht einfach ist:

```
// komplettes SQL Statement erstellen
CString CVCODlg::BuildSQL()
{
    int        iCount = m_aCol.GetSize();   // Anzahl Spalten
    CString sStmt = _T("select ");

    for (int i = 0; i < iCount; i++)         // Schleife Spalten
    {
        if (i > 0)
            sStmt.Append(_T(","));           // Spaltentrennzeichen

        sStmt.Append(m_aCol[i].m_sDBCol);    // DB Spalte
    }   // Ende Spaltenschleife

    sStmt.Append(_T(" from "));              // From-Klausel
    sStmt.Append((CString)m_sTable);  // DB Tabelle
    sStmt = sStmt + BuildWhere();            // Where Klausel hinzu

    return sStmt;
}
```

---

[88] Diese verwendet die OCILIB-Methode „Execute()". Wir benötigen aber ein getrenntes Analysieren, Versorgen der Bindevariablen und Ausführen der SQL Anweisung.

Das Statement wird also einfach in der Reihenfolge SELECT – FROM – WHERE aufgebaut, wobei bei der Select-Klausel wieder eine Schleife über alle Objekte des Spaltenarrays verwendet wird. Wir kennen das jetzt ja bereits.

Für die Where-Klausel wird die private Methode „BuildWhere()" aufgerufen, die die fertige Where-Klausel als Rückgabewert liefert und wie folgt implementiert ist:

```
// Where Klausel erstellen
// Es werden nur Strings und Dates beruecksichtigt
CString CVCODlg::BuildWhere()
{
  int        iCount = m_aCol.GetSize();   // Anzahl Spalten
  CString sWhere, sVal;

  UpdateData(TRUE);                       // Suchfeldinhalte uebernehmen

  for (int i = 0; i < iCount; i++)        // Spaltenschleife
  {
    if (m_aCol[i].m_bIsSearch)            // Suchspalte?
    {
      // Zahlenfelder und leere Suchfelder werden ignoriert
      if ( m_aCol[i].m_iTyp != ci_VCO_DB_NUM && !m_aCol[i].m_sVal.IsEmpty() )
      {
        if (sWhere.IsEmpty())
            sWhere = _T(" where ");       // erste Where-Bed.
        else
            sWhere.Append(_T(" and "));   // Folgebedingung

        sWhere.Append(m_aCol[i].m_sDBCol); // DB Spalte

        sVal.Format(_T(" like :%d"),i);   // Bindevariable def.
        sWhere.Append(sVal);              // Bindevariable anfuegen
      }
    }
  }   // Ende Spaltenschleife
  return sWhere;
}
```

Wir berücksichtigen dabei der Übersichtlichkeit halber nur Zeichenkettensuchfelder[89], was folgende Bedingung abprüft:

```
        if (m_aCol[i].m_iTyp != ci_VCO_DB_NUM
```

Der zweite Teil dieser Bedingung prüft dann ab, ob die Suchfelder überhaupt einen Inhalt haben, oder leer sind:

```
        && !m_aCol[i].m_sVal.IsEmpty() )
```

In der Folge wird dann die Where-Klausel zusammengebaut, wobei man natürlich darauf achten muss, dass das Schlüsselwort „where" korrekt verwendet wird (Klausel ist noch leer), oder aber, dass die nächste Bedingung mit dem logischen „and" zur schon bestehenden Where-Klausel hinzukommen muss. Die Namen der Bindevariablen

---

[89] Das ist keine große Einschränkung, da nach Zahlen grundsätzlich viel seltener gesucht wird. In einer professionellen Anwendung wird man die Suchmöglichkeiten natürlich ergänzen, zum Beispiel um Zahlenbereiche (von … bis), Datumsbereiche, Fließkommazahlenbereiche, etc.

werden einfach aus einem Doppelpunkt mit dem nachfolgenden Index zusammengesetzt, zum Beispiel „:2", wenn der Index „i" des Suchfeldes etwa den Wert „2" hat.

Jetzt haben wir es fast geschafft. Das SQL-Statement ist fertig. Allerdings sind für die Abfrage an die Datenbank die Bindevariablen noch nicht zugewiesen worden. Dies vollbringt folgende Methode:

```cpp
// Bindevariablen versorgen
bool CVCODlg::BindVariables(Statement* pSt)
{
    bool        bRet = true;
    int         iCount = m_aCol.GetSize();   // Anzahl Spalten
    CStringA    sBind;
    int         iLen;

    // Schleife ueber alle Spalten
    for (int i = 0; i < iCount; i++)
    {
        if (m_aCol[i].m_bIsSearch)            // Suchfeld
        {
            // String- oder Date-Suchfeld und nicht leer
            if ( m_aCol[i].m_iTyp != ci_VCO_DB_NUM && !m_aCol[i].m_sVal.IsEmpty() )
            {
                // Wildcard * durch % ersetzen
                m_aCol[i].m_sVal.Replace(_T("*"), _T("%"));

                sBind.Format(":%d", i);   // Bindvariable erzeugen
                ostring oBind(sBind);     // ostring fuer OCILIB

                // Suchwert in ostring kopieren + Wildcard anhaengen
                m_aCol[i].m_oVal = ostring((CStringA)m_aCol[i].m_sVal+"%");

                iLen = m_aCol[i].m_oVal.length(); // Laenge fuer Bind
                // Binden der Variable:
                pSt->Bind(oBind, m_aCol[i].m_oVal, iLen, BindInfo::In);
            }
        }
    } // Ende Spaltenschleife

    return bRet;
}
```

Auch hier läuft wieder eine Schleife über alle Spalten, wobei nur die Suchfelder beachtet werden[90]. Bevor man diese Suchfeldinhalte bindet, werden zuerst ev. Wildcards in das Oracle Format übersetzt:

```cpp
// Wildcard * durch % ersetzen
m_aCol[i].m_sVal.Replace(_T("*"), _T("%"));
```

Danach wird für das Binden der Bindevariablenname erzeugt und als „ostring" abgelegt:

```cpp
sBind.Format(":%d", i);       // Bindvariable erzeugen
ostring oBind(sBind);         // ostring fuer OCILIB
```

---

[90] Die Suchfeldinhalte stehen ja nach dem „UpdateData(TRUE)" bereits im jeweiligen Arrayobjekt.

Nun kopiert man den Suchfeldinhalt „m_sVal" ebenfalls in einen „ostring", nämlich in das Arrayattribut „m_oVal" und hängt eine zusätzliche Wildcard „%" an:

```
// Suchwert in ostring kopieren + Wildcard anhaengen
m_aCol[i].m_oVal = ostring((CStringA)m_aCol[i].m_sVal + "%");
```

Dann erfolgt das eigentliche Binden:

```
// Binden der Variable:
pSt->Bind(oBind, m_aCol[i].m_oVal, iLen, BindInfo::In);
```

> Der Suchfeldinhalt (hier „m_aCol[i].m_oVal") muss zum Zeitpunkt des Ausführen des SQL Statements („ExecutePrepared()") existieren. Daher wird hier ein Attribut im Arrayobjekt verwendet.
>
> Würde man eine lokale Variable in der Methode „BindVariables()" verwenden, dann hörte diese am Ende der Methode auf zu existieren. Da das Statement aber in der rufenden Methode ausgeführt wird, wäre eine Exception die Folge.

Damit ist der Suchteil fertig! Allerdings ist eine Suche ohne Auswertung des Ergebnisses wenig sinnvoll. Wir müssen also auch noch das Holen der Ergebnisse in der Methode „Fetch()" implementieren.

Die Fetch()-Methode

Um die Treffer nun auch in die Tabelle laden zu können, benötigen wir eine Methode, in der das Resultset abgearbeitet wird. Im englischen Sprachgebrauch nennt man das Holen von Datensätzen „Fetch", und so nennen wir auch diese Methode.

Sie sieht wie folgt aus:

```
bool CVCODlg::Fetch(Statement* pSt)
{
  bool bRet = true;
  int      iCount = m_aCol.GetSize();    // Anzahl Spalten

  Resultset rs = pSt->GetResultset();       // Resultset holen

  CString sVal;        // CVCOListCtrl kann nur Strings aufnehmen
  int iVal;            // fuer Zahlenwerte bei den Treffern
  int iIndex = 0;      // Tabellenzeilenindex
  while (rs++)         // Schleife fuer die Treffer
  {
      // Schleife ueber alle Spalten
      for (int i = 0; i < iCount; i++)
      {
        if (m_aCol[i].m_iTyp == ci_VCO_DB_NUM)
        {
            // ganzzahlige Spalte
            iVal = rs.Get<int>(i + 1);
            sVal.Format(_T("%d"), iVal);
        }
        else
        {
            // Text- oder Datumsspalte
            sVal = rs.Get<ostring>(i + 1).c_str();
        }
```

```
        if (i == 0)
            m_CtrlListe.InsertItem(iIndex, sVal);        // neue Zeile
        else
            m_CtrlListe.SetItemText(iIndex, i, sVal);   // Spalte
    } // Ende Spaltenschleife

    iIndex++;       // naechste Zeile (Datensatz)
  }
  return bRet;
}
```

Nachdem wir uns hier zum (mittlerweile ausgeführten) Statement das entsprechende Resultset mit

```
Resultset rs = pSt->GetResultset();        // Resultset holen
```

geholt haben, gehen wir in eine Schleife über alle Spalten. Die Anzahl der Spalten haben wir weiter oben wie gewohnt ermittelt. In dieser Schleife müssen wir die verschiedenen Datentypen getrennt verarbeiten, wobei wir uns auch hier wieder auf zwei (Zahlen und Zeichenketten) beschränkt haben. Da unsere Tabelle nur Zeichenketten verarbeiten kann, müssen alle anderen Datentypen vorher in eine Zeichenkette umgewandelt werden:

```
            // ganzzahlige Spalte
            iVal = rs.Get<int>(i + 1);
            sVal.Format(_T("%d"), iVal);
```

Dann setzen wir den Wert in der Tabelle.

```
        if (i == 0)
            m_CtrlListe.InsertItem(iIndex, sVal);        // neue Zeile
        else
            m_CtrlListe.SetItemText(iIndex, i, sVal);   // Spalte
```

Dabei müssen wir unterscheiden, ob es sich um die erste Spalte (Index 0) oder eine Folgespalte handelt. Wenn wir es mit der ersten Spalte eines Datensatzes zu tun haben, dann müssen wir den Datensatz (die Zeile in der Tabelle) einfügen. Für Folgespalten existiert die Zeile dann ja bereits, es wird hier nur noch der Spaltenwert gesetzt.

20.3.3 Eventhandler und weitere Funktionalität

Jetzt fehlt nicht mehr viel. Das Suchen und das Laden der Treffer in die Tabelle haben wir erledigt. Was noch übrig ist, das sind die Eventhandlermethoden. Sehen wir uns zuerst die Deklaration an:

```
class CVCODlg : public CDialogEx
{
…
  // r. v.: rein virtuelle Methode
  virtual afx_msg LRESULT OnChangeEntry(WPARAM wParam, LPARAM lParam) = 0; // r. v.
  virtual afx_msg LRESULT OnDeleteEntry(WPARAM wParam, LPARAM lParam);
  virtual afx_msg LRESULT OnInsertEntry(WPARAM wParam, LPARAM lParam) = 0; // r. v.
  virtual afx_msg void OnNew();
  virtual afx_msg void OnDelete();
…
}
```

Was bedeutet „rein virtuelle Methode" und das „= 0" am Ende der Methodendeklaration?

Wenn man in einer Klasse **mindestens eine** Methode **rein virtuell** (und genau das zeigt das „= 0" an) deklariert, dann kann man von dieser Klasse kein Objekt bilden. Die Klasse ist somit abstrakt, und kann dann nur dazu verwendet werden, davon eine konkrete Klasse abzuleiten, von der man dann Objekte bilden kann, wobei man die rein virtuellen Methoden überschreiben **muss**. Und genau das möchten wir für unsere Basisklasse auch.

Für die Implementation müssen wir in der Klasse zuerst die Messagemap entsprechend ergänzen:

```
BEGIN_MESSAGE_MAP(CVCODlg, CDialogEx)
   ON_BN_CLICKED(IDC_VCO_SEARCH, &CVCODlg::OnSearch)
   ON_BN_CLICKED(IDC_VCO_NEW, &CVCODlg::OnNew)
   ON_BN_CLICKED(IDC_VCO_DEL, &CVCODlg::OnDelete)
   ON_MESSAGE(WM_CHANGE_LISTENTRY, OnChangeEntry)
   ON_MESSAGE(WM_DELETE_LISTENTRY, OnDeleteEntry)
   ON_MESSAGE(WM_INSERT_LISTENTRY, OnInsertEntry)
END_MESSAGE_MAP()
```

Und dann die einzelnen Methoden implementieren. Die Methode „OnSearch()" haben wir uns ja bereits angesehen. Wie sieht nun die Methode „OnNew()" aus?

```
void CVCODlg::OnNew()
{
   OnInsertEntry(0, 0);
}
```

Wie man sieht, ruft ein Klick auf den Button „Neu" lediglich den Eventhandler auf, den man aktiviert, wenn man in der Tabelle mit der rechten Maustaste im Kontextmenü den Eintrag „Neu anlegen" anwählt. Diese Methode müssen wir, weil sie rein virtuell ist, in der abgeleiteten Klasse implementieren. In der Basisklasse wird diese Methode also überhaupt nicht implementiert. Gleiches gilt für die Methode „OnChangeEntry()", die ebenfalls in der abgeleiteten Klasse zu implementieren ist.

Nun bleibt noch das Löschen von Datensätzen. Sehen wir uns dazu zuerst die Implementierung der Methode „OnDelete()" an:

```
void CVCODlg::OnDelete()
{
   POSITION pos = m_CtrlListe.GetFirstSelectedItemPosition();
   int iIndex = m_CtrlListe.GetNextSelectedItem(pos);      // Zeilenindex
   OnDeleteEntry((WPARAM)iIndex, 0);
}
```

Beim Klick auf den Button „Löschen" stellen wir zuerst fest, welche Zeile betroffen ist, um dann den Eventhandler aufzurufen, der auch bei der Auswahl des Menüeintrags „Löschen" aus dem Kontextmenü der Tabelle aufgerufen wird. Diese Methode ist bereits hier in der Basisklasse implementierbar. Sie muss in der abgeleiteten Klasse nicht mehr bedacht werden, die fertige Löschfunktionalität kommt bereits mit der Basisklasse mit:

```
LRESULT CVCODlg::OnDeleteEntry(WPARAM wParam, LPARAM lParam)
{
   CWaitCursor wait;        // Sanduhr
   UpdateData(TRUE);        // Daten aktualisieren

   int iRet = 0;            // Rueckgabewert
   int iIndex = (int)wParam; // Index der zu aendernden Listenzeile
   int iID;                 // ID, die zu loeschen ist
   CString sIDCol;          // ID Spaltenname

   // ID suchen, Schleife ueber die Spalten
   for (int i = 0; i < m_aCol.GetSize(); i++)
   {
```

```
    if (m_aCol[i].m_bID)              // Spalte = ID?
    {
      iID = _ttoi(m_CtrlListe.GetItemText(iIndex, i)); // ID
      sIDCol = m_aCol[i].m_sDBCol;                      // DB Name der ID
      break;
    }
  }   // Ende Spaltenschleife


  // Loeschen durchfuehren
  if (DoDelete(sIDCol, iID))
  {
      // Datensatz ist geloescht, Tabelle aktualisieren
      DoSearch();
  }
  return iRet;
}
```

Jetzt fehlt uns nur noch die eigentliche Löschmethode, die sich nur in der Implementierung von der schon aus der Personenpflege bekannten Methode geringfügig unterscheidet. Sehen wir uns zuerst die Deklaration an:

```
class CVCODlg : public CDialogEx
{
...
protected:
...
  bool DoDelete(CString sIDCol, int iID); // Loeschen Datensatz
...
}
```

Bei der Implementierung liegen die Unterschiede nur in der Erstellung der SQL Anweisung:

```
bool CVCODlg::DoDelete(CString sIDCol, int iID)
{
  bool bRet = false;       // Rueckgabewert
  CWaitCursor wait;        // Sanduhr

  // 1. Statement aufbauen
  CString sStmt;
  sStmt.Format(_T("delete from %s where %s=%d"), CString(m_sTable), sIDCol, iID);

  // 2. Datenbankobjekt erzeugen
  CVCODB* pDB = new CVCODB;
  if (pDB)
  {
      Statement* pSt = pDB->DoSelect(sStmt);      // sStmt ausfuehren
      if (pSt)        // Loeschen erfolgreich?
      {
              // Anzahl der geloeschten Datensaetze
              int iNumRows = pSt->GetAffectedRows();
              if (iNumRows == 1)    // muss 1 sein!
              {
                      // Loeschung bestaetigen
```

```
                    pDB->GetConnection()->Commit();
                    bRet = true;
            }
            else
            {
                    // alle ev. Aenderungen verwerfen
                    pDB->GetConnection()->Rollback();
                    bRet = false;
            }

            delete pSt;    // Freigabe nicht vergessen
        }
        delete pDB;            // DB Objekt freigeben
    }
    return bRet;
}
```

Wir sehen, dass wir hier natürlich den Tabellennamen nicht hart codieren können (wir kennen ihn zur Programmierzeit ja noch nicht), sondern aus dem Attribut „m_sTable" gewinnen:

```
sStmt.Format(_T("delete from %s where %s=%d"), CString(m_sTable), sIDCol, iID);
```

Der Rest der Methode ist bekannt.

20.3.4 Virtualität

Alle Methoden dieser Basisklasse wurden als „virtual" deklariert. Das bedeutet, dass man sie in abgeleiteten Klassen überschreiben kann. In den meisten Fällen wird man das nicht müssen. Aber man hat dadurch die Möglichkeit, damit auch Sonderfälle und spezielle Anforderungen umzusetzen. Wenn man nicht hundertprozentig sicher ist, dass man eine Methode nie wird überschreiben müssen, sollte man diese grundsätzlich immer virtuell deklarieren[91]. Ein spürbarer Performancenachteil, wie manchmal fälschlich geschrieben wird, ist dabei nicht zu erwarten.

20.4 Verwendung der Dialogklasse

Vielleicht hat man jetzt den Eindruck, dass die Erstellung einer solchen Basisklasse eine Art „Overkill" sei. Wenn man nur einen einzigen Pflegedialog benötigt, ist das auch so. Allerdings haben alle ernstzunehmenden Anwendungen mehr als eine Datenbanktabelle zu pflegen, und wir werden jetzt sehen, um wie viel einfacher das mit einer Basisklasse, wie wir sie gerade erstellt haben, realisierbar ist. Um einen guten Vergleich zu haben, werden wir unsere neue Dialogklasse nun dazu benutzen, um die Personenpflege ein zweites Mal zu implementieren. Dazu legen wir im Menü „Datenpflege" einen zusätzlichen Menüpunkt an:

Abb. 148: Ein weiterer Menüpunkt

---

[91] Wenn eine Methode in einer Basisklasse als „virtual" deklariert wurde, dann bleibt diese Eigenschaft übrigens an ihr haften, auch wenn sie in abgeleiteten Klassen nicht mehr explizit als „virtual" deklariert wird.

Die ID der Menüressource legen wir mit „ID_DATENPFLEGE_CPERSONEN" fest. Nun legen wir uns im Ressourceneditor vom Dialog „IDD_VCO_DLG" eine Kopie an. Der Assistent benennt diese automatisch „IDD_VCO_DLG1". Wir öffnen diese Ressource, benennen sie um in „IDD_VCO_CPERSON" und editieren sie wie folgt:

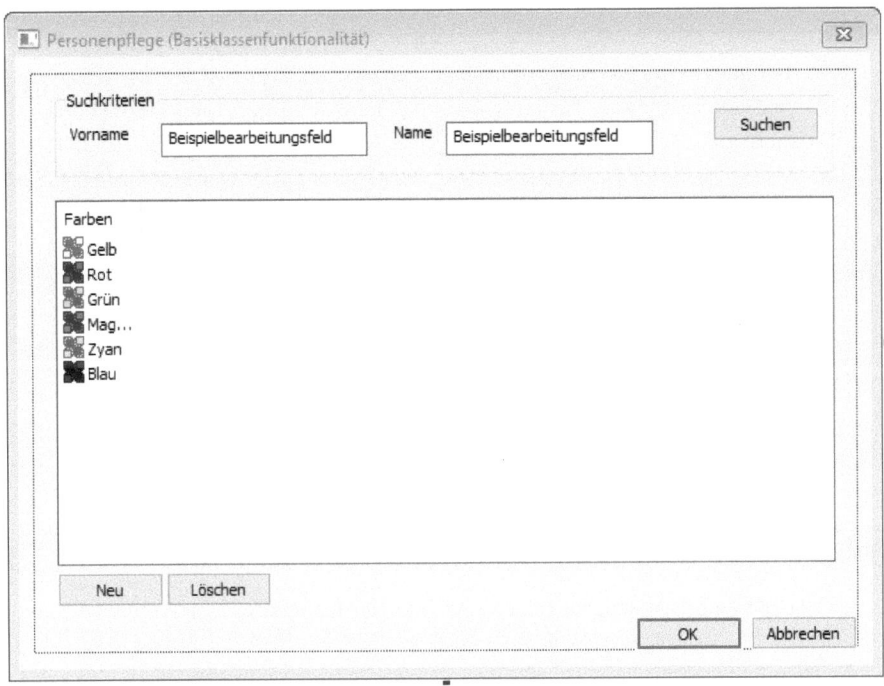

Abb. 149: Die editierte Ressource

Nun müssen wir lediglich noch die Dialogklasse erstellen. Die Headerdatei dazu sieht wie folgt aus:

```
// Personenpflegedialog mit Basisklassenfunktionalitaet
// CDlgCPerson.h              Deklaration
// Beschreibung:              Personenpflegedialog (VCO_PERSON)
// Autor:                     DI Guenter Leitenbauer
// Begin Erstellung:          2019-03-15
// Historie:
//
////////////////////////////////////////////////////////////////
// Globale Daten/Objekte:
//
// Globale Funktionen:
//
// Klassen:                   CDlgCPerson : public CVCODlg
//
////////////////////////////////////////////////////////////////
#pragma once

#include "CVCODlg.h"

class CDlgCPerson : public CVCODlg
{
```

```
  DECLARE_DYNAMIC(CDlgCPerson)

public:
  CDlgCPerson(CWnd* pParent = nullptr);    // Standardkonstruktor
  virtual ~CDlgCPerson();

  virtual afx_msg LRESULT OnChangeEntry(   WPARAM wParam, LPARAM Param);
  virtual afx_msg LRESULT OnInsertEntry(   WPARAM wParam, LPARAM lParam);

// Dialogfelddaten
#ifdef AFX_DESIGN_TIME
  enum { IDD = IDD_VCO_CPERSON };
#endif

protected:
  DECLARE_MESSAGE_MAP()
};
```

Das kann man mit dem Assistenten machen, wobei man dann die fehlenden Deklarationen ergänzt, oder man macht es gleich manuell.

Die Klassen „CDataPerson" und „CPersEdit" werden hier unverändert verwendet.

Die Implementierung zu dieser Klasse beschränkt sich auf folgenden Code (der Kommentarkopf wurde weggelassen):

```
#include "stdafx.h"
#include "VCO.h"
#include "CDlgCPerson.h"
#include "afxdialogex.h"
#include "CDataPerson.h"
#include "CDlgPersEdit.h"


IMPLEMENT_DYNAMIC(CDlgCPerson, CVCODlg)


CDlgCPerson::CDlgCPerson(CWnd* pParent /*=nullptr*/)
  : CVCODlg(IDD_VCO_CPERSON, pParent)
{
  SetTable("VCO_PERSON");              // Tabelle festlegen
  // Spalten initialisieren
  SetCol(_T("PERSONID"), _T("ID"), 0, ci_VCO_DB_NUM, cb_VCO_DB_ID,
        cb_VCO_NOSEARCH, cb_VCO_NOIDC);
  SetCol(_T("TITEL"), _T("Titel"), 20, ci_VCO_DB_STR, cb_VCO_DB_NOID,
        cb_VCO_NOSEARCH, cb_VCO_NOIDC);
  SetCol(_T("VORNAME"), _T("Vorname"), 40, ci_VCO_DB_STR, cb_VCO_DB_NOID,
        cb_VCO_SEARCH, IDC_PERSON_S_VORNAME);
  SetCol(_T("NAME"), _T("Nachname"), 40, ci_VCO_DB_STR, cb_VCO_DB_NOID,
        cb_VCO_SEARCH, IDC_PERSON_S_NACHNAME);
  SetCol(_T("DBKENNUNG"), _T("Kennung"), 32, ci_VCO_DB_STR, cb_VCO_DB_NOID,
        cb_VCO_NOSEARCH, cb_VCO_NOIDC);
  SetCol(_T("GESCHLECHT"), _T("Geschlecht"), 20, ci_VCO_DB_STR, cb_VCO_DB_NOID,
```

```
               cb_VCO_NOSEARCH, cb_VCO_NOIDC);
}


CDlgCPerson::~CDlgCPerson()
{
}


LRESULT CDlgCPerson::OnChangeEntry(WPARAM wParam, LPARAM lParam)
{
   int iRet = 0;               // Rueckgabewert
   int iIndex = (int)wParam;   // Index der zu aendernden Listenzeile

   CDataPerson daten;          // Datenobjekt anlegen
   // Daten zuweisen:
   daten.m_iID = _ttoi(m_CtrlListe.GetItemText(iIndex, 0));
   daten.m_sTitel = m_CtrlListe.GetItemText(iIndex, 1);
   daten.m_sVorname = m_CtrlListe.GetItemText(iIndex, 2);
   daten.m_sNachname = m_CtrlListe.GetItemText(iIndex, 3);
   daten.m_sKennung = m_CtrlListe.GetItemText(iIndex, 4);
   daten.m_sGeschlecht = m_CtrlListe.GetItemText(iIndex, 5);

   // Aenderungsdialog aufrufen
   CDlgPersEdit dlg(daten);
   dlg.DoModal();

   // Aenderungen sind nun in der DB abgespeichert (MB_OK)
   DoSearch();            // Tabelle aktualisieren

   return iRet;
}

LRESULT CDlgCPerson::OnInsertEntry(WPARAM wParam, LPARAM lParam)
{
   CDataPerson daten; // Datenobjekt anlegen
   daten.m_iID = -1;  // Einfuegen statt Aendern

   // Aenderungsdialog aufrufen:
   CDlgPersEdit dlg(daten);
   dlg.DoModal();

   // Neuer Datensatz ist in der DB, Tabelle aktualisieren
   DoSearch();
   return LRESULT();
}


BEGIN_MESSAGE_MAP(CDlgCPerson, CVCODlg)
END_MESSAGE_MAP()
```

Wie man sieht, benötigt man hier nur noch sehr wenig zusätzlichen Code. Sehen wir uns zuerst den Konstruktor an, in dem die gesamte Information über die abzubildenden Datenbankspalten durch jeweils einen Aufruf der Basisklassenmethode „SetCol()" erfolgt:

```
...
CDlgCPerson::CDlgCPerson(CWnd* pParent /*=nullptr*/)
  : CVCODlg(IDD_VCO_CPERSON, pParent)
{
  SetTable("VCO_PERSON"); // Tabelle festlegen

  // Spalten initialisieren
  SetCol(_T("PERSONID"), _T("ID"), 0, ci_VCO_DB_NUM, cb_VCO_DB_ID,
      cb_VCO_NOSEARCH, cb_VCO_NOIDC);
...
  SetCol(_T("VORNAME"), _T("Vorname"), 40, ci_VCO_DB_STR, cb_VCO_DB_NOID,
      cb_VCO_SEARCH, IDC_PERSON_S_VORNAME);
...
}
```

Nachdem man die Tabelle mit „SetTable()" festgelegt hat, ruft man für jede Spalte die Methode „SetCol()" auf, wobei die Parameter folgende Bedeutung haben:

```
  SetCol(DB_Spalte, Bezeichnung, Laenge, Typ, ID?, Suchfeld?, IDC);
```

Einfacher geht es fast nicht mehr! Damit hätte man bereits die gesamte Funktionalität zum Suchen, Anzeigen in der Tabelle, und sogar zum Löschen implementiert. Um Datensätze auch noch ändern und neu anlegen zu können, muss man noch die beiden rein virtuellen Eventhandler der Basisklasse überschreiben, zuerst das Neuanlegen:

```
LRESULT CDlgCPerson::OnInsertEntry(WPARAM wParam, LPARAM lParam)
{
  CDataPerson daten;        // Datenobjekt anlegen
  daten.m_iID = -1;         // Einfuegen statt Aendern

  // Aenderungsdialog aufrufen
  CDlgPersEdit dlg(daten);
  dlg.DoModal();

  // Neuer Datensatz ist in der DB, Tabelle aktualisieren
  DoSearch();
  return LRESULT();
}
```

Die Implementierung entspricht dabei genau der Implementierung, die wir aus der Personenpflege kennen, die wir bereits früher erstellt haben. Sehen wir uns nun noch das Ändern an:

```
LRESULT CDlgCPerson::OnChangeEntry(WPARAM wParam, LPARAM lParam)
{
  int iRet = 0;            // Rueckgabewert
  int iIndex = (int)wParam; // Index der zu aendernden Listenzeile

  CDataPerson daten; // Datenobjekt anlegen
  // Daten zuweisen:
  daten.m_iID = _ttoi(m_CtrlListe.GetItemText(iIndex, 0));
  daten.m_sTitel = m_CtrlListe.GetItemText(iIndex, 1);
  daten.m_sVorname = m_CtrlListe.GetItemText(iIndex, 2);
```

```
daten.m_sNachname = m_CtrlListe.GetItemText(iIndex, 3);

daten.m_sKennung = m_CtrlListe.GetItemText(iIndex, 4);

daten.m_sGeschlecht = m_CtrlListe.GetItemText(iIndex, 5);


// Aenderungsdialog aufrufen

CDlgPersEdit dlg(daten);

dlg.DoModal();


// Aenderungen sind nun in der DB abgespeichert (MB_OK)

DoSearch(); // Tabelle aktualisieren


return iRet;
}
```

Auch diese Implementierung entspricht der Personenpflegeklasse, die wir bereits kennen. Wir haben also mit nur drei Methoden die Pflege einer Datenbanktabelle realisiert. Der Rest der Bearbeitung erfolgt in der Basisklasse. Damit sollte der Vorteil, gleichartige Funktionalitäten möglichst in eine Basisklasse „hinaufzuziehen" (zu generalisieren), ausreichend veranschaulicht worden sein.

Immer, wenn man einen Code kopieren (und ev. nur leicht ändern) muss, sollte man sofort daran denken, diesen Code gegebenenfalls in einer (neuen) Basisklasse zu verallgemeinern.

Natürlich probieren wir unseren neuen Dialog jetzt auch aus. Nach dem Erstellen und Aufruf des Menüpunktes unterscheidet er sich in seinem Verhalten nicht vom bereits früher implementierten Dialog:

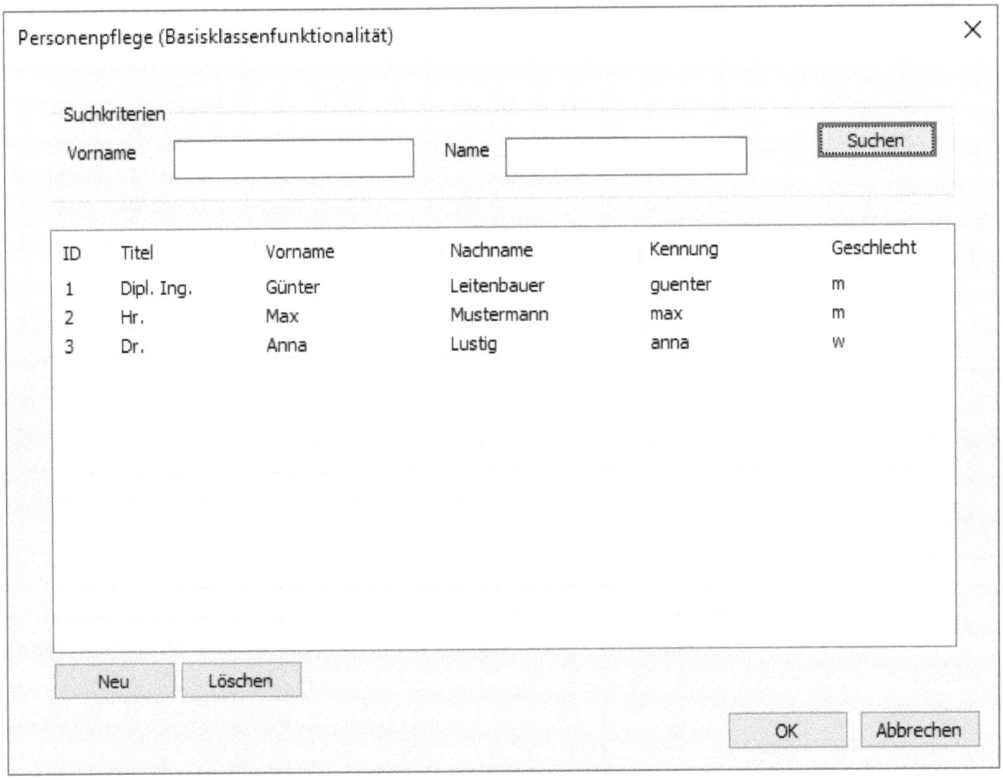

Abb. 150: Die Personenpflege mit der Basisklassenimplementierung

20.5 Erweiterungen und Verbesserungen

Die hier vorgestellte Basisklasse ist bestenfalls ein Grundgerüst. Es wäre sinnvoll, die um einige Funktionalitäten zu erweitern:

So könnte man auch die Klasse zum Editieren (für Personen war das die Klasse „CPersEdit") über eine Basisklasse generalisieren. Dabei kann man auch die Datenklasse („CDataPerson") über eine Basisklasse „CVCOData" unter Verwendung eines Arrays so weit verallgemeinern, dass in der eigentlichen Implementierung des jeweiligen Dialogs dann außer dem Konstruktor mit den Aufrufen von „SetCol()" nichts mehr zu tun bleibt, selbst die derzeit noch zu überschreibenden Eventhandlermethoden könnte man dann in die Basisklasse „hinaufziehen".

Das kann man so weit treiben, dass sogar die Suchfelder im Dialog erst zur Laufzeit (und nicht im Ressourceneditor) dynamisch erzeugt werden, indem man für jeden Pflegedialog die nötigen Informationen über Datenbankspalten, Bezeichnungen, Suchfelder, etc. in einer Headerdatei festlegt[92].

Das gesamte Messagehandling, alle SQL-Operationen, das Einfügen, Löschen, Ändern und Suchen sowie die Darstellung und der Aufruf des Editierdialogs fände dann komplett in den Basisklassen statt.

Das würde an dieser Stelle allerdings den Rahmen des Buchs sprengen. Die grundlegenden Mechanismen sollten auch so klar geworden sein.

20.6 Zusammenfassung

Wir haben in diesem Kapitel eine Basisklasse für Dialog implementiert, die viele der zuvor erarbeiteten Erkenntnisse umsetzt, und davon einen Dialog abgeleitet.

Im nächsten und letzten Kapitel werden wir uns ansehen, wie man unsere Anwendung nun als Release auf andere Rechner verteilen kann.

---

[92] Wenn man es so richtig automatisiert mag, kann man diese Headerdatei sogar aus der Definition der Spalten in der Datenbank automatisch generieren, bis auf die Bezeichnungen, die man dann noch manuell ändern könnte bzw. sollte. Damit kommt man dann bereits in die Nähe von Programmgeneratoren.

21 Das Release

21.1 Konfigurationen

Wenn man eine Anwendung entwickelt, ist das üblicherweise ein steter Wechsel zwischen Codieren und Debuggen. Das bedingt Anforderungen, die sich gravierend vom Einsatz einer fertigen Anwendung unterscheiden: Man will beim Debuggen das Programm jederzeit anhalten können, möglichst Zugriff auf Variablen und ihre Werte haben, das Programm schrittweise ablaufen lassen können, und so weiter. Die Ausführungsgeschwindigkeit ist hier meistens kein Kriterium, das im Vordergrund steht.

Ganz anders ist das bei fertigen Programmen: Schon aus Gründen des Schutzes von Knowhow will man keinesfalls, dass das Programm debuggt werden kann. Zusätzlich ist die Performance beim Ausführen zumeist ein wichtiges Thema.

Um solche konkurrierenden Anforderungen umsetzen zu können, bietet die Entwicklungsumgebung unzählige Parameter, Compiler- und Linkeroptionen an. Es wäre nun äußerst unhandlich, wenn man diese immer umstellen müsste, wenn man zwischen Entwicklung und Release wechselt. Visual C++ ermöglicht es dem Programmierer daher, für die Anwendungsentwicklung verschiedene Konfigurationen zu definieren.

Dabei legt der Anwendungsassistent zwei Konfigurationen[93] bereits beim Erzeugen des Projekts an: Debug und Release. In der Konfiguration „Debug" sind dabei alle Einstellungen auf maximalen Komfort beim Entwickeln einer Anwendung hingetrimmt, während in der Einstellung „Release" eine möglichst schnelle und schlanke ausführbare Datei das Hauptziel darstellt. Wir haben bislang ausschließlich mit der Konfiguration „Debug" gearbeitet. Aber irgendwann will und muss man eine (fertige) Anwendung dann den Usern auf ihren Arbeitsplatzrechnern zur Verfügung stellen, und um das zu erreichen, dazu bedient man sich der Konfiguration „Release".

21.2 Die Release-Konfiguration

Im Unterschied zur Konfiguration „Debug" sind in dieser Konfiguration diverse Compileroptimierungen aktiviert, ist das Makro „DEBUG" nicht gesetzt, und werden Debuginformationen nicht in die ausführbare Datei (das Executable) aufgenommen. Das Ausgabeverzeichnis ist dabei das Unterverzeichnis „Debug" im Projektverzeichnis (zum Beispiel „D:\VCO\Debug\").

> In der Release werden auch nicht wie in der Debug-Konfiguration Variablen automatisch initialisiert, was zu sehr eigenartigen Fehlern führen kann.
>
> Man sollte deshalb Variablen immer initialisieren, und jede Anwendung auch in der Release ausgiebig testen, wenn möglich auf einem anderen als dem Entwicklungsrechner!

Um zur Konfiguration „Release" zu wechseln, wählt man diese oben in Visual Studio aus:

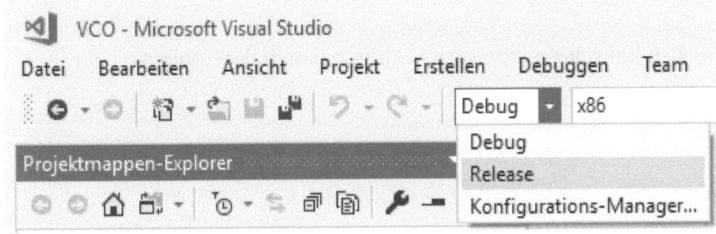

Abb. 151: Konfiguration ändern

Hier ist das Ausgabeverzeichnis das Unterverzeichnis „Release", also in unserem Falle „D:\VCO\Release\".

---

[93] Man kann natürlich weitere Konfigurationen definieren. Mit den beiden (Debug und Release) findet man aber meistens das Auslangen.

Nun ist es wichtig, auch hier alle Pfade und Einstellungen für verwendete Bibliotheken zu ergänzen, die man in der Konfiguration „Debug" vorgenommen hat. Dazu geht man (siehe Kapitel 4) im Projektmappenexplorer auf das Projekt „VCO" und öffnet dann mit der rechten Maustaste das Kontextmenü, wo man den Menüpunkt „Eigenschaften" anklickt. Oder man verwendet die Tastenkombination ALT+F7 (man muss dazu aber im Projektmappenexplorer ebenfalls das Projekt, hier also „VCO", ausgewählt haben).

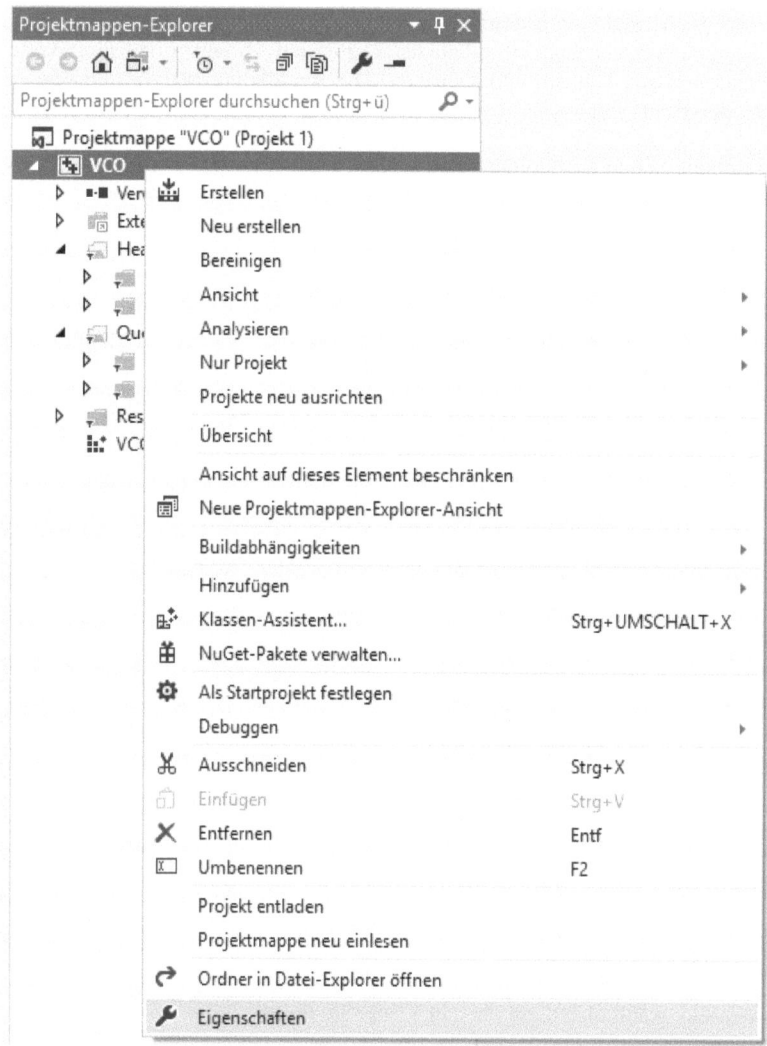

Abb. 152: Konfigurationseigenschaften

Jetzt stellt man im Dialog der Eigenschaften oben links die gewünschte Konfiguration in der Combobox ein:

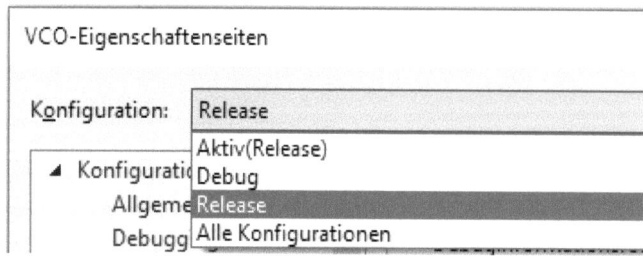

Abb. 153: Konfiguration einstellen

Um die Einstellungen (z. B. für Pfade) zwischen den beiden Konfigurationen „Debug" und „Release" anzugleichen, kann man mit dieser Combobox zwischen den Konfigurationen hin- und herwechseln, ohne den Dialog zwischenzeitlich schließen zu müssen.

Man muss jedoch darauf achten, nach dem Ändern eines Eintrags den Button „Übernehmen" anzuklicken, bevor man in die andere Konfiguration wechselt.

Zu den zu überarbeitenden Einträgen zählen insbesondere:

VC++ Verzeichnisse	Includeverzeichnisse	Pfade zu Includedateien
VC++ Verzeichnisse	Bibliotheksverzeichnisse	Pfade zu Libraries
C/C++ Allgemein	Zusätzliche Includeverzeichnisse	Pfade zu Includedateien
Linker Allgemein	Zusätzliche Bibliotheksverzeichnisse	Pfade zu Libraries
Linker Eingabe	Zusätzliche Abhängigkeiten	Pfade zu Libraries

Wenn man alle Konfigurationseinstellungen angepasst hat, sollte sich die Anwendung nun auch in der Konfiguration „Release" fehlerfrei erstellen (kompilieren und binden) lassen. Je nach Projekttyp wurden dann im Releaseverzeichnis („D:\VCO\Release\") folgende Dateien erstellt:

➢ für jede *.cpp-Datei eine *.obj-Datei, also eine kompilierte Datei

➢ die ausführbare Datei „VCO.exe"

➢ plus einige weitere Dateien, die uns hier nicht näher interessieren

Damit hat man den ersten Schritt zu einer Verteilung auf andere Rechner geschafft. Würde man allerdings jetzt einfach auf diese ausführbare Datei doppelklicken, dann wäre – je nachdem, welche Bibliotheken wie LIBXL man verwendet, ein Fehler (DLL Datei nicht gefunden) die Folge.

21.3 Das Verteilen auf andere Clients im Netzwerk

Die Verteilung (Installation) einer neuen Anwendung auf einem fremden Client kann durchaus Probleme machen. Wir sollten nicht vergessen, dass auf unserem Entwicklungsrechner die Pfade und Systemvariablen alle gesetzt sind, und dass durch die Installation von Visual Studio auch alle nötigen MFC DLLs vorhanden sind.

Das kann auf einem beliebigen Clientrechner ganz anders aussehen. Was benötigen wir nun, damit unser Programm auch dort läuft?

21.3.1 Oracle Client Installation

Als erstes muss man sicherstellen, dass auf den für die Verteilung ausgewählten Clients die Netzwerkschicht von Oracle („Oracle SQL*Net Client") korrekt installiert wurde. Wenn diese Clients schon mit anderen Anwendungen auf eine Oracle Datenbank zugreifen, ist das bereits der Fall.

Falls unsere Anwendung die erste auf diesen Clientrechnern ist, die auf eine Oracle Datenbank zugreifen soll, kann man entweder die Installation direkt auf den Clients durchführen, oder man ersucht den jeweiligen Oracle Administrator um Hilfe. Die Installation ist im Allgemeinen unkritisch und einfach. Man muss lediglich darauf achten, dass die SID der Zieldatenbank korrekt in den Konfigurationsdateien eingetragen wurde.

21.3.2 Visual C++ Redistributables

Wenn man mit Visual C++ ausführbare Dateien erstellt, benötigen diese je nach Konfiguration auf den Clientrechnern DLLs. DLL steht für „Dynamic Link Library". Dies sind Bibliotheken, die Windows genau dann lädt, wenn eine Anwendung auf Funktionen dieser Bibliotheken zugreifen möchte, also zum Beispiel auf Funktionalitäten, die MFC bietet.

Da es mittlerweile viele Versionen von Windows, Visual Studio und MFC gibt, ist es nicht immer ganz einfach, die richtigen Redistributables zu finden, die man aber alle von den Microsoft Websites herunterladen kann. Diese Dateien heißen „vc_redist.x86.exe" für 32-bit und „vc_redist.x64.exe" für 64-bit Windows Systeme. Dabei ist zu beachten, dass man immer die passende Datei für die verwendete Version von Visual Studio (oder eine höhere Version) nimmt. Wurde die Anwendung beispielsweise mit Visual Studio 2015 erstellt, kann man die Visual Studio 2017 verwenden, nicht aber die Visual Studio 2008 Redistributables!

Wir laden uns, da wir eine 32-bit Anwendung erstellt haben, also die aktuelle Redistributable „vc_redist.x86.exe" herunter und installieren sie auf dem Zielclient. Eine Alternative dazu ist, die benötigten DLLs zu eruieren und nur diese mit einem Setupprogramm zu installieren.

21.4 Das Setupprogramm

Zur Erstellung eines professionellen Setupprogramms führt der Weg über „Visual Studio Installerprojects", die man sich wie folgt herunterladen und installieren kann. Man geht in Visual Studio in das Menü „Extras" und wählt dort den Menüpunkt „Erweiterungen und Updates" aus. Im Dialog klickt man links auf „Online" und gibt rechts oben im Suchfeld „Visual Studio Installer" ein und betätigt die Eingabetaste. Nun wählt man in der Mitte den Eintrag „Microsoft Visual Studio Installer Projects" aus und installiert diesen[94]:

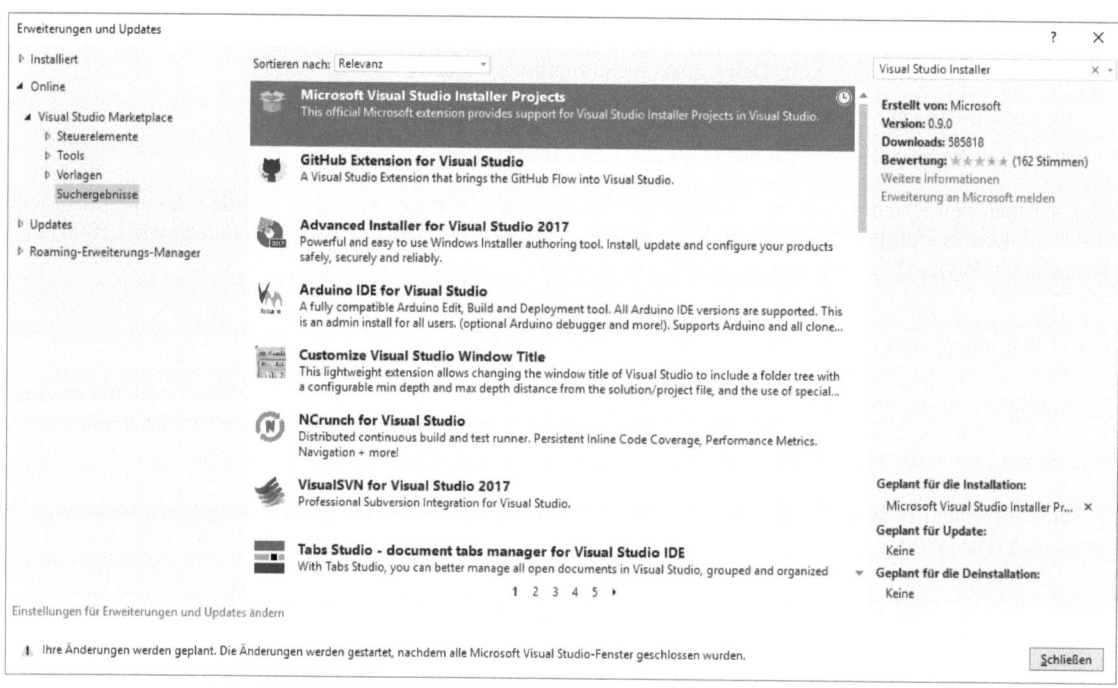

Abb. 154: Visual Studio Installer Projects

Jetzt muss man Visual Studio beenden und neu starten. Visual Studio installiert diese Erweiterung beim Beenden, sodass diese beim nächsten Start von Visual Studio bereits zur Verfügung steht.

Wir starten also jetzt Visual Studio neu und öffnen unser Projekt wie gewohnt. Wir klicken jetzt in der Menüleiste auf „Datei/Neu/Projekt", um den Dialog „Neues Projekt" zu öffnen. Nun erweitern wir im linken Bereich des Dialogfelds die Knoten „Installiert/Andere Projekttypen", und wählen dann „Visual Studio-Installer" aus. Hier wählen wir im mittleren Bereich die Option „Setupprojekt" aus und geben im Feld „Name" einen Namen für das Setup-Projekt ein.

Dann wählen wir in der Dropdownliste „Projektmappe" die Option „Hinzufügen" aus und klicken auf den Button „OK" um das Setup-Projekt zu erstellen.

---

[94] Das muss man auf dem Entwicklungsrechner nur einmal machen, nicht für jedes Projekt.

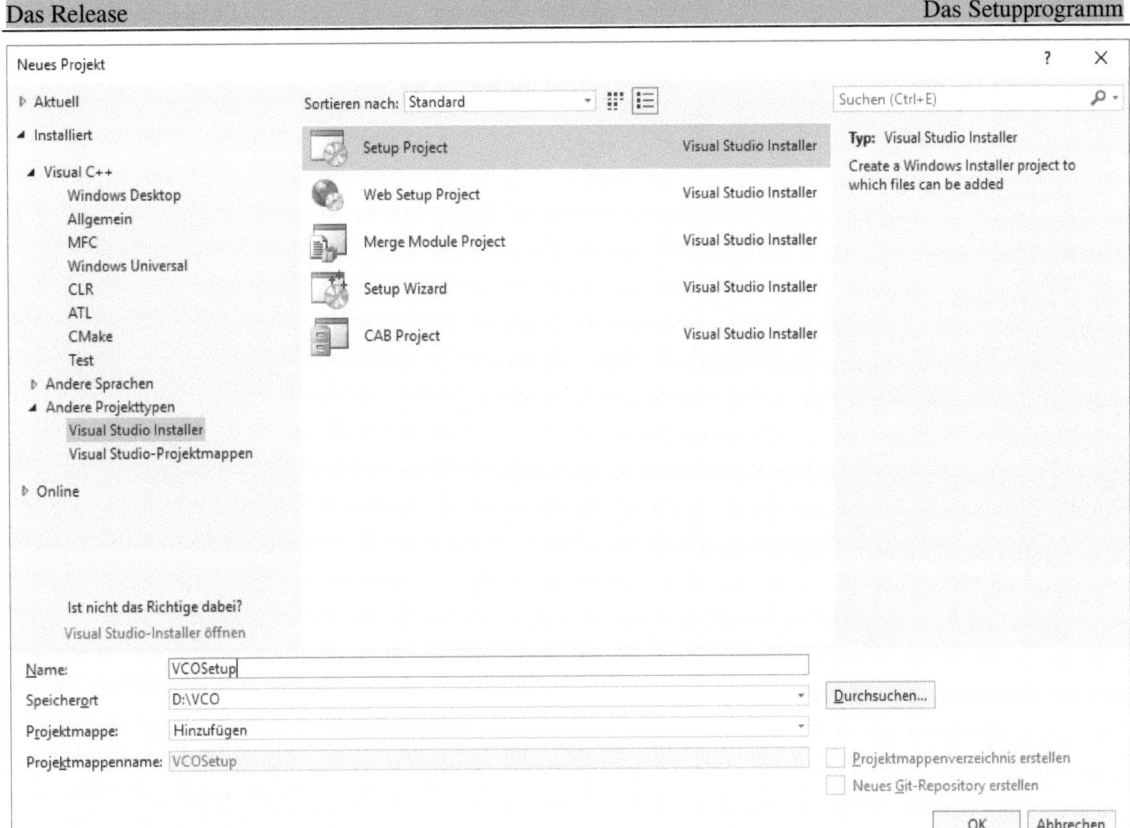

Abb. 155: Setupprojekt erstellen

Visual Studio erstellt nun das Setupprojekt, welches in etwa wie folgt aussehen sollte:

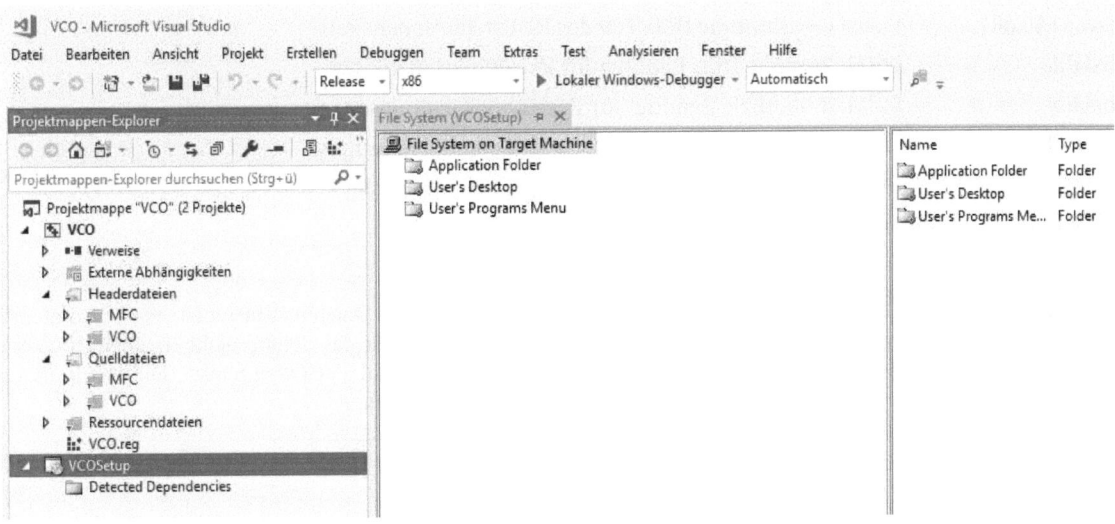

Abb. 156: Setupprojekt erstellen

Dieses Setupprojekt ist noch leer. Wir müssen nun als erstes definieren, welchen Projektausgabeordner wir für die Installation verwenden möchten. Wir klicken dazu mit der rechten Maustaste auf den Knoten „Anwendungsord-ner" (Application Folder), und wählen „Hinzufügen/Projektausgabe" aus, um den Dialog „Projektausgabegruppe hinzufügen" zu öffnen.

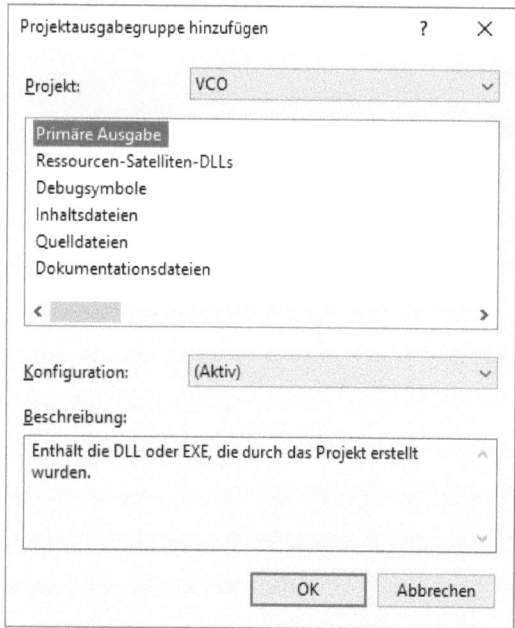

Abb. 157: Projektausgabe erstellen

Hier wählen wir „Primäre Ausgabe" aus, und klicken dann auf den Button „OK". Ein neues Element mit dem Namen „Primäre Ausgabe aus Projektname (aktiv)" wird angezeigt. Gleichermaßen erzeugen wir nun eine Zusammenstellung (Assembly), indem wir mit der rechten Maustaste wie oben statt der Projektausgabe eine Assembly hinzufügen. Es erscheint ein Dialog mit unzähligen DLLs, aus dem man sich die benötigten auswählen kann. Hier wählen wir uns folgende DLLs aus[95]. Diese Libraries benötigt VCO, um auf einem Clientrechner zu laufen:

vcruntime140.dll   Visual C++ Runtime DLL. Teil des Redistributionspakets

mfc140u.dll   MFC Runtime DLL. Teil des Redistributionspakets

msvcp140.dll   Visual C++ Runtime DLL. Teil des Redistributionspakets

libxl.dll   LIBXL Runtime DLL. Benötigt für Excelfunktionalitäten

libxl.lib   LIBXL Bibliothek. Benötigt für Excelfunktionalitäten

ociliba.dll   OCILIB Runtime DLL. Benötigt für Datenbankanbindung

ociliba.lib   OCILIB Bibliothek. Benötigt für Datenbankanbindung

VCO.exe   Ausführbare VCO Datei. Das eigentliche Programm.

Wir können mit „Hinzufügen/Assembly" auch später jederzeit noch weitere Dateien aufnehmen, es ist also nichts passiert, wenn wir jetzt eine Datei vergessen haben sollten. Nun können wir das Setupprojekt erstellen. Im Verzeichnis „Release" dieses Projekts finden wir dann die Datei „setup.exe" und „VCOSetup.msi". Dies sind unsere Installationsdateien, mit denen wir nun VCO auf jedem Client installieren können.

Um die Abhängigkeiten eines Programms feststellen zu können, ist bedingt auch der Filter „Detected Dependencies" im Projektmappenexplorer des Setup Projekts nützlich.

Dazu lässt man die Anwendung am Entwicklungsrechner laufen und geht dann zu diesem Filter und aktualisiert die Abhängigkeiten.

Die gerade geladenen DLLs werden dann angezeigt.

---

[95] Diese DLLs sind alle am Entwicklungsrechner vorhanden, sonst hätten wir die Anwendung nicht erstellen können. Man kann sie daher aus den jeweiligen Verzeichnissen des Entwicklungsrechners auswählen.

21.5 Troubleshooting

Läuft die Anwendung am Clientrechner nicht bzw. meldet sie beim Starten Fehler, dann sollte man zuerst die Fehlermeldung genau lesen – oft ist die fehlende DLL in der Meldung explizit angeführt.

Als weiterer Schritt ist es sinnvoll, das Redistributable gegebenenfalls am Clientrechner noch einmal zu installieren, und den Rechner dann neu zu starten.

Am ehesten vermeidet man nicht gefundene DLLs dann, wenn man alle zu VCO nötigen und gehörenden Dateien in einem Verzeichnis auf einem Netzwerklaufwerk installiert, und VCO über eine Verknüpfung am Client von dort startet. In diesem Falle muss am Client lediglich die Oracle Netzwerkkomponente installiert sein.

21.6 „Unvorbelastete Clientrechner"

Um einen Clientrechner zu bekommen, bei dem manche DLLs nicht von anderen Installationen bereits vorhanden sind, empfiehlt es sich, „Virtual Machines" zu verwenden.

Microsoft und Fremdhersteller wie VMware bieten solche Software an. Man kann sich damit „nackte" Windowsinstallationen aufbauen, und man kann diese in einem Fenster wie einen physischen Computer starten, laufen lassen und niederfahren.

Das Gute ist, dass man diese Rechner sehr einfach wieder auf einen definierten Stand zurücksetzen kann. Somit hat man beim Testen immer einen Client zur Verfügung, der eben noch nicht gewisse DLLs bereits „mitbringt".

21.7 Zusammenfassung

Wir haben in diesem Kapitel unsere Anwendung nun als Release kompiliert und für die Verteilung auf andere Rechner vorbereitet.

Damit schließen wir dieses Buch nun ab. Natürlich könnte man es noch um viele weitere Kapitel ergänzen, aber ich denke, wir haben einen guten Einstieg geschafft, und sind für alle Aufgaben, die da noch kommen mögen, gut gerüstet.

In diesem Sinne:

Viel Spaß beim Codieren mit Visual C++ und Oracle! Ich bin gespannt auf Ihr Feedback!

Günter Leitenbauer

Email: guenter@leitenbauer.net

A Stichwortverzeichnis

B Abbildungsverzeichnis

C Literaturverzeichnis

[DM]   LEITENBAUER, GÜNTER: „*Datenbank Modellierung*",
        Franzis' Verlag, 2003

[MS]   MICROSOFT HILFE: „*Onlinehilfe zu Visual Studio 2017*",
        Microsoft ®, 2017-2019